Die bürgengleiche Haftung im Arbeits- und Sozialrecht

Studien zum Arbeitsrecht und zur Arbeitsrechtsvergleichung

Herausgegeben von Manfred Weiss, Bernd Waas und Spiros Simitis

Band 33

Zur Qualitätssicherung und Peer Review der vorliegenden Publikation

Die Qualität der in dieser Reihe erscheinenden Arbeiten wird vor der Publikation durch einen Herausgeber der Reihe geprüft.

Notes on the quality assurance and peer review of this publication

Prior to publication, the quality of the work published in this series is reviewed by one of the editors of the series.

Christopher Rinckhoff

Die bürgengleiche Haftung im Arbeits- und Sozialrecht

PETER LANG

Bibliografische Information der Deutschen Nationalbibliothek
Die Deutsche Nationalbibliothek verzeichnet diese Publikation in der Deutschen Nationalbibliografie; detaillierte bibliografische Daten sind im Internet über http://dnb.d-nb.de abrufbar.

Zugl.: Jena, Univ., Diss., 2018

27
ISSN 1615-4606
ISBN 978-3-631-78326-9 (Print)
E-ISBN 978-3-631-78327-6 (E-PDF)
E-ISBN 978-3-631-78328-3 (EPUB)
E-ISBN 978-3-631-78329-0 (MOBI)
DOI 10.3726/b15347

Peter Lang – Berlin · Bern · Bruxelles · New York · Oxford · Warszawa · Wien

Diese Publikation wurde begutachtet.

www.peterlang.com

Vorwort

Wer von der Elbmündung stammt, der neigt nicht zu überschwänglichen Worten. Es ist mir aber ein wichtiges Anliegen, denjenigen zu danken, die zum Gelingen dieser Arbeit beigetragen haben. Nur dank vielfältiger Hilfe konnte die Arbeit fertiggestellt werden, sodass sie im Wintersemester 2018 von der Universität Jena als Dissertation angenommen wurde.

An erster Stelle genannt sei mein Doktorvater Prof. Dr. Achim Seifert, an dessen Lehrstuhl ich zwei Jahre beschäftigt sein durfte. Seine wertvollen Hinweise haben die Arbeit bereichert, die großzügig gewährten Freiheiten und die stets angenehme Arbeitsatmosphäre haben die Promotionsphase zu einer sehr angenehmen Zeitspanne gemacht. Hierzu beigetragen haben sämtliche Mitarbeiter der arbeitsrechtlichen Lehrstühle an der Universität Jena, Prof. Dr. Christian Fischer danke ich darüber hinaus für die zügige Erstellung des Zweitgutachtens. Weiterhin bin ich auch den verschiedenen Gesprächspartnern aus der Praxis, die sich stets hilfsbereit zeigten und zu einem erheblichen Erkenntnisgewinn beigetragen haben, zu Dank verpflichtet.

Schließlich sei auch meine Familie erwähnt, in der jeder seinen Anteil am erfolgreichen Abschluss dieser Arbeit hat: Sei es durch die mühevolle Arbeit des Korrekturlesens, durch die Bereitstellung eines leistungsfähigen Druckers oder durch pausenloses Daumendrücken. Alexandra Bauer hat vielfältige praktische Hilfestellungen geleistet und auf liebenswürdige Weise dafür gesorgt, dass ich mich selbst nie zu wichtig nahm.

Brandenburg an der Havel im Dezember 2018
Christopher Rinckhoff

Inhaltsverzeichnis

A. Einleitung

I Fragestellung und Zielsetzung

1 Frage nach übergeordneten Grundstrukturen

Die bürgengleiche Haftung eines Auftraggebers „lasse sich nur aus einem obrigkeitsstaatlichen Geist erklären". Mit diesem Urteil wurde 1971 in einem Aufsatz die bürgengleiche Haftung des Bauherrn für Unfallversicherungsbeiträge nach § 729 Abs. 2 RVO versehen[1]. Der Zeitgeist ist aber zu einer anderen Beurteilung dieser Rechtsfigur gekommen. Insbesondere in den Jahren seit 1998 griff der Gesetzgeber wiederholt hierauf zurück und entdeckte dieses Instrument gewissermaßen als „Wunderwaffe". Verstreut über mehrere Gesetze, teils mit Verweisen aufeinander und teils mit ganz spezifischen Anforderungen, hat sich so ein schwer zu durchschauendes Geflecht von Anwendungsfällen der bürgengleichen Haftung im Arbeits- und Sozialrecht herausgebildet. Zu nennen sind als zivilrechtliche Anspruchsgrundlagen §§ 14 AEntG, 13 MiLoG. 98 a Abs. 3, 4 AufenthG und § 4 Abs. 4 SeeArbG. Sozialrechtliche Haftungsnormen finden sich in § 28 e Abs. 2, Abs. 2 a, Abs. 3 a SGB IV, für die Unfallversicherung in § 150 Abs. 3 S. 1 SGB VII und schließlich in § 3 des Gesetzes zur Sicherung von Arbeitnehmerrechten in der Fleischwirtschaft (GSA Fleisch). Gegenstand dieser Normen ist dabei stets, dass ein Dritter für die Verbindlichkeiten des Arbeitgebers wie ein Bürge haftet.

Den einzelnen Haftungsnormen wird wissenschaftlich durchaus Interesse entgegengebracht. Dies gilt insbesondere für §§ 13 MiLoG, 14 AEntG[2]. Das Interesse bezieht sich aber nur auf die spezifischen Normen, während die Gesamtheit der Anwendungsfälle sowie die Bedeutung der Rechtsfigur einer bürgengleichen Haftung außer Acht gelassen wird. Dazu trägt sicherlich bei, dass sich die unterschiedlichen Haftungsnormen in ihren Voraussetzungen teils deutlich unterscheiden. Exemplarisch sei hier auf den Vergleich von § 14 AEntG und § 28 e Abs. 3 a-f SGB IV hingewiesen: § 14 AEntG enthält nur einen Absatz, die Voraussetzungen nach § 28 e Abs. 3 a-f SGB IV erstrecken sich auf insgesamt sechs Absätze. Daraus ergibt sich eine abschreckende Wirkung für eine systematische Auslegung, die alle bürgengleichen Haftungsnormen aus dem Arbeits-und Sozialrecht in den Blick nimmt. Dies kann aber nicht darüber hinwegtäuschen,

1 Schultz MDR 1971, 21, 23.

2 Siehe insbesondere die Dissertationen von Dörfler und Gündisch.

dass sich schon aus der gemeinsamen Rechtsform der Haftung eine offensichtliche Parallele ergibt. Die genauere Betrachtung der Normen zeigt zudem zahlreiche Schnittpunkte: § 14 AEntG und §§ 28 e Abs. 3 a SGB IV, 150 Abs. 3 S. 1 Var. 2 SGB VII haben ihren Ursprung in der Baubranche. Wie auch § 14 AEntG und 13 MiloG stellen §§ 28 e Abs. 3 a SGB IV, 150 Abs. 3 S. 1 Var. 2 SGB VII und auch § 98 a Abs. 3, 4 AufenthG auf die Haftung eines Unternehmers ab. § 28 e SGB IV enthält aber noch weitere Haftungsnormen, sodass schon die Anordnung innerhalb eines Paragrafen hier für Wechselwirkungen spricht. Schließlich finden sich Sonderregelungen für die Seefahrt in § 28 e Abs. 3 SGB IV und gleichermaßen in § 4 Abs. 4 SeeArbG. Aus der Vielzahl an Schnittmengen ergibt sich, dass eine zusammenhängende Betrachtung der Haftungsnormen nicht nur möglich, sondern vielmehr zwingend geboten ist. Zu berücksichtigen ist zwar, dass sich die einzelnen Haftungsnormen nur aus ihren jeweiligen Entstehungsgeschichten heraus verstehen lassen und nicht vorschnell Wertungen anderer Normen hierauf übertragen werden dürfen. Umgekehrt ist es aber auch sinnvoll, die Entwicklungslinien der Normen in den Blick zu nehmen und sich so von einer reinen Einzelfallbetrachtung zu lösen. Es ist zu ermitteln, ob sich aus einer Haftungsnorm für eine andere Haftungsnorm Erkenntnisse ableiten lassen oder ob zumindest die Wahl der Rechtsform Gemeinsamkeiten aufzeigt. Die Unterschiede in der Dogmatik allein können eine isolierte Betrachtung der Normen nicht rechtfertigen.

Ziel der Arbeit ist es dementsprechend, systematische Grundstrukturen dieser Rechtsfigur herauszuarbeiten. Soweit kein ausdrücklicher entgegenstehender Wille besteht, lassen sich die gewonnenen Kenntnisse im Rahmen der Auslegung berücksichtigen. Die Ermittlung von gemeinsamen Grundstrukturen betrifft zunächst den Geltungsgrund der Haftung. Losgelöst von vertraglichen Beziehungen wird hier eine Haftung statuiert. Das bedarf einer Begründung, wie der Verdacht der „obrigkeitsstaatlichen" Ausgestaltung plakativ aufzeigt. Es wird zu ermitteln sein, ob der Geltungsgrund stets identisch ist oder ob der Oberbegriff der bürgengleichen Haftung insoweit auf verschiedene Fallgruppen angewendet wird.

Weiterhin bleibt zu klären, welche Funktionen den Haftungsnormen zukommen. Dabei ist herauszuarbeiten, welche Funktionen untrennbar mit der Rechtsfigur verbunden sind und welche nur im Einzelfall auftreten, sodass auch insoweit eine Gruppenbildung in Betracht kommt. Die vorhandenen Funktionen sind dabei exakt zu bestimmen, wobei zwischen übergeordneten Zielrichtungen und spezifischen Ausprägungen zu unterscheiden ist. Die Funktionen zeigen letztlich auf, welche Wirkungen den Haftungsnormen zukommen sollen. Eine Bürgenhaftung, die neben die Verantwortlichkeit des Arbeitgebers tritt, hat schon begriffsnotwendig stets eine Hilfsfunktion, dient also der Durchsetzung. Es stellt sich dabei die Frage, was durchgesetzt werden soll. In Betracht kommen die tatsächliche Erfüllung des bestehenden Anspruchs gegen den Arbeitgeber, aber auch weitergehende ökonomische Vorstellungen und Marktkonzepte.

Berücksichtigt werden muss dabei auch die zivilrechtliche Perspektive. Die Besonderheiten gerade einer Bürgenhaftung sind insoweit zu würdigen und von Alternativen wie etwa einer gesamtschuldnerischen Haftung abzugrenzen. Bei einer Bürgenhaftung ist nach § 774 Abs. 1 S. 1 BGB ein voller Regress gegen den Hauptschuldner möglich, zudem bedarf es stets einer Hauptverbindlichkeit. Weiterhin kann sich der Bürge nach § 768 Abs. 1 BGB auch auf Einreden des Hauptschuldners berufen. Insoweit kann auch die Systemfrage gestellt werden, ob eine andere Form der Haftung nicht besser geeignet wäre. Auch insoweit ist letztlich maßgeblich, welche Entscheidungen durch die heutigen sozialen Realitäten geboten sind. Wird die Bürgenhaftung demnach für vorzugswürdig gehalten, können umgekehrt aber auch wichtige Rückschlüsse auf Geltungsgrund und Funktionen der Haftung gezogen werden.

2 Rechtspolitische Neukonzeption

Darauf aufbauend ist es auch ein Anliegen, einen Vorschlag für eine Neuordnung der bürgengleichen Haftung im Arbeits- und Sozialrecht zu unterbreiten. Das innere System des Rechts basiert auf dem Zusammenwirken von Werturteilen, also Normzwecken[3]. Eine rechtspolitische Betrachtung hat daran anzusetzen und nach Wertungswidersprüchen im System zu fragen[4]. Mithin ist darauf abzustellen, wo Unterschiede zwischen den Normen berechtigt sind und wo diese lediglich zu einer fehlenden Rechtsklarheit und zu inneren Widersprüchen führen. Dabei ist neben einer Vereinheitlichung auch eine weitere Differenzierung hinsichtlich der Anspruchsvoraussetzungen eine Option. Die gemeinsamen Strukturen der Haftung und die gegebenenfalls möglichen Fallgruppenbildungen hinsichtlich Geltungsgründen und Funktionen sind insoweit zu berücksichtigen.

Von Interesse sind dabei die Verschränkungen zwischen Rechtsprechung und Gesetzgebung. Zu § 13 MiLoG hat der Gesetzgeber ausgeführt, dass der von der Rechtsprechung für § 14 AEntG entwickelte Unternehmerbegriff Anwendung finden soll[5]. Ausgangspunkt war hier mithin eine gesetzgeberische Regelung,

3 Höpfner Systemkonforme Auslegung, S. 87 f.

4 Vgl. Höpfner Systemkonforme Auslegung, S. 87 f., 106 f.

5 BT-Drs. 18/2010 (neu) S. 23.

die von der Rechtsprechung ausgelegt wurde, was wiederum den Gesetzgeber beeinflusste. Hier zeigt sich beispielhaft, dass zwar im Rahmen der Auslegung zu akzeptierende legislative Entscheidungen vorliegen, diese aber rechtspolitisch durchaus auf innere Wertungswidersprüche untersucht werden können. Eine wichtige weitere Verschränkung ergibt sich daraus, dass vom BVerfG 2007 eine verfassungsrechtliche Legitimation für die bürgengleiche Haftung aufgezeigt worden ist[6]. Damit stützt sich letztlich die danach erfolgende gesetzgeberische Ausgestaltung auf dieses vom BVerfG geschaffene Fundament. Es wird zu hinterfragen sein, ob dieses Fundament tatsächlich tragfähig ist.

Die tatsächliche Durchsetzung der Haftung entsprechend der gefundenen Prämissen ist ein Gebot der Effektivität. Der sich aufdrängende Charakter der Bürgenhaftung als Durchsetzungsinstrument macht deutlich, dass die tatsächliche Effektivität der Haftung ein besonderes Anliegen sein muss und letztlich nicht dem freien Spiel der Kräfte überlassen werden kann. Insoweit sind Probleme und Lösungsansätze zu erörtern. Nicht vernachlässigt werden darf dabei die tatsächliche Durchsetzung der Haftung durch die jeweiligen Anspruchsinhaber auch jenseits der dogmatischen Gestaltungen. Dies betrifft etwa die Ermittlung der haftenden Personen und die prozessuale Geltendmachung.

Zentrale Bedeutung kommt dem höherrangigen Recht zu. Zu berücksichtigen sind sowohl Verfassungsrecht als auch Unionsrecht. Aus Unionsrechtsakten können sich unmittelbare Handlungsaufträge an den Gesetzgeber ergeben. Zugleich ist es möglich, dass bestimmte Wertentscheidungen des Gesetzgebers gerade im Hinblick auf das höherrangige Recht erfolgt sind. Darüber hinaus stellt sich aber die Frage, ob der Gesetzgeber das höherrangige Recht vollständig gewürdigt hat. Nur innerhalb der insoweit bestehenden Grenzen kann ein Geltungsgrund der Haftung festgesetzt werden, dem dann wiederum die dogmatische Ausgestaltung folgt. Insbesondere ist zu klären, ob der verfassungsrechtlich zulässige Anknüpfungspunkt der Haftung besondere dogmatische Anforderungen mit sich bringt, ob etwa eine Exkulpationsmöglichkeit vonnöten ist. Aber auch die Funktionen der Haftung und folglich deren Wirkungen müssen sich am höherrangigen Recht messen lassen. Es stellt sich beispielsweise die Frage, ob eine Haftung auch im Falle der Insolvenz des Arbeitgebers mit höherrangigem Recht vereinbar ist.

---

6 BVerfG NZA 2007, 609.

II Gang der Untersuchung

Es ist notwendig, gewisse Gewichtungen hinsichtlich der verschiedenen Normen vorzunehmen. Der Schwerpunkt der Arbeit liegt auf den Haftungsnormen, die einen „Unternehmer" als Haftungsadressat festlegen. Auch sich an andere Adressaten richtende Normen, beispielsweise die Verleiherhaftung nach § 28 e Abs. 2 SGB IV, sind zur vollständigen Ausleuchtung der Rechtsfigur in die Betrachtung miteinzubeziehen, stehen aber weit weniger im Fokus.

In Kapitel B wird zunächst ein kurzer Überblick über die Normen der bürgengleichen Haftung im Arbeits- und Sozialrecht gegeben, der sich auch auf die tatsächliche Relevanz und den systematischen Standort der Rechtsfigur bezieht. Zugleich werden Maßstäbe an die Hand gegeben, anhand derer eine rechtspolitische Neuordnung der Thematik methodisch angegangen werden soll.

Entsprechend der zu setzenden Schwerpunkte beschäftigen sich die folgenden Kapitel mit der Unternehmerhaftung. Kapitel C stellt die insoweit einschlägigen Normen hinsichtlich ihrer Entstehungsgeschichten und ihrer Funktionen vor. Die nähere Auseinandersetzung mit den Funktionen erfolgt nicht abstrakt, stattdessen wird die Übereinstimmung der Funktionen mit dem durch Auslegung zu ermittelnden Unternehmerbegriff überprüft. Der Unternehmerbegriff bildet das verbindende Element dieser Normen, weshalb die hiermit verbundene Problematik bereits an dieser Stelle aufzuwerfen ist.

Kapitel D lotet die Grenzen aus, die sich aus höherrangigem Recht ergeben. Mithin werden die Möglichkeiten und Grenzen erörtert, die eine rechtspolitische Neuordnung zu beachten hat. Einzugehen ist dabei sowohl auf Unions- als auch auf Verfassungsrecht.

Kapitel E setzt sich mit der Frage auseinander, welche Folgen mit der Grundentscheidung für eine bürgengleiche Haftung verbunden sind und ob mögliche Alternativen hierzu in Betracht kommen.

In Kapitel F wird auf die einzelnen dogmatischen Fragen der verschiedenen Haftungsnormen mit rechtspolitischer Zielrichtung eingegangen. Hier werden mithin die Erkenntnisse hinsichtlich der relevanten Funktionen sowie der sich aus höherrangigem Recht ergebenden Grenzen fruchtbar gemacht.

In Kapitel G werden für die Effektivität der Haftung entscheidende Faktoren außerhalb der eigentlichen Anspruchsvoraussetzungen thematisiert. Dies betrifft zunächst die tatsächliche Durchsetzung in der Praxis, sodass hier möglicher Verbesserungsbedarf bei der Geltendmachung durch die verschiedenen Anspruchsinhaber ermittelt werden soll. Darüber hinaus haben weitere Faktoren Einfluss auf die tatsächliche Geltendmachung. Zu nennen sind hier

Kontroll- und Sicherungsmaßnahmen der Unternehmer sowie im gegebenen Kontext relevante Fragen des Insolvenzrechts.

Kapitel H nimmt die Haftungsnormen außerhalb der Unternehmerhaftung hinsichtlich deren Funktionen und deren Vereinbarkeit mit höherrangigem Recht in den Blick.

Das abschließende Kapitel I fasst die Ergebnisse kurz zusammen und macht anschließend einen auf den erlangten Ergebnissen aufbauenden Regelungsvorschlag.

B. Einführende Betrachtung der bürgengleichen Haftung im Arbeits- und Sozialrecht

I Systematischer Standort

Die Wirkung der bürgengleichen Haftung besteht darin, dass ein weiterer Schuldner hinzutritt. Es bedarf folglich eines bereits existenten Schuldners, was durch das Kriterium der bestehenden Hauptverbindlichkeit entsprechend § 767 Abs. 1 S. 1 BGB gewährleistet wird. In der Konsequenz ist damit das Verhalten Dritter haftungsauslösend. Insoweit reiht sich die bürgengleiche Haftung in die Vorschriften über die Verantwortung für Dritte ein, zu denken ist hier an die Anspruchsgrundlagen aus §§ 831 Abs. 1, 832 Abs. 1 BGB oder auch an die Zurechnungsnorm des § 278 BGB. Es lässt sich dabei bereits feststellen, dass der bürgengleichen Haftung zwei Besonderheiten gegeben sind. Zum einen setzen die eben genannten Anspruchsgrundlagen gegen den Geschäftsherrn oder Aufsichtspflichtigen nicht zwingend voraus, dass der Verrichtungsgehilfe oder die zu beaufsichtigende Person selbst haftet. Auch der Erfüllungsgehilfe muss nicht zwingend nach § 823 Abs. 1 BGB nach außen haften, wenn der Geschäftsherr nach § 280 Abs. 1 BGB in die Haftung genommen wird, es ist etwa denkbar, dass kein verletztes Rechtsgut nach § 823 Abs. 1 BGB vorliegt. Hingegen ist bei der bürgengleichen Haftung das Bestehen einer Hauptverbindlichkeit konstitutive Voraussetzung. Zum anderen richtet sich die Abwicklung zwischen dem zusätzlichen Schuldner und dem haftungsauslösenden Dritten nicht nach den Regeln der Gesamtschuld entsprechend § 421 ff. BGB, sondern nach den speziellen Regeln des Bürgschaftsrechts. Auf die konkreten Konsequenzen dieser benannten Unterschiede wird in Kapitel E zurückzukommen sein.

II Verwendung der bürgengleichen Haftung in der Rechtsordnung

Wird eine bürgengleiche Haftung durch das Gesetz angeordnet, entsteht ein Anspruch gegen eine weitere Person neben dem eigentlichen Schuldner, obwohl zu dieser keine vertragliche Beziehung besteht. Ein solcher Rückgriff auf die §§ 765 ff. BGB findet sich vereinzelt außerhalb des Arbeits- und Sozialrechts. Zu nennen sind hier §§ 566 Abs. 2, 567 b S. 2 BGB, die an den Eintritt eines Käufers in die Vermieterpflichten nach §§ 566 Abs. 1, 567 b S. 1 BGB anknüpfen und eine bürgengleiche Haftung des ursprünglichen Vermieters begründen. Die Haftung bezieht sich nicht auf eine nur noch vom neuen Vermieter zu erbringende Naturalleistung wie etwa der Überlassung des Wohnraums, sondern auf Geldersatz, in erster Linie infolge von Schadensersatzansprüchen[7]. Hierdurch soll verhindert werden, dass der Vermieter seine vertraglichen Pflichten auf eine vermögenslose Person übertragen kann[8]. Ähnliches gilt für § 1251 Abs. 2 S. 2 BGB, der auf die Übernahme der Verpflichtungen nach §§ 1214 ff. durch den Pfandgläubiger infolge von § 1251 Abs. 2 S. 1 BGB reagiert und den Zedenten nunmehr bürgengleich für einen durch Verletzung dieser Pflichten entstandenen Schaden gegenüber dem Verpfänder haften lässt. Grundgedanke ist hier die Einstandspflicht des Zedenten für die Zuverlässigkeit des von ihm ausgewählten Zessionars[9]. Schließlich sieht § 36 Abs. 2 S. 2 VerlG eine bürgengleiche Haftung der Insolvenzmasse bei einer Übertragung der Verlegerrechte gegenüber dem Autor vor. In diesem Fall ist die gewählte Ausgestaltung eine mildere Ausnahmeregelung im Insolvenzfall zur sonst bei einer Übertragung der Verlegerrechte geltenden gesamtschuldnerischen Haftung nach § 34 Abs. 4 UrhG und soll der Beschleunigung des Insolvenzverfahrens dienen[10].

Gemeinsamkeit aller dieser Normen ist es, dass vertragliche Pflichten vom bisherigen Vertragspartner weitergegeben werden[11]. Dem Vertragspartner soll es daher nicht möglich sein, sich seiner Pflichten völlig zu entziehen. Diese Interessenlage gilt für die Verwendung der bürgengleichen Haftung im Arbeits- und Sozialrecht nicht. Bei keiner der hier einschlägigen Normen liegt eine vertragliche Beziehung zum jeweiligen neu hinzutretenden Schuldner vor. Verbindendes Element ist stattdessen die Inanspruchnahme von Personen, die von der erbrachten Arbeitsleistung profitieren. Dies gilt, wenn ein Unternehmer in Anspruch genommen wird, der den Arbeitgeber mit Werk- oder Dienstleistungen beauftragt, so wie dies §§ 13 MiLoG, 98 a AufenthG und für bestimmte Bereiche §§ 14 AEntG, 28 e Abs. 2 a SGB IV, 150 Abs. 3 S. 1 HS 2 SGB VII, 3 Gesetz zur Sicherung von Arbeitnehmerrechten in der Fleischwirtschaft (GSA Fleisch) vorsehen. Aber auch ein Entleiher nimmt eine Arbeitsleistung in Anspruch, ohne dass eine vertragliche Beziehung zum Leiharbeitnehmer als deren Urheber besteht, nach § 28 e Abs. 2 SGB IV haftet der Entleiher für Sozialversicherungsbeiträge des

---

7 BGHZ 51, 273, 274 f.; MüKo BGB/Häublein § 566 Rn. 44.

8 Mugdan Band 2 S. 819; Schulze/Scheuch/Ebert § 566 Rn. 9.

9 Staudinger/Wiegand § 1251 Rn. 10; Beck'scher Online-Kommentar BGB/Schärtl § 1251 Rn. 4.

10 Schricker § 36 Rn. 20.

11 Staudinger/Horn Vorbemerkung zu §§ 765–778, Rn. 126.

Verleihers. Es zeigt sich, dass diese Rechtsfigur im Arbeits- und Sozialrecht keine Auffangfunktion zur Inanspruchnahme des bisherigen Vertragspartners erfüllt, sondern vielmehr hinter dem Arbeitgeber als eigentlichem Schuldner stehende Personen der Haftung ausgesetzt werden. Die Haftung erstreckt sich also nicht zeitlich auf frühere Vertragspartner, sondern ist auf andere Legitimationsgründe angewiesen.

III Überblick über die zeitliche Abfolge

Im Folgenden soll ein zeitlicher Überblick gegeben werden, wann und in welcher Reihenfolge der Gesetzgeber im hier relevanten Kontext tätig geworden ist. Dabei sind neben den Normen der bürgengleichen Haftung auch einzelne andere Normen miteinzubeziehen, die im Gesamtzusammenhang der jeweiligen Haftungsnormen von Interesse sind. Eine Auseinandersetzung mit den historischen Entstehungshintergründen erfolgt bei der Behandlung der einzelnen Normen. Hier werden auch die einzelnen Entwicklungslinien herausgestellt, die folgende Auflistung verschafft aber einen ersten Überblick über die zeitlichen Abläufe.

Im Unfallversicherungsrecht existierte unter wechselnder Firmierung bereits seit 1887 eine bürgengleiche Haftung des Bauherrn für die Unfallversicherungsbeiträge nicht gewerblicher Bauunternehmer, zuletzt bis 1995 als § 729 Abs. 2 RVO.

Die frühen Dreißigerjahre des 20. Jahrhunderts brachten zwei hier interessierende sozialpolitische Entscheidungen mit sich: Die Haftung des Bergwerksbetreibers für die von beauftragten Arbeitgebern zu zahlenden Sozialversicherungsbeiträge, heute geregelt in § 28 e Abs. 2 a SGB IV, ist auf das Jahr 1931 zurückzuführen. Der heutige § 21 Abs. 2 HAG geht auf das Jahr 1934 zurück und sieht unter bestimmten Voraussetzungen eine gesamtschuldnerische Haftung des Auftraggebers für die Heimarbeitern zustehenden Mindestentgelte vor, wenn der Zwischenmeister diese nicht auszahlt.

Erst 1972 wurde die bürgengleiche Haftung wieder vom Gesetzgeber aufgegriffen: § 393 Abs. 2I RVO ordnete die Haftung eines Entleihers für den vom Verleiher zu zahlenden Gesamtsozialversicherungsbeitrag an, 1988 wurde diese Norm in § 28 e Abs. 2 S. 1 SGB IV überführt. Bei gleicher Gelegenheit, mithin ebenfalls 1988, wurde die gesamtschuldnerische Haftung von Reeder und Arbeitgeber für den Gesamtsozialversicherungsbeitrag nach § 28 e Abs. 3 SGB IV begründet.

Ein neuer Anwendungsfall der bürgengleichen Haftung kam 1998 in Form des heutigen § 14 AEntG hinzu, der die Haftung eines „Unternehmers" für die von Nachunternehmern zu zahlenden Mindestentgelte normiert. Auch weitere gesetzgeberischen Maßnahmen wie die Einführung der Bauabzugssteuer nach § 48 EStG 2002 und insbesondere die bürgengleiche Haftung für Sozialversicherungsbeiträge nach § 28 e Abs. 3 a SGB IV, 150 Abs. 3 S. 1 HS 2 SGB VII bezogen sich auf das Baugewerbe. Sukzessive wurde das AEntG und damit die Haftung nach dem heutigen § 14 AEntG zwischen 2007 und 2009 auf weitere Branchen erweitert. Die Einführung der Haftung eines Unternehmers auf das Arbeitsentgelt bei illegaler Ausländerbeschäftigung nach § 98 a Abs. 3, 4 AufenthG 2011 und der Reederhaftung nach § 4 Abs. 4 SeeArbG 2013 waren Reaktionen auf die unionsrechtlichen Umsetzungsverpflichtungen aus den Richtlinien 2009/52/EG (Sanktionsrichtlinie)[12] und 2009/13/EG[13]. Ein Rückgriff auf die bürgengleiche Haftung im AEntG erfolgte 2014 mit der branchenunabhängigen Erstreckung auf den Mindestlohn durch § 13 MiLoG, im gleichen Jahr wurde die sich in ihrem Art. 12 mit der Auftraggeberhaftung auseinandersetzende Durchsetzungsrichtlinie RL 2014/67/EU[14] erlassen.

Zuletzt griff der Gesetzgeber wiederum auf das Instrumentarium des § 28 e Abs. 3 a-f SGB IV zurück und führte mit Modifikationen die Haftung für den Gesamtsozialversicherungsbeitrag und für die Unfallversicherungsbeiträge durch § 3 Abs. 1, 2 des Gesetzes zur Sicherung von Arbeitnehmerrechten in der Fleischwirtschaft auch für diesen Wirtschaftszweig ein.

IV Gemeinsame Strukturen und Unterschiede

Die Gemeinsamkeit der zu behandelnden Normen besteht darin, dass sie unter Rückgriff auf das Bürgschaftsrecht ausgestaltet wurden und dass als Hauptverbindlichkeit stets die Verpflichtung eines Arbeitgebers besteht. Die Person des Hauptschuldners ist daher das verbindende Element. Der Adressat der Haftung ist in den Fällen der §§ 13 MiLoG, 14 AEntG, 98 a Abs. 3, 4 AufenthG, 28 Abs. 3

---

12 Richtlinie über Mindeststandards für Sanktionen und Maßnahmen gegen Arbeitgeber, die Drittstaatsangehörige ohne rechtmäßigen Aufenthalt beschäftigen, Amtsblatt EU 2009, L 168/24.

13 Richtlinie zur Durchführung der Vereinbarung zwischen dem Verband der Reeder in der Europäischen Gemeinschaft (ECSA) und der Europäischen Transportarbeiter-Föderation (ETF) über das Seearbeitsübereinkommen 2006 und zur Änderung der Richtlinie 1999/63/EG, Amtsblatt EU 2009 L 124/30.

14 Richtlinie zur Durchsetzung der Richtlinie 96/71/EG über die Entsendung von Arbeitnehmern im Rahmen der Erbringung von Dienstleistungen und zur Änderung der Verordnung (EU) Nr. 1024/2012 über die Verwaltungszusammenarbeit mithilfe des Binnenmarkt-Informationssystems („IMI-Verordnung") Amtsblatt EU 2014, L 159/11.

a-f SGB IV, 150 Abs. 3 S. 1 HS 2 SGB VII, 3 GSA Fleisch der Unternehmer, § 28 e Abs. 2, 2 a, Abs. 3 SGB IV sowie § 4 Abs. 4 SeeArbG normieren hingegen jeweils spezifische Haftungsadressaten. Auf den Unternehmerbegriff ist in Kapitel C vertiefend einzugehen, die hinsichtlich des Haftungsadressaten an andere Begrifflichkeiten anknüpfenden Normen werden in Kapitel H behandelt.

Der Anspruchsinhalt ist ebenso wie die Person des Anspruchsberechtigten hingegen keineswegs zwingend identisch. Stattdessen kommen Verpflichtungen auf Sozialversicherungsbeiträge gegenüber der Krankenkasse beziehungsweise auf Unfallversicherungsbeiträge gegenüber dem Unfallversicherungsträger ebenso in Betracht wie eine Haftung gegenüber dem Arbeitnehmer. Ein Anspruch des Arbeitnehmers kann sich wiederum auf ein Mindestentgelt (§§ 14 AEntG, 13 MiLoG), auf das übliche (§ 4 Abs. 4 SeeArbG) oder auf das vertragliche Entgelt (§ 98 a Abs. 3, 4 AufenthG) beziehen. Einen Sonderfall stellt § 14 AEntG hinsichtlich der Haftung gegenüber der Urlaubskasse dar.

Weiterhin unterscheiden sich die Normen auch hinsichtlich des Anknüpfungspunktes der Haftung, bei §§ 13 MiLoG, 14 AEntG ist dies beispielsweise die Beauftragung mit Werk- und Dienstleistungen. Weitere Unterschiede bestehen hinsichtlich der Fragen, ob eine Exkulpation möglich ist und ob die Haftung auch in der Kette greift, einen Sonderfall stellt die Erforderlichkeit eines Schwellenwerts gemäß § 28 e Abs. 3 d S. 1 SGB IV dar. Diese Unterschiede werden bei den Normen der Unternehmerhaftung in Kapitel F ausführlich dargestellt und rechtspolitisch diskutiert, bei den anderen Normen ist auf Kapitel H zu verweisen. Es zeigt sich, dass zahlreiche Unterschiede im Detail bestehen, die Normen aber auf den Grundgedanken einer Einstandspflicht für eine Verbindlichkeit des Arbeitgebers zurückzuführen sind.

V Tatsächliche Bedeutung

Die tatsächliche Bedeutung der verschiedenen Haftungsnormen unterscheidet sich sehr stark. Im Folgenden soll ein kurzer erster Überblick hinsichtlich der vorhandenen Fallzahlen gegeben werden, der zur besseren Einordnung der Ausführungen zu den jeweiligen Normen dient. Die genannten Fallzahlen werden im Verlauf der Arbeit aufgegriffen, wobei insbesondere noch nach Erklärungsansätzen für die auftretenden Unterschiede zu suchen ist.

Fallzahlen existieren insbesondere für §§ 28 e Abs. 3 a SGB IV und § 150 Abs. 3 S. 1 HS 2 SGB VII. Die Bundesregierung evaluierte entsprechend ihres gesetzlichen Auftrags, nunmehr in § 28 e Abs. 3 f S. 3 SGB IV verankert, die Wirksamkeit dieser Haftungsregelungen in den Jahren 2004, 2008 und 2012. Die Krankenkassen machten zwischen 2002 und 2012 in lediglich 46 Fällen die

Haftung geltend, wobei ein Haftungsvolumen von 337 000 € betroffen war[15]. Bei der Unfallversicherung entsprechend § 150 Abs. 3 S. 1 HS 2 SGB VII kam es im gleichen Zeitraum zu 2616 Haftungsfällen, wobei die Bescheide weit überwiegend rechtskräftig wurden. Eingenommen wurden 6 020 563 €. Auch danach kam es zu keinem deutlichen Rückgang[16].

Die geringen Fallzahlen bei der Krankenversicherung lassen sich auf zwei Arten erklären: Einerseits mit einer geringen Effektivität der Haftung anhand bestehender konzeptioneller Mängel[17] oder aber andererseits mit einer besonders starken präventiven Wirkung, die schon verhindert, dass sich illegaler Praktiken bedienende Unternehmer überhaupt beauftragt werden[18].

Gegen die bereits greifende präventive Wirkung spricht der Umstand, dass im Bereich der Unfallversicherung wie erwähnt bis 2012 in 2616 Fällen Bescheide erstellt wurden. Diese Diskrepanz widerspricht der These, dass es schon mangels geeigneter Fälle nicht zu einer Haftung komme. Stattdessen erweist sich die Haftung als nicht hinreichend effektiv. Auch aktuellere Aussagen aus der Praxis beziehen sich allein auf eine Inanspruchnahme durch die BG Bau und nicht auf die Krankenkasse[19].

Bei der Urlaubskasse SOKA-BAU kam es hinsichtlich der Haftung für Urlaubskassenbeiträge nach § 14 AEntG im Inlandsverfahren zwischen 2007 und 2016 in 343 Fällen zu einer Zahlung des Auftraggebers nach Aufforderung durch SOKA-BAU, in 753 Fällen bot der Auftraggeber von sich aus die Zahlung an und leistete infolgedessen. Für das Entsendeverfahren, mithin bei der Beteiligung ausländischer Auftragnehmer, konnten keine Zahlen genannt werden, die Fallzahlen liegen aber wesentlich höher[20].

Für die Haftung gegenüber Arbeitnehmern nach §§ 14 AEntG, 13 MiLoG gibt es keine Statistik, es muss tendenziell aber davon ausgegangen werden, dass es lediglich in Einzelfällen zur Haftung gekommen ist[21].

15 Bericht der Bundesregierung über die Wirksamkeit und Reichweite der Generalunternehmerhaftung für Sozialversicherungsbeiträge im Baugewerbe, BT-Drs. 17/11920 S. 3 linke Spalte.

16 Ebd. S. 3 rechte Spalte; Gespräch mit Vertreterin der BG-Bau, 20.07.2017.

17 BT-Drs. 17/11920 S. 3 linke Spalte, S. 4 rechts.

18 BT-Drs. 16/11476 S. 5; 17/11920 S. 4 linke Spalte.

19 Gespräch mit Vertreterin der Bauindustrie Mitte, 15.12.2016.

20 Termin bei der Soka Bau, 18.01. 2017.

21 Gespräch mit Vertreter der IG Bau, 12.05.2017.

VI Einordnung in das Recht der Wirtschaftsregulierung

1 Allgemeine Aufteilung der Rechtskreise

Nach klassischem Verständnis liegt die Aufgabe des Zivilrechts in der angemessenen Ausgestaltung der rechtlichen Verhältnisse zwischen zwei Personen. Auf Verhaltensverstöße kann mit dem Straf- und Ordnungswidrigkeitenrecht reagiert werden. Eine letztlich eigenständige Kategorie bildet das Wirtschaftsrecht, wobei die genaue Begriffsbestimmung unklar ist: Abgestellt wird teils darauf, ob die Normen sich auf eine gesamtwirtschaftliche Richtigkeit beziehen[22], teils darauf, ob die Funktionsfähigkeit des Marktes erhalten werden soll[23]. Nach einem anderen Vorschlag soll das Wirtschaftsrecht verkürzt sowohl Selbstentfaltung als auch Versorgung der Wirtschaftsbürger garantieren[24]. Gemeinsamkeit dieser Überlegungen ist, dass die eigenständige Materie des Wirtschaftsrechts sowohl zivil- als auch öffentliche Normen enthalten kann.

Dabei können privatrechtrechtliche Normen durchaus eine Regulierungsaufgabe erfüllen, wie sich exemplarisch im Lauterkeitsrecht zeigt: Das UWG soll nach seinem § 1 S. 2 dem unverfälschten Wettbewerb dienen und greift dabei in den §§ 8 ff. auf zivilrechtliche Ansprüche zurück. Die Geltendmachung zivilrechtlicher Ansprüche erfüllt hier folglich eine überindividuelle Funktion, die sich auf den Schutz des unverfälschten Wettbewerbs bezieht. Damit erfolgt ein Schutz der Institution Wettbewerb. Das Verständnis einer konkreten Institution kann nur aus der vollständigen systematischen Auslegung in Bezug auf eine typische soziale Interessenkonstellation erschlossen werden[25]. Das Wettbewerbsverständnis im Rahmen des UWG ist hier nicht von Interesse. Wenn aber auch im Rahmen der bürgengleichen Haftung der Wettbewerbsbegriff aufgegriffen wird, was schon wegen der Thematisierung von Wettbewerbsüberlegungen in § 1 AEntG naheliegt, so ist ein eigenständiger Wettbewerbsbegriff für den Bereich des Arbeitslebens, namentlich der Lohnzahlung, zu entwickeln. Dies kann erst im späteren Verlauf der Arbeit geschehen.

2 Aufteilung der Rechtskreise auf dem Gebiet der Lohnzahlung

Bereits an dieser Stelle muss aber auf die Besonderheiten eingegangen werden, die sich für die Aufteilung der Rechtskreise bei der Lohnzahlung ergeben. Die

22 Rittner/Dreher § 1 Rn. 54.
23 Poelzig Rn. 13.
24 Fikentscher Bd. 1 Rn. 1.
25 Rüthers S. 41.

zivilrechtlichen Regelungen des BGB, des AEntG und des MiLoG beziehen sich zunächst auf das Lohnniveau und damit auf den Ausgleich zwischen Privatrechtspersonen. Ist die Durchsetzung der Lohnansprüche nicht möglich, erfolgt eine Existenzsicherung durch das Sozialrecht, namentlich durch die Regelungen über das Insolvenzgeld nach §§ 165 ff. SGB III und über das Arbeitslosengeld nach § 136 ff. SGB III.

Als Besonderheit des Arbeitsrechts ist aber der Einfluss der Tarifvertragsparteien zu beachten. Dies gilt zunächst im Hinblick auf die Sicherstellung einer angemessenen Lohnhöhe. Weiterhin erfolgt aber auch eine Beschäftigungsförderung durch das Tarifrecht. Dies gelingt, indem die Beauftragung nicht bestandsfähiger Unternehmen verhindert wird. Wenn ein nach seinen vorhandenen Fachkenntnissen und seinen finanziellen Ressourcen nicht bestandsfähiger Arbeitgeber beauftragt wird, kommt es früher oder später zu einem Lohnausfall. Zudem schwächt die Auftragsvergabe an einen solchen Unternehmer die Konkurrenz, was letztlich zu einer allgemeinen Erhöhung der Arbeitslosigkeit führen kann. Es besteht daher ein Interesse daran, dass nicht bestandsfähige Unternehmer möglichst schnell den Markt wieder verlassen. Auf diese Weise werden negative Folgen für die bestandsfähige Konkurrenz ausgeschlossen.

Die Festlegung eines verbindlichen Lohns beeinträchtigt die Chancen nicht bestandsfähiger Arbeitgeber, über einen Kostenvorteil Aufträge zu erhalten und sich so künstlich am Markt zu halten. Dies lässt sich als Gegenstand der Ordnungsfunktion des Tarifvertrags begreifen, mithin der autonomen Ordnung des Arbeitslebens durch die Tarifvertragsparteien[26]. Gleichzeitig ist die Förderung der Bestandsfähigkeit eine Konsequenz aus der Kartellfunktion der Tarifverträge[27], indem durch das Verbot einer Abweichung nach unten eine Verdrängung derjenigen Marktteilnehmer erfolgt, die zur Teilnahme an diesen Kartellbedingungen außerstande sind.

Können die Tarifverträge diese Aufgabe nicht erfüllen, treten Mindestentgelte nach dem AEntG und dem MiLoG an deren Stelle. Flankiert werden die insoweit wirkenden Tarifverträge durch öffentlich-rechtliche Normen aus dem Vergabe- oder Gewerberecht, exemplarisch genannt sei hier der Meisterzwang bei bestimmten Handwerksbereichen nach § 7 Abs. 1 a Handwerksordnung. Die Sicherstellung der tatsächlichen Einhaltung von zwingenden

---

26 Vgl. hierzu BVerfGE 4, 107, 18; Münchener Handbuch zum Arbeitsrecht/Rieble/Klumpp Band 2 § 162, Rn. 29; Wiedemann/Wiedemann Einl. Rn. 15.

27 Zur Kartellfunktion statt vieler Löwisch/Rieble TVG Grundlagen Rn. 44 ff.; Erfurter Kommentar/Franzen § 1 TVG Rn. 2.

Arbeitsbedingungen ist nach klassischem Verständnis hingegen eine Domäne des Straf- und Ordnungswidrigkeitenrechts.

3 Aufteilung der Rechtskreise bei der Auftraggeberhaftung

Mindestentgelte an sich können dazu beitragen, dass nicht leistungsfähige Arbeitgeber aus eigener Initiative aus dem Markt ausscheiden. Allerdings besteht auch die Möglichkeit, dass solche Arbeitgeber sich davon nicht abhalten lassen, weiterhin auf dem Markt aktiv zu sein. Die Möglichkeit zur zivilrechtlichen Geltendmachung der Lohnansprüche der Arbeitnehmer gegen die Arbeitgeber und die strafrechtlichen Sanktionen können keine Leistungsfähigkeit erzeugen. Die Verdrängung nicht bestandsfähiger Arbeitgeber kann daher nur erfolgen, wenn auf die Auftragsvergabe Einfluss genommen wird. Es wird daher auf die Inanspruchnahme eines Dritten zurückgegriffen, sodass präventiv die Auftragsvergabe an nicht bestandsfähige Unternehmer verhindert wird. Das Haftungsrisiko liefert einen Anreiz, bestandsfähige Auftragnehmer auszuwählen.

Hinsichtlich der Rechtstreue, mithin der tatsächlichen Einhaltung der zwingenden Arbeitsbedingungen, wäre eine Erzwingung durch das Straf- und Ordnungswidrigkeitenrecht hingegen durchaus denkbar. Wer zahlungsfähig ist, kann durch das Straf- und Ordnungswidrigkeitenrecht präventiv zur Rechtstreue gezwungen werden. Die Einflussnahme auf die Auftragsvergabe mittels eines Haftungsrisikos bei fehlender Rechtstreue der Auftragnehmer ist insoweit ein alternatives Instrument, um die tatsächliche Einhaltung der Rechtsvorschriften zu gewährleisten.

Die Einwirkung auf die Identität der Marktteilnehmer erfolgt im Ergebnis unabhängig von staatlichen Stellen wie etwa dem Gewerbeaufsichtsamt und auch unabhängig vom Straf- und Ordnungswidrigkeitenrecht. Stattdessen kommt hier dem Zivilrecht die steuernde Wirkung zu, wobei zur Bestimmung des Haftungsumfangs auf Tarifverträge oder auf an deren Stelle tretendes Gesetzesrecht zurückgegriffen wird. Bei sozialrechtlichen Anspruchsgrundlagen wie § 28 e Abs. 3 a SGB IV ist das Sozialrecht als spezieller Unterfall des öffentlichen Rechts ausschlaggebend.

Gleichzeitig muss gesehen werden, dass durch die Hinzunahme eines weiteren Schuldners ein Beitrag zur Existenzsicherung geleistet wird, indem eine alternative Befriedigung bei fehlender Durchsetzbarkeit der Ansprüche gegen den Arbeitgeber ermöglicht wird. Auch insofern geht das Zivilrecht über seine klassische Aufgabe als Ausgleichsinstrument hinaus.

VII Maßstäbe für eine Neuregelung

Wird rechtspolitisch eine Neuordnung der Vorschriften über die bürgengleiche Haftung im Arbeits- und Sozialrecht, insbesondere der Unternehmerhaftung, entworfen, so sind an die Haftung letztlich drei Fragen zu stellen.

Die erste Frage betrifft das „Warum". Diese Frage bezieht sich auf das Problem, dass die Inanspruchnahme eines Dritten für Verbindlichkeiten eines Arbeitgebers keineswegs selbstverständlich ist und am höherrangigem Recht gemessen werden muss. Nur unter Betrachtung der sich hieraus ergebenden Schlussfolgerungen kann festgestellt werden, was genau die Legitimation der Haftung darstellt, mithin warum beziehungsweise unter welchen Voraussetzungen die Inanspruchnahme eines Dritten für die Verbindlichkeiten des Arbeitgebers gerechtfertigt ist. Es bedarf einer tragfähigen Begründung, die als Erklärungsansatz für die Inanspruchnahme dienen kann. Anders formuliert soll hier die Frage eines Haftungsadressaten beantwortet werden, warum gerade er haften soll. Diese Legitimation muss die Grundlage für rechtspolitische Betrachtungen darstellen.

Die zweite Frage betrifft das „Wozu". Hierzu sind die vom Gesetzgeber bezweckten Funktionen der Haftung zu ermitteln. Es ist weiterhin festzustellen, inwieweit die gesetzgeberischen Funktionen mit der gegenwärtigen Ausgestaltung korrespondieren. Die Wertungen des Gesetzgebers hinsichtlich der Funktionen können aber durchaus auch kritisch hinterfragt werden.

Hinter den Funktionen stehen die soeben aufgeworfenen Grundüberlegungen zur Einordnung der bürgengleichen Haftung in das Rechtssystem. Mithin sind einerseits die an sich dem Sozialrecht zuzuordnende Existenzsicherung und andererseits die Wirtschaftsregulierung sowohl hinsichtlich der Bestandssicherheit der Bewerber auf dem Markt als auch hinsichtlich der bloßen Rechtstreue als mögliche Wirkungsfelder der bürgengleichen Haftung zu beachten. Damit ist aber noch nicht gesagt, dass die verschiedenen Haftungsnormen nach dem Willen des Gesetzgebers tatsächlich insoweit eine Rolle spielen und es ist auch nicht intendiert, dass dies legitimerweise der Fall sein sollte. Auch insoweit kann das höherrangige Recht, hier vor allem das Recht der Grundfreiheiten, eine begrenzende Rolle spielen. Es kann aber auch rechtspolitisch durchaus sinnvoll sein, der Haftung eine bestimmte Wirkung nicht zu verleihen. Plastisch wird dies für den Bereich der Bestandssicherheit: Es ist zwar als legitimes Interesse zu würdigen, nicht bestandssichere Konkurrenz aus dem Markt zu verdrängen. Umgekehrt darf es aber auch nicht die Konsequenz einer solchen Verdrängung sein, dass etwa neu gegründete oder kleine Unternehmen vom Wettbewerb zugunsten der etablierten Akteure ferngehalten werden. Dass eine Verdrängungswirkung hinsichtlich nicht bestandssicherer Unternehmen eine mögliche Wirkung der Haftung ist, sagt daher nichts darüber aus, ob diese Wirkung der Haftung auch tatsächlich und uneingeschränkt zu verleihen ist. Letztlich ist also bei der Frage nach dem „Wozu“ eine klare Bestimmung der zu präferierenden Haftungsziele vorzunehmen.

Schließlich stellt sich die Frage nach dem „Wie“. Insoweit stellt sich die Aufgabe, ausgehend von einer tragfähigen Begründung der Haftung und von den festzuhaltenden Zielen und Funktionen konkrete Schlüsse zu ziehen. Mithin ist eine effektive, aber nicht überschießende Umsetzung der ermittelten Prämissen vorzunehmen. Hinsichtlich der Effektivität kann dabei auf ökonomische Erwägungen mit Blick auf das zu erwartende Verhalten der betroffenen Auftraggeber zurückgegriffen werden. Das „Wie“ betrifft einerseits die Normen an sich, von besonderer Bedeutung ist hier die Frage nach dem genauen Haftungsadressaten und nach Exkulpationsmöglichkeiten. Andererseits sind auch die Rahmenbedingungen in Bezug auf die mögliche Geltendmachung der Ansprüche in den Blick zu nehmen.

C. Die Unternehmerhaftung: Funktionen der Normen und Unternehmerbegriff

I Vorbemerkung

Der zeitliche Überblick hat aufgezeigt, dass in erster Linie das Baugewerbe entscheidenden Anteil an der Entwicklung der Unternehmerhaftung hatte. Es ist daher zweckmäßig, zunächst die Entwicklung im Baugewerbe zu beleuchten und anschließend auf branchenübergreifende Regelungen einzugehen. Mit Blick auf die strukturellen Besonderheiten im Baugewerbe sind daher § 729 Abs. 2 RVO, der auf das Baugewerbe bezogene ehemalige § 1 a AEntG sowie §§ 28 e Abs. 3 a SGB IV, 150 Abs. 3 S. 1 SGB IV zu thematisieren. Anschließend wird die branchenübergreifende Haftung nach den heutigen §§ 14 AEntG, 13 MiLoG angesprochen, wobei auch die Durchsetzungsrichtlinie 2014/67/EU in den Blick genommen wird. Die speziellen Regelungen des § 98 a Abs. 3, 4 AufenthG und des § 3 GSA Fleisch runden das Bild ab. Neben den Funktionen der Normen steht dabei der Unternehmerbegriff im Fokus.

II Unternehmerhaftung im Baugewerbe

1 Die Haftung des Bauherrn für Beiträge zur Unfallversicherung

a) Grundsatz

Bereits das „Gesetz, betreffend die Unfallversicherung der bei Bauten beschäftigten Personen“[28] (Bauunfallversicherungsgesetz) von 1887 sah in seinem § 27 eine Haftung des Bauherrn für Unfallversicherungsbeiträge der am Bau beteiligten Arbeitnehmer vor, wenn die Arbeiten nicht gewerbsmäßiger Natur waren. Eine solche Haftung bestand bis 1995 in Form des § 729 Abs. 2 RVO weiter. Grundgedanke war dabei, dass das in der Unfallversicherung praktizierte Umlagesystem angesichts der großen Fluktuation bei nicht gewerblichen Bauarbeiten nicht praktikabel sei und stattdessen die Beiträge im Prämienverfahren erhoben werden sollten[29]. Eine zusätzliche Absicherung sollte nach dem Willen des

---

28 Reichsgesetzblatt 1887, S. 287 ff.

29 Reichstagsprotokolle 7. Legislaturperiode 1887, 3, Aktenstück Nr. 11 S. 198 rechte Spalte.

Gesetzgebers durch die ermöglichte Inanspruchnahme auch des Bauherrn erfolgen[30]. Hier ist mithin ein Durchsetzungsgedanke erkennbar. Bereits im Gesetzgebungsverfahren wurde hervorgehoben, dass der unmittelbare Einfluss des Bauherrn auf die Arbeitnehmer die Inanspruchnahme rechtfertigt, wenngleich auch bei der Weitergabe des Auftrags durch gewerbliche Bauunternehmer die Haftung begründet sein sollte[31]. Mithin war bereits eine Kettenhaftung vorgesehen, sodass der Bauherr nicht nur für den von ihm beauftragten Unternehmer haftete. Zwischenmeister hafteten dabei nach § 729 Abs. 2 S. 2 RVO vor dem Bauherrn. Obwohl der Wortlaut dies nicht vorsah, wurde allgemein von einer gesetzlichen Bürgschaft ausgegangen[32]. Die ermöglichte Inanspruchnahme des Bauherrn stellte einen Fremdkörper in der Unfallversicherung dar: Im Regelfalle wird darauf abgestellt, wem der wirtschaftliche Erfolg unmittelbar zufließt, davon wurde hier eine Ausnahme gemacht[33]. Diese Grundwertung findet sich auch heute in § 136 Abs. 3 Nr. 1 SGB VII.

Als Bauherr wurde dabei derjenige angesehen, der die wirtschaftliche Kontrolle innehatte. Dies wurde etwa relevant, wenn ein Bauspekulant die Finanzierung besorgte, sich dafür über die marktüblichen Bedingungen hinaus Gegenleistungen versprechen ließ und die Bebauung kontrollierte. Abgestellt wurde daher darauf, wem im Ergebnis mittelbar der Gewinn der Bebauung zugutekam[34].

b) Besonderheiten des Anwendungsbereichs

Entscheidend ist aber der Begriff der nicht gewerbsmäßigen Bauarbeiten: Nach dem Verständnis der Rechtsprechung fallen hierunter auch zwar langfristig angelegte, aber aufgrund fehlender Qualifikation oder fehlenden Kapitals keine hinreichende Bestandssicherheit aufweisende Bauunternehmer[35]. Auf diese Weise wurden insbesondere Bauunternehmer erfasst, die sich an der allgemeinen Bauspekulation beteiligen wollten und über bloße Versuche zur Existenzgründung nicht hinauskamen[36]. Dies muss im Kontext der allgemeinen Landflucht gesehen

30 Reichstagsprotokolle 7. Legislaturperiode 1887, 3, Aktenstück Nr. 11 S. 204 rechte Spalte.

31 Reichstagsprotokolle 7. Legislaturperiode 1887, 4 Aktenstück Nr. 123 S. 996 f.

32 Handbuch der Unfallversicherung Band II S. 469; Lauterbach § 729 RVO Rn. 7; Brackmann S. 542 a.

33 BSGE 67, 199, 202.

34 Reichstagsprotokolle 12. Legislaturperiode 1911, 12, Band 279, Drs. 946, S. 324.

35 EuM 21, 205, 206; BSGE 30, 230, 235.

36 BSGE 30, 230, 236.

werden. Diese löste in den Großstädten infolge der unbegrenzten Wohnungsnachfrage einen Bauboom aus, der alsbald auch Spekulanten anzog[37].

Dies bedeutete, dass der Bauherr die Haftung vermeiden konnte, wenn er die Arbeiten ausschließlich durch gewerbsmäßige, hinreichend bestandssichere Bauunternehmer vornehmen ließ. Die Rechtsprechung erkannte diese Steuerungsfunktion hinsichtlich der Auftragsvergabe ausdrücklich an. Weiterhin erblickte diese in der Haftung eine Ausgleichsfunktion. Es sollte derjenige in die Haftung genommen werden, der durch seine Handlung die vom Gesetzgeber missbilligte Beauftragung nicht bestandssicherer Unternehmen ermöglichte und gleichzeitig von der jeweiligen, gegebenenfalls günstigeren, Leistung profitierte[38]. Es kommt also nicht darauf an, ob die Bauleistung tatsächlich günstiger erfolgte, sondern dass von der Leistung des nicht gewerbsmäßigen Bauarbeiters überhaupt profitiert wurde. Instruktiv und vom BSG auch angestrengt[39] ist der Vergleich zur Abgabe nach § 154 Abs. 1 SGB IX bei fehlender Erfüllung der Beschäftigungspflicht gegenüber Schwerbehinderten. Diese Abgabe setzt einerseits einen Antrieb zur Erfüllung der Beschäftigungspflicht und garantiert andererseits einen Ausgleich des entstandenen Wettbewerbsvorteils bei fehlender Erfüllung dieser Pflicht[40].

Relevant wurden für die Rechtsprechung Fälle, in denen eine Eintragung in die Handwerksrolle mangels vorliegender Voraussetzungen ausgeschlossen war und der betroffene Handwerker jederzeit eine ordnungsrechtliche Einstellungsverfügung befürchten musste[41].

Der Anwendungsbereich der Norm wurde aber von der Rechtsprechung eingeschränkt: Die Haftung sollte nur dann greifen, wenn die Beauftragung des nicht gewerblichen Bauunternehmers dem Bauherrn zurechenbar war[42]. Anders ausgedrückt musste die Risikosphäre des Bauherrn eröffnet sein[43]. Diese Zurechenbarkeit wurde etwa abgelehnt, wenn der Bauherr eine den gewerbsmäßigen Charakter des Unternehmers bestätigende Unbedenklichkeitsbescheinigung bei der zuständigen Berufsgenossenschaft beantragt hatte[44] oder aber der Zwischenunternehmer nicht gewerbliche Bauunternehmer eingesetzt hatte, obwohl

37 Vgl. Ullrich, S. 138 f.
38 BSGE 63, 29, 30.
39 BSGE 63, 29, 30.
40 BVerfG NJW 1981, 2107, 2110.
41 BSGE 67, 199, 201; BSG NZA 1990, 954.
42 BSGE 63, 29, 30; BSGE 67, 199, 202.
43 BSG NZA 1990, 954, 955.
44 BSGE 63, 29, 30; BSG NZA 1990, 954, 955.

ihm dies vertraglich untersagt war[45]. Begründet wurde dies mit einer ansonsten drohenden Überlastung des Bauherrn und dem Grundsatz der Verhältnismäßigkeit[46]. Obwohl nach dem Wortlaut keine Kenntnis des Bauherrn vom nicht gewerbsmäßigen Charakter erforderlich war, erfolgte so eine wesentliche Einschränkung der Haftungsreichweite. Der Gesetzgeber reagierte 1996 auf die oftmals fehlende Zurechenbarkeit, indem er die Norm gänzlich strich[47].

c) Schlussfolgerungen

Diese Auslegung ist für das Verständnis der heutigen Normen der Unternehmerhaftung und für den Unternehmerbegriff von großer Relevanz. Zunächst finden sich hier mit dem Schutz der Arbeitnehmer und der Steuerung der Auftragsvergabe wichtige Grundgedanken. Von Interesse ist dabei auch das Ziel der Auftragssteuerung, nämlich die Verdrängung wirtschaftlich nicht bestandsfähiger Unternehmen. Bei den von der Rechtsprechung entschiedenen Fällen war mangels Eintragung in die Handwerksrolle die Grenze zur Verdrängung illegal tätiger Unternehmen fließend, zwingend war dieser Gleichklang beim vorliegenden Verständnis der Gewerbsmäßigkeit aber nicht. Hier lassen sich mit der wirtschaftlichen Bestandsfähigkeit einerseits und mit der Rechtstreue andererseits zwei mögliche Bezugspunkte der Steuerungswirkung erkennen.

Großes Gewicht hat auch die Überlegung, dass die Verursachung einer politisch nicht gewollten Beschäftigungsform keine Besserstellung zur Folge haben darf, mithin die Ausgleichsfunktion. Weiterhin wird durch das Element der Zurechenbarkeit eine Grenze für die Haftung festgelegt. Faktisch führt dieses Verständnis zudem dazu, dass nur diejenigen Personen, die tatsächlich die Auftragsvergabe steuern, in die Haftung genommen werden. Mithin werden nach diesem Verständnis nur diejenigen haftbar gemacht, die – unabhängig von einem Verschulden im engeren Sinne – relevanten Einfluss auf die Auftragsvergabe an den konkreten, nicht gewerbsmäßigen und daher weniger seriösen Bauunternehmer haben und nicht lediglich fremdbestimmt mitwirken. Der Schutz des Unfallversicherungsträgers wird daher in bestimmten Fällen eingeschränkt, während die Steuerung der Auftragsvergabe durch die Inanspruchnahme der hierfür verantwortlichen Personen vollumfänglich möglich bleibt.

---

45 BSGE 67, 199, 202.

46 BSGE 67, 199, 202 f.

47 Begründung im Entwurf des Unfallversicherungs- Einordnungsgesetzes BT-Drs. 13/2204 S. 110 rechte Spalte, Streichung durch Unfallversicherungs-Einordnungsgesetz BGBl. Teil I 1996 Nr. 43 vom 20.08.1996, S. 1254.

2 Diskussion über Lohnhaftung im 19. Jahrhundert

Erwähnt werden muss auch, dass bereits 1896 eine Lohnhaftung insbesondere des Bauherrn in einer Reichstagssitzung vom sozialdemokratischen Abgeordneten Stadthagen ins Spiel gebracht wurde[48]. Dabei verwies Stadthagen auf die typischen Subunternehmerkonstellationen im Baugewerbe und auf die grassierende Bauspekulation. Auch hier wurde der Gedanke betont, dass derjenige, der von der Arbeitsleitung profitiere, auch haften müsse. Allerdings thematisierte Stadthagen nicht etwa eine Steuerungswirkung hinsichtlich der Auswahl bestimmter Bauunternehmer, sondern hob einen anderen Aspekt hervor: Die Durchsetzung der Lohnansprüche sollte nicht daran scheitern, dass vermögenslose „Strohmänner" zwischen Bauherr und Arbeitnehmer geschaltet wurden. Damit ist eine weitere Funktion einer Auftraggeberhaftung aufgezeigt, wenngleich eine Lohnhaftung für das Baugewerbe erst ein Jahrhundert später aktuell werden sollte.

Im Rahmen der Beratung des BGB brachten die sozialdemokratischen Abgeordneten Stadthagen und Frohme auch den Entwurf eines § 606 a BGB ein, wonach auch derjenige für den Lohn zu haften habe, der den Nutzen der Arbeitskraft vom Arbeitnehmer verwendet. Stadthagen begründete den Entwurf mit der Notwendigkeit, etwa bei zwischengeschalteten Zwischenmeistern oder Kolonnenführern einen Zahlungsausfall zu vermeiden. Der Entwurf wurde zunächst unter Anerkennung eines „berechtigten Kerns" bis zur Beratung des Bereicherungsrechts zurückgestellt[49], wo er sodann erneut beraten wurde. Bei dieser Gelegenheit wurde auch ein sich in das Bereicherungsrecht einfügender Alternativentwurf von den genannten Abgeordneten vorgeschlagen, wonach als Leistung auch „die auf Grund eines Vertrags mit einem Anderen erfolgte Verwendung der Arbeitskraft in den Nutzen des Bereicherten" gelten solle. Damit wäre letztlich das bereicherungsrechtliche Prinzip, wonach die Kondiktion gegen den Vertragspartner als Leistenden geltend zu machen ist, ausgehebelt worden. Die Vorschläge wurden aber letztlich mit der Begründung abgelehnt, dass die Rechtssicherheit hierdurch außerordentlich beeinträchtigt werde[50].

---

48 Reichstagsprotokolle 9. Legislaturperiode Band 1, 1895/97, 1. Sitzung vom 22.01.1896, S. 488 ff. Verweis auf Diskussion auch bei Kocher, AuR 2015 G1, G4.

49 Zitiert nach Jakobs/Schubert, §§ 433- 651 BGB, S. 759.

50 Zitiert nach Jakobs/Schubert, §§ 652–853 BGB, S. 857 f.

3 Der Vorläufer: Das Arbeitnehmerentsendegesetz 1996

a) Entstehung des AEntG

Die deutsche Bauwirtschaft war Anfang der 1990er-Jahre mit Entwicklungen konfrontiert, die sich unmittelbar aus dem Einsatz entsandter Arbeitnehmer ergaben. Durch die fehlende Bindung etwa an deutsche Tarifverträge war es ausländischen Unternehmen möglich, die Preise der deutschen Konkurrenz um 20 bis 25 % zu unterschreiten[51]. Die Bauinvestitionen nahmen ab September 1993 binnen eines Jahres zwar um 25 % zu, gleichzeitig stieg aber die Arbeitslosigkeit im Baugewerbe um 5 %[52]. Politisch wurde daraus die Notwendigkeit abgeleitet, diesen Wettbewerbsvorteil entfallen zu lassen und die kleinen und mittleren deutschen Baubetriebe vor der Billigkonkurrenz aus dem Ausland zu schützen. Angesichts der zunächst gescheiterten Bemühungen um eine Entsenderichtlinie sollten diese Maßnahmen in einem deutschen Alleingang vollzogen werden[53].

Rechtstechnisch wurde dabei eine zwingende Bindung der entsendenden Unternehmen an deutsche Tarifverträge vollzogen. Die Allgemeinverbindlichkeit nach § 5 TVG hätte auf das Arbeitsverhältnis des entsandten Arbeitnehmers keine Auswirkungen gehabt, da sich das geltende Recht gemäß Art. 30 Abs. 2 Nr. 1 EGBGB, Art. 6 Abs. 2 a EVÜ (heute Art. 8 Abs. 2 Rom I-Verordnung) mangels Rechtswahl nach dem gewöhnlichen Arbeitsort und mithin nach dem Entsendestaat richtete. Folglich bedurfte es der Anordnung einer international zwingenden Wirkung. Da nach einem älteren BAG-Urteil Tarifnormen nicht unmittelbar zwingend für grenzüberschreitende Sachverhalte sein sollten[54], legte die schwarz-gelbe Bundesregierung eine ausdrückliche Regelung der Bindung ausländischer Arbeitgeber an allgemeinverbindliche Tarifverträge vor, was sich schließlich im verabschiedeten Gesetz wiederfand. Der SPD-Entwurf beschränkte sich nicht auf die Baubranche und sah eine Orientierung am ortsüblichen Lohn vor[55]. Dies wurde von Regierungsseite mit dem Argument verworfen, dass in der alleinigen Verpflichtung ausländischer Arbeitgeber eine unionsrechtswidrige Diskriminierung zu erblicken sei[56]. Durch die Koppelung an die Allgemeinverbindlichkeit nach § 5 TVG i.V. mit der Verordnung zur Durchführung des Tarifvertragsgesetzes mussten aber deren Voraussetzungen

51 Webers DB 1996, 574 f.
52 Däubler DB 1995, 726.
53 BT-Drs. 13/2414 S. 6 f.
54 BAGE 29, 138, 148 ff.
55 BT-Drs. 13/2418 S. 3 linke Spalte.
56 Plenarprotokoll 13/74 vom 30.11.1995, S. 6468 rechte Spalte (Blüm, CDU).

eingehalten werden, um tatsächlich Mindestentgelte für ausländische Arbeitgeber einführen zu können. Zu nennen ist hier insbesondere die Zustimmung des aus Spitzenvertretern der Arbeitnehmer- und Arbeitgeber zusammengesetzten Tarifausschusses. Das Gesetz beschränkte sich auf die Baubranche und sah in § 5 zunächst eine – später aufgehobene – zweijährige Befristung vor. Eine Regelung auf Unionsrechtsebene erfolgte ebenfalls noch 1996 durch die Entsenderichtlinie 96/71/EG[57].

b) *Ziele des Gesetzes*

Es ist bereits deutlich geworden, dass die Einführung des AEntG in erster Linie aus wettbewerbspolitischen Gründen erfolgte. Die Gesetzesbegründung nannte ausdrücklich die Relativierung dieses Wettbewerbsvorteils der ausländischen Mitbewerber als Ziel. Daraus abgeleitet wurden der Schutz kleiner und mittlerer Betriebe sowie die Verhinderung gespaltener Arbeitsmärkte als weitere relevante Anliegen. Insbesondere wurden positive Effekte für die inländischen Arbeitnehmer erwartet. Hinzu trat als gesetzgeberisches Ziel der Schutz der Tarifautonomie in Reaktion auf die günstigeren, nicht tarifgebundenen ausländischen Mitbewerber[58]. Es wird durch die international zwingende Wirkung der allgemeinverbindlichen Tarifverträge verhindert, dass infolge der Tarifbindung ein Wettbewerbsnachteil eintritt und diese so an Attraktivität verliert. Allerdings enthält auch der Schutz der Tarifautonomie eine protektionistische Komponente. Angesichts einer Tarifbindung von 79 % der westdeutschen Baubetriebe 1995[59] entsprach hier letztlich der Schutz der tarifgebundenen Bauunternehmer ganz typischerweise dem Schutz der deutschen Marktteilnehmer.

Allerdings schließt dies nicht aus, dass auch der Schutz der entsandten Arbeitnehmer ein relevantes Ziel des Gesetzgebers darstellte. Die Schutzwürdigkeit dieser Arbeitnehmer wurde aber lediglich vonseiten der Opposition betont[60], während die Gesetzesbegründung der Bundesregierung hierzu schweigt und auch die Parlamentsbeiträge der Regierungsseite diesen Aspekt ausklammern. Letztlich ergibt sich schon aus der dogmatischen Ausgestaltung des Gesetzes,

57 Richtlinie 96/71/EG des Europäischen Parlaments und des Rates vom 16. Dezember 1996 über die Entsendung von Arbeitnehmern im Rahmen der Erbringung von Dienstleistungen, Amtsblatt EU 1997 L 18 S. 1.

58 BT-Drs. 13/2414 S. 6 f.

59 Bosch/Zühlke-Robinet Industrielle Beziehungen 1999, 239, 243.

60 BT-Drs. 13/2418 S. 8 (SPD-Entwurf), Plenarprotokoll 13/74 vom 30.11.1995 S. 6478 linke Spalte (Buntenbach, Bündnis 90/Die Grünen).

dass der Arbeitnehmerschutz kein Motiv des Gesetzgebers war. Es erfolgt lediglich eine Gleichstellung mit den deutschen Arbeitgebern. Eine zusätzliche Möglichkeit des Gesetzgebers zur Beeinflussung der Allgemeinverbindlichkeit und damit zur zumindest mittelbaren Festsetzung einer bestimmten Lohnhöhe wurde aber nicht vorgenommen. Hinzu kam die Befristung des Gesetzes. Diese wurde damit begründet, dass langfristig eine Anpassung der deutschen Baubetriebe an den europäischen Wettbewerb, mithin eine Lohnsenkung, erwartet werde[61]. Ein solches Verständnis widerspricht eklatant einer möglichen Schutzfunktion. Es bleibt letztlich bei der Einordnung des AEntG als rein protektionistisches Gesetz[62].

c) Diskussion um die Auftraggeberhaftung

aa) Entwurf des Lohndumpinggesetzes 1991

Gewissermaßen als Vorläufer des AEntG in der Diskussion diente der 1991 vom Bundesrat eingebrachte Entwurf eines Gesetzes zur Bekämpfung von Lohndumping. Nach dessen § 3 Abs. 1 sollte bei Tätigkeiten in einem fremden Betrieb ein Anspruch des Arbeitnehmers gegen seinen Arbeitgeber, also eines Werkunternehmers, auf die am jeweiligen Arbeitsort geltenden tariflichen oder ansonsten üblichen Arbeitsbedingungen bestehen, wenn ein auffälliges Missverhältnis der vereinbarten Arbeitsbedingungen zu den am Arbeitsort geltenden Bedingungen vorlag. Bei Leiharbeitsverhältnissen sollte hingegen § 10 Abs. 1 AÜG nach § 1 Abs. 1 des Entwurfs entsprechende Anwendung finden[63]. Hintergrund dieses Gesetzentwurfes war, dass ostdeutsche Arbeitnehmer im Rahmen einer Arbeitnehmerüberlassung oder ähnlicher Vertragsverhältnisse auf dem Gebiet der alten Bundesländer zu wesentlich geringeren Löhnen tätig wurden und so Lohndruck ausübten[64]. Demnach hätte ein sächsischer Werkunternehmer oder Entleiher den Lohn zu zahlen gehabt, der im Einsatzgebiet, etwa Nordrhein-Westfalen, üblich war, soweit ein im Entwurf näher definiertes auffälliges Missverhältnis angenommen worden wäre.

Der Entwurf von 1991 sah weiterhin in seinem § 3 Abs. 2 eine gesamtschuldnerische Haftung auch des „Auftraggebers“ für das Arbeitsentgelt sowie auf Sozialversicherungsbeiträge und Steuern in Bezug auf das Arbeitsverhältnis beim Einsatz betriebsfremder Personen vor[65]. Hierunter sollte nach der

---

61 BT-Drs. 13/2414 S. 7 links, Plenarprotokoll 13/74, S. 6476 linke Spalte (Louven, CDU).
62 Dörfler S. 16; Selmayr ZfA 1996, 615, 645; Gerken/Löwisch/Rieble BB 1995, 2370, 2371.
63 BT-Drs. 12/1060 S. 5 linke Spalte.
64 BT-Drs. 12/1060 S. 1 f.
65 BT-Drs. 12/1060 S. 5 rechte Spalte, 8 linke Spalte.

Gesetzesbegründung[66] aber nicht zwingend der Betriebsinhaber zu verstehen sein, sondern stattdessen derjenige, der einen Teilauftrag bei der Erstellung eines Werks erteilt. Mithin wären Fälle erfasst gewesen, in denen der Hersteller einer Ware einzelne Arbeitsschritte von Werkunternehmern in seinem Betrieb vornehmen lässt, unabhängig davon, ob die Ware aufgrund einer vertraglichen Verpflichtung produziert wird oder später in den Verkauf gelangen soll. Nicht erfasst gewesen wäre die Befriedigung des Eigenbedarfs, etwa die Reinigung der Maschinen. Begründet wurde die Haftung damit, dass der Auftraggeber einen wirtschaftlichen Vorteil durch das günstigere Angebot erhält und zudem als eigentlich verantwortliche Person erscheint–dies ergibt sich letztlich daraus, dass über die Auftragsvergabe der konkrete Nachunternehmer ausgesucht wird. Das Kausalitätsargument rechtfertigt an sich aber nicht die Beschränkung des Auftraggeberbegriffs, da auch jeder andere unmittelbare Auftraggeber im gleichen Maße verantwortlich für die Beschäftigung ist. Grundsätzlich erhält zudem auch der Endkonsument der Leistung den Vorteil, wenn er weniger hierfür zahlen muss.

Als Ziel der Haftung wurde angegeben, dass der Auftraggeber einer weiteren Benachteiligung entgegenwirken, also durch seine Auswahl bei der Auftragsvergabe ein niedrigeres Lohnniveau verhindern sollte. Dabei kann hier bereits festgestellt werden, dass bei der vorgeschlagenen Ausgestaltung angesichts der Begrenzung möglicher Haftungsadressaten dieses Ziel nur eingeschränkt erreicht werden konnte. Die Vergabe von Aufträgen innerhalb des Betriebs konnte auch zur Befriedigung von Eigenbedarf dienen, auch durch solche Aufträge drohte eine Verschlechterung des Lohnniveaus. Diese Konstellationen wurden bei der beabsichtigten Steuerung der Auftragsvergabe aber ausgeklammert.

Der Entwurf wurde im Bundestag von der schwarz-gelben Mehrheit abgelehnt[67].

bb) Gesetzgeberische Aktivität im Ordnungswidrigkeitenrecht

Instruktiv ist weiterhin der Blick auf eine kurz vor Erlass des AEntG Gesetz gewordene Norm aus dem Ordnungswidrigkeitenrecht. Die Verantwortlichkeit eines Generalunternehmers bei einem Regelverstoß seines Nachunternehmers war 1994 in § 2 Abs. 1 Nr. 2 Schwarzarbeitsgesetz normiert worden[68]. Dieser entspricht dem heutigen § 404 Abs. 1 Nr. 2 SGB III. Demnach handelt ein

---

66 BT-Drs. 12/1060 S. 8 linke Spalte.

67 Plenarprotokoll 12/205 vom 20.01.1994 S. 17766.

68 BGBl. Teil I 1994 Nr. 48 vom 30.07.1994 S. 1792.

Unternehmer ordnungswidrig, der fahrlässig einen Nachunternehmer beauftragt, welcher illegal beschäftigte Ausländer einsetzt. In der Gesetzesbegründung wird ausgeführt, dass hierunter nur derjenige Unternehmer fällt, der zur Erfüllung eines ihm erteilten Auftrags Dienst- oder Werkleistungen vornehmen lässt[69].

Dies entspricht den typischen Generalunternehmerstrukturen im Baugewerbe, bei denen die einzelnen Teilaufträge vom durch den Bauherrn beauftragten Unternehmer an einzelne Handwerker weitergegeben werden. Die Reichweite der Bußgeldnorm beschränkte sich aber nicht auf die Baubranche, sondern erfasste auch Bereiche, in denen die Aufträge typischerweise direkt vom Konsumenten vergeben werden.

Als wesentliches Motiv für die Haftung wird ausgeführt, dass der Auftraggeber die Ursache für die illegale Beschäftigung gesetzt habe und zudem den Vorteil aus der Arbeitsleistung davontrage[70]. Dies entspricht der Begründung des Lohndumpinggesetzes, die wie dargestellt die Einschränkung nicht unmittelbar erklärt. Aufschlussreicher für die Differenzierung ist die Bemerkung, dass die Auftraggeber erhebliche Gewinne machen[71]. Ein unmittelbarer Gewinn wird nur bei der Erledigung vertraglicher Verpflichtungen, nicht aber bei der Befriedigung von Eigenbedarf erreicht.

Als weiteres Argument für die Bußgeldnorm wurde angeführt, dass zwar entsprechende Normen hinsichtlich der Arbeitgeber durchaus existierten, allerdings ausländische Arbeitgeber nur schwer zu erfassen waren und diese Normen daher kaum Wirksamkeit entfalteten. Dementsprechend war es für Auftraggeber lukrativ, illegale Beschäftigung anzuleiten ohne Sanktionen befürchten zu müssen[72]. Dahinter steht letztlich der Gedanke, dass die Zugriffsmöglichkeit der Ordnungsbehörden bei illegaler Beschäftigung durch die Delegation an ausländische Subunternehmer vereitelt zu werden drohte. Im Ergebnis dient die Bußgeldnorm daher auch einer höheren Effektivität der Zugriffsmöglichkeiten, indem eine Umgehungsmöglichkeit ausgeschlossen wird.

cc) Die Auftraggeberhaftung im Oppositionsentwurf

Anders als der Regierungsentwurf und das schließlich verabschiedete Arbeitnehmerentsendegesetz sah der SPD-Entwurf für ein Entsendegesetz in seinem

69 BT-Drs. 12/7563 S. 9 linke Spalte.
70 BT-Drs. 12/7563 S. 9 linke Spalte.
71 BT-Drs. 12/7563 S. 7 rechte Spalte.
72 BT-Drs. 12/7563 S. 9 rechte Spalte.

§ 9 Abs. 1 eine Haftung des „Auftraggebers" auf den ortsüblichen Lohn sowie auf Beiträge zu gemeinsamen Einrichtungen der Tarifvertragsparteien vor. Als Auftraggeber wurde in § 4 Abs. 1 derjenige legaldefiniert, der im Rahmen einer vertraglichen Vereinbarung, mithin zur Erfüllung vertraglicher Verpflichtungen, Dienst- oder Werkleistungen ausführen ließ[73]. Eine solche Haftung ausschließlich des Generalunternehmers war zuvor schon vom Bundesrat vorgeschlagen worden[74]. Wie dargestellt beschränkte sich der SPD-Entwurf dabei nicht auf das Baugewerbe.

Die Haftungsnorm wurde mit zwei Zielen begründet: Zum einen wird ausdrücklich die Schutzfunktion dieser Vorschrift für die entsandten Arbeitnehmer hervorgehoben. Dies wurde damit begründet, dass angesichts des fehlenden Gerichtsstands in Deutschland Ansprüche gegen den Arbeitgeber prozessual nicht durchgesetzt werden konnten. Der Auftraggeber soll hingegen im Inland in Anspruch genommen werden können. Diese Schutzfunktion wird durch den eingeschränkten Kreis der Haftungsadressaten erheblich begrenzt.

Weiterhin sollte die Haftung dazu beitragen, dass die Unternehmer die Zahlung der Mindestentgelte überwachen und mithin größere Sorgfalt bei der Auftragsvergabe walten lassen[75]. Der Entwurf beschränkte sich nicht auf die Baubranche, in der typischerweise Generalunternehmer für die Auftragsvergabe zuständig sind. Eine anvisierte Steuerung der Auftragsvergabe hätte aber nach dem Entwurf nur dort erreicht werden können, wo Generalunternehmerstrukturen bestehen: In anderen Branchen, in denen der Konsument selbst die Aufträge vergibt, hätte die Haftung nicht gegriffen.

Auch hier wird damit argumentiert, dass der Auftraggeber den finanziellen Vorteil durch eine Kostenersparnis davontrage und die Möglichkeiten des seinerzeit geltenden Rechts ausnutze[76]. Wiederum lässt sich einwenden, dass dieser Vorteil auch einem weniger bezahlenden Endabnehmer und nicht nur einem Generalunternehmer zuwachsen würde.

Aufschlussreich ist das Argument, dass die Generalunternehmer auf eigene Arbeitskräfte verzichten würden[77]: Auch ein solches, eigene Verpflichtungen vermeidendes Wettbewerbsverhalten wurde also als Rechtfertigung für die Haftung

73 BT-Drs. 13/2418 S. 4.

74 BR-Drs. 125/95 S. 2 f., Nr. 7.

75 BT-Drs. 13/2418 S. 12 rechte Spalte.

76 BT-Drs. 13/2418 S. 11 linke Spalte.

77 BT-Drs. 13/2418 S. 11 linke Spalte.

herangezogen, eine Auslagerung aber offenkundig nur bei der Erledigung von Aufträgen für andere Unternehmer als problematisch empfunden.

4 Die Haftung gegenüber Arbeitnehmern im AEntG 1998

a) Beweggründe für eine Unternehmerhaftung

Das AEntG des Jahres 1996 erwies sich aus mehreren Gründen als nicht hinreichend effektiv. Die Arbeitgeber des Baugewerbes stimmten zwar einem Tarifvertrag und einem Antrag zur Allgemeinverbindlichkeit nach § 5 TVG zu. Zu einer Allgemeinverbindlichkeit kam es aufgrund der Blockade der Arbeitgebervertreter im Tarifausschuss zunächst nicht, diese begründeten ihre Haltung mit einer befürchteten Anhebung des branchenüberschreitenden Tarifgefüges[78]. Erst nach Vereinbarung einer niedrigeren Mindestlohnhöhe, als von den Tarifvertragsparteien ursprünglich vorgesehen war[79], kam es doch noch zu einer Zustimmung des Tarifausschusses. Hinzu kam die Problematik einer fehlenden Durchsetzbarkeit der Ansprüche mangels eines Gerichtsstands in Deutschland[80] und eine nach der Existenz eines allgemeinverbindlichen Tarifvertrags wenig effektive Überwachung[81].

Als Problem wurden dabei weiterhin die Generalunternehmerstrukturen erkannt und politisch diskutiert. Die Verlagerung einzelner Teilaufträge war ein traditionelles Merkmal der deutschen Bauwirtschaft, allerdings verdoppelte sich der Anteil der Kosten für ausgelagerte Arbeiten am Gesamtauftragsvolumen zwischen 1974 und 1999 auf 29 % und steigerte sich allein zwischen 1992 und 1998 um acht Prozent[82]. Daraus lässt sich ein erheblicher Bedeutungsgewinn der Subunternehmerstrukturen ableiten. Diese Strukturen ermöglichten letztendlich die Unterschreitung der Mindestentgelte, da so einerseits erst die Aufträge anstelle einer eigenen Ausführung an die billigsten Anbieter vergeben werden konnten und andererseits die Subunternehmerketten die wirksame Aufdeckung von Verstößen erschwerten[83]. Plastisch ist hier das Bild der Subunternehmerstrukturen als „Einfallstor für Verstöße"[84]. Letztlich war es den

78 Sahl/Stang AiB 1996, 652, 657.

79 Selmayr ZfA 1996, 615, 641; Dörfler S. 17: Tarifgebiet West statt 18, 60 DM nunmehr 17 DM, Ost statt 17, 11 DM nunmehr 15,64 DM.

80 Vgl. ArbG Wiesbaden AP Brüsseler Abkommen Art. 5 Nr. 3.

81 Blanke AuR 1999, 417, 419.

82 Bosch/Zühlke-Robinet, IndBez 1999, 239, 252 f.

83 Vgl. Plenarprotokoll 13/165 vom 19.03. 1997, S. 14865 (Thierse), 14867 (Buntenbach, Bündnis 90/Die Grünen), 14869 (Müller, PDS), BR-Drs. 798/98 S. 2.

84 Plenarprotokoll 13/165 vom 19.03.1997, 14869 rechte Spalte (Müller, PDS).

Generalunternehmern möglich, ohne eigenes Risiko weiterhin durch die Beauftragung von Dumpinglöhnen zahlenden Bauunternehmern die Preise auf einem niedrigen Niveau zu halten. So blieb es umgekehrt für die Bauunternehmer auch angesichts der mühsamen Kontrollmöglichkeit attraktiv, die geringen und nunmehr illegalen Löhne zu zahlen. Selbst bei einer wirksamen Ahndung und Verdrängung der betreffenden Bauunternehmen musste befürchtet werden, dass diese nur durch neue, ebenfalls das Mindestentgelt unterschreitende Anbieter auf dem Markt ersetzt werden würden. Die Generalunternehmer konnten sich zwar nach dem damaligen § 3 Abs. 2 AEntG bußgeldpflichtig machen, der dafür erforderliche Nachweis der Leichtfertigkeit oder später Fahrlässigkeit war in der Praxis aber kaum zu führen[85]. Selbst vonseiten der CDU/CSU wurde eine Nachunternehmerhaftung zumindest für Sozialversicherungsbeiträge erwogen, was aber von der FDP blockiert wurde[86].

Die durch das Gesetz zu Korrekturen in der Sozialversicherung und zur Sicherung der Arbeitnehmerrechte[87] 1998 von der neuen rot-grünen Bundesregierung vorgenommenen Änderungen sahen im damaligen § 1 a AEntG eine Haftung des „Unternehmers" hinsichtlich der Mindestentgelte und Beiträge vor, die der von ihm mit Bauleistungen beauftragte Unternehmer seinen Arbeitnehmern oder den gemeinsamen Einrichtungen der Tarifvertragsparteien schuldet. Weitere Änderungen betrafen die Einführung einer Allgemeinverbindlichkeitserklärung mittels Rechtsverordnung durch den Bundesarbeitsminister (heute § 7 Abs. 1 AEntG) auf Antrag einer Tarifvertragspartei hin und die Eröffnung des Gerichtsstands in Deutschland (heute § 15 AEntG). Mit der Entfristung des Gesetzes wurde zudem dem Umstand Rechnung getragen, dass nunmehr die Entsenderichtlinie 96/71/EG in ihrem Art. 3 Abs. 1 lit. c einen Anspruch der entsandten Arbeitnehmer auf Mindestentgelte vorsah[88].

b) Funktionen der Unternehmerhaftung

aa) Steuerungs- und Schutzfunktion

Die Unternehmerhaftung wurde in der Gesetzesbegründung ausdrücklich mit einer Steuerungsfunktion begründet: Die Unternehmer sollten nunmehr im

85 Koberski/Asshoff/Eustrup/Winkler § 14 AEntG Rn. 3.

86 Vgl. Plenarprotokoll 13/204 vom 14.11.1997, S. 18470 linke Spalte (Babel, FDP), Plenarprotokoll 14/14 vom 10.12.1998, S. 868 rechte Spalte (Riester, SPD).

87 BGBl. Teil I 1998 Nr. 85 vom 28.12.1998, S. 3843.

88 BT-Drs. 14/45 S. 17 rechte Spalte.

eigenen Interesse auf die Einhaltung der Mindestentgelte achten[89]. In der Plenardebatte wurde dies dahin gehend konkretisiert, dass die Auftraggeber nunmehr zuverlässige kleine und mittlere Unternehmen beauftragen würden, bei denen sie mit der Zahlung der Mindestentgelte rechnen könnten[90]. Dies sollte dazu beitragen, den Wettbewerbsvorteil derjenigen Auftragnehmer zu relativieren, die sich nicht an die Mindestentgelte hielten[91]. Dabei muss gesehen werden, dass der Schutz der sich an die Mindestentgelte haltenden Unternehmer keinen Selbstzweck darstellt, sondern letztlich dem Wettbewerbsschutz der deutschen Mitbewerber dienen soll. Mittelbar lässt sich darin ein Schutz der deutschen Arbeitnehmer vor Arbeitslosigkeit erblicken: Durch die Verdrängung ausländischer Betriebe sollen deutsche Arbeitsplätze gesichert werden.

Auch der Schutz der Sozialsysteme wurde in der Bundestagsdebatte angeführt[92], erscheint mangels schon zum damaligen Zeitpunkt greifender unmittelbarer Haftung auf die Sozialversicherungsbeiträge aber eher als mittelbare Folge einer wirksamen Bekämpfung der Arbeitslosigkeit im Baugewerbe. Es wird deutlich, dass in einer Steuerung der Auftragsvergabe die zentrale Funktion zu erblicken ist.

Eine Schutzfunktion wurde anders als im Oppositionsentwurf von 1995 hingegen nicht mehr hervorgehoben. Der damaligen Argumentation, dass angesichts des fehlenden Gerichtsstandes in Deutschland nicht gegen den Arbeitgeber vorgegangen werden könne, ist stattdessen durch die Einführung eines Gerichtsstandes in Deutschland im damaligen § 8 AEntG Rechnung getragen worden. So ließ sich das tatsächliche Zahlungsrisiko für den Unternehmer erhöhen. Die Unternehmerhaftung erfüllte eine solche Schutzfunktion hingegen nicht.

bb) Effektivitätsfunktion

Als Ziel der Haftung wurde in der Debatte weiterhin genannt, die gefahrlose Weitergabe von Aufträgen zu niedrigen Preisen an Nachunternehmer und damit die Verursachung von Lohndumping einzudämmen[93]. Daraus lässt sich bei Einbeziehung der dargestellten Vorläufer der Haftung eine weitere Funktion ableiten: Die verpflichtende Zahlung von Mindestentgelten soll sich nicht durch die

---

89 BT-Drs. 14/45 S. 1 f.

90 Plenarprotokoll 14/14 vom 10.12.1998, S. 868 rechte Spalte (Riester, SPD).

91 Plenarprotokoll 14/14 vom 10.12.1998, S. 877 rechte Spalte (Buntenbach, Bündnis 90/Die Grünen).

92 Plenarprotokoll 14/14 vom 10.12.1998, S. 895 rechte Spalte (Wiesehügel).

93 Plenarprotokoll 14/14 vom 10.12.1998, S. 877 rechts (Buntenbach), Plenarprotokoll 14/09 vom 20.11.1998. S. 543 linke Spalte (Bodewig, SPD).

Zwischenschaltung Dritter umgehen lassen. Mithin soll eine Einschaltung von vermögenslosen oder nur schwer in die Haftung zu nehmender Nachunternehmer keine Möglichkeit mehr bieten, sich den Verpflichtungen zu entziehen[94]. Die konkrete Zahlungspflicht wurde dadurch abgesichert – wiederum nicht aus Schutzzwecken, sondern zur wirksamen Umsetzung des höheren, deutsche Betriebe schützenden Preisniveaus. Während die Steuerungsfunktion schon voraussetzt, dass der Unternehmer Aufträge erteilt, steht hier im Mittelpunkt, dass ein Unternehmer sich nicht über Subunternehmerketten der Zahlungspflicht entziehen kann. Die Vermeidung von Umgehungen indiziert, dass stets ein finales Element vorliegen muss, wonach die eigene Zahlungspflicht gezielt auf andere, die Zahlung zumindest nicht sicher gewährleistende Personen delegiert werden soll und dass die Erledigung durch eigene Arbeitnehmer gerade zur Vermeidung einer eigenen Zahlungspflicht abgelehnt wird.

Bei einer Inanspruchnahme des Hauptunternehmers steht diesem zwar der Regressanspruch gegen den Nachunternehmer aus § 774 BGB zu. Dieser bleibt aber gerade bei aus der aus Umgehungsgesichtspunkten problematischen Zwischenschaltung eines vermögenslosen oder nur schwer in die Haftung zu nehmenden Nachunternehmers wertlos.

Es kann von einer Umgehungsverhinderungsfunktion gesprochen werden, griffiger ist der im Folgenden zu verwendende Begriff der Effektivitätsfunktion.

cc) Konkrete Ausgleichsfunktion

Schließlich ist auch die bereits im Rahmen der Ordnungswidrigkeitsnorm des heutigen § 404 Abs. 1 Nr. 2 SGB III sowie des Oppositionsentwurfs von 1995 angeführte Orientierung am Profiteur der Leistung relevant. Folglich wird wiederum derjenige in Anspruch genommen, der tatsächlich von der Kostenersparnis profitiert[95]. Hieraus lässt sich im Hinblick auf den Wettbewerb eine weitere Funktion ableiten, die sich als Ausgleichsfunktion bezeichnen lässt und auch bereits bei der Darstellung des § 729 Abs. 2 RVO angedeutet wurde[96]. Der Ausgleich erfolgt zunächst in Konstellationen, in denen der Auftraggeber einen das Mindestentgelt unterschreitenden und sich mithin illegal verhaltenden Arbeitgeber beauftragt und von diesem eine Werk- oder Dienstleistung erhält. In diesen Fällen verursacht der Auftraggeber letztlich den Zahlungsausfall in Bezug

---

94 Vgl. hierzu auch Beck'scher Online-Kommentar Arbeitsrecht/Gussen § 14 AEntG Einf.; Franzen SAE 2003, 181, 192.

95 Vgl. Plenarprotokoll 14/14 vom 10.12.1998, S. 877 rechte Spalte (Buntenbach).

96 S. oben C II 1 b).

auf die geleistete Arbeit und profitiert von der insoweit problematischen Dienst- oder Werkleistung. Hier wird kausal und zurechenbar ein Rechtsbruch herbeigeführt, in diesem Fall die Nichtzahlung des Mindestlohns für die geleistete Arbeit infolge der Beauftragung des konkreten Arbeitgebers. Zumindest potentiell und auch typischerweise steht der Auftraggeber aufgrund des günstigeren Angebots besser da, als wenn er einen sich legal verhaltenden Arbeitgeber beauftragt hätte.

Die Haftung sorgt dafür, dass die Förderung der illegalen Lohnunterschreitung sich nicht positiv auswirken kann. Ob tatsächlich Einsparungen gemacht wurden, spielt keine Rolle. Entscheidend ist, dass schon potentielle Vorteile ausgeschlossen werden. Es ist daher ein Abschöpfungsgedanke erkennbar. Die Steuerungsfunktion sorgt demgegenüber dafür, dass bei mangelnder Sorgfalt ein Haftungsrisiko besteht und ein Anreiz dafür vorliegt, seriöse Arbeitgeber zu beauftragen, wirkt also abschreckend statt abschöpfend. Die konkrete Ausgleichsfunktion ist dabei untrennbar mit dem jeweiligen Unternehmerbegriff verbunden: Durch den gewählten Unternehmerbegriff wird ein Werturteil ausgesprochen, in welchen Fällen ein missbilligter Vorteil durch die Beauftragung der nicht ordnungsgemäß handelnden Arbeitgeber vorliegt. Anders ausgedrückt wird so rechtspolitisch entschieden, in welchen Fällen der Auftraggeber für den Zahlungsausfall verantwortlich gemacht wird, in welchem Verhältnis er hierfür also zum Arbeitgeber stehen muss.

dd) Abstrakte Ausgleichsfunktion

Bei dieser konkreten Ausgleichsfunktion kann nicht stehengeblieben werden. Wird die Abschöpfung eines potentiellen Vorteils betrieben, um einen Wettbewerbsvorteil durch ein missbilligtes Verhalten zu verhindern, so ist als missbilligtes Verhalten nicht nur die Beauftragung eines konkreten Nachunternehmers zu erblicken. Stattdessen kommt als missbilligtes Verhalten auch der Verzicht auf die Beschäftigung eigener Arbeitnehmer in Betracht.

Daraus ergibt sich eine weitere Funktion, die sich als abstrakte Ausgleichsfunktion bezeichnen lässt. Die Problematik besteht hierbei darin, dass gerade keine eigenen Arbeitnehmer beschäftigt werden und dass auf diesem Wege erhebliche Gewinne ermöglicht werden. Der Fremdpersonaleinsatz an sich wird dabei anders als die Beauftragung eines konkreten, nicht zahlenden Nachunternehmers nicht grundsätzlich rechtlich missbilligt, aus bestimmten Sachgründen aber skeptisch gesehen. Hinsichtlich der Subunternehmerstrukturen lag eine solche skeptische Betrachtung vor allem angesichts der fehlenden Transparenz dieser bis zu siebenstufigen Subunternehmerketten und der daraus erwachsenden Missbrauchsgefahren hinsichtlich der tatsächlich erfolgenden Lohnzahlung und Beitragsleistung vor[97]. Entscheidend ist, dass weniger die Generalunternehmerstrukturen an sich als vielmehr die Tiefe der mehrstufigen Unternehmerketten als problematisch eingeschätzt wurde[98].

Aus beiden Faktoren zusammengenommen, einem politisch kritisch gesehenen Fremdpersonaleinsatz und der Möglichkeit für den Unternehmer, auf diese Weise höhere Gewinne zu erzielen, lässt sich ein Ausgleichsbedürfnis konstruieren. Anders ausgedrückt: Durch den kritisch gesehenen Verzicht auf eigene Arbeitnehmer entsteht ein Wettbewerbsvorteil, der ausgeglichen werden soll. Es geht hierbei nicht darum, die konkrete gesetzliche Pflicht vor Umgehungen zu schützen und auch nicht darum, einen Ausgleich für den konkreten Verstoß zu schaffen. Stattdessen soll abstrakt die Effektivität des Fremdpersonaleinsatzes eingeschränkt werden, letztlich also eine Eigenbeschäftigung aus unternehmerischer Perspektive attraktiver gemacht werden[99]. Wie soeben dargestellt galt dieser Aspekt vor allem für die beauftragten Subunternehmer, die durchaus selbst die Ausführung betreiben könnten, statt weiter zu delegieren. In Bezug auf § 1 a AEntG ist aber festzuhalten, dass dieser Gedanke keine zentrale Rolle bei der Begründung der Haftung einnahm. Die Funktion ist daher als untergeordnet einzuschätzen.

c) Auslegung des Unternehmerbegriffs

aa) Vertretene Meinungen

Es war zunächst unklar, wie der Unternehmerbegriff im Rahmen des damaligen § 1 a AEntG auszulegen sei. Der Gesetzgeber hatte an dieser Unklarheit wesentlichen Anteil, da sich die Gesetzesbegründung zu widersprechen schien: An einer Stelle wurde vom Generalunternehmer gesprochen[100], an einer anderen von jedem gewerblich tätigen Unternehmer[101]. Ausdrücklich ausgenommen wurden Privatpersonen, der Unternehmerbegriff sollte nur gewerbliche Auftraggeber treffen[102]. Dies entspricht der Grundwertung des heutigen § 14 BGB.

---

97 Plenarprotokoll 14/14 vom 10.12.1998, S. 877 linke Spalte (Buntenbach); 895 linke Spalte (Wiesehügel), vgl. auch Plenarprotokoll 13/165 vom 19.03.1997, S. 14865 (Thierse); BR-Drs. 798/98 S. 2.

98 Plenarprotokoll 14/14 vom 10.12.1998, S. 877 (Buntenbach), 895 (Wiesehügel).

99 Vgl. auch Ignor/Rixen/Rzepka § 7 Rn. 152.

100 BT-Drs. 14/45 S. 17 f.

101 BT-Drs. 14/45, S. 26 rechte Spalte.

102 BT-Drs. Ebd.

Entsprechend dieser widersprüchlichen Aussagen wurde der Unternehmerbegriff in der Literatur unterschiedlich aufgefasst: Teilweise wurde angenommen, dass nur der in Erfüllung der ihm erteilten Aufträge handelnde Generalunternehmer haften soll[103]. Andere Stimmen argumentierten mit dem weitergehenden Wortlaut und sahen alle gewerblich handelnden Personen erfasst[104]. Dies hatte etwa Konsequenzen in der Konstellation, dass der Arbeitnehmer eines Bauunternehmers den gewerblich handelnden Bauherrn in Anspruch nehmen wollte, dessen gewerbliche Tätigkeit sich auf eine ganz andere Branche bezog. Dies kam nicht nur für den unwahrscheinlichen Fall in Betracht, dass der Bauherr direkt den Bauunternehmer beauftragte. Angesichts der Haftungskette hätte die Frage auch bei Beauftragung eines Generalunternehmers durch den Bauherrn relevant werden können. Problematisch war daher der Fall, dass der gewerbliche Bauherr einen Generalunternehmer beauftragt, der den Auftrag an einen Nachunternehmer weitergibt und dass dieser Nachunternehmer seinen Lohnverpflichtungen aus dem AEntG nicht nachkommt. Es stellte sich die Frage, ob hier auch der Bauherr in Anspruch genommen werden konnte.

Die Rechtsprechung entschied sich dafür, eine Haftung ausschließlich des Generalunternehmers, der in Erfüllung seiner vertraglichen Pflichten und mithin der ihm erteilten Aufträge handelt, anzunehmen und den Bauherren aus der Haftung auszunehmen[105]. Für ein solches Verständnis spricht der Umstand, dass auch in den Plenardebatten stets vom „Generalunternehmer" die Rede war[106], auch der rot-grüne Koalitionsvertrag von 1998 spricht unter Punkt I.6 von Generalunternehmern[107]. Zudem ist der Verweis auf den weitergehenden Wortlaut nicht überzeugend: § 14 BGB als im allgemeinen Teil des BGB stehende und mithin übergreifende Definition wurde erst im Jahre 2000 eingefügt, jeder Unternehmerbegriff musste daher in einem spezialgesetzlichen Sinne verstanden werden.

---

103 Blanke AuR 1999, 417, 422; von Dannwitz RdA 1999, 322, 223; Meyer NZA 1999, 121, 128.

104 Werner NZBau 2000, 225, 226; Dörfler S. 22; Gündisch S. 34.

105 BAGE 103, 240, 250.

106 Plenarprotokoll 14/14 vom 10.12.1998, S. 868 rechte Spalte (Riester), 877 rechte Spalte (Buntenbach), 895 rechte Spalte (Wiesehügel).

107 Abrufbar unter: https://www.bundesregierung.de/Content/DE/_Anlagen/koalitionsvertrag.pdf?__blob =publicationFile&v=2, abgerufen am 09.02.2019.

bb) *Auslegung anhand der Funktionen*

Da kein ausdrücklicher abweichender Wille des Gesetzgebers vorliegt, kann bereits bei der Auslegung des Unternehmerbegriffs thematisiert werden, welches Ergebnis die dargelegten Funktionen gebieten würden. Wie dargestellt nahm die Haftungsnorm auf den Auftraggeber Bezug und wollte diesen bei der Auftragsvergabe beeinflussen. Angesichts der Generalunternehmerstrukturen im Baugewerbe oblag die Auswahl der konkreten Handwerker dem Generalunternehmer. Der für die Steuerungswirkung relevante Auftraggeber war daher der Generalunternehmer und nicht der Bauherr.

Es ließe sich einwenden, dass angesichts der Haftungskette auch bei einem erst wesentlich später in der Kette auftretenden Zahlungsausfall die Haftung ausgelöst wird, mithin nicht durch den unmittelbar beauftragten Bauunternehmer. Insoweit scheinen Bauherr und Generalunternehmer gleichgestellt zu sein, da beide keinen unmittelbaren Einfluss auf den beauftragten Nachunternehmer haben. Eine Verantwortlichkeit des marktkundigen Generalunternehmers konnte aber auch in dieser Konstellation anerkannt werden: Durch die Auswahl seines Nachunternehmers war für ihn erkennbar, ob dieser Nachunternehmer nunmehr die rechtlichen Pflichten nicht erfüllenden Sub-Subunternehmer einsetzt. Auch insoweit bestand daher ein Interesse an einer Steuerung der Auftragsvergabe. Der gewerbliche, branchenfremde Bauherr hätte hingegen bei typisierter Betrachtung keine vergleichbare Einschätzungsmöglichkeit.

Wie dargestellt ist auch eine abstrakte Ausgleichsfunktion anzuerkennen, die bei einem politisch skeptisch gesehenen Fremdpersonaleinsatz und einer daraus folgenden Gewinnmöglichkeit greift. Eine kritisch betrachtete Ausgliederung muss sich hier auf die ausbleibende eigene Beschäftigung von zu Bauarbeiten qualifizierten Arbeitnehmern beziehen. Dies kann aber nur gegenüber den in der Baubranche tätigen Generalunternehmern angenommen werden. Einem anderweitig gewerblich tätigen Unternehmer, beispielsweise einem expandierenden und daher Bauarbeiten in Auftrag gebendem Bankhaus kann hingegen kaum entgegengehalten werden, dass diese keine für Bauarbeiten qualifizierten Arbeitnehmer beschäftigen. Auch das BAG argumentiert in diese Richtung, wenn die Begrenzung des Unternehmerbegriffs damit begründet wird, dass Bauherren keine eigenen Bauarbeitnehmer beschäftigen, die anstelle der durch Subunternehmer beschäftigten Arbeitnehmer eingesetzt werden könnten[108]. Darüber hinaus wurde wie dargelegt im Gesetzgebungsverfahren nicht die Beauftragung eines Unternehmers für die Erledigung eigener Angelegenheiten problematisiert,

---

108 BAGE 103, 240, 250.

sondern die vielstufigen Subunternehmerketten und mithin gerade die Delegation eigener Verpflichtungen. Versteht man daher die Unternehmerhaftung auch als Ausgleich für den unerwünschten Einsatz von Nachunternehmern, ist eine Einschränkung auf die Generalunternehmer daher ebenfalls folgerichtig. Die konkrete Ausgleichsfunktion ist für die Auslegung wie oben dargelegt nicht gewinnbringend, da sich erst aus dem ermittelten Unternehmerbegriff ergibt, in welchen Fällen der Gesetzgeber einen Ausgleich für den erworbenen Vorteil durch den günstigeren Personaleinsatz einfordert.

Die Effektivitätsfunktion ist wie dargestellt anwendbar, wenn sich eigener Verpflichtungen durch den Einsatz von Nachunternehmern entzogen werden soll. Bei § 1 a AEntG betraf dies die Zahlung der Mindestentgelte zur Verhinderung von Wettbewerbsvorteilen. Mithin muss darauf abgestellt werden, ob vom beauftragenden Unternehmer die jeweilige Verpflichtung auch zu erfüllen wäre. Die Pflicht zur Zahlung der Mindestentgelte traf aber nur diejenigen, die unter den Geltungsbereich des allgemeinverbindlichen Tarifvertrags fielen. Folglich traf die Verpflichtung nur Bauunternehmer, nicht anderweitig gewerblich tätige Bauherren. Aus diesen Gründen entsprach es also auch der Effektivitätsfunktion, die Haftung auf Generalunternehmer zu begrenzen[109].

Im Ergebnis überzeugt es, den Generalunternehmerbegriff für § 1 a AEntG 1998 zugrunde zu legen. Die in der Gesetzesbegründung ebenfalls angesprochene Gewerblichkeit wäre demnach so zu verstehen, dass damit die im Rahmen ihrer gewerblichen Tätigkeit delegierenden Unternehmer gemeint waren. Allerdings stellt sich die Frage, ob nicht auch ein Bauunternehmer demnach erfasst wäre, der gleichzeitig als Bauherr fungiert. Der fachkundige Bauträger wäre richtiger Adressat der Steuerungsfunktion, da ihm die Auswahl des konkreten Bauunternehmers auch bei pauschaler Betrachtung ebenso wie einem Generalunternehmer zugerechnet werden kann. Zudem wäre er als Bauunternehmer selbst zur Zahlung der Mindestentgelte verpflichtet, sodass auch die Effektivitätsfunktion hier anwendbar wäre. Die abstrakte Ausgleichsfunktion bezog sich hingegen nur auf Subunternehmer und mithin auf Fälle der Delegation eigener Leistungspflichten. Allerdings kommt dieser Funktion hier eine nur geringe Bedeutung zu. Im Ergebnis spricht vieles dafür, auch den Bauunternehmer als Bauherrn in den Unternehmerbegriff des § 1 a AEntG 1998 aufzunehmen. Die Rechtsprechung sah dies allerdings anders und begründete dies mit dem gesetzgeberischen Willen, die Haftung nur bei der Weitergabe eigener Leistungspflichten und dem damit verbundenen wirtschaftlichen Vorteil durch

---

109 Franzen SAE 2003, 181, 192.

einen Nachunternehmereinsatz eingreifen zu lassen[110]. Diese Argumentation findet sich aber nicht in den Materialien zu § 1 a AEntG, sondern in den dargestellten vorherigen Entwürfen.

d) Systematische und rechtspolitische Einordnung

Letztlich ist für die weitere Entwicklung entscheidend, wie die Norm infolge der Auslegung durch die Rechtsprechung tatsächlich gewirkt hat, sodass für die Einordnung ohnehin vom Unternehmerbegriff der Rechtsprechung ausgegangen werden muss. Es wird hier bei einer Inanspruchnahme desjenigen, dem die Auftragsvergabe zugerechnet wird, letztlich die bereits aus der Haftung des Bauherrn für die Unfallversicherungsbeiträge bekannte Haftungslegitimation herangezogen. Allerdings liegt ein Unterschied darin begründet, dass eine Zurechenbarkeit zum Bauherrn hier pauschal ausgeschlossen wird, während bei § 729 Abs. 2 RVO eine Einzelfallbetrachtung vorgenommen wurde. Erwähnenswert dabei ist, dass die sich aus dem Wortlaut nicht ergebenden Einschränkungen letztlich jeweils von der Rechtsprechung im Wege der Auslegung herausgearbeitet wurden.

Die Übereinstimmung des Begriffs der Rechtsprechung mit den Funktionen der Norm wurde bereits im Wege der Auslegung ermittelt. Dabei sind ergänzend noch folgende Feststellungen zu machen: Ein solches Verständnis des Unternehmerbegriffs, wonach als Unternehmer einzuordnen ist, wer zur Erfüllung seiner vertraglichen Verpflichtungen Bauleistungen weitergibt, kann rechtspolitisch nur unter zwei Prämissen sinnvoll sein. Erste Voraussetzung ist hierbei, dass die Haftung keine Schutzfunktion erfüllt. Dann ist es unschädlich, dass der Kreis der Haftungsadressaten klein gehalten wird und die Arbeitnehmer lediglich bei einer Auftragsvergabe zur Erfüllung eigener Verpflichtungen weitere Schuldner erhalten.

Zweite Voraussetzung ist, dass die Auftragsvergabe über Generalunternehmer erfolgt, die ihnen erteilte Aufträge delegieren. Nur dann kann eine Steuerung der Auftragsvergabe effektiv über den Kreis der Haftungsadressaten erreicht werden. Beide Voraussetzungen lagen wie dargestellt im Hinblick auf die Ziele des Gesetzes beziehungsweise auf die Praxis im Baugewerbe vor.

Die Effektivitätsfunktion erfordert als Voraussetzung einer finalen Umgehung, dass eine Verpflichtung auch für den Adressaten der Haftung gelten würde. Die hier eher untergeordnete abstrakte Ausgleichsfunktion setzt hingegen voraus, dass der konkrete Fremdpersonaleinsatz, also etwa die Delegation an Subunternehmer, politisch kritisch gesehen wird.

---

110 BAG NZA 2007, 613 Rn. 16.

5 Die Haftung gegenüber gemeinsamen Einrichtungen

a) *Grundlage der Haftung: Allgemeinverbindliche Tarifverträge und SokaSiG*

§ 1 a AEntG sah zudem die Haftung eines Unternehmers gegenüber gemeinsamen Einrichtungen auf die Urlaubskassenbeiträge vor, wenn solche durch einen allgemeinverbindlichen Tarifvertrag des Baugewerbes auferlegt wurden. Diese Haftung ergibt sich heute aus §§ 14, 8 Abs. 1 S. 1 Var. 2, 5 S. 1 Nr. 3 AEntG. Voraussetzung ist ein Tarifvertrag nach § 3 S. 2 AEntG. Relevant ist insoweit der Tarifvertrag über das Sozialkassenverfahren im Baugewerbe (VTV). Ein Anspruch der Urlaubskasse für das Baugewerbe (ULAK), die ihrerseits unter dem Dach der SOKA-BAU verortet ist, besteht gegen sämtliche dem Geltungsbereich unterfallenden Arbeitgeber, wenn dieser Tarifvertrag allgemeinverbindlich ist.

Das BAG hat Allgemeinverbindlichkeitserklärungen aus den Jahren zwischen 2007 und 2014 unter Verweis auf eine fehlende Befassung des Bundesministers für Arbeit und Soziales und das nicht eingehaltene Mindestquorum nach § 5 Abs. 1 TVG für unwirksam erklärt[111]. § 7 des Sozialkassenverfahrenssicherungsgesetzes von 2017 ermöglicht jedoch die rückwirkende Anwendung dieser Tarifverträge und verhindert auf diese Art und Weise, dass die SOKA-BAU mit existenzbedrohenden Rückforderungsansprüchen konfrontiert wird[112]. In systematischer Hinsicht stellt das SokaSiG einen Sonderfall dar. Während die Allgemeinverbindlichkeitserklärung eines Tarifvertrags nach § 5 TVG als Rechtssetzungsakt eigener Art behandelt wird[113], handelt es sich bei einer Rechtsverordnung nach § 7 AEntG um einen Akt staatlicher Rechtssetzung, da die Normen des Tarifvertrags auch nach dessen Ablauf Anwendung finden und die gesetzliche Regelung so vom Fortbestehen des Tarifvertrags unabhängig ist[114]. Beim SokaSiG hingegen dient der Tarifvertrag lediglich als „Formulierungshilfe für den Gesetzgeber“[115], nach § 11 SokaSiG kommt es nicht auf die Wirksamkeit der Tarifverträge an. Ein bereits beendeter Tarifvertrag dient hier daher nicht einmal als anfänglicher Anknüpfungspunkt, sondern als reine Inspiration. Anderes gilt jedoch bei Tarifverträgen, die zum Zeitpunkt des Erlasses des SokaSiG noch

111 BAG AP TVG § 5 Nr. 35; AP TVG § 5 Nr. 36; NZA 2017, 731.

112 BGBl. Teil I 2017 Nr. 29 vom 24.05.2017; BT-Drs. 18/10631 S. 2 f.

113 BVerfGE 44, 322, 340.

114 BAGE 138, 1, Rn. 15 ff.

115 Klein AuR 2017, 48, 51.

existierten. Insoweit sieht etwa § 7 Abs. 1 SokaSiG vor, dass mit Ablauf des Tarifvertrags auch die gesetzliche Wirkung erlischt, es greift daher die umgekehrte Wirkung wie bei § 7 Abs. 1 AEntG: Nur hinsichtlich der Beendigung und nicht hinsichtlich der Entstehung gilt eine Koppelung an den Tarifvertrag.

Die Haftung nach § 14 AEntG bezieht sich an sich über §§ 8 Abs. 1 S. 1, 3 S. 1, 4 Abs. 1 Nr. 1, 5 S. 1 Nr. 3 AEntG nur auf die Fälle eines nach § 5 TVG allgemeinverbindlichen oder nach § 7 AEntG erstreckten Tarifvertrags. Diese Problematik wird durch § 12 SokaSiG aufgelöst, der § 14 AEntG für anwendbar erklärt. Folglich scheidet eine Rückforderung an die SOKA-BAU geleisteter Zahlungen durch einen in Anspruch genommenen Bürgen aus[116].

b) Das Urlaubskassenverfahren

Das Urlaubskassenverfahren im Baugewerbe resultiert aus dem Umstand, dass Arbeitnehmer im Baugewerbe den Arbeitsplatz regelmäßig wechseln und infolgedessen mangels Erfüllung der sechsmonatigen Wartezeit nach § 4 BurlG oftmals keinen Urlaubsanspruch gemäß § 1 BurlG erhalten. Umgekehrt würde ein Arbeitgeber, bei dem eine sechsmonatige Beschäftigung eintritt, den vollen Urlaubsanspruch für das jeweilige Kalenderjahr erfüllen müssen[117]. Die jeweiligen Tarifverträge über das Sozialkassenverfahren im Baugewerbe sehen daher vor, dass die Beschäftigungszeiten bei mehreren Arbeitgebern zusammengerechnet werden und dass der den Urlaubsanspruch erfüllende Arbeitgeber Regress bei der Urlaubskasse nehmen kann, die sich wiederum durch Beiträge der Arbeitgeber finanziert[118]. Die in bestimmten Fällen entstehenden Ansprüche auf Urlaubsabgeltung sind ebenfalls gegen die Urlaubskasse zu richten. Die Notwendigkeit zur Allgemeinverbindlichkeitserklärung dieser Tarifverträge ergibt sich aus dem so gesicherten Schutz für die Arbeitnehmer auch infolge des hinreichend großen Kreises an einzahlenden Arbeitgebern und aus den so vermiedenen Wettbewerbsverzerrungen, die bei alleiniger Belastung einzelner tarifgebundener Arbeitgeber entstehen würden[119].

Das AEntG sieht in seinem heutigen § 5 S. 1 Nr. 3 vor, dass Zahlungsverpflichtungen gegenüber den Urlaubskassen aus allgemeinverbindlichen Tarifverträgen

---

116 BT-Drs. 18/10631 S. 653.

117 Wank/Börkmann NZA 2001, 177; Gündisch S. 66.

118 Gegenwärtig Tarifvertrag über das Sozialkassenverfahren im Baugewerbe (VTV) vom 3. Mai 2013 in der Fassung vom 24. November 2015.

119 Vgl. BVerfGE 55, 7, 26; Koberski/Asshoff/Eystrup/Winkler § 5 Rn. 39; BT-Drs. 18/10631 S. 1.

auch von ausländischen Arbeitgebern erfüllt werden müssen. Voraussetzung dafür ist nach § 5 S. 1 Nr. 3 HS 2 AEntG, dass keine Doppelbelastung für ausländische Arbeitgeber eintritt, womit unionsrechtlichen Anforderungen hinsichtlich der Rechtfertigung einer Beschränkung der Dienstleistungsfreiheit genügt wird[120]. Eine den Anspruch gegen den Arbeitgeber ausschließende Inanspruchnahme durch eine vergleichbare Einrichtung entsprechend § 5 S. 1 Nr. 3 HS 2 AEntG tritt dabei nicht schon ein, wenn irgendeine insoweit tätige Einrichtung im jeweiligen Land existiert. Die Regelung muss stattdessen insgesamt günstiger als die deutsche sein, bei einer günstigeren deutschen Regelung erfolgt eine anteilige Anrechnung hinsichtlich der Zahlungen an die ausländische Einrichtung[121]. Andere Zahlungsverpflichtungen im Sozialkassenverfahren sind mangels Erwähnung in § 5 S. 1 Nr. 3 AEntG nicht von der Haftung erfasst, dies betrifft entsprechend § 15 Abs. 1 S. 2 VTV 2015 das Berufsbildungsverfahren und die Zusatzversorgung.

c) Funktionen der Haftung und rechtspolitische Einordnung

Es stellt sich die Frage, ob durch § 1 a AEntG hinsichtlich der Urlaubskassenbeiträge auch eine Beitragssicherung erreicht werden sollte. Die Entscheidung, auch Urlaubskassenbeiträge in die Haftung miteinzubeziehen, wurde im Gesetzgebungsverfahren nicht weiter thematisiert. Stattdessen muss insoweit auf die Beweggründe zurückgegriffen werden, die für die international zwingende Wirkung auch dieser Tarifverträge maßgeblich waren. Hier muss gesehen werden, dass auch die fehlende Heranziehung zu Urlaubskassenbeiträgen und der daraus folgende Kostenvorteil einen Wettbewerbsvorteil darstellten. Im Ergebnis sind also auch hier protektionistische Erwägungen ausschlaggebend[122]. Auch bei der Einführung der Haftung 1998 war kein anderes Vorstellungsbild ausschlaggebend. Es ist nicht ersichtlich, dass die Haftung der Beitragssicherung dienen sollte. Der Vorteil für die Urlaubskasse entsprach hinsichtlich der Erstreckung auf Fälle der Arbeitnehmerentsendung ebenso wie hinsichtlich der Haftung vielmehr lediglich einem Reflex.

Es ist daher festzuhalten, dass eine Schutzfunktion hinsichtlich der Urlaubskasse nicht bestand. Stattdessen erfüllt die Haftung gegenüber der Urlaubskasse auch die bereits dargelegten Funktionen. Es wird wiederum ein Anreiz gesetzt, die Aufträge an deutsche Bewerber zu vergeben und Dumpingangebote

---

120 Vgl. EuGH SlG 2001 I- 7831 (Finalarte), Rn. 45; BT-Drs. 13/2414 S. 9 linke Spalte.
121 Schlachter NZA 2002, 1242, 1246; Kempen/Zachert/Seifert § 5 AEntG Rn. 13.
122 Vgl. ArbG Wiesbaden NZA-RR 1998, 217, 221.

zu vermeiden. Die Steuerungsfunktion der Norm wird durch den zusätzlichen Anspruchsinhaber noch verstärkt, zumal die Urlaubskasse andere Möglichkeiten zur gerichtlichen Durchsetzung hat als die entsandten Arbeitnehmer. Es bleibt aber dabei, dass mit der Steuerung letztlich ein Wettbewerbsschutz deutscher Unternehmer erreicht wird. Auch die Überlegungen zur abstrakten und zur konkreten Ausgleichsfunktion gelten entsprechend: Die Attraktivität des Einsatzes von Subunternehmern wird gezielt verringert, ein potentieller Kostenvorteil durch die Beauftragung eines nicht den Urlaubskassenbeitrag zahlenden Nachunternehmers wird vermieden. Schließlich ist auch hier eine Effektivitätsfunktion erkennbar, da sich die Pflicht zur Beitragszahlung nicht durch die Einschaltung von vermögenslosen Subunternehmern vermeiden lässt.

Im Ergebnis entsprechen die Funktionen der Haftung gegenüber der Urlaubskasse nach § 1 a AEntG 1998 den Funktionen der Haftung für Mindestentgelte. Hinsichtlich der Auswirkungen auf den Unternehmerbegriff kann nach oben verwiesen werden[123].

6 Haftung für Sozialversicherungsbeiträge

a) Ausgangspunkt und Ausgestaltung des Unternehmerbegriffs

Das Baugewerbe wurde abgesehen vom zunächst legalen Lohndumping durch illegale Praktiken geprägt. Die Bauwirtschaft war ausweislich der erteilten Bußen vorrangiger Schauplatz illegaler Arbeitnehmerüberlassung, illegaler Ausländerbeschäftigung sowie von Schwarzarbeit und Sozialleistungserschleichung[124].

Im Falle illegaler Arbeitnehmerüberlassung ergab sich eine Beitragshaftung des Entleihers bereits infolge der aus § 10 Abs. 1 AÜG resultierenden Arbeitgeberstellung, im Falle eines Einsatzes fremder Arbeitnehmer im Rahmen eines Werk- oder Dienstvertrages war eine solche Rechtsfolge aber noch nicht angeordnet. Als Hauptproblem wurde dabei die nur mühsame Feststellung des Beitragsverpflichteten infolge der Subunternehmerstrukturen politisch diskutiert[125]. Die fehlende Inanspruchnahme des Beitragsverpflichteten konnte dabei

---

123 S. oben C II 4 c), d).

124 9 Bericht der Bundesregierung über Erfahrungen bei der Anwendung des Arbeitnehmerüberlassungsgesetzes- AÜG- sowie über die Auswirkungen des Gesetzes zur Bekämpfung der illegalen Beschäftigung – BillBG, BT-Drs. 14/4220, S. 33 rechts, 44 rechts, 54 rechts, 60 linke Spalte.

125 Plenarprotokoll 14/35 vom 22.04.1999, S. 2832 linke Spalte (Buntenbach), Eckpunktepapier zur Verbesserung der Bekämpfung illegaler Beschäftigung und Schwarzarbeit BT-Drs. 14/5270 S. 1; 9. Bericht etc. BT-Drs. 14/4220, S. 44 linke Spalte.

aus einer ganz fehlenden Anmeldung der Arbeitnehmer zur Sozialversicherung oder aus einer Scheinselbstständigkeit resultieren[126]. Relevant ist dabei der Wandel der Schwarzarbeit in der Baubranche von der gelegentlichen Nebentätigkeit nach Dienstschluss hin zu professionellen Strukturen mittels Scheinselbstständigkeit oder mobilen „Wanderkolonnen“, wobei auch hier vor allem ausländische Handwerker auffällig wurden[127]. Die fehlende Abführung der Beiträge wurde einerseits im Hinblick auf die Stabilität der sozialen Sicherungssysteme, andererseits aber auch unter Beachtung des entstehenden Wettbewerbsvorteils gegenüber den rechtstreuen Betrieben als Problem erkannt[128].

Der Gesetzgeber normierte 2002 in § 28 e Abs. 3 a SGB IV eine Haftung des „Unternehmers des Baugewerbes“ für den von seinen Nachunternehmern zu leistenden Gesamtsozialversicherungsbeitrag[129]. § 150 Abs. 3 S. 1 HS 2 SGB VII ordnet die entsprechende Rechtsfolge für die Unfallversicherung an. Der Unternehmerbegriff ergibt sich wiederum nicht unmittelbar aus dem Gesetz. Allerdings nahm der Gesetzgeber dieses Mal eindeutig Stellung und beschränkte die Haftung in der Gesetzesbegründung[130] auf diejenigen Unternehmer, die in Erfüllung ihrer vertraglichen Verpflichtungen Nachunternehmer beauftragen. Eine Haftung des Bauherrn wird ausdrücklich ausgeschlossen. Durch den Ausschluss einer Haftung des Bauherrn wird in den Materialien ausdrücklich angeordnet, dass auch ein Bauunternehmer als Bauherr nicht der Haftung unterfällt. Erfasst sein sollen allerdings Bauträgermodelle, bei denen ein sofortiger Verkauf durch den Erbauer beabsichtigt ist. Für den in der Unfallversicherung geltenden § 150 Abs. 3 S. 1 HS 2 SGB VII muss mangels anderer Angaben in der Gesetzesbegründung vom gleichen Unternehmerbegriff ausgegangen werden[131].

b) Funktionen der Haftung

Die Haftung dient laut der Gesetzesbegründung zunächst der Stabilität der sozialen Sicherungssysteme[132]. In der Konsequenz ist hier insoweit grundsätzlich

126 Vgl. Plenarprotokoll 14/35 vom 22.04.1999, S. 2832 linke Spalte (Buntenbach); vgl. BT-Drs. 14/4220, S. 55.

127 Schönfelder S. 55; vgl. 8. Bericht der Bundesregierung etc., BT-Drs. 13/5498 S. 59 linke Spalte; Eckpunktepapier etc., BT-Drs. 14/5270 S. 1.

128 Eckpunktepapier etc. BT-Drs. 14/5270 S. 1; 9. Bericht etc. BT-Drs. 14/4220, S. 55.

129 Gesetz zur Bekämpfung von illegaler Beschäftigung und Schwarzarbeit, BGBl. Teil I 2002 Nr. 52 vom 29.07.2002 S. 2787, 2789 f.

130 BT-Drs. 14/8221 S. 15 linke Spalte.

131 BT-Drs. 14/8221, S. 17 rechte Spalte.

132 BT-Drs. 14/8221 S. 16.

von einer Schutz- beziehungsweise einer Beitragssicherungsfunktion zu sprechen, die sich auf die Absicherung der von den Nachunternehmern zu leistenden Sozialversicherungsbeiträge bezieht.

Andererseits wird auch ausdrücklich eine Steuerungsfunktion betont, die sich aus der beabsichtigten Einflussnahme auf die Auswahl der Nachunternehmer ergibt[133]. Diesbezüglich wurde auch hier in der Plenardebatte der Schutz sich legal verhaltender, rechtstreuer Unternehmer vor der sich illegaler Praktiken bedienenden und sich damit einen Wettbewerbsvorteil verschaffenden Konkurrenz hervorgehoben[134]. Dabei erstreckt sich die Steuerungswirkung infolge der Haftung auch gegenüber ausländischen Sozialversicherungsträgern nach § 28 e Abs. 3 a S. 2 SGB IV auch auf ausländische Mitbewerber, während deren Beitragspflicht nicht zum Schutz der deutschen Sozialversicherungsträger beiträgt. Dieser Schutz der rechtstreuen Bewerber ist stets Bestandteil der Steuerungsfunktion, in diesem Fall soll damit aber nicht protektionistischen Zwecken Genüge getan werden. Stattdessen wird vom Gesetzgeber angeführt, dass sich die Anzahl der nicht rechtstreuen Bauunternehmer verringern werde[135]. Anders ausgedrückt wird durch die Einflussnahme erreicht, dass unseriöse Elemente vom Markt verdrängt werden, was wiederum der Stabilität der sozialen Sicherungssysteme dient.

Es mag sein, dass vor allem ausländische Arbeitgeber bei illegalen Beschäftigungsformen mitwirkten. Dies ändert aber nichts daran, dass hier nicht die Bevorzugung gerade deutscher Unternehmen, sondern generell rechtstreuer Unternehmen im Sinne eines präventiven Arbeitnehmerschutzes beabsichtigt wurde.

Die Steuerungsfunktion wird ausdrücklich auch bei der Änderung des § 28 e Abs. 3 a-f SGB IV im Jahr 2009 herausgehoben[136].

Ausdrücklich angegeben wird auch die Absicht, eine Umgehung der Haftung durch die Bauunternehmer mittels Bildung von Bauträgergesellschaften oder anderen Konstruktionen zu verhindern[137]. Dieser Gedanke lässt sich auch auf die Beitragspflicht an sich übertragen, sodass auch diese nicht umgangen werden soll. Auch eine Effektivitätsfunktion ist daher hier grundsätzlich anzuerkennen.

---

133 BT-Drs. 14/8221 S. 11.
134 Plenarprotokoll 14/219 vom 22.02.2002, S. 21715 (Kramme, SPD).
135 BT-Drs. 14/8221 S. 16 rechte Spalte.
136 BT-Drs. 16/12596 S. 9 linke Spalte.
137 BT-Drs. 14/8221 S. 15 linke Spalte.

Schließlich wird die Haftung auch mit dem Gedanken begründet, dass der Generalunternehmer den Vorteil der Arbeitsleistung trägt und gleichzeitig die Sozialversicherungsbeiträge einspart[138]. Bemerkenswert ist, dass hier nicht darauf abgestellt wird, dass der Vorteil infolge des potentiell günstigeren Angebots erreicht wird. Eine solche konkrete Ausgleichsfunktion ist stets gegeben, die Förderung illegaler Beschäftigung soll kein lukratives Geschäftsmodell sein. Hier wird aber herausgestellt, dass schon die Ersparnis der nicht zu zahlenden Sozialversicherungsbeiträge den Vorteil herbeiführt. Abgestellt wird daher auf den Subunternehmereinsatz an sich[139]. In der Plenardebatte wurde von mehreren Rednern herausgehoben, dass gerade die Bekämpfung von Subunternehmerketten ein wesentliches Anliegen der Regelung sei[140]. Es liegt hier daher eine deutlich herausgehobene abstrakte Ausgleichsfunktion vor, die sich wiederum auf Subunternehmerstrukturen bezieht. Die Unternehmen ersparen sich sowohl das Haftungsrisiko als auch die Notwendigkeit finanzieller Reserven nur, indem sie auf Subunternehmer verzichten[141]. Dieses Misstrauen ergibt sich letztlich aus dem Umstand, dass Subunternehmerketten die illegalen Praktiken wesentlich erleichtern[142]. Die Einschränkung der Attraktivität der Subunternehmerketten ist im Ergebnis eine ganz wesentliche Funktion der Norm.

In der Gesetzesbegründung werden zudem die Machtposition des Generalunternehmers auf dem Markt und dessen Verhandlungsmacht bei der Vereinbarung von Sicherungen angeführt[143]. Dies drückt einerseits die zentrale Stellung bei der Auswahl der Aufträge aus, dient andererseits aber auch als Rechtfertigung für ein Ausgleichsbedürfnis bei konkreten Verstößen.

c) Systematische und rechtspolitische Einordnung

Wird auf die Steuerungsfunktion abgestellt, zeigt sich auch hier, dass der richtige Adressat mit dem für die Auftragsvergabe verantwortlichen Generalunternehmer gefunden ist. Die Effektivitätsfunktion wirkt hier nicht in einer so konsequenten Weise wie bei § 1 a AEntG: Die Beitragspflicht beschränkt sich anders

138 BT-Drs. 14/8221 S. 16 linke Spalte.

139 14/8221 S. 16 rechte Spalte.

140 Plenarprotokoll 14/219 vom 22.02.2002, S. 21718 (Eichstädt-Bohlig); 21719 (Wiesehügel); Plenarprotokoll 14/228 vom 22.03.2002, S. 22687 linke Spalte (Kramme), alle SPD.

141 Plenarprotokoll 14/219 vom 22.02.2002, S. 21719 rechte Spalte (Wiesehügel).

142 Vgl. Plenarprotokoll 14/228 vom 22.03.2002, S. 22687 (Kramme).

143 BT-Drs. 14/8221 S. 16 rechte Spalte.

als die Pflicht zur Zahlung der Mindestentgelte nicht auf Bauunternehmer. Auch der Bauherr müsste diese theoretisch bei Beschäftigung eigener Arbeitnehmer zahlen, also etwa ein Fabrikant beim Bau einer Werkshalle. Eine „Umgehung", bei der gezielt im Hinblick auf die Leistungspflichten die Arbeitgeberstellung an vermögenslose Personen übertragen wird, kommt aber im Grunde nur bei Subunternehmer- und Bauträgerkonstellationen in Betracht, die von der Haftung gerade erfasst werden. Auf diesem Wege wird die Effektivitätsfunktion gewahrt. Die Schutzfunktion wird aber erheblich eingeschränkt, indem private Bauherrn aus der Haftung ausgenommen werden.

Es wird erkennbar, dass die Haftung weniger einen aktuellen Finanzierungsbedarf decken soll, sondern vielmehr langfristig wirkt. Der Schwerpunkt liegt in der präventiven Wirkung. Leitgedanke ist dabei eine „Selbstregulierung des Marktes"[144]. Nochmals deutlich ausgedrückt wird dies anlässlich der Reform 2009. Demnach soll „die Bekämpfung von Schwarzarbeit und illegaler Beschäftigung" erleichtert werden[145], was für eine langfristige Strategie anstelle einer kurzfristigen Beitragssicherung spricht. Betont wird mithin der präventive Schutz der Arbeitnehmer.

Diese präventive Wirkung wird einerseits erreicht durch eine Steuerung der Auftragsvergabe. Andererseits dient die abstrakte Ausgleichsfunktion dazu, den tiefgestaffelten Subunternehmerstrukturen ihre Attraktivität zu entziehen. Wird der Auftrag delegiert, soll dies nur an rechtstreue Nachunternehmer geschehen, der Subunternehmereinsatz an sich soll aber auch eingeschränkt werden. Es liegt hier folglich eine zweispurige Herangehensweise vor, die sich an den beiden erkannten Hauptproblemen orientiert: Der fehlenden Seriosität einzelner Nachunternehmer, aber auch der intransparenten und für Missbrauch anfälligen Subunternehmerkette an sich. Die Haftung soll marktregulierend wirken und knüpft daher an die Generalunternehmer an, denen letztlich die Verantwortung für die Missstände zugewiesen wird. Auf eine weiterreichende Inanspruchnahme zur Beitragssicherung wird hingegen verzichtet.

Es ist festzuhalten, dass die Subunternehmerstrukturen gerade als zentrales Problem identifiziert wurden. Dies ist ein Unterschied zur Haftung nach § 1 a AEntG, die vielmehr der Bedeutung der Generalunternehmer bei der Auftragsvergabe Rechnung trug und bei der die abstrakte Ausgleichsfunktion eher hinter der Steuerungsfunktion zurücktrat. Hier kann von einer Gleichrangigkeit ausgegangen werden. Die unmittelbar wirkende Schutzfunktion ist hingegen

144 BT-Drs. 14/8221 S. 15 f.

145 BT-Drs. 16/12596 S. 9 linke Spalte.

entsprechend der dogmatischen Ausgestaltung untergeordnet. Die Schutz- und Beitragssicherungsgedanken kommen vielmehr in langfristiger Perspektive im Rahmen der Steuerungswirkung zum Tragen.

Die Begrenzung auf Aufträge lediglich delegierende Unternehmer ist deshalb folgerichtig, da nur die Generalunternehmer Adressaten der für die Norm wesentlichen Steuerungs- und abstrakten Ausgleichsfunktion sein können.

Letztlich bleibt es als gesetzgeberische Wertung zu akzeptieren, wenn der Gesetzgeber keinen akuten Finanzierungsbedarf sieht, sondern sich stattdessen auf eine Marktbereinigung konzentriert. Unter dieser Prämisse ist der eingeschränkte Unternehmerbegriff konsequent.

d) Unternehmer des Baugewerbes

§ 28 e Abs. 3 a S. 1 SGB IV spricht von einem Unternehmer des Baugewerbes, der Bauleistungen nach § 101 Abs. 2 SGB III erfülle. Es liegt nahe, den Begriff eines Unternehmers im Baugewerbe mit dem Betrieb des Baugewerbes nach § 101 Abs. 2 SGB III gleichzusetzen. Demnach wäre der Unternehmerbegriff nur einschlägig, wenn überwiegend Bauleistungen nach § 101 Abs. 2 S. 2 SGB III erfüllt werden. Dies führt zu Problemen in Fällen, in denen ein delegierender Generalunternehmer oder Bauträger nicht selbst überwiegend Bauleistungen erbringt. Denken lässt sich hier an einen Generalunternehmer, der sich komplett auf die Delegation beschränkt. Solche Fallkonstellationen würden aus dem Anwendungsbereich herausfallen. Das BSG wandte hiergegen ein, dass dadurch gerade typische Umgehungsfälle aus der Haftung ausscheiden würden. Es käme dabei nicht auf die Umgehungsabsicht, sondern auf die generelle Eignung zur Umgehungsmöglichkeit an[146].

Dieser Einwand überzeugt, wobei neben der Effektivitätsfunktion auch die abstrakte Ausgleichsfunktion eine solche Auslegung erfordert, da ansonsten gerade der völlige Verzicht auf eigene Arbeitskräfte und die alleinige Beauftragung von Subunternehmern privilegiert werden würde. Es ist auch nicht zwingend, dem Normtext des § 28 e Abs. 3 a SGB IV hinsichtlich des Unternehmerbegriffs einen Verweis auf § 101 Abs. 2 SGB III zu entnehmen, schließlich wird nur hinsichtlich der Bauleistungen diese Norm herangezogen[147]. Im Wege der Auslegung ergibt sich, dass die Begrifflichkeit eines Unternehmers des Baugewerbes nicht auf § 101 Abs. 2 SGB III verweist. Das BSG ging im betreffenden Urteil davon aus, dass es darauf ankomme, ob das betroffene Unternehmen

146 BSG NZS 2009, 396 Rn. 18 ff.

147 BSG NZS 2009, 396 Rn. 21.

schwerpunktmäßig Bauarbeiten ausführen lasse, was auch ohne eigene Ausführung möglich sei. Ein solches Kriterium erscheint aber als wenig zielführend. Das Handeln in Erfüllung der eigenen Leistungsverpflichtungen führt immer dazu, dass sich ein Unternehmen im Baugewerbe betätigt, eine Detailprüfung des Unternehmenszwecks erscheint hier gekünstelt. Mangels ersichtlicher anderer heranziehbarer Definitionen hat der Bezug auf das Baugewerbe beim Unternehmerbegriff letztlich keinen eigenständigen Sinngehalt[148] und lässt sich allenfalls als Bekräftigung dafür interpretieren, dass die unmittelbare Inanspruchnahme der Leistung als Endkonsument nicht ausreiche.

III Die branchenübergreifende Haftung auf Mindestentgelte

1 Die Erweiterung des AEntG

a) Reformprozess des AEntG und Ausblick

Die Unternehmerhaftung ist nicht auf das Baugewerbe beschränkt geblieben, die Ausweitung auf weitere Branchen ist im Folgenden zu analysieren.

Das AEntG war wie dargestellt zunächst ein rein protektionistisches Gesetz. Die im Gesetz vorgesehenen Instrumentarien wurden aber zunehmend auch im anderen Kontext diskutiert. Der Entwurf der rot-grünen Regierungskoalition von 2005 sah die Ausweitung des AEntG auf alle Branchen vor und begründete dies auch mit dem Schutz der entsandten wie der inländischen Arbeitnehmer vor Lohndumping. Hervorgehoben wurde allerdings, dass angesichts der Einbeziehung der Tarifvertragsparteien hier gerade nicht von einem staatlich gesetzten Mindestlohn ausgegangen werden könne[149]. Hier wird deutlich, dass nunmehr die durch das AEntG mögliche Erstreckung von Mindestarbeitsbedingungen zwar unter Einbeziehung der Tarifvertragsparteien, aber ohne die Hürden des § 5 TVG, insbesondere der Zustimmung des Tarifausschusses, in den Mittelpunkt rückte. Zudem schloss der Entwurf alle Branchen unabhängig von einer bestehenden Entsendeproblematik ein, löste sich insoweit also von einer protektionistischen Zielrichtung. Die Entsenderichtlinie 96/71/EG sieht eine international zwingende Wirkung allgemeinverbindlicher Tarifverträge nur für das Baugewerbe in ihrem Art. 3 Abs. 1 Var. 2 verbindlich vor, ermöglicht aber in Art. 3 Abs. 10 Var. 2 die Ausweitung auf weitere Branchen.

---

148 Vgl. Brettschneider/Rixen SGb 2009, 564, 565.

149 BT-Drs. 15/5445 S. 4.

Im Koalitionsvertrag zwischen Union und SPD 2005 wurde unter Punkt 2.7.2 eine Erweiterung des Gesetzes von einer bestehenden Entsendeproblematik abhängig gemacht, ausschlaggebend seien „soziale Verwerfungen durch entsandte Arbeitnehmer"[150]. Nach diesem Verständnis sollte das AEntG sich mithin auf seine bisherige, protektionistische Funktion beschränken und allenfalls seinen Anwendungsbereich erweitern. Die unterschiedlichen Vorstellungen der Koalitionspartner wurden auch bei der vorgenommenen Erstreckung des AEntG auf die Gebäudereinigerbranche 2007 offenkundig. Die Gesetzesbegründung betonte dabei den Wettbewerbsschutz zugunsten deutscher Betriebe vor der kostengünstigeren Arbeitnehmerentsendung[151], dies entsprach auch der Vorstellung der CDU/CSU[152]. SPD-Abgeordnete erblickten im AEntG mit seinen Erstreckungsmechanismen hingegen nunmehr ein Instrument zur Schaffung von Mindestlöhnen[153]. Insbesondere wurde dabei von SPD-Seite nach wie vor der Wille bekundet, das AEntG für alle Branchen zu öffnen und so unabhängig von einer Entsendeproblematik Lohnuntergrenzen kraft Rechtsverordnung einführen zu können[154].

Die Koalition einigte sich schließlich auf den Kompromiss, Branchen mit einer 50- prozentigen Tarifbindung auf Vorschlag der Tarifvertragsparteien in das AEntG aufzunehmen[155]. Bei der vorzeitigen Aufnahme der Briefdienstleistungen 2007 beinhaltete die Gesetzesbegründung neben dem Schutz vor Billigkonkurrenz bereits auch die Sicherung angemessener Arbeitsbedingungen[156]. Dies deckt sich mit einem Aspekt, der auch im Gesetzgebungsverfahren angeführt wurde: Der gezahlte Lohn muss existenzsichernd wirken[157] und eine hinreichende Höhe aufweisen, damit auch ohne staatliche Sozialleistungen der

150 Abrufbar unter: https://www.bundesregierung.de/Content/DE/_Anlagen/koalitionsvertrag.pdf?__blob=publicationFile&v=2, abgerufen am 09.02.2019.

151 BT-Drs. 16/3064 S. 7.

152 Plenarprotokoll 16/86 vom 09.03.2007, S. 8717 rechte Spalte (Connemann, CDU), 8723 linke Spalte (Lehrieder, CSU).

153 Plenarprotokoll 16/63, S. 6298 (Kramme, SPD); Plenarprotokoll 16/86 vom 09.03.2007, S. 8711 rechte Spalte (Andres, SPD), 8721 linke Spalte (Kramme).

154 Plenarprotokoll 16/86 vom 09.03.2007, S. 8711 (Andres), 8720 (Kramme).

155 Plenarprotokoll 16/121 vom 25.10.2007, S. 12611 f. (Müntefering, SPD); BT-Drs. 16/7512 S. 8.

156 BT-Drs. 16/6735 S. 1.

157 Plenarprotokoll 16/121 vom 25.10.2007, S. 12620 rechts (Kramme); Plenarprotokoll 16/134 vom 14.12.2007, S. 14103 linke Spalte (Scholz).

Unterhalt bestritten werden kann[158]. Hier wird also explizit die Schutzfunktion der Mindestentgelte nach dem AEntG hervorgehoben.

Bei der tatsächlich vorgenommenen Neufassung des AEntG entsprechend der Koalitionsvereinbarung[159] wurde das Gesetz auf weitere Branchen erstreckt, gleichzeitig wurden aber die formalen Hürden für eine Rechtsverordnung des Bundesarbeitsministers angehoben. Nach § 7 Abs. 1 AEntG 2009 ist nunmehr ein Antrag beider Tarifvertragsparteien erforderlich. Bei erstmaliger Erstreckung des Tarifvertrags in einer Branche muss zudem nach § 7 Abs. 5 AEntG der Tarifausschuss beteiligt werden, wobei aufgrund der diffizilen Regelung anders als bei § 5 TVG die Blockade durch eine Seite – namentlich durch die Arbeitgebervertreter – ausgeschlossen ist. Nach §§ 5 Abs. 1 S. 1 TVG, 7 Abs. 5 S. 2 AEntG ist zwar an sich eine Mehrheit von vier Stimmen erforderlich, wobei nach § 5 Abs. 1 TVG der sechsköpfige Tarifausschuss paritätisch besetzt ist. Die Stimmen eines Lagers können alleine daher an sich nicht ausreichen. Bei zwei oder drei Stimmen für den Antrag kann die Rechtsverordnung gemäß § 7 Abs. 5 S. 3 AEntG anstatt vom Bundesarbeitsminister aber durch die Bundesregierung erlassen werden.

Schließlich sieht § 8 Abs. 2 AEntG eine Bindung an den allgemeinverbindlichen Tarifvertrag für alle in dessen Geltungsbereich fallenden Arbeitgeber unabhängig von einer anderen Tarifbindung vor. Diese Klarstellung sollte einer Abweichungsmöglichkeit allein der inländischen Arbeitgeber und damit einer unionsrechtlich unzulässigen Diskriminierung entgegenwirken[160].

Mit dem Tarifautonomiestärkungsgesetz 2014[161] wurde die Möglichkeit zur Ausweitung auf sämtliche andere Branchen nach dem Verfahren in § 7a AEntG geschaffen. Das AEntG garantiert weiterhin einen branchenspezifischen Mindestschutz, nur für die nicht betroffenen Branchen wird dieser nunmehr durch das MiLoG gewährleistet. Entsprechend §§ 3 S. 1, 5 S. 1 Nr. 1 AEntG bezieht sich die zwingende Wirkung auf Mindestlöhne, wobei hier nach im Gesetz genannten Kriterien differenziert werden kann. Ganze Tarifgitter könnten aber nicht erstreckt werden[162].

---

158 Plenarprotokoll 16/121 vom 25.10.2007, S. 12612 (Müntefering); SPD-Standpunkt in Ausschuss BT-Drs. 16/7512 S. 7, rechte Spalte; Plenarprotokoll 16/134 vom 14.12.2007, S. 14117 linke Spalte (Lehrieder).

159 BGBl. Teil I 2009 Nr. 20 vom 23.04.2009 S. 799.

160 BT-Drs. 16/10486 S. 13 rechte Spalte als Reaktion auf Slg. 2002, I-787 (Portugaia Construcoes).

161 BGBl. Teil I 2014 Nr. 39 vom 15.08.2014 S. 1348.

162 BT-Drs. 16/10486 S. 12 linke Spalte.

Die durch die RL 2018/957[163] bis 2020 umzusetzende Neufassung der Entsenderichtlinie geht darüber hinaus. Im neuen Art. 3 Abs. 1 lit c, S. 3 der geänderten Entsenderichtlinie ist vorgesehen, dass bei Entsendungen branchenübergreifend alle in den allgemeinverbindlichen Tarifverträgen enthaltenen Bestandteile der Entlohnung international zwingend sein sollen. Angesichts der unionsrechtlichen Umsetzungsverpflichtungen wird sich bei Arbeitnehmerentsendungen folglich zukünftig die international zwingende Wirkung nicht mehr nur auf Mindestlöhne, sondern auf tarifliche Lohngitter erstrecken. Die genaue Umsetzung im deutschen Recht bleibt abzuwarten. Es ist wünschenswert, dass die bewährten Erstreckungsmechanismen des AEntG beibehalten werden. Denkbar wäre es, für Branchenmindestlöhne das bisherige Verfahren beizubehalten, aber auch branchenübergreifend die nach § 5 TVG allgemeinverbindlichen Lohngitter für allgemeinverbindlich zu erklären. Die Voraussetzungen wären dann weiterhin niedriger, wenn nur Mindestarbeitsbedingungen allgemeinverbindlich werden sollen, wobei dann nur geringfügige Differenzierungen im Rahmen der Mindestlöhne möglich sein dürften.

b) Ziele des reformierten AEntG

aa) Grundsatz

Die nunmehrigen Ziele des Gesetzes wurden ausdrücklich in § 1 AEntG festgelegt. Das Gesetz folgt ausweislich § 1 S. 1 AEntG demnach einer doppelspurigen Zielsetzung, indem einerseits angemessene Arbeitsbedingungen begründet werden sollen und andererseits auch ein fairer und funktionierender Wettbewerb zu gewährleisten ist. Als mittelbare Ziele werden in § 1 S. 2 AEntG der Erhalt sozialversicherungspflichtiger Beschäftigung und die Sicherung der Ordnungs- und Befriedungsfunktion der Tarifautonomie genannt.

bb) Wettbewerbsfunktion

Entscheidend ist, wie der Begriff des „fairen Wettbewerbs“ in § 1 S. 1 Var. 2 AEntG verstanden werden muss. Es ist durchaus richtig, in der Wirkungsweise des AEntG eine Wettbewerbsverhinderung zu sehen, da gerade ein Wettbewerb über die Lohnkosten eingeschränkt wird[164]. Dies stellt aber keinen Widerspruch zum Ziel eines fairen Wettbewerbs nach § 1 S. 1 Var. 2 AEntG dar[165]. Stattdessen

---

163 Richtlinie zur Änderung der Richtlinie 96/71/EG über die Entsendung von Arbeitnehmern im Rahmen der Erbringung von Dienstleistungen, Amtsblatt EU 2018 L 173/17.

164 Thüsing/Thüsing § 1 AEntG Rn. 14.

165 So aber Thüsing/Thüsing § 1 AEntG Rn. 24.

wird als fair gerade der Wettbewerb verstanden, der ohne einen nicht mehr akzeptablen Unterbietungswettbewerb über die Lohnkosten auskommt[166]. Dies hilft zunächst den Arbeitnehmern, indem dauerhaft eine Lohnuntergrenze für den Wettbewerb festgesetzt und eine Steigerung des allgemeinen Lohnniveaus ermöglicht wird. Mithin ist der Begriff des fairen Wettbewerbs in § 1 S. 1 Var. 2 AEntG dahin gehend auszulegen, dass eine präventive Festigung oder Steigerung des Lohnniveaus durch Einführung einer Untergrenze sichergestellt werden soll.

Die Wettbewerbsfunktion des AEntG umfasst aber auch die in § 1 S. 2 AEntG genannten mittelbaren Ziele. Der Erhalt der sozialversicherungspflichtigen Beschäftigung weist zunächst in die aus dem ursprünglichen AEntG bekannte Richtung, eine Verdrängung deutscher Arbeitnehmer durch Arbeitnehmerentsendung zu vermeiden[167]. Folgt man jedoch der Wertung, dem Gesetz gerade auch eine inländische Wirkung zu verleihen[168], so muss diese Erhaltungswirkung losgelöst vom Entsendekontext verstanden werden. Stattdessen soll eine Verdrängung durch nur kurzfristig auf dem Markt aktive Unternehmen, die keine dauerhafte Beschäftigungsmöglichkeit bieten, vermieden werden. Diese Mitbewerber können sowohl aus dem In- als auch aus dem Ausland stammen. In diesem Zusammenhang muss gesehen werden, dass sich – auch durch den nunmehr fehlenden Meisterzwang in einzelnen Bereichen (Anlage B zur Handwerksordnung) – ein Strukturwandel im deutschen Handwerk vollzogen hat: Die zunehmende Anzahl an Kleinstunternehmen mit zwei bis vier Beschäftigten zulasten mittlerer Handwerksbetriebe mit einer Beschäftigtenzahl zwischen 10 und 49 erhöht das Risiko eines Zahlungsausfalls[169]. Unternehmen mit fehlender hinreichender Bestandssicherheit werden nicht als schutzwürdig betrachtet und sollen rechtzeitig vom Markt verdrängt werden, bevor Zahlungsausfälle die Arbeitnehmer treffen und die Konkurrenz mit der Folge möglicher Arbeitsplatzverluste geschädigt wird. Mithin erfolgt hier eine Verdrängung nicht bestandssicherer Mitbewerber, bevor diese die bestandssicheren Unternehmer durch ihre Kostenvorteile verdrängen können. Auf diese Weise wird zugleich eine künstliche Vitalisierung verhindert, die letztendlich bei einer weiteren Markttätigkeit wohl zu größeren Zahlungsausfällen führen würde, da die Insolvenz nur zeitlich

166 Hejma S. 173, vgl. zu § 9 MiLoG BT-Drs. 18/1558 S. 38.
167 Erfurter Kommentar/Schlachter § 1 AEntG Rn. 2, Hejma S. 174, Thüsing/Thüsing § 1 AEntG Rn. 16.
168 BT-Drs. 16/10486 S. 10 f.
169 Vgl. Klaus Müller Wirtschaftsdienst 2013, 636, 639.

hinausgezögert wird. Auch in der Bundestagsdebatte wurde auf diese Bedeutung des Mindestentgelts verwiesen[170].

Eine Verdrängung derjenigen Arbeitgeber, die sich nicht an die Gesetze halten, kann das Mindestentgelt an sich demgegenüber nicht leisten. Hierfür sind Hilfsinstrumente vonnöten, die zur Verdrängung aus dem Markt bei einem Rechtsverstoß führen.

Der Hinweis auf die Ordnungsfunktion der Tarifautonomie lässt sich einerseits so verstehen, dass hier erneut auf die wirtschaftliche Regulierung mittels einer Förderung bestandsfähiger Unternehmen verwiesen wird. Ein eigenständiger Gehalt des § 1 S. 2 Var. 2 AEntG lässt sich daraus ableiten, dass durch das Mindestentgelt die Wettbewerbsstellung der tarifgebundenen Arbeitgeber verbessert wird[171]. Folglich werden diese davor geschützt, dass sich ihre Tarifbindung als Wettbewerbsnachteil erweist. Auf diese Weise steigert sich die Attraktivität einer Tarifbindung, sodass eine diesbezügliche Erudierung vermieden wird.

Es ist daher festzuhalten, dass die Wettbewerbsfunktion für das AEntG in präventiver Hinsicht zu verstehen ist. Die Wettbewerbsfunktion lässt sich aufteilen in eine präventive Anpassung oder zumindest Erhaltung des Lohnniveaus durch Verhinderung eines Wettbewerbs über die Lohnkosten nach § 1 S. 1 Var. 2 AEntG, in eine Verdrängung nicht bestandsfähiger Arbeitgeber entsprechend § 1 S. 2 Var. 1 AEntG und schließlich in einen Schutz der tarifgebunden Arbeitgeber entsprechend § 1 S. 2 Var. 2 AEntG. Der Grundgedanke, die Arbeitslosigkeit durch die Verdrängung bestimmter Konkurrenten zu bekämpfen, findet sich auch im erneuerten AEntG wieder, aber nicht mehr in einem rein protektionistischen Zusammenhang.

cc) Schutzfunktion

Es stellt sich die Frage, wie die Schaffung angemessener Arbeitsbedingungen in § 1 S. 1 Var. 1 AEntG als gesetzgeberisches Ziel einzuordnen ist. Im Gesetzgebungsverfahren wurde von Vertretern beider Koalitionspartner die Funktion des AEntG als Auffangregelung bei fehlenden tariflichen Strukturen anerkannt, sodass der ansonsten durch die Tarifautonomie gewährleistete hinreichende

170 Plenarprotokoll 16/183 vom 16.10.2008, S. 19441 (Lehrieder, CSU); vgl. auch S. 19436 rechte Spalte (Nahles, SPD).

171 Vgl. Kempen/Zachert/Seifert § 1 AEntG Rn. 8.

Lohn nunmehr durch eine gesetzliche Regelung sichergestellt werden sollte[172]. Zugleich wurde von Unionsvertretern betont, dass die gesetzliche Regelung auf Vereinbarungen der Tarifvertragsparteien beruht[173]. Gegen eine Schutzfunktion lässt sich auch nicht einwenden, dass § 7 Abs. 1 AEntG einen Antrag der Tarifvertragsparteien erfordert[174]. Die Beteiligung der Tarifvertragsparteien stellt eine mildere Variante zur rein staatlichen Anordnung dar, wobei die zwingende Geltung auch gegenüber spezielleren Tarifverträgen gemäß § 8 Abs. 2 AEntG wiederum das Zwangselement betont. Abgesichert werden soll die Zahlung nicht irgendeines, sondern des durch ein bestimmtes Verfahren ermittelten tariflichen Mindestentgelts.

Die Schutzfunktion des AEntG 2009 lässt sich auch aus der gleichzeitigen Novellierung des Mindestarbeitsbedingungengesetzes von 1952 herleiten. Infolgedessen konnte die Lohnsicherung nunmehr auf zwei Wegen geschehen. Für Bereiche mit einer einheitlichen Tarifbindung von mindestens 50 % war entsprechend der Koalitionsvereinbarung das AEntG einschlägig, für Bereiche ohne eine solche hinreichende Tarifbindung sollte das MiArbG zur Anwendung kommen, was allerdings bis zu dessen Aufhebung 2014 nie der Fall war. Festzuhalten bleibt, dass das AEntG nach seiner Zielrichtung tatsächlich neben der Wettbewerbskomponente auch den Schutz der Arbeitnehmer bezweckte. Im Gegensatz zur präventiv ausgerichteten Wettbewerbsfunktion soll hierdurch unmittelbar eine Verbesserung für den Arbeitnehmer eintreten. § 1 S. 1 Var. 1 AEntG bezieht sich daher auf eine sofortige Verbesserung der Arbeitsbedingungen, während Var. 2 die dauerhafte Entwicklung des Lohnniveaus im Blick hat.

c) Auslegung des Unternehmerbegriffs

Die Unternehmerhaftung wurde im Rahmen der Erweiterungen des AEntG nicht weiter problematisiert. Es ist aber aufschlussreich, dass in der Gesetzesbegründung die Haftung „insbesondere" des Generalunternehmers angesprochen wird[175]. Dies spricht dafür, dass sich die Haftung nicht auf

172 Plenarprotokoll 16/183 vom 16.10.2008, S. 19421, rechte Spalte (Scholz); Plenarprotokoll 16/200 vom 22.01.2009, S. 21591 linke Spalte (Brauksiepe, CDU), S. 21606 linke Spalte (Weiß, CDU).

173 Plenarprotokoll 16/183 vom 16.10.2008, S. 19439 linke Spalte (Straubinger, CSU); Plenarprotokoll 16/200 vom 22.01.2009, S. 21591 linke Spalte (Brauksiepe, CDU), S. 21606 linke Spalte (Weiß, CDU).

174 So aber Hejma S. 172.

175 BT-Drs. 16/10486, S. 14 linke Spalte.

Generalunternehmerkonstellationen, bei denen eigene Leistungspflichten erfüllt werden, begrenzen sollte. Allerdings wäre dies obsolet: Der Gesetzgeber hat mit dem Tarifautonomiestärkungsgesetz den von der Rechtsprechung entwickelten Unternehmerbegriff letztlich anerkannt, indem dieser für maßgeblich im Rahmen des § 13 MiLoG erklärt wurde[176]. Dies muss für § 14 AEntG ohnehin gelten. Demnach gilt nur derjenige als Unternehmer, der in Erfüllung seiner eigenen Verpflichtungen tätig wird.

d) Funktionen der Unternehmerhaftung

Die Funktionen des heutigen § 14 AEntG sind in erster Linie aus den Zielen des AEntG abzuleiten. Daraus ergibt sich, dass nunmehr auch die Schutzfunktion relevant ist: Die Haftung garantiert dem Arbeitnehmer einen zusätzlichen Schuldner und sichert so seinen Anspruch auf Zahlung des als angemessen qualifizierten Mindestentgelts ab. Die funktionale Trennung der Rechtskreise wird daher hier aufgehoben, indem die zusätzliche Absicherung dem Zivilrecht anstelle dem Sozialrecht zugewiesen wird.

Daneben gilt nach wie vor die Steuerungsfunktion: Geschützt werden sollen die Mitbewerber, die das Mindestentgelt zahlen. Dahinterstehender Zweck ist zum einen die Absicherung der Tarifautonomie, indem ein Wettbewerbsnachteil infolge der Tarifbindung relativiert wird. Die Auftraggeber werden davon abgehalten, solche Auftragnehmer auszuwählen, die im Ergebnis die Mindestentgelte nicht auszahlen und haben keinen Anlass mehr, von der Beauftragung tarifgebundener Parteien Abstand zu nehmen.

Daneben wird wiederum zugleich einer präventiven Schutzfunktion Genüge getan, sodass langfristig die Situation für die Arbeitnehmer verbessert werden soll. Deren genaue Ausgestaltung ist aber erläuterungsbedürftig. Das LAG Baden-Württemberg legte § 1 a AEntG dahin gehend aus, dass lediglich der Auswahlprozess bei fehlender Rechtstreue, aber nicht bei fehlender Liquidität erfasst sein sollte. Die Wirkung der Haftung sollte sich demnach darauf beschränken, die Auftragnehmer zu einer ausreichenden Kalkulation zu zwingen und die auf illegale Praktiken zurückgreifenden Arbeitgeber zu verdrängen. Auch für die Neufassung des AEntG 2009 seien keine anderen Anhaltspunkte ersichtlich[177]. Im Ergebnis würde sich demnach die Steuerungsfunktion der Haftung auf die Zahlungswilligkeit, aber nicht auf die Zahlungsfähigkeit der Auftragnehmer beziehen.

---

176 BT-Drs. 18/2010 (neu) S. 23.

177 LAG Baden-Württemberg, Urteil vom 18. Januar 2010 – 4 Sa 14/09 –, juris Rn. 52 ff.

Richtig ist es, den präventiven Schutz durch die Verhaltenssteuerung der Auftraggeber auch darin zu sehen, dass die Auftragnehmer nunmehr mit höheren Löhnen kalkulieren. Weiterhin ist es richtig, auch hier eine Verdrängungswirkung anzunehmen. Problematisch ist aber, ob sich diese wirklich nur auf nicht rechtstreue, zahlungsunwillige Nachunternehmer beziehen soll. In der Tat war eine Verdrängungswirkung bei § 1 a AEntG letztlich für ausländische Arbeitgeber beabsichtigt, die Bestandsfähigkeit als eigenes Kriterium spielte keine Rolle.

Wie dargestellt lässt sich aber aus § 1 S. 2 Var. 1 AEntG eine andere Wertung herleiten: Das Mindestentgelt soll eine Verdrängungswirkung nunmehr für nicht bestandsfähige Unternehmen entfalten. § 14 AEntG dient als Hilfsinstrument, um die Durchsetzung des Mindestentgelts und damit die Verdrängung zu ermöglichen. Die Haftung entfaltet damit eine ähnliche Wirkung wie § 729 Abs. 2 RVO, hier wird aber anders als bei einer Anknüpfung an den Begriff „Gewerbsmäßigkeit" die Bestandsfähigkeit letztlich ex post ermittelt und ergibt sich aus der fehlenden Zahlungsfähigkeit hinsichtlich des Mindestentgelts. Es obliegt aber den Auftraggebern ex ante, diese fehlende Bestandssicherheit zu ermitteln. Folglich bezieht sich die bezweckte Verdrängung sowohl auf nicht zahlungswillige als auch auf nicht zahlungsfähige Auftragnehmer. Die Steuerungsfunktion bezweckt damit im Ergebnis einen Wettbewerbsschutz der tarifgebundenen Arbeitgeber und daneben einen präventiven Schutz der Arbeitnehmer, der sich auf die Akzeptanz der Mindestentgelte und auf die Verdrängung nicht rechtstreuer wie nicht bestandssicherer Arbeitgeber bezieht. Es zeigt sich, dass hier auch Aufgaben übernommen werden, die klassischerweise dem öffentlichen Recht, hier speziell dem Handwerksrecht, zuzuordnen wären.

Neben den präventiven Schutz der Arbeitnehmer erfolgt so auch ein Schutz des als fair verstandenen Wettbewerbs im Sinne des § 1 S. 1 Var. 2 AEntG: Die Einhaltung der Mindestlohnregeln des AEntG wird durch die Verdrängung nicht rechtstreuer Unternehmen erreicht, die Verdrängung nicht bestandsfähiger Unternehmen ist entsprechend der Konkretisierung in § 1 S. 2 Var. 1 AEntG ein Teil des fairen Wettbewerbs.

Die Effektivitäts- wie die abstrakte Ausgleichsfunktion waren wie dargestellt auf die Begebenheiten im Baugewerbe zugeschnitten. In diesem Bereich hat sich die Interessenlage abgesehen von einem Hinzutreten der Schutzfunktion nicht geändert. Beide Funktionen sind daher weiter relevant und nunmehr auf das Ganze, nicht mehr auf einzelne Branchen begrenzte Gesetz zu beziehen: Es bleibt also dabei, dass die tatsächliche Zahlung des Mindestentgelts nicht durch die Einschaltung von Nachunternehmern umgangen werden können soll und dass nachgeordnet ein Ausgleich für den Wettbewerbsvorteil der Einschaltung von Subunternehmern geschaffen wird.

e) *Effektive Umsetzung der Funktionen durch den Unternehmerbegriff*

aa) *Lohnhaftung*

Der eingeschränkte Unternehmerbegriff ist daraufhin zu untersuchen, ob er mit den Funktionen der Haftung vereinbar ist. Zunächst ist hier auf die Schutzfunktion einzugehen. Die Haftung greift nur ein, wenn der Auftraggeber selbst in Erfüllung seiner Verpflichtungen handelt. Bezogen auf § 4 Abs. 1 Nr. 3 AEntG würde dies also voraussetzen, dass ein beauftragtes Unternehmen die ihm obliegende Pflicht zur Anlieferung des Briefs an Subunternehmer weitergeben würde. Das heißt, dass die Norm Schutzwirkung überhaupt nur entfalten kann, wenn solche Subunternehmerstrukturen vorliegen. Für die Steuerungsfunktion gilt nichts anderes: Die Auftragsvergabe könnte nur dann durch die Haftungsandrohung gesteuert werden, wenn die Aufträge von einem Generalunternehmer vergeben werden, der in Erfüllung seiner Verpflichtungen handelt. Solche Strukturen liegen für die in § 4 Abs. 1 AEntG enthaltenen Branchen mit Ausnahme des Baugewerbes nach § 4 Abs. 1 Nr. 1 AEntG aber nicht vor, sodass zumindest der Einsatz von Subunternehmern, mag er auch gelegentlich vorkommen, nicht allgemein üblich ist[178]. Auch bei Branchen, in denen die international zwingende Wirkung tariflicher Mindestarbeitsbedingungen nach §§ 3 S. 1, 4 Abs. 2, 7a AEntG eintritt, sind solche Strukturen nicht ohne Weiteres zu erwarten, sodass letztlich nur in Ausnahmefällen die Haftung in Betracht käme. Beide Funktionen werden durch die anzuwendende Interpretation des Unternehmerbegriffs nicht erfüllt.

Die Effektivitätsfunktion greift hingegen nur, wenn der Auftraggeber selbst zur Zahlung der Mindestentgelte verpflichtet wäre, er also unter den Geltungsbereich des jeweiligen Tarifvertrags fällt. Dies spricht für den eingeschränkten Unternehmerbegriff, bei dem ein Unternehmen der jeweiligen Branche die Aufträge weitergibt. Hier kann die Haftung außerhalb des Baugewerbes auch bei Anwendung des geltenden Unternehmerbegriffs tatsächlich Wirksamkeit entfalten, indem die von den betroffenen Unternehmern durchaus erwogene Umgehungsmöglichkeit eines Einsatzes möglicherweise vermögensloser Subunternehmer[179] verhindert wird. In einzelnen Branchen soll der Subunternehmereinsatz auch

178 Koberski/Asshoff/Eustrup/Winkler § 14 Rn. 19; vgl. zur Gebäudereinigung Bosch/Kalina/Kern http://www.bmas.de/SharedDocs/Downloads/DE/PDF-Meldungen/evaluation-mindestlohn-gebaedereinigung.pdf?__blob=publicationFile, S. 218, abgerufen am 09.02.2019.

179 Vgl. Artnz/Rammer: Dachdeckerhandwerk S. 86, http://www.bmas.de/SharedDocs/Downloads/DE/PDF-Meldungen/evaluation-mindestlohn-dachdecker.pdf?__blob=publicationFile; Gürtzgen/Rammer Abfallwirtschaft S. 92, http://www.bmas.

angesichts des Haftungsrisikos zurückgegangen sein[180]. Allerdings knüpft die Haftung nach § 14 AEntG an die Verpflichtung des Nachunternehmers an. Wenn dieser selbst nicht an den allgemeinverbindlichen Tarifvertrag gebunden ist, sondern einer anderen Branche zugerechnet wird, scheidet eine Haftung aus[181]. Auch die Effektivitätsfunktion wird daher nur unvollständig realisiert. Hier stößt eine bürgengleiche Haftung aber generell an Grenzen, da keine Hauptverbindlichkeit vorliegt. Dies wird bei generellen Defiziten der bürgengleichen Haftung zu thematisieren sein.

Die nach der Konzeption des Gesetzes auf den Einsatz von Subunternehmern bezogene abstrakte Ausgleichsfunktion greift ohnehin nur bei Anwendung dieses Unternehmerbegriffs: Nur der Einsatz von Subunternehmern stellt demnach einen problematischen Wettbewerbsvorteil dar. Die abstrakte Ausgleichsfunktion wird daher durch den geltenden Unternehmerbegriff erfüllt. Diese Funktion ist aber wie dargestellt nur von untergeordneter Bedeutung und nicht zentral für die Begründung der Haftung[182].

Im Ergebnis muss der gegenwärtig gewählte Unternehmerbegriff als missglückt bezeichnet werden, da die beiden wesentlichen Funktionen durch ihn nur sehr eingeschränkt erreicht werden können. Es wird zwar in der Evaluierung der Mindestentgelte für das Gebäudereinigerhandwerk dargelegt, dass in der Praxis die drohende Inanspruchnahme nach § 14 AEntG nach Meinung der Betriebe zu einer Sicherstellung der Mindestlohnzahlung geführt habe[183]. Es bleibt aber unklar, von welchem Unternehmerbegriff dabei ausgegangen wurde. Bei einer Anwendung des zumindest seit dem Tarifautonomiestärkungsgesetz gesetzlich gewollten Unternehmerbegriffs erscheinen solche Effekte schwer vorstellbar. Der Unternehmerbegriff nach § 14 BGB wäre insoweit besser zum Erreichen der Ziele geeignet. Auch für das Baugewerbe gilt nichts anderes, da lediglich die Steuerungsfunktion, aber nicht die Schutzfunktion vollumfänglich erfüllt wird. Auf mögliche Grenzen ist noch einzugehen.

---

de/SharedDocs/Downloads/DE/PDF-Meldungen/evaluation-mindestlohn-abfallwirtschaft.pdf;jsessionid=A78A126812DE5FC40CE0DD5A37FB8EDB?__blob=publicationFile&v=2, jeweils abgerufen am 09.02.2019.

180 Legerlotz ArbRB 2011, 29, 32.

181 Vgl. Artnz/Rammer: Dachdeckerhandwerk S. 86.

182 S. oben C II 4 b) dd).

183 Bosch/Kalina/Kern, a.a.O., 210, 298.

bb) Haftung für Urlaubskassenbeiträge

Weiterhin ist problematisch, ob § 14 AEntG nunmehr hinsichtlich der Urlaubskasse eine Beitragssicherungsfunktion erfüllen soll. Hier gilt, dass die aus § 1 S. 1 Var. 1 AEntG folgende Schutzwirkung auch die Thematik betrifft, wie Arbeitnehmer im Baugewerbe ihre Urlaubsansprüche geltend machen können. Nunmehr dient die Erstreckungsmöglichkeit nach § 5 S. 1 Nr. 3 AEntG nicht mehr nur protektionistischen Zwecken, sondern soll vielmehr einen Schutz auch der entsandten Arbeitnehmer durch Einbeziehung in das Urlaubskassenverfahren gewährleisten. In der Konsequenz ergibt sich ein erhöhter Finanzierungsbedarf der Urlaubskasse: Soll diese ausdrücklich auch für entsandte Arbeitnehmer einen Schutz gewähren, muss die Haftung dieser Intention Rechnung tragen und die Beitragssicherung als Ziel behandeln.

Fraglich ist aber, ob diese Schutzfunktion dazu führt, dass der auf Generalunternehmerkonstellationen begrenzte Unternehmerbegriff den Funktionen nicht mehr entspricht. Zu beachten bleibt hier die Ausgestaltung des Urlaubskassenverfahrens. Die Urlaubskasse basiert auf gemeinschaftlicher Finanzierung und bezieht nur Bauunternehmer mit ein. Eine Einbeziehung von Bauherren widerspräche diesem Konzept, zumal die Bauherren keine Urlaubsansprüche erfüllen müssten und mithin nicht am Urlaubskassenverfahren partizipieren würden. Der nach § 14 AEntG haftende Bauherr stünde daher im Ergebnis schlechter als der Arbeitgeber, der die Leistungen der Urlaubskasse in Anspruch nehmen kann. Trotz der – unsicheren – Regressmöglichkeiten gegen den Arbeitgeber erscheint diese Risikoverteilung bedenklich. Der Bauunternehmer als Generalunternehmer würde hingegen bei einem Einsatz eigener Arbeitnehmer zumindest potentiell auch von den Leistungen der Urlaubskasse profitieren, die ihm von der alleinigen Last der Urlaubsgewährung befreien würden. Durch die von ihm gezahlten Beiträge unterstützt er eine Einrichtung, von deren Leistungen er selbst profitiert.

Es zeigt sich hier ein wichtiger Unterschied zum Anspruch auf das Mindestentgelt, bei dem die Gegenleistung für die Zahlung in Form der Arbeitsleistung sowohl dem Auftraggeber als auch dem Arbeitgeber zugutekommt. Die hier hinzutretende Schutzfunktion bezüglich der Urlaubskasse spricht im Ergebnis nicht für einen über das Baugewerbe hinausreichenden Unternehmerbegriff, da der Schutz dann entsprechend dem Grundgedanken der gemeinschaftlichen Finanzierung zwecks Entlastung einzelner Arbeitgeber auch mit einem Vorteil der Haftungsadressaten synchronisieren müsste.

Hinzu kommt noch, dass die Effektivitätsfunktion sich ebenfalls auf den Bauunternehmer bezieht, da nur dieser zur Beitragszahlung verpflichtet ist. Auch die Steuerungsfunktion wird durch die Inanspruchnahme des Bauunternehmers erfüllt. Aus diesen Gründen ist es überzeugend, in dieser Konstellation eine Begrenzung der Haftung auf Bauunternehmer vorzunehmen.

Für andere Branchen ist eine Haftung auf Urlaubskassenbeiträge mangels eines §§ 3 S. 1, 5 S. 1 Nr. 3 AEntG entsprechenden Tarifvertrags nicht gegeben. Für den Fall, dass andere Urlaubskassentarifverträge den Voraussetzungen nach §§ 4 Abs. 2, 5 Nr. 3 AEntG zukünftig unterfallen, kann aber eine andere Betrachtung gerechtfertigt sein, da bei fehlenden Subunternehmerstrukturen dann auch die Steuerungsfunktion nur eingeschränkt erreicht wird.

2 Haftung nach dem MiLoG

a) Entstehung des MiLoG

Die Diskussion um eine Ausweitung des AEntG zeigte, dass die bisherige Methodik zur Absicherung eines angemessenen Lohnniveaus, das Vertrauen in die Tarifautonomie einerseits und die Dogmatik zum Lohnwucher nach § 138 BGB auf der anderen Seite, keine hinreichende Wirkung mehr entfalten konnte. Wie dargestellt war nach der Konzeption der AEntG-Reform 2009 bei Bereichen mit hinreichender Tarifbindung das AEntG anzuwenden und ansonsten auf das erneuerte MiArbG zurückzugreifen. Nach dem MiArbG 2009 oblag es vom Bundesarbeitsministerium gebildeten Fachausschüssen, Mindestentgelte festzusetzen, die sodann nach § 4 Abs. 3 S. 1 MiArbG von der Bundesregierung per Rechtsverordnung für allgemeinverbindlich erklärt werden konnten. Damit verstummte die Debatte aber nicht. Stattdessen brachte die nunmehr oppositionelle SPD 2011 erfolglos einen Gesetzentwurf zur Einführung eines flächendeckenden und zwingenden gesetzlichen Mindestlohns ein, der auf einem Entwurf des Landes Rheinland-Pfalz von 2007 basierte und auf den wiederum ein Beschluss des Bundesrats von 2013 folgte. Diese Entwürfe betonten als Ziele die Verhinderung eines Verdrängungswettbewerbs über die Lohnkosten sowie die Sicherung einer menschenwürdigen Bezahlung, sodass zur Sicherung des Lebensunterhalts nicht auf die Sozialhilfe zurückgegriffen werden bräuchte[184]. Als weitere mittelbare Ziele wurden die Geschlechtergerechtigkeit[185] und Verhinderung von Altersarmut genannt[186], zudem wurde eine mögliche Steigerung der Steuereinnahmen

184 SPD-Entwurf BT-Drs. 17/4665 (neu) S. 5 f., Entwurf Rheinland-Pfalz BR-Drs. 622/07 S. 6; Bundesratsbeschluss BR-Drs. 136/13 Beschluss, S. 7ff.

185 BT-Drs. 17/4665 (neu) S. 6 linke Spalte; BR-Drs. 622/07 S. 8.

186 BT-Drs. 17/4665 (neu) S. 5 rechte Spalte; BR-Drs. 136/13 (Beschluss) S. 7.

angeführt[187]. Auch der sachlich teils abweichende Vorschlag des von einer großen Koalition regierten Freistaats Thüringens berief sich auf eine Entlastung der Sozialversicherungsträger im Hinblick auf gegenwärtige sowie zukünftige, durch Altersarmut verursachte Belastungen[188]. Alle diese Entwürfe verwiesen auf den wachsenden Niedriglohnsektor[189], der SPD-Entwurf verwies etwa auf einen Anteil von 21% der Beschäftigten, die weniger als 2/3 des Durchschnittsbruttolohns verdienten[190]. Der deutsche Juristentag 2010 sprach sich ebenfalls für einen flächendeckenden gesetzlichen Mindestlohn aus[191]. CDU/CSU forcierten stattdessen in ihrem Wahlprogramm für die Bundestagswahl 2013 branchenspezifische Lohnuntergrenzen für Bereiche mit geringer Tarifbindung, sahen aber tarifliche Abweichungsmöglichkeiten vor[192]. Diese Lohnuntergrenzen sollten von einer aus den Tarifpartnern gebildeten Kommission festgesetzt werden. Die nach der Bundestagswahl 2013 neu gebildete große Koalition einigte sich auf einen flächendeckenden Mindestlohn, der grundsätzlich auch nicht durch einen Tarifvertrag unterschritten werden kann[193]. Diese Wertung ergibt sich aus § 1 Abs. 3 MiLoG.

b) Ziele des Gesetzes

aa) Schutzfunktion

In der Gesetzesbegründung zum MiLoG wird angeführt, dass durch den Mindestlohn ein Verdrängungswettbewerb über die Lohnkosten verhindert und zudem ein angemessener Lohn gesichert werden soll, der wiederum mittelbar zur Verhinderung von Altersarmut und zu einer Entlastung sozialer Sicherungssysteme beiträgt[194]. Die Überschneidungen mit den Zielen des AEntG

187 BR-Drs. 136/13 S. 8.

188 BR-Drs. 542/12, S. 7.

189 BT-Drs. 17/4665 (neu) S. 5 linke Spalte; BR-Drs. 542/12, S. 5; BR-Drs. 136/13 Beschluss S. 7.

190 BT-Drs. 17/4665 (neu) S. 5 linke Spalte; Ähnlich der Thüringer Entwurf: BR-Drs. 542/12, S. 5: 21, 4 %.

191 Verhandlungen des 68 Deutscher Juristentages Band II/1 M 65 10 b.

192 Wahlprogramm. S. 22, abrufbar unter: http://www.bundestagswahl-bw.de/wahlprogramm_cdu-csu.html, abgerufen am 09.02.2019.

193 Koalitionsvertrag zwischen CDU, CSU und SPD, S. 67 f., Abrufbar unter: https://www.bundesregierung.de/Content/DE/_Anlagen/2013/2013-12-17-koalitionsvertrag.html, abgerufen am 09.02.2019.

194 BT-Drs. 18/1558 S. 28.

sind offensichtlich. Die Schutzfunktion des Mindestlohns lässt sich auch aus § 9 Abs. 2 S. 1 Var. 1 MiLoG herleiten.

Die genaue Ausprägung einer Schutzfunktion des Mindestlohns kann hier nur angerissen werden. Die Gewährleistung des Existenzminimums und hierüber die Entlastung der staatlichen Sozialsysteme taugt nicht als Rechtfertigungsgrundlage: Hierbei handelt es sich um eine staatliche Aufgabe, die mangels insoweit bestehender Verantwortung nicht auf die Arbeitgeber übertragen werden kann[195]. Dies ergibt sich auch aus der Ausgestaltung des Mindestlohns, der gemäß §§ 4 Abs. 1, 5 Abs. 1, 11 Abs. 1 S. 1 MiLoG von einer sich aus Vertretern der Koalitionen zusammensetzenden Kommission festgelegt wird und sich mithin nicht nur am Existenzminimum orientiert. Ein weiteres Gegenargument sind die in § 22 MiLoG vorgesehenen Ausnahmen, bei deren Vorliegen der Anspruch nicht besteht[196].

Stattdessen ist der Ausgleich der gestörten Vertragsparität der entscheidende Gesichtspunkt. Das dem Arbeitsvertrag typischerweise innewohnende Ungleichgewicht der Vertragsparteien kann nicht mehr im Rahmen kollektiver Rechtswahrnehmung durch die Tarifvertragsparteien beseitigt werden, sondern wird stattdessen mittels staatlicher Rechtssetzung kompensiert[197]. Daneben ergibt sich die Schutzwirkung des Mindestlohns auch aus der Intention, eine staatliche Subventionierung über Aufstockungsleistungen zu verhindern. Andernfalls droht auch angesichts der strengen Zumutbarkeitsregeln und drohenden Sanktionen bei der Ablehnung eines Arbeitsangebots entsprechend §§ 31 Abs. 1 Nr. 2, 31 a SGB II eine der Vertragsparität widersprechende Manifestation des niedrigen Lohnniveaus mit staatlicher Förderung[198]. Die Entlastung der Sozialversicherung ist daher eine mittelbare Folge.

bb) Wettbewerbsfunktion

Zu hinterfragen bleibt aber, ob hier eine mit dem AEntG vergleichbare Wettbewerbsfunktion vorliegt. Für das AEntG ist wie dargestellt eine Wettbewerbsfunktion zunächst durch die Auswirkung auf das Lohnniveau sowie mittelbar

195 Rieble/Picker ZfA 2014, 153, 159; vgl. Bayreuther NJW 2007, 2022, 2023 f; wohl anders BAG NJW 2016, 3323 Rn. 29; BAG NJW 2017, 1050 Rn. 23.

196 Riechert/Nimmerjahn Einführung Rn. 72, 76.

197 Giesen in FS Kempen, 216, 219 f; Picker RdA 2014, 25, 30.

198 Lakies AuR 2013, 69; Waltermann ZRP 2011, 95; ders. Gutachten B zum 68. Deutschen Juristentag, B 89 f.; Hejma S. 336.

durch den Schutz für tarifgebundene Arbeitgeber und durch die Verdrängung der nicht bestandsfähigen Arbeitgeber anzunehmen.

Ein Wettbewerbsschutz derjenigen Arbeitgeber, die sich nicht am Lohndumping beteiligen, wurde im Gesetzgebungsverfahren durchaus thematisiert[199]. Allerdings besteht ein wichtiger Unterschied zum AEntG. In der Fassung von 1996 schützte das AEntG die deutschen Bauunternehmer, die von einem nunmehr allgemeinverbindlichen Tarifvertrag im Zweifel ohnehin erfasst gewesen wären und keine Nachteile gegenüber ausländischen Mitbewerbern haben sollten. In der Fassung von 2009 sollen tarifgebundene Arbeitgeber vor Wettbewerbsnachteilen bewahrt werden. Jeweils werden bestimmte Bewerber geschützt. Für das MiLoG greifen beide Begründungen nicht. Hier gibt es keinen abgrenzbaren Personenkreis von Arbeitgebern, deren Wettbewerbsposition verbessert werden soll. Es wird den Arbeitgebern zwar durch den Mindestlohn ermöglicht, auf Niedriglöhne im Wettbewerb zu verzichten, ohne ihre Existenz zu gefährden[200], was im Hinblick auf die Konkurrenz oder auf die Preisverhandlungen mit Kunden relevant ist. Eine Existenzgefährdung für die Unternehmer tritt aber ohne Mindestlohn nicht ein, da die Unternehmer sich selbst am niedrigen Lohnniveau beteiligen und so den Preis drücken können. Eine fördernde Funktion für einzelne Marktteilnehmer durch arbeitsrechtliche Regelungen ist aber nur anzuerkennen, wenn Wettbewerbsnachteile infolge gesetzlicher Verpflichtungen verhindert werden sollen. Beispielsweise liegt eine solche Förderungswirkung vor, wenn feste Ladenöffnungszeiten anstelle einer arbeitszeitrechtlichen Begrenzung eingeführt werden, da ansonsten Unternehmer ohne eigene Arbeitnehmer einen Vorteil hätten[201]. In Bezug auf Mindestentgelte setzt eine Förderung daher voraus, dass Nachteile ausgeglichen werden sollen, die für einzelne schützenswerte Mitbewerber aus Zahlungsverpflichtungen, namentlich insbesondere infolge einer Tarifbindung, folgen. Dies kann geschehen, um deutsche Arbeitgeber zu schützen oder um die Attraktivität einer Tarifbindung zu erhöhen und so die Tarifautonomie zu bewahren.

Der Mindestlohn entfaltet insoweit nur in den Fällen eine zudem begrenzte Wirkung, in denen mangels allgemeinverbindlicher Tarifverträge tarifgebundene Unternehmer einen Wettbewerbsnachteil tragen: Der mögliche Kostenvorteil

---

199 Ausschussdrucksache 18/11/148 S. 189 linke Spalte (Stellungnahme des Sozialverbandes Deutschland e.V.); Plenarprotokoll 18/46 vom 03.07.2014, S. 4101 rechte Spalte (Mast, SPD).

200 Picker RdA 2014, 25, 30.

201 BVerfG 11, 10, 32 f.; vgl. Rieble Arbeitsmarkt und Wettbewerb § 2 Rn. 351 ff. mit weiteren Beispielen.

der Konkurrenz begrenzt sich auf die Differenz zwischen Mindestlohn und Tariflohn. Erwägen ließe sich auch eine Wirkung für Unternehmer, die aufgrund der geschlossenen Arbeitsverträge nicht nach unten abweichen können. Bei einer Existenzgefährdung besteht hier aber die Möglichkeit der Änderungskündigung nach § 2 KSchG, sodass letztlich kein weiterreichender Schutz erforderlich ist.

Die Wirkung des Mindestlohns besteht vielmehr darin, die Gestaltungsmöglichkeiten durch Lohndumping zu begrenzen und eine sich nach unten entwickelnde Lohnspirale zu verhindern[202]. Dies kann in bisherigen Niedriglohnbereichen dazu führen, dass auch höhere Löhne möglich werden, als bisher gezahlt werden und als sie gesetzlich vorgeschrieben sind: Die Unterbietungsmöglichkeiten der Konkurrenz sind schließlich begrenzt. Hiervon profitieren im Ergebnis die Arbeitnehmer. Ebenso wie das AEntG entfaltet das MiLoG daher insoweit eine Wettbewerbsfunktion durch eine korrigierende Einwirkung auf den Kostenfaktor Lohn.

Schließlich ist fraglich, ob sich die Wettbewerbsfunktion des MiLoG auch auf die Verdrängung nicht bestandssicherer Unternehmen bezieht. Für das AEntG war dies aus § 1 S. 2 Var. 1 AEntG hergeleitet worden, die angestrebte Beschäftigungssicherung ist nicht nur protektionistisch zu verstehen. Das MiLoG sieht eine ähnliche Normierung der Gesetzesziele bei den Leitlinien für die Arbeit der Mindestlohnkommission in § 9 Abs. 2 S. 1 MiLoG vor, wobei hier aber lediglich der Begriff des fairen Wettbewerbs ohne Konkretisierungen verwendet wird und die Beschäftigungsentwicklung nur in negativer Hinsicht zur Vermeidung eines zu hohen, Arbeitsplätze gefährdenden Mindestlohns aufgegriffen wird. Es erscheint aber naheliegend, dass der Begriff des fairen Wettbewerbs mit demjenigen in § 1 AEntG identisch ist und auch die Wertung aus § 1 S. 2 Var. 1 AEntG umfasst. Schließlich hat der Mindestlohn eine Auffangfunktion gegenüber dem AEntG, wenn keine hinreichende Tarifbindung vorliegt[203]. Entscheidend sind aber die Erwägungen in der Gesetzesbegründung. Demnach soll im Wettbewerb anstelle einer niedrigen Lohnhöhe die Qualität der Produkte ausschlaggebend sein[204]. Es muss gesehen werden, dass ein völliger Verzicht auf die Lohnhöhe als Wettbewerbsfaktor mangels einer völligen Angleichung gar nicht möglich ist. Stattdessen wird ein Wettbewerb über die Qualität dadurch erreicht, dass sich die nicht bestandssicheren Auftragnehmer nicht am Markt halten können, was wiederum die bereits thematisierten positiven Beschäftigungseffekte nach

202 Plenarprotokoll 18/46 vom 03.07.2014, S. 4109 linke Spalte (Zimmer, CDU).
203 Vgl. BT-Drs. 18/1558, 26; Plenarprotokoll vom 05.06.2014, S. 3316 (Nahles, SPD).
204 BT-Drs. 18/1558 S. 2, 28.

sich zieht. Diejenigen Unternehmer, die den Wettbewerb nur mit Lohndumping bestreiten könnten, werden so aus dem Markt ausgeschlossen.

Im Ergebnis ist festzuhalten, dass der Mindestlohn eine Schutzfunktion und eine Wettbewerbsfunktion erfüllt. Die Schutzfunktion bezieht sich auf ein Minimum an Vertragsgerechtigkeit. Die Wettbewerbsfunktion setzt sich zusammen aus einer Einwirkung auf das Lohnniveau und einer Verdrängung der nicht bestandssicheren Arbeitgeber zur Vermeidung von Arbeitslosigkeit. Ein Wettbewerbsschutz bestimmter Arbeitgeber liegt hingegen nur in Spezialsituationen vor.

c) *Auslegung des Unternehmerbegriffs*

Eine bürgengleiche Haftung eines Auftraggebers für den Mindestlohn sah bereits § 13 des Referentenentwurfs für das Tarifautonomiestärkungsgesetz vom 19.03.2014 vor, der von einer verschuldensunabhängigen Haftung ausging. Wiederum wurde von einer Haftung „insbesondere des Generalunternehmers" ausgegangen[205]. Der endgültige Regierungsentwurf behielt in der Begründung diese Formulierung bei, als „Kompromiss" zwischen den schutzwürdigen Interessen der Auftraggeber und der Wirksamkeit der Haftung wurde aber eine Exkulpationsmöglichkeit eingefügt[206]. Hiergegen brachten der Bundesrat wie auch der DGB vor, dass dies zu Beweisproblemen führen könne und zudem der Anreiz für die Tarifvertragsparteien sinke, die Aufnahme der Branche in das AEntG zu beantragen und auf diese Weise eine strengere Haftung zu verursachen[207]. Zudem wurde im Ausschuss vorgebracht, dass es für kleine Arbeitgeber wie etwa den Handwerker, der seine Schreibmaschine reparieren lässt, unmöglich sei, das Haftungsrisiko mithilfe von Zurückbehaltungsrechten oder Kontrollen auszuschließen[208]. Diese Kritikpunkte haben wohl letztlich dazu beigetragen, einen anderen Ansatz für die Einschränkung der Haftung anstelle einer Exkulpationsmöglichkeit zu wählen. Der Verweis auf § 14 AEntG soll nach der Gesetzesbegründung zum Ausdruck bringen, dass der hierfür durch die Rechtsprechung ausgeformte und „bewährte" Unternehmerbegriff Anwendung finden soll[209].

205 Abrufbar unter: http://www.portal-sozialpolitik.de/recht/gesetzgebung/gesetzgebung-18-wahlperiode/mindestlohn-gesetzgebung, abgerufen am 09.02.2019, S. 10.

206 BT-Drs. 18/1558 S. 40, 69.

207 BT-Drs. 18/1558 S. 63 (Stellungnahme Bundesrat); Ausschussdrucksache Arbeit und Soziales 18/(11)/148, 36 linke Spalte (Stellungnahme DGB).

208 Ausschussdrucksache Arbeit und Soziales 18/(11)/148, S. 74; 144 rechts (Stellungnahme Beppler/Hanau).

209 BT-Drs. 18/2010 (neu) S. 23.

Folglich haftet nach diesem Verständnis nur derjenige, der in Erfüllung seiner vertraglichen Verpflichtungen Dienst- oder Werkleistungen in Auftrag gibt.

Ob dieser Unternehmerbegriff Grundlage des § 13 MiLoG sein soll, wird durchaus unterschiedlich beurteilt. Überwiegend wird angenommen, dass der eingeschränkte, von der Rechtsprechung für das AEntG entwickelte Unternehmerbegriff zur Anwendung kommen soll[210]. Die Gegenansicht argumentiert hingegen mit dem Wortlaut und teilt diese Einschränkung nicht[211]. Eine direkte Anwendung des § 14 BGB wird aber auch nicht gefordert: Beschränkungen sollen sich stattdessen im Rahmen einer „Verantwortungsbeziehung" ergeben, wenn die Auftragsvergabe keinen Bezug zum Betriebszweck aufweist[212]. Dies missachtet aber den gesetzgeberischen Willen, der sich nunmehr ausdrücklich und unmissverständlich auf den von der Rechtsprechung angewandten Unternehmerbegriff bezieht. Die rechtspolitische Bewertung der Unternehmerhaftung ist von der am Willen des Gesetzgebers orientierten Auslegung zu trennen und eine mögliche alternative Einschränkung des Unternehmerbegriffs unter rechtspolitischen Gesichtspunkten zu diskutieren.

Im Ergebnis liegt keine Haftung vor, wenn ein Unternehmer nach § 14 BGB zwecks Befriedigung von Eigenbedarf etwa seine Maschinen reparieren lässt, sondern nur in Fällen, in denen der beauftragte Unternehmer seine Leistungsverpflichtungen weitergibt.

d) Funktionen der Unternehmerhaftung

Als Begründung für die Unternehmerhaftung wurde die Verstärkung der tatsächlichen Wirksamkeit des Mindestlohns angegeben. Dies soll erfolgen, indem der Auftraggeber durch das Haftungsrisiko zu einer Prüfung angehalten wird, ob seine Auftragnehmer den Mindestlohn tatsächlich zahlen[213]. Die Verstärkung der Wirksamkeit erfolgt zunächst durch ein höheres Schutzniveau, indem ein zusätzlicher Schuldner hinzugezogen wird. Die Unternehmerhaftung fungiert hier folglich als flankierende Sicherungsmaßnahme der hier wie dargestellt vorliegenden Schutzbestimmung des Mindestlohns. Mithin ist der bürgengleichen

210 Kühn/Reich BB 2014, 2938, 2940; Sittard RdA 2015, 99, 107; Bayreuther NZA 2015, 961, 962 f.; Beck'scher Online-Kommentar Arbeitsrecht/Greiner § 13 MiLoG Rn. 8; Baeck/Winzer/Kramer NZG 2015, 265, 268.

211 Düwell/Schubert/Reinfelder § 13 Rn. 12 ff.; Heuschmidt/Hlava NJW 2015, 1719, 1720; Falk Müller ÖAT 2015, 95.

212 Düwell/Schubert/Reinfelder § 13 Rn. 13 f.; Heuschmidt/Hlava NJW 2015, 1719, 1720.

213 BT-Drs. 18/1558 S. 40.

Haftung eine Schutzfunktion zuzubilligen. Daneben lässt sich aus der angegebenen Begründung auch hier eine Steuerungsfunktion ableiten[214]. Wiederum ist die Bevorzugung der rechtstreuen Unternehmer hier unmittelbare Folge, aber nicht das hinter der Steuerung stehende Ziel. Wie bei § 14 AEntG soll durch die Steuerung eine Verdrängung der nicht zahlungsfähigen oder nicht zahlungswilligen Unternehmer erfolgen und soll ein Anreiz zur hinreichenden Kalkulation für die Auftraggeber erfolgen. Anders als beim AEntG ist das Ziel der Steuerung aber nicht, zum Schutz bestimmter Arbeitgeber durch Relativierung eines Wettbewerbsvorteils beizutragen. Die Wettbewerbssteuerung erfüllt im Ergebnis allein eine präventive Schutzfunktion zugunsten der Arbeitnehmer durch Verdrängung bestimmter Arbeitgeber, die mit einem Schutz des als fair verstandenen Wettbewerbs einhergeht.

Eine Effektivitätsfunktion lässt sich hier in dem Sinne erkennen, dass die tatsächliche Auszahlung des Mindestlohns von den Zahlungsverpflichteten nicht durch Einschaltung von „Strohmännern" umgangen werden kann. Dies ist letztlich auch eine Komponente der verstärkten Wirksamkeit. In der Plenardebatte wurde auf eine solche Funktion zumindest in Bezug auf die Beauftragung von Subunternehmern ausdrücklich hingewiesen[215]. Die Unternehmerhaftung sichert folglich den Schutz durch den Mindestlohn auch dadurch ab, dass bestimmte Vermeidungsstrategien nicht mehr erfolgsversprechend sind.

Schließlich bleibt zu klären, inwieweit hier auch eine abstrakte Ausgleichsfunktion einschlägig ist. Im Gesetzgebungsverfahren wurde der Fremdpersonaleinsatz als Problem lediglich vereinzelt mit Bezug auf Subunternehmerstrukturen thematisiert[216]. Die Folge der Haftung, dass die Weitergabe von Aufträgen an Attraktivität verlieren wird, wurde ausgehend von einer Haftung nur des Generalunternehmers in der Ausschussanhörung vom Sachverständigen Thüsing angesprochen[217]. Es bleibt letztlich dabei, dass der Gesetzgeber ein Ausgleichsbedürfnis für tiefgestaffelte Subunternehmerstrukturen erkannt hat und folglich mit der Unternehmerhaftung zu deren geringerer Attraktivität und Lukrativität beiträgt. Allerdings besteht das Problem außerhalb des Baugewerbes nicht in einer vergleichbaren Dimension. Eine darüber hinausgehende Wertung des Gesetzgebers hinsichtlich anderer Formen des Fremdpersonaleinsatzes,

---

214 Riechert/Nimmerjahn § 13 Rn. 4.

215 Plenarprotokoll 18/39 vom 15.06.2014, S. 3329 rechts: „Keine Schlupflöcher" (Griese, SPD).

216 Plenarprotokoll 18/39 a.a.O.; Ausschussdrucksache Arbeit und Soziales 18/(11)/148, 42, 69 rechte Spalte (Bosch).

217 Ausschussdrucksache Arbeit und Soziales 18/(11)/148 S. 56 rechts.

beispielsweise des Outsourcings, ist nicht ersichtlich. Folglich wird der Einsatz von Werk- oder Dienstverträgen gerade zur Umgehung von Mindestlohnverpflichtungen zwar missbilligt und wird insoweit gezielt gegengesteuert. Eine darüber hinausgehende generelle Einschränkung dieser Einsatzform ist aber nicht bezweckt.

e) *Effektive Umsetzung durch den Unternehmerbegriff*

Die Einschränkung des Unternehmerbegriffs führt dazu, dass die Schutzfunktion nur in einer speziellen Konstellation zum Tragen kommt. Auch die Steuerungsfunktion entfaltet nur sehr eingeschränkte Wirksamkeit, da die Steuerung nur in den Fällen relevant wird, in denen die Aufträge an die Arbeitgeber als Subunternehmer vergeben werden. Dies ist aber keineswegs in jeder Branche der Fall. Die eher untergeordnete abstrakte Ausgleichsfunktion bezog sich wie dargestellt auf Subunternehmerstrukturen und ist mithin mit dem eingeschränkten Unternehmerbegriff kompatibel. Insoweit gelten die gleichen Überlegungen wie für § 14 AEntG. Eine andere Betrachtungsweise rechtfertigt sich nur für die Effektivitätsfunktion: Zur Zahlung des Mindestlohns sind alle Arbeitgeber verpflichtet, mithin wäre auch jeder Auftraggeber unabhängig von seinem Tätigkeitsbereich bei der Beschäftigung eigener Arbeitnehmer zur Zahlung des Mindestlohns verpflichtet. Diese Möglichkeit zur Vermeidung der Mindestlohnzahlung wird auch durch die Unternehmerhaftung nur teilweise eingeschränkt, da der seinen Eigenbedarf befriedigende Unternehmer nicht erfasst ist. Werden beispielsweise Reparaturarbeiten ausgelagert, kann der Unternehmer so wirksam die Zahlung des Mindestlohns für die Verrichtung dieser Tätigkeit vermeiden. Auch die Effektivitätsfunktion ist daher lediglich in den eher atypischen Subunternehmerkonstellationen erfüllt. Die Funktionen der Norm werden durch den gewählten Unternehmerbegriff nur unzureichend erfüllt.

3 Der Unternehmerbegriff in der Durchsetzungsrichtlinie

Art. 5 Abs. 1 der Entsenderichtlinie 96/71/EG sieht vor, dass die Staaten geeignete Maßnahmen für den Fall der Nichteinhaltung der Richtlinie vorsehen. Allerdings wurden nationale Sanktionen wie eine Haftung des Auftraggebers anhand der Dienstleistungsfreiheit überprüft. Im Falle der deutschen Regelung des heutigen § 14 AEntG sah der EuGH in der Rechtssache *Wolff & Müller* jedoch die

Beschränkung der Dienstleistungsfreiheit als gerechtfertigt an[218]. Nunmehr findet sich eine solche Rechtsfigur auch im Unionsrecht.

Art. 12 Abs. 1 der RL 2014/67/EU ordnet eine verbindliche Haftung eines Auftraggebers in Unterauftragsketten für die Mindestentgelte im Bereich des Baugewerbes an, Abs. 2 ermöglicht ausdrücklich die Anwendung auch in anderen Branchen. Dieser Umsetzungspflicht ist bereits mit § 14 AEntG entsprochen. Die unionsrechtliche Konzeption geht schon angesichts des unmissverständlichen Wortlauts („Unterauftragsketten") ebenfalls von einem eingeschränkten Unternehmerbegriff aus, der mithin auf der Erledigung eigener Verpflichtungen mittels der Auftragsvergabe basiert. Allerdings umfassten die zu dieser Thematik erlassenen Beschlüsse des Europaparlaments, durch die eine Haftung eingefordert wurde, ausdrücklich neben der Untervergabe von Aufträgen auch die Auslagerung von Tätigkeiten[219].

Die EU-Kommission sah die Problematik hingegen auf die Vergabe von Unteraufträgen begrenzt[220]. Dementsprechend beschränkt sich Art. 12 Abs. 1 RL 2014/67/EU nur auf diese Konstellation. Zur Begründung der Haftung werden der Schutz der entsandten Arbeitnehmer vor Ausbeutung und vor Zahlungsausfällen jeweils in Subunternehmerketten sowie die so gesteigerte Transparenz angeführt[221]. Mithin lässt sich auch hier zunächst von einer unmittelbaren Schutzfunktion sprechen. Auch die abstrakte Ausgleichsfunktion ist hier deutlich erkennbar und wendet sich gegen tiefgestaffelte, intransparente Unternehmerketten. Als ein zentrales Ziel wird der Kampf gegen „Briefkastenfirmen" gesehen, deren Verschwinden durch die Haftung zu erwarten sei[222]. Der Effektivitätsfunktion wird daher eine große Bedeutung zugemessen. Dies entspricht dem für die RL 2014/67/EU in Erwägungsgrund 7 sowie in Art. 1 Abs. 1 geregelten Ziel, jegliche Umgehung der Rechtsvorschriften sowie jeglichen Missbrauch der Arbeitnehmerentsendung zu verhindern.

Eine über den Verzicht auf den Einsatz von Briefkastenfirmen hinausgehende Steuerungsfunktion wird insoweit erkennbar, dass Druck auf die Subunternehmer zur Einhaltung ihrer Verpflichtungen ausgeübt wird[223]. Dem gegenüber wird die Verdrängung dauerhaft nicht zahlungswilliger, folglich nicht rechtstreuer

218 EuGH Slg. 2004, I-9553.

219 Entschließung des EU-Parlaments vom 26.10.2006, 2006/2038 INI Punkt 28, Entschließung vom 26.03.2009 2008/2249 (INI) Punkt 12.

220 Vgl. Antwort auf die parlamentarische Anfrage E-006753/2011.

221 Kom (2012), 131, Rn. 3.4.6, S. 21.

222 Kom (2012), 131, Rn. 2.2, S. 12.

223 Kom (2012), 131, Rn. 3.4.6, S. 21.

Nachunternehmer nicht ausdrücklich angesprochen, ist aber die logische Konsequenz aus dem durchaus erkannten Druck auf die Nachunternehmer: Nur wer sich rechtstreu verhält, soll noch mit Aufträgen rechnen können. Dem gegenüber ist das Kriterium der Bestandssicherheit im Sinne einer Beschäftigungssicherung als Aspekt der Steuerungsfunktion letztlich eine Frage der nationalen Arbeitsmärkte. Nach den Wertungen der Art. 145 ff. AEUV liegt die nationale Beschäftigungspolitik in der Kompetenz der Mitgliedsstaaten[224]. Zudem lässt sich ein Standortwettbewerb auch über Lohnkosten als Ausprägung des freien Wettbewerbs und des offenen Binnenmarktes verstehen, was gegen eine Verdrängung nicht bestandssicherer Unternehmen spricht[225]. Eine beschäftigungsfördernde Komponente lässt sich Art. 12 RL 2014/67/EU nicht entnehmen.

Der Steuerungsfunktion liegt im Ergebnis auch hier ein präventiver Schutz zugrunde, der sich aber auf Druckausübung hinsichtlich der Nachunternehmer und Verdrängung nicht zahlungswilliger Unternehmer beschränkt. Das Vollbeschäftigungsziel in Art. 3 Abs. 3 S. 2 EUV kann daher auch nur insoweit argumentativ eingesetzt werden. Die ihrer Zielrichtung nach weiterreichenden nationalen arbeitsrechtlichen Normen lassen sich diesem Verständnis aber nicht unterordnen, es besteht auch keine Notwendigkeit, die weiterreichende Intention unter Verweis auf das Unionsrecht einzuschränken.

Für den zwingenden Anwendungsfall der Baubranche entspricht die Begrenzung auf Subunternehmerstrukturen wiederum den Funktionen mit Ausnahme der Schutzfunktion. Hingegen führt der eingeschränkte Unternehmerbegriff auch hier dazu, dass der Schutz in Bezug auf die Zahlung der Mindestentgelte nur eingeschränkt möglich ist und sich nicht auf kommerzielle Bauherren erstreckt. Die Kommission bezeichnet die Haftung selbst als in erster Linie präventiv[226]. Durchaus bewusst wird hier der unmittelbare Schutz dem präventiven Schutz nachgeordnet. Für andere Branchen ergibt sich auch hier das Problem, dass die Steuerungs- und auch die Effektivitätsfunktion zur Verhinderung von Briefkastenfirmen nur eingeschränkt zur Geltung kommen. Im Ergebnis zeigt sich, dass der gewählte Unternehmerbegriff mit Abstrichen für die Baubranche Sinn macht, die Möglichkeit zur Erstreckung auf andere Branchen aber im Korsett der Ausrichtung auf die Baubranche gefangen bleibt und die Richtlinie insoweit kaum Impulse setzen kann. Die Problematik der Durchsetzungsrichtlinie erinnert daher an die Schwäche der §§ 14 AEntG, 13 MiLoG, bei denen ebenfalls

224 Callies/Ruffert/Krebber Art. 145 AEUV Rn. 3; Streinz/Niedobitek Art. 145 Rn. 7.

225 Vgl. Kainer NZA 2016, 394, 398 f.; Kom 2016, 128 (endg.), S. 6.

226 Kom (2012), 131 Rn. 3.4.6, S. 22.

der Unternehmerbegriff mit der Entwicklung zu einer branchenunabhängigen Haftung nicht Schritt gehalten hat.

4 Begriff der Leistungspflicht

Der vom geltenden Unternehmerbegriff vorausgesetzte Terminus der zu erfüllenden Leistungspflicht bedarf der Präzisierung, um die Problematik des eingeschränkten Unternehmerbegriffs vollständig erfassen zu können. So ließen sich als „Leistungspflichten" auch durchaus öffentlich-rechtliche Verpflichtungen und Verkehrssicherungspflichten verstehen, etwa zur Reinigung des Bürgersteigs[227]. Nimmt man die Linie der Rechtsprechung entsprechend dem Tarifautonomiestärkungsgesetz zum Maßstab, ist dies abzulehnen. Wie dargelegt stellte diese auf einen wirtschaftlichen Vorteil durch einen Subunternehmereinsatz ab, wobei hier dem Gesetzgeber die identische Zielrichtung wie bei früheren Entwürfen unterstellt wurde[228]. Mit dieser Konzeption ist es nicht zu vereinbaren, auch öffentlich-rechtliche Pflichten zu erfassen, da hier kein Gewinn erreicht wird, auch wenn die Leistung nicht nur der Befriedigung eigener Bedürfnisse dient.

Auch darüber hinaus ergeben sich Zweifelsfragen. Der Übergang zwischen der Befriedigung von Eigenbedarf und der Erfüllung von Leistungsverpflichtungen ist fließend. Abgrenzungsprobleme ergeben sich etwa in den Fällen, in denen ein Rechtsanwalt zwecks ausreichender Wärme bei Beratungsgesprächen die Heizung reparieren oder ein Hotel die Zimmer reinigen lässt[229]. Bayreuther will in solchen Fällen danach differenzieren, ob die Leistung geschuldet wurde und ob die betreffende Tätigkeit zentral für den Leistungserfolg ist. Die Reinigung von Hotelzimmern stelle eine geschuldete Leistung gegenüber dem Gast dar, anders verhalte es sich bei einer hinreichenden Wärme in einer Anwaltskanzlei oder auch beim Einräumen von Regalen[230]. Dies überzeugt grundsätzlich. Es ist dabei zu hinterfragen, ob es sich um eine einklagbare Haupt- oder Nebenleistungspflicht oder um eine bloße Rücksichtnahmepflicht handelt. Demnach wäre die Pflicht zur Reinigung von Hotelzimmern ein einklagbarer Teil des Beherbergungsvertrages, während es sich bei der hinreichenden Wärme um eine bloße Nebenpflicht nach § 241 Abs. 2 BGB handelt, sodass die Reparatur der Heizung nicht § 14 AEntG unterfällt.

---

227 Vgl. Bayreuther NZA 2015, 961, 965.

228 BAG NZA 2007, 613 Rn. 16.

229 Riechert/Nimmerjahn § 13 Rn. 21; Bayreuther NZA 2015, 961, 965.

230 Bayreuther NZA 2015, 961, 965.

Weiterhin ist fraglich, ob auch vorweggenommene Leistungspflichten die Haftung auslösen, was etwa bei der Produktion zwecks späteren Verkaufs relevant ist. Instruktiv ist hier ein Urteil des BAG zu § 1 a AEntG, bei dem die Inanspruchnahme eines Bauträgers gegenständlich war[231]. Der Bauträger veranlasste dabei die Bebauung eines in seinem Eigentum stehenden Grundstücks, um das erbaute Wohnhaus später veräußern zu können. Mithin handelte der Bauträger nicht als Generalunternehmer, der den Auftrag eines Bauherrn ausführt. Das BAG stufte den Bauträger, also den Bauherrn, als Unternehmer ein und begründete dies mit einer Erfüllung vorweggenommener Leistungspflichten sowie mit dem Umstand, dass hier nicht zwecks Erfüllung eines Eigenbedarfs gehandelt wird. Der letztlich zufällige Zeitpunkt des Vertragsschlusses mit den Käufern könne nicht dafür ausschlaggebend sein, ob die Haftung greife oder nicht.

Als Konsequenz der gesetzgeberischen Übernahme der Rechtsprechung ist für §§ 14 AEntG, 13 MiLoG auch die dargestellte Rechtsprechung des BAG zu übernehmen, wonach auch die Vergabe von Dienst- oder Werkleistungen zur Erfüllung vorweggenommener Verpflichtungen dem Unternehmerbegriff unterliegt[232]. Dies hat Relevanz etwa für Fälle, in denen die Produktion zum Verkauf später offerierter Waren ausgelagert wird, wobei es gleichgültig sein muss, ob solche Leistungsverpflichtungen wirklich zustande kommen. Bloße Vorbereitungs- und Werbemaßnahmen dienen hingegen dem Vertragsschluss und nicht der Erfüllung von Leistungspflichten. Wird das Einräumen von Regalen an einen Werkunternehmer in Auftrag gegeben, ist der Unternehmerbegriff nach §§ 13 MiLoG, 14 AEntG daher nicht erfüllt[233].

IV Die Unternehmerhaftung nach § 98 a Abs. 3, 4 AufenthG und § 3 GSA Fleisch

1 Haftung nach § 98 a III, IV AufenthG

a) Ausgangspunkt

Die Haftung nach § 98 a Abs. 3, 4 AufenthG bezieht sich auf illegale Ausländerbeschäftigung und verweist auf Verpflichtungen nach § 98 a Abs. 1 AufenthG.

Nach § 98 a Abs. 1 S. 1 AufenthG ist der Arbeitgeber verpflichtet, einem Arbeitnehmer ohne Aufenthalts- oder Arbeitserlaubnis das vertragliche

231 BAG NZA 2012, 980.
232 Ebenso Bayreuther NZA 2015, 961, 964.
233 Vgl. Bayreuther NZA 2015, 961, 965.

Arbeitsentgelt zu gewähren. Ein Anspruch des illegal beschäftigten Ausländers gegen seinen Arbeitgeber auf Lohnzahlung wurde von der Rechtsprechung auch vor Erlass des § 98 a Abs. 1 AufenthG anerkannt: Aus dem Beschäftigungsverbot des heutigen § 4 Abs. 3 AufenthG folge nicht die Nichtigkeit des Vertrags nach § 134 BGB[234]. Dies beruht auf der Überlegung, dass der Normzweck des heutigen § 4 Abs. 3 AufenthG, der Vorrang der inländischen Arbeitskräfte bei der Besetzung freier Stellen, nicht auch die Nichtigkeit des Vertrags erfordere, sondern stattdessen das Beschäftigungsverbot für illegale Ausländer ausreiche[235]. Hinzu kommt, dass der Arbeitsplatz angesichts der personenbedingten Kündbarkeit aufgrund des Beschäftigungsverbots bei einem wirksamen Vertrag nicht dauerhaft besetzt wäre und ansonsten der Arbeitgeber bei tatsächlich erbrachter Arbeitsleistung mangels Arbeitgeberverpflichtungen besser stehen würde als bei einer rechtmäßigen Beschäftigung[236]. Das letztgenannte Argument deutet schon darauf hin, dass der Anspruch des illegal Beschäftigten hier auch die Funktion erfüllt, Anreize zum Einsatz illegaler Beschäftigung zu vermeiden.

Dabei fungiert § 98 a Abs. 1 AufenthG nicht als eigenständige Anspruchsgrundlage, sondern stellt deklaratorisch klar, dass § 134 BGB bei einer fehlenden Aufenthaltsgenehmigung nicht eingreift[237].

Die EU-Kommission sah im Lohnanspruch des illegal beschäftigten Arbeitnehmers ein Instrument gerade zur Vermeidung illegaler Beschäftigung: Die faktische Beschäftigungsmöglichkeit sei ein wesentlicher Anreiz für die illegale Einreise. Anstelle einer Sanktionierung des Arbeitnehmers solle dieser faktische Umstand dadurch beseitigt werden, dass eine Einschränkung der Nachfrage nach illegaler Beschäftigung herbeigeführt wird. Dies soll wiederum durch die Bekämpfung von Anreizen für den Einsatz illegal Beschäftigter erfolgen[238]. Die Sanktionsrichtlinie 2009/52/EG greift diesen Gedanken in den Erwägungsgründen 2, 3 auf. Der Zahlungsanspruch führt also dazu, dass der Einsatz illegaler Beschäftigter kein Wettbewerbsvorteil werden kann, die flankierenden strafrechtlichen Sanktionen sollen den Einsatz zudem nachteilig ausgestalten. § 98 a

---

234 BAGE 29, 1; BAG NJW 1977, 1608; BAG NZA 1991, 341, 342.

235 BAG NJW 1977, 1608; vgl. BSGE 41, 153.

236 Rießelmann S. 52 ff; Hanau in: Festschrift 25 Jahre BAG, 169, 174 f.

237 BT-Drs. 17/5470 S. 28 rechts; so auch Bergmann/Dienelt § 98 a Rn. 4.

238 Kom (2001) 672 endgültig Rn. 4.7.3 ff.; Kom (2006) 402 endgültig Rn. 36; Kom (2007) 249 endgültig S. 3.

AufenthG von 2011[239] setzt diese Konzeption um, sodass in dieser Norm letztlich ein Instrument zur Eindämmung illegaler Beschäftigung zu sehen ist. Dies harmonisiert auch mit dem in § 1 Abs. 1 S. 1 AufenthG genanntem Ziel, die Zuwanderung zu steuern und zu begrenzen. Hiervon ausgehend erscheint die systematische Stellung der Norm im AufenthG durchaus folgerichtig.

Die Norm beschränkt sich aber nicht auf Fälle des illegalen Aufenthalts, sondern erfasst anders als die Richtlinie auch Fälle einer fehlenden Arbeitserlaubnis bei legalem Aufenthalt. Dies wurde mit der hergebrachten Gleichbehandlung dieser Konstellationen im deutschen Recht und dem vergleichbaren Unrechtsgehalt begründet[240]. In der Folge weitet sich die Wirkung des § 98 a Abs. 3, 4 AufenthG auch auf die mittelbare Bekämpfung des Anreizes aus, bei legaler Einreise illegal tätig zu werden. Dies ist zur Sicherung der Vorrangstellung deutscher Arbeitnehmer durchaus konsequent. Hinzu kommt, dass die Bekämpfung der illegalen Beschäftigung nicht nur eine Funktion als Instrument gegen illegale Einreise hat, sondern einen auch von der Kommission anerkannten Selbstzweck verfolgt, indem eine Verdrängung sozialversicherungspflichtiger Beschäftigung verhindert wird[241].

Daneben wird der Richtlinie auch eine Schutzfunktion für die illegal beschäftigten Arbeitnehmer zugesprochen, was sich aus der in ihrem Art. 6 Abs. 3 vorgesehenen Vermutung für ein dreimonatiges Beschäftigungsverhältnis und der Verpflichtung der Mitgliedsstaaten hinsichtlich wirksamer Verfahren zur Rechtsdurchsetzung in Art. 13 Abs. 1 ableiten lässt[242]. Der Schutz illegal Beschäftigter vor Ausbeutung wurde im Vorfeld der Richtlinie auch durch die Kommission thematisiert[243]. Durch diese Regelungen erhöht sich zugleich die Gefahr für eine Inanspruchnahme der Arbeitgeber, sodass auf diese Weise auch der Anreiz zum Rückgriff auf illegale Beschäftigung gesenkt wird.

b) Auslegung des Unternehmerbegriffs

Die Sanktionsrichtlinie 2009/52/EG macht bereits im Wortlaut ihres Art. 8 Abs. 1 deutlich, dass die Haftung nur bei Beauftragung eines Unterauftragnehmers

239 Eingeführt durch Gesetz zur Umsetzung aufenthaltsrechtlicher Richtlinien der Europäischen Union und zur Anpassung nationaler Rechtsvorschriften an den EU-Visakodex, BGBl. Teil I 2011 Nr. 59 25.11.2011 S. 2258.

240 BT-Drs. 17/5470 S. 17 rechts.

241 Kom (2006), 402 endgültig Rn. 36; SEK (2007)/604 S. 3 f.

242 Bast in Fischer-Lescarno/Kocher/Nassibi 71, 81.

243 Kom (2006), 402 endgültig Rn. 36.; SEK (2007)/604 S. 3 f.

greifen soll, also wiederum nur diejenigen haften, die zur Erfüllung eigener Verpflichtungen Unternehmer beauftragen. Der deutsche Gesetzgeber verzichtet auch hier auf eine klare Formulierung und spricht in § 98 a Abs. 3 AufenthG wiederum von einem „Unternehmer". In der Gesetzesbegründung wird aber ausdrücklich darauf verwiesen, dass entsprechend der Richtlinie die Haftung nur bei der Beauftragung von Subunternehmern eingreift[244]. Dementsprechend wird ganz überwiegend auch hier der eingeschränkte Unternehmerbegriff vertreten[245]. Nur vereinzelt wird entsprechend der Diskussion zu § 14 AEntG auf einen lediglich durch eine Verantwortungsbeziehung begrenzten Unternehmerbegriff abgestellt[246]. Dem bleibt wiederum entgegenzuhalten, dass dies den Willen des Gesetzgebers missachtet.

§ 98 a AufenthG sieht als einzige Nachunternehmerhaftungsnorm eine Differenzierung danach vor, ob eine unmittelbare vertragliche Beziehung zwischen dem Arbeitgeber und dem Auftraggeber besteht und folgt damit Art. 8 Abs. 2 der Sanktionsrichtlinie. Dort ist vom Hauptauftraggeber die Rede, in § 98 a Abs. 4 AufenthG vom Generalunternehmer. Während § 98 a Abs. 3 AufenthG den Fall einer vertraglichen Beziehung zum Arbeitgeber erfasst, greift beim Fehlen einer solchen § 98 a Abs. 4 AufenthG ein[247]. § 98 a Abs. 4 AufenthG regelt dementsprechend die Kettenhaftung.

Fraglich ist, ob auch vorweggenommene Leistungspflichten ausreichen. Insoweit fehlt es an Äußerungen des Gesetzgebers. Letztlich erscheint es im Sinne einer angesichts der Gesetzesziele gebotenen weiten Auslegung des Unternehmerbegriffs sinnvoll, auch hier diese Konstellation zu erfassen. Zwar bezieht sich die abstrakte Ausgleichsfunktion nur auf Subunternehmerketten und nicht auf ein Outsourcing der Produktion. Durch die Übertragung des Vorverlagerungsgedankens wird aber die zentrale Steuerungswirkung hinsichtlich der missbilligten Beschäftigung illegaler Arbeitnehmer erhöht und eine Umgehung der eigenen Rechtspflichten verhindert. Der Wortlaut des Art. 8 Abs. 1 RL 2009/52/EG spricht eher gegen ein solches Verständnis, da hier von Unteraufträgen gesprochen wird, was einen bereits erteilten Auftrag voraussetzt. Allerdings sind nach Art. 8 Abs. 4 strengere Haftungsvorschriften zulässig, hier ist von einer überschießenden Umsetzung auszugehen.

---

244 BT-Drs. 17/5470, 28 f.

245 GK AufenthG/Funke-Kaiser § 98 a Rn. 17; Hailbronner § 98 a AufenthG Rn. 6; Bergmann/Dienelt/Wunderle § 98 a Rn. 9.

246 Schubert AuR 2015, 430, 436.

247 BT-Drs. 17/5470, S. 28 f.

c) Funktionen der Haftung

In der RL 2009/52/EG wird in Erwägungsgrund 20 herausgestellt, dass die „gängige Praxis“ von Subunternehmereinsätzen in bestimmten Branchen die zusätzliche Haftung von Auftraggebern nötig mache. Aus der Formulierung und der ausdrücklichen Fokussierung auf Subunternehmerkonstellationen lassen sich Ausgleichsgedanken ablesen: Zum einen soll der Auftraggeber keinen Vorteil aus der Beauftragung von auf illegale Arbeitnehmer zurückgreifende Arbeitgeber haben, zum anderen sind Subunternehmerketten aufgrund ihrer fehlenden Transparenz allgemein in diesem Kontext problematisch.

Aus der gewählten Formulierung lässt sich auch ein Umgehungsgedanke ableiten: Es droht nunmehr die Verlagerung der Risiken einer illegalen Beschäftigung, namentlich der Lohnzahlungspflicht nach § 98 a Abs. 1 AufenthG, auf Vermögenslose[248]. Allerdings wird hier infolge der schon im Ansatz vorgesehenen Begrenzung auf Subunternehmerkonstellationen eine Umgehungsproblematik nur für diese Fälle als relevant beachtet. Es entspricht also der gesetzgeberischen Wertung, dass die Effektivitätsfunktion nur untergeordnet ist. Davon kann für das auf andere Branchen erweiterte AEntG, bei dem nie eine Diskussion um eine mögliche Anpassung des Unternehmerbegriffs erfolgte, hingegen nicht ausgegangen werden. Auch in Bezug auf § 13 MiLoG gilt, dass angesichts der hier gefundenen Kompromisslösung nicht davon ausgegangen werden kann, dass der Gesetzgeber schon wertungsmäßig die Effektivitätsfunktion eher als nachrangig betrachtet.

Der Steuerungsgedanke wird nicht ausdrücklich betont und lässt sich aus dem Argument der „gängigen Praxis“ nicht ohne Weiteres ableiten. Allerdings ist es überzeugend, angesichts der dem AEntG angepassten Gestaltung auch hier ein Steuerungselement zu sehen, sodass die Auftraggeber dazu veranlasst werden sollen, nur rechtstreue Nachunternehmer einzusetzen. Zudem fügt sich eine Steuerungswirkung in die Intention der RL 2009/52/EG ein, die illegale Beschäftigung nicht zu einem attraktiven Geschäftsmodell werden zu lassen. Arbeitgeber werden von einer solchen durch die Lohnzahlungspflicht entsprechend § 98 a Abs. 1 AufenthG abgehalten. Die bürgengleiche Haftung animiert Auftraggeber, von der Beauftragung insoweit tätig werdender Unternehmen abzusehen. Wie dargelegt war auch der Erhalt sozialversicherungspflichtiger Beschäftigung ein Ziel der Richtlinie, was ebenfalls für eine Steuerung der insoweit mitentscheidenden Auftragsvergabe spricht.

---

248 Ebenso GK AufenthG/Funke-Kaiser § 98 a Rn. 17; Kocher/Nassibi in Fischer-Lescarno/Kocher/Nassibi 135, 137.

Diese Steuerungsfunktion wirkt wie stets zugunsten der rechtstreuen Marktteilnehmer. Allerdings ist der Hintergrund dieser Steuerungswirkung hier nicht im präventiven Schutz der Anspruchsinhaber, also der illegal beschäftigten Arbeitnehmer, zu sehen. Es geht nicht darum, langfristig für den Fall einer illegalen Beschäftigung die Lohnzahlung mittels Marktbereinigung und Druck zur Rechtstreue auf die Arbeitgeber zu garantieren, wie dies in Bezug auf Mindestentgelte geschehen soll. Stattdessen soll die Haftung gerade davon abhalten, überhaupt illegale Beschäftigung einzusetzen. Die Marktbereinigung soll hier folglich zur Verdrängung der Beschäftigung bestimmter Personen dienen. Zugespitzt formuliert: Wer als Arbeitnehmer den Anspruch gegen den Auftraggeber geltend macht, trägt dazu bei, die Grundlage seiner eigenen Beschäftigung zu bekämpfen. Wer den Anspruch einklagt, handelt gegen sein eigenes Gruppeninteresse. Entscheidend ist dabei, dass der betreffende Arbeitnehmer mangels Arbeitserlaubnis auch gar keine legale Beschäftigung ausüben könnte. Das unterscheidet diese Konstellation von Fällen der Schwarzarbeit, in dem das Arbeitsverhältnis mit dem konkreten Arbeitnehmer sehr wohl legal ausgestaltet werden könnte und die Verhinderung illegaler Beschäftigung letztlich dem präventiven Schutz des Arbeitnehmers dient. Ein ähnlicher Effekt wie hier trat auch bei § 1 a AEntG 1998 ein: Der ausländische Beschäftigte sorgte mit seiner Klage faktisch dafür, dass deutsche Arbeitnehmer eingesetzt wurden, auch wenn seine Beschäftigung in diesem Fall durchaus legal erfolgte.

Ein präventiver Schutz kommt hingegen sehr wohl im Hinblick auf die legal tätigen Arbeitnehmer, im Ergebnis also gegenüber Dritten ohne Bezug zum Anspruch, in Betracht. Als nicht ausdrücklich bezweckte Nebenfolge erfolgt eine Verdrängung unseriöser Arbeitgeber, die zu illegalen Praktiken bereit sind. Vor allem wird ein präventiver Schutz aber im Hinblick auf die Verdrängung der illegalen Ausländerbeschäftigung ausgeübt. Mithin besteht der Hintergrund der Steuerungsfunktion auch darin, dass die Beschäftigungsmöglichkeit durch Verdrängung illegaler Konkurrenz auf dem Arbeitsmarkt wiederhergestellt wird.

Im Ergebnis dient die Steuerungswirkung daher einem präventiven Schutz der legal tätigen Arbeitnehmer, der durch eine Verdrängung unseriöser Arbeitgeber und durch eine Verdrängung illegaler Konkurrenz ausgeübt wird. Die Norm ähnelt §§ 14 AEntG, 13 MiLoG darin, dass ein Schutz für Arbeitnehmer sowohl im Hinblick auf die Beschäftigungsförderung als auch auf die Seriosität und Zuverlässigkeit der Arbeitgeber erfolgt. Die Beschäftigungsförderung erfolgt hier nicht durch eine Orientierung an der Bestandssicherheit der Arbeitgeber, sondern durch den Ausschluss bestimmter Arbeitnehmer. Diese auszuschließenden Arbeitnehmer sind gleichzeitig Anspruchsinhaber. Darin ähnelt die Norm § 1 a AEntG 1998.

Eine Schutzfunktion ist hier hingegen abzulehnen: Es ist nicht ersichtlich, dass der illegal arbeitende Ausländer im Vergleich zu legalen Arbeitnehmern zusätzlich geschützt werden soll. Bis zur Einführung des Mindestlohns hatten nicht vom AEntG erfasste Arbeitnehmer keinen zusätzlichen Schuldner zur Verfügung, der nunmehr geltende § 13 MiLoG richtet sich nur auf den Mindestlohn und nicht auf das vertragliche Entgelt. Eine solche gezielte Besserstellung des illegal arbeitenden Ausländers ist nicht plausibel, stattdessen ist die vorteilhaftere Stellung die Kehrseite der verstärkten Inanspruchnahme des Auftraggebers in diesen Konstellationen. Während § 98 a Abs. 1 AufenthG durchaus auch dem Schutz des Arbeitnehmers dient, kann dies für §§ 98 a Abs. 3, 4 AufenthG nicht angenommen werden.

d) Effektive Umsetzung der Funktionen durch den Unternehmerbegriff

Hinsichtlich der Defizite des gewählten Unternehmerbegriffs kann wiederum nach oben verwiesen werden. Die Steuerungsfunktion in Bezug auf die Auswahl der Arbeitgeber funktioniert durch die Begrenzung auf Subunternehmerkonstellationen nur eingeschränkt. Etwas anderes würde nur gelten, wenn sich illegale Beschäftigung ganz überwiegend auf das Baugewerbe beschränken würde. Es sind allerdings alle Wirtschaftszweige davon betroffen, wobei sich die Schwerpunkte aus §§ 28 a Abs. 4 S. 1 SGB IV, § 2 a SchwarzArbG ableiten lassen[249]. Dies betrifft das Baugewerbe, aber auch unter anderem aus dem AEntG bekannte Branchen, in denen wie dargestellt keine Subunternehmerstrukturen bestehen. Auch eine Umgehung der Zahlungspflicht nach § 98 a Abs. 1 AufenthG wird nur ausnahmsweise vermieden.

Es muss aber auch nochmals betont werden, dass die Einschränkung des Unternehmerbegriffs hier von Anfang an und planmäßig erfolgte, während bei § 14 AEntG die Erweiterungen auf weitere Branchen und Ziele dazu führten, dass Unternehmerbegriff und Funktionen nicht mehr übereinstimmten. § 13 MiLoG ist ein Kompromissvorschlag, der letztlich nicht mit den Grunderwägungen der Haftung kompatibel ist. Für § 98 a AufenthG muss hingegen konstatiert werden, dass hier durchaus bewusst die Steuerungsfunktion nicht zur vollen Wertung kommt, hinsichtlich der auf Subunternehmerstrukturen gerichteten abstrakten Ausgleichsfunktion ist die Ausgestaltung durchaus effektiv. Aus der planmäßigen Begrenzung auf Nachunternehmerkonstellationen folgt, dass der abstrakten Ausgleichsfunktion eine gewichtige Rolle zukommt. Eine Schutzfunktion ist

249 12. Bericht der Bundesregierung über die Auswirkungen des Gesetzes zur Bekämpfung illegaler Beschäftigung, BT-Drs. 17/14800, S. 4.

ohnehin nicht gegeben. Der hier gewählte Unternehmerbegriff ist also nicht im gleichen Maße wie § 13 MiLoG und § 14 AEntG kritisch einzuordnen.

Es bleibt zu konstatieren, dass § 98 a Abs. 3, 4 AufenthG angesichts seines Ziels, eine illegaler Ausländerbeschäftigung zu verhindern, eine Sonderrolle unter den bürgengleichen Haftungsnormen einnimmt. Als einzige Norm verfolgt § 98 a Abs. 3, 4 AufenthG nicht die Intention, den Anspruchsinhaber zumindest präventiv abzusichern. Gänzlich fremdartig ist eine Auftraggeberhaftung, die letztlich der Verdrängung des eigenen Beschäftigungsmodells dient, wie dargestellt angesichts der ursprünglichen Konzeption des § 1 a AEntG aber nicht.

Im Kontext der RL 2009/52/EG ist auch die Saisonarbeitnehmerrichtlinie 2014/36/EU zu sehen. Diese sieht in Art. 17 Abs. 3 die Möglichkeit vor, den Auftraggeber gegenüber dem Saisonarbeitnehmer auf das geschuldete Entgelt oder auf mögliche Sanktionen haften zu lassen. Der deutsche Gesetzgeber hat von dieser Möglichkeit keinen Gebrauch gemacht[250].

2 Die Haftung auf Sozialversicherungsbeiträge in der Fleischwirtschaft

a) *Missstände in der Fleischwirtschaft*

Der jüngste Anwendungsfall der Unternehmerhaftung bezieht sich auf die Fleischwirtschaft. Darzustellen sind zunächst die branchenbezogenen Hintergründe, die zur Einführung der Haftung geführt haben.

Anfang 2005 fokussierte sich die mediale Berichterstattung auf die Arbeitsbedingungen in der Fleischwirtschaft. Aufmerksamkeit erregte dabei der Einsatz ausländischer Arbeitnehmer über Werkverträge, bei denen maximal 5 € Arbeitslohn ausgezahlt wurde[251]. Die Zustände in der Fleischwirtschaft waren der unmittelbare Anlass für den Regierungsvorschlag eines auf alle Branchen erstreckten AEntG 2005, der wie dargestellt nicht mehr in die Tat umgesetzt wurde[252]. Mangels vorhandener erstreckbarer Tarifverträge fand die Fleischbranche keine Aufnahme in das AEntG 2009. Die besonders billige Schlachtung und Verarbeitung in Deutschland sorgte dafür, dass die belgische Regierung im Rahmen einer Beschwerde eine Intervention der EU-Kommission einforderte[253]. Erst 2014 erfolgte nach Bildung eines Arbeitgeberverbandes[254] und Abschluss

250 Zur Umsetzung der RL 2014/36/EU BT-Drs. 18/11136.
251 Etwa Deggerich, DER SPIEGEL 8/2005, 85 ff.
252 Plenarprotokoll 15/176 vom 13.05.2005, S. 16592 rechts (Kramme, SPD).
253 Thränhardt WSI-Mitteilungen 2015, 391, 392.
254 BT-Drs. 18/1359 S. 5.

eines Tarifvertrags[255], die Aufnahme der Fleischbranche in § 4 Abs. 1 Nr. 9 AEntG, wobei § 6 Abs. 10 AEntG den genauen Geltungsbereich einer Rechtsverordnung nach § 7 Abs. 1 AEntG absteckt. Dadurch ergab sich für die Fleischbranche aber auch die Möglichkeit, von der Übergangsvorschrift gemäß § 24 Abs. 1 MiLoG Gebrauch zu machen und so vorübergehend nach unten hin vom Mindestlohn abweichen zu können.

Auch unabhängig von der Lohnhöhe wurden in der medialen und politischen Diskussion zahlreiche Vorwürfe gegen die Fleischwirtschaft erhoben. So wurde über eine Unterbringung der ausländischen Arbeitnehmer in barackenartigen Unterkünften unter unwürdigen Umständen berichtet[256]. Weitere Missstände in der Fleischwirtschaft betrafen die regelmäßigen Überschreitungen der Höchstarbeitszeit[257], blühende Scheinwerkverträge[258] und undurchschaubare Nachunternehmerstrukturen[259]. Eine Missbrauchsform bestand in der Erhebung von Abgaben gegenüber den Arbeitnehmern, durch die diese ihre Arbeitsmittel zu bezahlen hatten. Dies ermöglichte die Umgehung des Mindestentgelts[260]. Teilweise wurden auch kriminelle Strukturen beobachtet, so sollen Arbeitnehmer durch Schlägertrupps von der Geltendmachung ihrer Rechte abgehalten worden sein[261]. Nach Angaben der Bundesregierung wurden in der Fleischwirtschaft 2016 135 Bußgeld- und 209 Strafverfahren eingeleitet, zwei Jahre zuvor waren es sogar 317 Bußgeld- bei 216 Strafverfahren[262]. Die Dunkelziffer liegt dementsprechend höher.

---

255 BT-Drs. 18/910 S. 6.

256 Plenarprotokoll 18/33 vom 08.05.2014, S. 2785 rechts (Rützel, SPD); Plenarprotokoll 18/26 vom 03.04. 2014, S. 2092 linke Spalte (Müller-Gemecke, Bündnis 90/ Die Grünen); Großarth, http://www.faz.net/aktuell/wirtschaft/wirtschaftspolitik/lebensmittel/arbeitsbedingungen-auf-schlachthoefen-das-billige-fleisch-hat-einen-preis-12148647.html?printPagedArticle=true#pageIndex_2, vom 15.04.2013, abgerufen am 09.02.2019; Amann/Fröhlingsdorf/Ludwig, DER SPIEGEL 43/2013, 64, 70.

257 Plenarprotokoll 18/33 S. 2785 rechte Spalte (Rützel, SPD).

258 Plenarprotokoll 18/26 S. 2084 rechte Spalte (Zimmermann, Die Linke); Plenarprotokoll 18/33 vom 08.05.2014 S. 2795, linke Spalte (Zech, CSU).

259 Plenarprotokoll 18/33, S. 2789 linke Spalte (Krellmann, Die Linke); 2792 rechte Spalte (Groneberg, SPD).

260 Plenarprotokoll 18/33, S. 2789 linke Spalte (Krellmann, Die Linke).

261 Großarth a.a.O.

262 BT-Drs. 18/12726 S. 20.

b) *Struktur der Beschäftigung in der Fleischbranche*

Die Verlagerung von Arbeiten in der Fleischwirtschaft kann zunächst dadurch erfolgen, dass Fleischereibetriebe die Schlachtung außer Haus erledigen lassen. Die räumlichen Anforderungen, die sich aus Anhang 2 der Verordnung Nr. 1099/2009, § 6 Tierschutz-Schlachtverordnung ergeben, lassen nur große Schlachthöfe zu, sodass sich insoweit die Verlagerung von Arbeiten zwingend aus den gesetzlichen Vorschriften ergibt[263]. Die Fleischwirtschaft zeigt sich als arbeitsteilige Branche[264], § 6 Abs. 10 AEntG bringt dies mit der Aufteilung in Schlachtung, Zerlegung, Verarbeitung, Portionierung und Verpackung zum Ausdruck.

Weit mehr im Fokus steht aber der Einsatz von Subunternehmern in Großbetrieben. Dies betrifft Fälle, in denen Großunternehmen Teile der Fertigung im eigenen Haus durch fremde Arbeitnehmer erledigen lassen. Wie hoch der Anteil der Subunternehmer in der Fleischwirtschaft an allen Betrieben ist, konnte auf die kleine Anfrage der Fraktion Bündnis 90/Die Grünen von der Bundesregierung nicht beantwortet werden[265]. Beim Großkonzern Tönnies sollten nach eigenen Angaben 2013 50 % der Beschäftigten bei Subunternehmern unter Vertrag stehen, beim Konkurrenten Danisch Crowns 75 %[266].

Wie dargestellt wurde in der Fleischwirtschaft zunächst auf das Mittel der Arbeitnehmerentsendung zurückgegriffen, sodass entsprechend § 5 Abs. 1 SGB IV deutsches Sozialversicherungsrecht keine Anwendung fand. Im Rahmen einer Selbstverpflichtung haben sich die großen Unternehmen der Fleischwirtschaft darauf verständigt, ausschließlich der deutschen Sozialversicherungspflicht unterliegende Beschäftigung einzusetzen, nach Angaben des sozialpolitischen Ausschusses der Fleischwirtschaft sei dies von den sich selbst verpflichtenden Unternehmen zu 100 % umgesetzt[267]. Dies bedeutet keineswegs, dass auf Subunternehmer verzichtet wird, stattdessen ist der reguläre Arbeitsort der Beschäftigten nunmehr in Deutschland. Zu berücksichtigen ist hierbei, dass erst jetzt

---

263 Vgl. Jäger, http://www.faz.net/aktuell/wirtschaft/menschen-wirtschaft/ein-beruf-wie-jeder-andere-der-metzger-13319520.html?printPagedArticle=true#pageIndex_2 vom 16.12.2014, abgerufen am 09.02.2019.

264 Hinweis hierauf auch in Plenarprotokoll 18/26 vom 03.03.2014, S. 2083 rechte Spalte (Kramme, SPD).

265 BT-Drs. 18/12726 S. 3.

266 Großarth a.a.O.

267 http://www.vdew-online.de/wp-content/uploads/2014/08/Bericht_final.pdf S. 13, abgerufen am 09.02.2019.

die Voraussetzungen dafür bestehen, uneingeschränkt EU-Ausländer nach deutschem Sozialversicherungsrecht zu beschäftigen. Die Beschäftigung ausländischer Arbeitnehmer insbesondere aus Osteuropa, die zu einem geringeren Lohn als deutsche Arbeitnehmer zur Arbeitsaufnahme bereit sind, ist angesichts der nunmehr uneingeschränkten Arbeitnehmerfreizügigkeit in der EU auch dann möglich, wenn sich der reguläre Arbeitsort in Deutschland befindet. Es besteht daher nunmehr die Option, dass ein nationaler Werkunternehmer diese ausländischen Beschäftigten anstellt. Es muss nicht mehr auf das Instrument der Arbeitnehmerentsendung zurückgegriffen werden, um den Einsatz osteuropäischer Arbeitnehmer in Deutschland zu ermöglichen[268].

Hinsichtlich der beauftragten Subunternehmer lassen sich zwei Problemfelder identifizieren. Zum einen wurde medial wiederholt von Fällen berichtet, in denen Mitglieder der Rockergruppe Bandidos als Subunternehmer beauftragt wurden und zu illegalen Methoden griffen[269]. Andererseits wurde von Gewerkschaftsseite der Verdacht geäußert, dass die Auftraggeber in den meisten Fällen selbst hinter den Subunternehmern stehen würden. Ein Beispiel, wo dies nachweisbar tatsächlich der Fall ist, liefert das Werkvertragsunternehmen Wenova, eine hundertprozentige Tochter des Großunternehmens Westfleisch. Besondere Brisanz erlangt dieser Vorwurf anhand der kartellrechtlichen Diskussion um die sogenannte „Wurstlücke“: Bußgelder konnten hier nicht durchgesetzt werden, weil das betreffende Unternehmen durch Umstrukturierungen im Tönnies-Konzern nicht mehr existierte, auf den Konzern aber nicht zugegriffen werden konnte[270]. Diesen Fall regelt nunmehr § 81 Abs. 3 b GWB.

Letztlich zeigt sich, dass die Fleischwirtschaft hinsichtlich der Subunternehmerstrukturen mit der Bauwirtschaft vergleichbar ist. Nicht ohne Grund wurde in der Plenardebatte zur Ausweitung des AEntG auf das Fleischgewerbe ausdrücklich darauf hingewiesen, dass so auch § 14 AEntG in der Fleischwirtschaft zur Geltung komme[271].

---

268 Vgl. Hertwig/Kirsch/Wirth IndBez 2016, 113, 126 f.

269 Bombach, https://www.derwesten.de/region/bandidos-bosse-sollen-in-der-fleischindustrie-mitmischen-id8087725.html vom 24.06.2013, abgerufen am 09.02.2019; Diehl/Heise/Meyer-Heuer, http://www.spiegel.de/panorama/justiz/geschaefte-der-rocker-wie-bandidos-in-der-lebensmittelbranche-mitmischen-a-885085.html vom 07.03.2013; abgerufen am 09.02.2019; Großarth a.a.O.

270 Pressemitteilung des Bundeskartellamts ZVertriebsR 2016, 405.

271 Plenarprotokoll 18/26 vom 03.04.2014, S. 2083 rechts (Kramme, SPD); Plenarprotokoll 18/33 vom 08.05.2014, S. 2786 rechte Spalte (Rützel, SPD), S. 2790 rechte Spalte (Oellers, CDU).

c) Erlass des GSA Fleisch

Das Gesetz zur Sicherung von Arbeitnehmerrechten in der Fleischwirtschaft[272] wurde in einer Ausschusssitzung, die zur Beratung anderer Gesetzesentwürfe angesetzt war, eingebracht und einen Tag später vom Bundestag verabschiedet. Gegenüber Journalisten wurde dieses Verfahren damit begründet, dass eine Einflussnahme von Lobbyisten auf den Gesetzesentwurf verhindert werden sollte[273]. Das GSA Fleisch führt in § 3 durch einen eingeschränkten Verweis auf die §§ 28 e Abs. 3 a-f SGB IV, § 150 Abs. 3 SGB VII die Unternehmerhaftung für den Gesamtsozialversicherungsbeitrag und für Unfallversicherungsbeiträge ein. Dabei wird auf die Beauftragung mit Schlachtung oder Fleischverarbeitung durch einen Unternehmer der Fleischwirtschaft abgestellt. Weiterhin sieht § 6 GSA Fleisch besondere Aufzeichnungspflichten hinsichtlich der Arbeitszeit vor, die dem Umstand Rechnung tragen, dass Kontrollen angesichts der Hygienevorschriften weniger überraschend erfolgen können[274]. § 4 GSA Fleisch regelt, dass Arbeitsmittel, Schutzkleidung und Schutzausrüstung zwingend vom Arbeitgeber ohne finanzielle Beteiligung des Arbeitnehmers zu stellen sind. Als Ziele des Gesetzes werden in § 1 GSA Fleisch die Sicherung der Rechte und Ansprüche der Arbeitnehmer sowie eine Verhinderung der Umgehung von Zahlungspflichten gegenüber der Sozialversicherung genannt.

d) Funktionen der Haftung

§ 3 GSA Fleisch verweist auf die einschlägigen sozialrechtlichen Haftungsnormen der Bauwirtschaft. Dementsprechend orientiert sich auch die Gesetzesbegründung[275] an den Parallelvorschriften aus dem Baubereich. Angegeben wird eine in erster Linie präventive Wirkung der Norm, zugleich sollen die Ordnung auf dem Arbeitsmarkt und eine Stabilität der sozialen Sicherungssysteme gewährleistet werden. Ähnlich wie bei den Normen aus dem Baugewerbe ist damit ein gewisser unmittelbarer Schutz der Sozialversicherung durchaus bezweckt. In erster Linie soll aber ein präventiver Schutz der Arbeitnehmer erreicht werden, insoweit decken sich die beiden in § 1 GSA Fleisch genannten Gesetzesziele. Wiederum soll die Auswahl rechtstreuer Nachunternehmer durch die Auftraggeber erreicht werden. Hauptinteresse ist auch angesichts der

---

272 BGBl. Teil I 2017 Nr. 49 24.07.2017 S. 2541, 2572.

273 Balser, http://www.sueddeutsche.de/wirtschaft/fleischindustrie-ausgebeutet-auf-dem-schlachthof-1.3530747 vom 01.06.2017, abgerufen am 09.02.2019.

274 BT-Drs. 18/12611 S. 127 f.

275 BT-Drs. 18/12611 S. 125 ff.

dargelegten Hintergründe hier tatsächlich die Rechtstreue der Nachunternehmer, deren Bestandsfähigkeit im Sinne einer Vermeidung von Arbeitslosigkeit ist ein allenfalls nachgeordneter Aspekt. Ein Wettbewerbsschutz erfolgt daher auch nur insoweit.

Weiterhin in der Gesetzesbegründung aufgegriffen wird der Gedanke, diejenigen Personen, die vom Vorteil profitieren und den betreffenden Auftragnehmer ausgesucht haben, in die Haftung nehmen zu können. Dies entspricht der konkreten Ausgleichsfunktion. Demgegenüber wird die abstrakte Ausgleichsfunktion nicht ausdrücklich erwähnt, allerdings wird der verstärkte Einsatz von Werkverträgen als Ursache der Haftung genannt. Angesichts des Verweises auf die einschlägigen Normen in der Bauwirtschaft und der gleichgelagerten Interessenlage muss aber davon ausgegangen werden, dass auch § 3 GSA Fleisch den Vorteil durch einen Nachunternehmereinsatz ausgleichen will.

Die Verhinderung von Umgehungen, mithin die Effektivitätsfunktion, wird bereits in § 1 GSA Fleisch genannt und fügt sich in die Diskussionen um eine Haftungsvermeidung durch Umstrukturierungen und Zwischenschaltung von Tochterfirmen in der Fleischbranche ein.

e) Der Unternehmerbegriff

aa) Grundsatz

In der Gesetzesbegründung finden sich keine Angaben, wonach der Unternehmerbegriff Einschränkungen unterliegen soll. Erfasst sei wortwörtlich die Weitergabe an „(Nach-)-Unternehmer“[276]. Andererseits wird aber auf die Vorschriften der §§ 28 e Abs. 3 a-f SGB IV, 150 Abs. 3 S. 1 HS 2 SGB VII verwiesen, bei denen wie dargestellt ein eingeschränkter Unternehmerbegriff zur Anwendung kommt. Es muss aber verdeutlicht werden, welcher Bedeutung die Herausnahme von Eigenbedarf aus dem Anwendungsbereich zukommen würde. Im Baugewerbe folgt hieraus, dass der Bauherr als Unternehmer nach § 14 BGB nicht haften muss, für das MiLoG ist der Anwendungsfall interessant, dass so die Auslagerung der Kantine oder Reparaturarbeiten im Betrieb aus dem Anwendungsbereich hinausfallen. Im Fleischgewerbe ließe sich daran anknüpfend nur der Fall denken, dass etwa ein Gartenbauunternehmer die Herstellung von Wurstwaren in Auftrag gibt, um diese anschließend zu verzehren. Dann würde der Gartenbauunternehmer aber kaum nach § 14 BGB in Ausübung seiner gewerblichen Tätigkeit handeln. Denken ließe sich an eine Verwertung

276 BT-Drs. 18/12611 S. 126.

tierischer Nebenprodukte etwa zur Herstellung von Dünger. Hier ist aber kaum mit einem Auftrag zur Schlachtung und Fleischverarbeitung zu rechnen, sondern mit einem Ankauf der anfallenden Restprodukte. Zudem wird der Düngerhersteller in aller Regel den Dünger weiterverkaufen und nicht selbst für seine Landwirtschaft verwenden.

Daraus wird deutlich, dass die Herausnahme von Eigenbedarf für § 3 GSA Fleisch mangels relevanter Anwendungsfälle völlig unproblematisch ist, wenngleich sich bei der Verarbeitung von Nebenprodukten besonders gelagerte Fälle denken ließen, wo Aufträge zur Befriedigung von Eigenbedarf erteilt werden. Von Bedeutung ist jedoch, dass bei einer strikten Anlehnung an den eingeschränkten Unternehmerbegriff die Fälle ausscheiden würden, in denen etwa ein Großunternehmer Aufträge an Subunternehmer zur Herstellung der Wurstwaren vergibt, die anschließend verkauft werden sollen. Wie dargestellt[277] ist aber generell bei den Normen der Unternehmerhaftung ohnehin davon auszugehen, dass auch die Vorwegnahme geschuldeter Leistungen ausreicht. Insoweit fügt sich § 3 GSA Fleisch in die Systematik der Auftraggeberhaftung ein.

Im Ergebnis ergibt sich eine Sonderrolle des § 3 GSA Fleisch daraus, dass hier eine Einschränkung auf die Erfüllung eigener Leistungspflichten abgesehen von der gerade geschilderten Vorwegerfüllung ohne jeglichen Effekt bliebe, eine Einschränkung mithin eine unnötige Förmelei wäre. Es ist daher festzuhalten, dass für das GSA Fleisch der allgemeine Unternehmerbegriff des § 14 BGB Anwendung findet.

bb) Unternehmer der Fleischwirtschaft

Parallel zu § 28 e Abs. 3 a S. 1 SGB IV, der von der Haftung eines Bauunternehmers ausgeht, bezieht sich § 3 Abs. 1 GSA Fleisch auf einen Unternehmer der Fleischwirtschaft. Wie dargestellt ist für das Baugewerbe die Eingrenzung als problematisch einzuschätzen[278].

Entsprechend § 2 GSA Fleisch ist für den Begriff der Fleischwirtschaft auf § 6 Abs. 10 AEntG abzustellen. Demnach unterfallen der Fleischwirtschaft entsprechend § 6 Abs. 10 Var. 1 AEntG die Betriebe, in denen überwiegend Schlachtung und Verarbeitung erfolgen, während das AEntG nach § 6 Abs. 10 Var. 2 AEntG auch auf die Werkunternehmer anwendbar ist, die überwiegend in diesen Betrieben tätig werden. § 2 GSA Fleisch ist dahin gehend auszulegen, dass der Fleischwirtschaft für das GSA Fleisch beide Personengruppen

---

277 C III 4.
278 S. C II 6 d.

zuzuordnen sind[279]. Da aber § 6 Abs. 10 AEntG auf das Überwiegensprinzip abstellt, ließen sich durchaus Fallgestaltungen bilden, in denen die Haftung den Auftraggeber nicht treffen würde. Denken lässt sich hier an den Fall, dass der schlachtende oder fleischverarbeitende Betrieb überwiegend Verkaufsleistungen erbringt[280] oder der Werkunternehmer vorrangig in anderen Bereichen tätig ist. Daneben wird durch die Begrenzung auf Unternehmer der Fleischwirtschaft ausgeschlossen, dass etwa Supermärkte haften müssen, die Schlachtung und Verarbeitung in Auftrag gegeben haben. Insoweit ist aber zu beachten, dass diese als oberster Auftraggeber in der Kette angesichts der Restriktionen bei der Kettenhaftung nach §§ 3 GSA Fleisch, 28 e Abs. 3 e zumeist ohnehin nicht haften würden.

Letztlich zeigt sich, dass die Begrenzung auf Unternehmer der Fleischwirtschaft unnötige Schlupflöcher und Unsicherheiten bereithält.

Im Ergebnis ist daher festzuhalten, dass der Unternehmerbegriff bei § 3 GSA Fleisch direkt an § 14 BGB angelehnt werden kann, sich Probleme aber aus der Begrenzung auf Unternehmer der Fleischwirtschaft ergeben. § 3 GSA Fleisch ist im Ergebnis eine Norm, die grundsätzliche Wertungen der §§ 28 e Abs. 3 a SGB IV, 150 Abs. 3 S. 1 HS 2 SGB VII übernimmt und damit diese Haftung auf Sozialversicherungsbeiträge aus dem Baugewerbe herausführt, wobei sich das Problem des Unternehmerbegriffs hier nicht stellt. Zentrales Anliegen ist hier die Marktbereinigung hinsichtlich nicht rechtstreuer Unternehmer entsprechend der besonderen Problemlagen im Fleischgewerbe.

V Zwischenergebnis

Es bleibt festzuhalten, dass als mögliche Funktionen der bürgengleichen Haftung die Steuerungs- Schutz- und Effektivitätsfunktion sowie eine konkrete und eine abstrakte Ausgleichsfunktion in Betracht kommen.

Stets gegeben ist die konkrete Ausgleichsfunktion, die einen potentiellen Vorteil infolge der Beauftragung eines seine Verpflichtungen nicht erfüllenden Auftragnehmers verhindern will. Nicht zwingend erforderlich, aber bei allen thematisierten Normen vorhanden ist die abstrakte Ausgleichsfunktion, durch die ein bestimmter Fremdpersonaleinsatz, hier die Beauftragung von Subunternehmern, weniger attraktiv ausgestaltet wird. Hintergrund ist die bei Subunternehmerketten verminderte Transparenz. Vor allem bei §§ 28 e Abs. 3 a SGB IV, 150 Abs. 3 S. 1 HS 2 SGB VII kommt der abstrakten Ausgleichsfunktion eine

279 BT-Drs. 18/12611 S. 135.

280 Vgl. ArbG Magdeburg BeckRS 2016, 66966.

wesentliche Bedeutung zu, bei § 98 a Abs. 3, 4 AufenthG lässt sich aus der planmäßigen Begrenzung auf Subunternehmerkonstellationen ebenfalls ein gewisses Gewicht dieser Funktion ableiten. Ansonsten ist sie eher untergeordnet. Stets vorhanden ist auch die Effektivitätsfunktion, durch die eine gezielte Verlagerung der Zahlungspflichten an einen vermögenslosen oder nicht hinreichende Zahlungssicherheit gewährleistenden Auftragnehmer verhindert wird. Bei § 98 a Abs. 3, 4 AufenthG kommt dieser Funktion angesichts der gezielten Begrenzung auf Subunternehmerstrukturen nur eine geringe Bedeutung zu. Eine Schutzfunktion zur unmittelbaren Absicherung eines angemessenen tariflichen Entgelts, eines Mindestentgelts oder der Urlaubskassenbeiträge weisen zunächst §§ 13 MiLoG, 14 AEntG auf, bei den sozialrechtlichen Haftungsnormen wie in der Durchsetzungsrichtlinie ist die unmittelbare Schutzfunktion einer präventiven Marktbereinigung untergeordnet.

Weiterhin ist bei allen Normen eine Steuerungsfunktion erkennbar. Neben dem Druck auf die Arbeitgeber zur Einhaltung der rechtlichen Verpflichtungen ist insbesondere die Verdrängungswirkung durch die Beeinflussung der Auswahlentscheidung zu betonen. Durch die Steuerungsfunktion werden stets rechtstreue Bewerber bevorzugt, allerdings dient die Funktion auch immer übergeordneten Motiven. Als Ziel kommt dabei zunächst ein präventiver Schutz der Arbeitnehmer in Betracht. Dieser kann sich darauf beziehen, dass die arbeits- und sozialrechtlichen Rahmenbedingungen eingehalten werden oder darauf, dass nicht bestandsfähige Arbeitgeber aus dem Markt entfernt werden. Die sozialrechtlichen Haftungsnormen sollen einen präventiven Schutz gewährleisten, auf die genaue Ausgestaltung ist anhand der dogmatischen Konstruktion zurückzukommen. § 98 a Abs. 3, 4 AufenthG übt hingegen einen präventiven Schutz hinsichtlich einer Verdrängung unseriöser Arbeitgeber und illegaler Konkurrenz auf den Arbeitsmarkt allein für die legal tätigen Arbeitnehmer aus.

Für §§ 13 MiLoG, 14 AEntG ist neben dem präventiven Arbeitnehmerschutz noch der Schutz der Institution Wettbewerb in Bezug auf die Lohnzahlung von Interesse. Der Institutionsbegriff ergibt sich nach Rüthers aus der vollständigen systematischen Auslegung im Hinblick auf eine typische soziale Interessenkonstellation[281]. Insoweit ist es nunmehr möglich, die Institution „Wettbewerb" in Bezug auf die Lohnzahlung durch Auslegung der gesetzlichen Vorstellungen trennscharf zu umreißen. Als „fair" und damit schützenswert hat nach der Vorstellung des Gesetzgebers insoweit der Wettbewerb zu gelten, der präventiv ein

281 Rüthers S. 37, 41, s. auch schon Windscheid § 37 S. 94: Rechtsinstitut als „Gesamtheit der auf ein Rechtsverhältnis bezüglichen Rechtsvorschriften".

angemessenes Lohnniveau sicherstellt und Arbeitslosigkeit verhindert. Letzteres kann durch die Verdrängung nicht bestandsfähiger Unternehmen oder durch die Verdrängung bestimmter, nicht erwünschter Arbeitnehmer erfolgen.

Dieses Verständnis betrifft die materielle Entscheidung, welche Rechtsnormen zwecks Gewährleistung eines fairen Wettbewerbs eingehalten werden müssen. Die tatsächliche Einhaltung der Rechtsnormen, mithin der Mindestlöhne, ist letztlich ein Annex zu diesem Wettbewerbsverständnis. Die Rechtstreue der Arbeitgeber ist eine Voraussetzung dafür, dass es zu einem als fair verstandenen Wettbewerb überhaupt kommen kann. Auch Maßnahmen, durch die nicht rechtstreue Arbeitgeber verdrängt werden, dienen dem Institutionsschutz. Ein weiterer Annex ist der Schutz der Tarifautonomie, die ihrerseits ein angemessenes Lohnniveau und eine Beschäftigungsförderung durch Schutz der bestandsfähigen Arbeitgeber erfüllen kann. Wettbewerbsschutz und in die Zukunft gerichteter Individualschutz überschneiden sich.

Bei § 14 AEntG sind nunmehr der Wettbewerbsschutz tarifgebundener Unternehmen sowie eine Verdrängung unseriöser wie nicht mehr bestandsfähiger Elemente Ziel der Steuerungswirkung, bei § 13 MiLoG ist diese Verdrängungswirkung einziges Motiv.

Der Unternehmerbegriff ist mit Ausnahme des sinnvollerweise direkt an § 14 BGB angelehnten § 3 GSA Fleisch jeweils so auszulegen, dass nur die Auftragsvergabe zur Erfüllung eigener vertraglicher Verpflichtungen die Haftung auslöst. Dies ist passend, wenn wie bei § 28 e Abs. 3 a SGB IV oder der hinsichtlich ihrer zwingenden Wirkung auf das Baugewerbe begrenzten Durchsetzungsrichtlinie die Auftragsvergabe ganz typischerweise durch Generalunternehmer erfolgt und der unmittelbare Schutz sowie die Umgehungsverhinderung nur untergeordnet sind. Bei § 98 a Abs. 3, 4 AufenthG wird die Steuerungsfunktion nur eingeschränkt erfüllt. Gleiches gilt für § 13 MiLoG und den branchenübergreifenden § 14 AEntG, hier erfolgt zudem eine defizitäre Realisierung der Schutzfunktion. § 13 MiLoG erfüllt auch die Effektivitätsfunktion nur sehr eingeschränkt. Für die Haftung im Baugewerbe nach § 14 AEntG ist zwar die Steuerungsfunktion erfüllt, aber nicht vollständig die Schutzfunktion, dies würde auch eine mögliche Inanspruchnahme eines unter § 14 BGB fallenden Bauherrn erfordern. Hinsichtlich des Anspruchs der Urlaubskassen des Baugewerbes erscheint die Begrenzung auf Bauunternehmer sinnvoll. Die geltende Herausnahme von Bauunternehmern als Bauherren aus dem Haftungsbereich vermag aber nicht zu überzeugen.

Bei § 13 MiLoG, bei der Mindestentgelthaftung nach § 14 AEntG und mit Abstrichen auch bei § 98 a Abs. 3, 4 AufenthG erscheint der geltende Unternehmerbegriff im Ergebnis problematisch.

D. Grenzen der Unternehmerhaftung durch höherrangiges Recht

I Vorbemerkung

Die herausgearbeiteten Funktionen und Wirkungen sind nunmehr am höherrangigen Recht zu messen, zudem ist nach dem Geltungsgrund der Haftung zu fragen. Daraus ergeben sich jeweils Grenzen für die systematische Erfassung und die darauf aufbauende Neukonzeption der bürgengleichen Haftung im Arbeits- und Sozialrecht. Grenzen können sich sowohl aus deutschem Verfassungsrecht als auch aus Unionsrecht herleiten. Als höherrangiges Recht sind die Grundrechte einerseits und die Grundfreiheiten andererseits in den Blick zu nehmen. Während die Grundfreiheiten sich auf die Vereinbarkeit mit Unionsrecht beziehen, lassen sich die Grundrechte sowohl aus nationaler Perspektive als auch mit Blick auf die EU-Grundrechtecharta thematisieren.

Es sind vorab aber Überlegungen hinsichtlich des Verhältnisses der EU-Grundrechtecharta (EU-GRCh) zum deutschen Grundrechtsschutz anzustellen, da mittlerweile für die Auftraggeberhaftung wie dargestellt mit Art. 12 RL 2014/67/EU und Art. 8 RL 2009/52/EG auch Unionsrechtsakte existieren.

Der EuGH legt Art. 53 EU-GrCh so aus, dass im Kollisionsfall die Unions-Grundrechte Vorrang vor den nationalen Grundrechten haben. Das bedeutet, dass die Verletzung nationaler Grundrechte unbeachtlich ist, wenn die betroffene Vorschrift mit den Unionsgrundrechten vereinbar ist[282]. In der Konsequenz wären Überlegungen zur Vereinbarkeit mit dem Grundgesetz obsolet, wenn die EU-Grundrechtecharta nach Art. 51 Abs. 1 S. 1 EU-GrCh auf die Normen der Auftraggeberhaftung anwendbar wäre.

Nach Art. 51 Abs. 1 S. 1 EU-GrCh gilt, dass die Mitgliedsstaaten nur bei der Durchführung von Unionsrecht an die Charta gebunden sind. Die Rechtsprechung des EuGH zu Art. 51 Abs. 1 S. 1 EU-GrCh ist dabei nicht einheitlich und ständig im Fluss. In einigen Urteilen wird darauf abgestellt, ob mit der in Rede stehenden nationalen Regelung die Durchführung einer Bestimmung des Unionsrechts bezweckt wird, welchen Charakter diese Regelung habe und ob mit ihr andere als die unter das Unionsrecht fallenden Ziele verfolgt werden[283].

---

282 EuGH NJW 2013, 1215 Rn. 56 ff. (*Melloni*); Stern/Sachs/Ladenburger/Vondung Art. 51 Rn. 40.

283 EuGH NVwZ 2014, 575 Rn. 25 (*Siragusa*); EuGH NZA 2014, 1325 Rn. 37 (*Hernandez*); EuGH BeckRS 2013, 80932, Rn. 41 (*Ymeraga*).

Erforderlich sind demnach aber stets bestehende Umsetzungsverpflichtungen der Mitgliedsstaaten[284]. Im Urteil *Åkerberg Fransson* wurde es demgegenüber für ausreichend befunden, dass der Anwendungsbereich des Unionsrechts eröffnet war[285]. Demnach käme es auf die bestehende Unionskompetenz an, die hier nach Art. 53 i.V. mit Art. 62 AEUV gegeben ist.

Stellt man auf die aktuelle Rechtsprechung ab, soll jedoch die zuerst genannte Formel Anwendung finden und eine bloße Kompetenz der Union nicht ausreichen[286]. Dabei gilt, dass der EuGH es offenkundig nicht für maßgeblich hält, ob die nationalen Normen in zeitlicher Hinsicht tatsächlich als Reaktion auf eine Richtlinie erlassen wurden, im Urteil Hernandez werden eine von 1995 datierende spanische Norm und eine Richtlinie von 2008 in den Blick genommen. Es wäre demnach unbeachtlich, dass § 14 AEntG und § 13 MiLoG tatsächlich nicht der Umsetzung von Unionsrecht dienen sollten. Stattdessen ist danach zu fragen, ob die Ziele der Richtlinien mit den Zielen der nationalen Norm deckungsgleich sind. Dabei ist letztlich die Frage entscheidend, ob hier ein formelles Verständnis angebracht ist oder die ungefähre Vergleichbarkeit der Ziele ausreicht. Im Urteil Hernandez waren eine der Insolvenzsicherung und damit dem Arbeitnehmerschutz dienende Vorschrift in der betreffenden Richtlinie und eine Regressmöglichkeit des Arbeitgebers gegen den Staat bei langen Kündigungsschutzprozessen und damit verbundenen Entgeltzahlungen gegenständlich. Hier wurden mit dem Arbeitnehmerschutz einerseits und der Prozessbeschleunigung andererseits unterschiedliche Ziele angenommen. Wie oben dargestellt[287] sind die Ziele von Art. 12 der RL 2014/67/EU und von § 14 AEntG, 13 MiLoG weitgehend identisch, wenngleich die Steuerung sich bei der Richtlinie nicht auf die Bestandsfähigkeit beziehen soll und der Effektivitätsfunktion hier eine zentrale Bedeutung beigemessen wird. Diese Unterschiede im Detail sind wohl unbeachtlich, zwingend ist eine solche die jeweiligen Ziele eher grob umfassende Sichtweise allerdings nicht. Die Schwierigkeiten bei der Einordnung der vorhandenen Unterschiede zeigen, dass die Abgrenzung anhand der Ziele letztlich zu massiven Unsicherheiten führt[288]. Im Ergebnis ist daher unabhängig vom gewählten Durchführungsbegriff Art. 51 Abs. 1 S. 1 EUGR-Charta

---

284 EuGH NZA 2014, 1325 Rn. 35 (*Hernandez*).

285 NJW 2013, 1415 Rn. 19 ff. (*Åkerberg Fransson*).

286 EuGH NZA 2014, 1325 Rn. 46 (*Hernandez*).

287 S. oben C III 3.

288 Ebenso Callies/Ruffert/Kinggreen Art. 51 GrCh Rn. 15.

grundsätzlich als Prüfungsmaßstab einschlägig. Für die RL 2009/52/EG und § 98 a Abs. 3, 4 AufenthG gilt hingegen eine Identität der Ziele.

Dadurch ist aber noch nicht entschieden, dass die Prüfung tatsächlich allein anhand der EU-Grundrechtecharta vorzunehmen ist. Problematisch ist hierbei, dass die Entscheidung über eine verschuldensunabhängige Haftung nach Art. 12 Abs. 5 RL 2014/67/EU, Art. 8 Abs. 3, 4 RL 2009/52/EG den Mitgliedsstaaten überlassen ist, sodass Umsetzungsspielräume des Gesetzgebers bestehen. Der EuGH geht bei geltend gemachten Spielräumen durch den nationalen Gesetzgeber von einer Bindung an die EU-Grundrechtecharta wie an die nationalen Grundrechte aus, „sofern durch diese Anwendung weder das Schutzniveau der Charta, wie sie vom Gerichtshof ausgelegt wird, noch der Vorrang, die Einheit und die Wirksamkeit des Unionsrechts beeinträchtigt werden"[289]. Dies lässt sich so verstehen, dass im Kollisionsfall das Unionsrecht Vorrang habe, weswegen bei einer Vereinbarkeit mit Unionsgrundrechten die nationalen Grundrechte ohne Relevanz seien[290]. Das Bundesverfassungsgericht bewertet diese Frage aber anders und geht davon aus, dass bei solchen Umsetzungsspielräumen im Ergebnis allein die nationalen Grundrechte den Prüfungsmaßstab bilden[291]. In der Konsequenz würde eine Überprüfung anhand der Grundrechte nicht an der Solange-Rechtsprechung des BVerfG scheitern: Diese greift nicht ein, wenn keine zwingende Umsetzung von Unionsrecht vorliegt, sondern stattdessen Gestaltungsspielräume bestehen[292].

Es ist zweckmäßig, sowohl die Vereinbarkeit mit dem Grundgesetz als auch mit der EU-Grundrechtecharta zu thematisieren. Dabei ist es sinnvoll, angesichts der hier ausgeprägteren Dogmatik mit den deutschen Grundrechten zu beginnen und anschließend in den Blick zu nehmen, ob und inwieweit die dort getätigten Überlegungen auch auf die noch weniger konturierten Unionsgrundrechte übertragbar sind. Anschließend werden die Grundfreiheiten thematisiert, sodass unionsrechtliche Fragen direkt nacheinander behandelt werden.

---

289 Slg. 2006-5769 Rn. 104 f. (*Parlament/Rat*); EuGH NJW 2013, 1215 Rn. 60 (*Melloni*); NJW 2013, 1415 Rn. 29 (*Åkerberg Fransson*).

290 Callies/Ruffert/Kinggreen Art. 51 GrCh Rn. 10, Art. 53 Rn. 6.

291 BVerfGE 133, 277 Rn. 88.

292 BVerfGE 118, 79.

II Vereinbarkeit mit Art. 12 Abs. 1 GG

1 Überblick

a) Eingriff und legitimes Ziel

Die Verfassungsmäßigkeit des heutigen § 14 AEntG wurde vom BAG 2002[293] und – nach zwischenzeitlicher Vorlage zum EuGH– in einem insoweit weitgehend textidentischen Urteil 2005[294] angenommen und 2007 vom BVerfG in einem Kammerbeschluss über die Nichtannahme der Verfassungsbeschwerde bestätigt[295]. Die verwendete Argumentation ist dabei für alle Normen der Unternehmerhaftung von Relevanz. Dabei wurde vom oben ausführlich dargelegten eingeschränkten Unternehmerbegriff ausgegangen.

Ein mittelbarer Eingriff in die Berufsausübungsfreiheit nach Art. 12 Abs. 1 GG wurde vom BAG in Gestalt der Steuerung des Auswahlprozesses angenommen Das BVerfG erkannte zusätzlich einen Eingriff darin, dass der Vergabe von Leistungen schon ein Haftungsrisiko innewohnte. Zu berücksichtigen bleibt aber, dass auch in der Belastung – ausschließlich – von Unternehmern bereits ein Eingriff in die Berufsausübungsfreiheit zu sehen ist.

Als legitime Ziele der Haftung nannte das BVerfG den Schutz der Arbeitnehmer durch die Hinzunahme eines weiteren Schuldners, aber auch die Verhinderung eines Verdrängungswettbewerbs über die Lohnkosten. Hierdurch werde die Arbeitslosigkeit bekämpft, die Sozialversicherung entlastet und die Erhaltung sozialer Standards ermöglicht. Ein weiteres legitimes Ziel sei der Schutz der Tarifautonomie.

Es kann insoweit konstatiert werden, dass vom BVerfG die beschäftigungspolitische Komponente der Haftung ebenso erkannt wird wie die dauerhafte Festigung des Lohnniveaus mittels tatsächlicher Durchsetzung der Mindestentgelte. Letztlich werden die Schutz- und Steuerungsfunktion so herausgearbeitet.

b) Geeignetheit und Erforderlichkeit

Die Geeignetheit der Maßnahmen zum Erreichen der gesetzgeberischen Ziele durch die zusätzliche Absicherung beziehungsweise durch die erreichte Steuerungswirkung steht außer Frage.

---

293 BAGE 103, 240.

294 BAGE 113, 149.

295 BVerfG NZA 2007, 609.

Hinsichtlich der Erforderlichkeit, also der Frage nach möglichen milderen Mitteln, stellte das BVerfG darauf ab, dass Kontrollmaßnahmen oder auch eine verschuldensabhängige Haftung weniger effektiv wären.

Ergänzend hierzu ist festzuhalten, dass die Schutzfunktion am effektivsten ohne jegliche Einschränkung erfüllt werden kann. Die Steuerungsfunktion erfordert hingegen keine verschuldensunabhängige Inanspruchnahme, da die Auftragserteilung nur insoweit beeinflusst werden kann, wie dies im Einflussbereich der Unternehmer liegt[296]. Allerdings lässt sich bei einer Exkulpationsmöglichkeit nie ganz vermeiden, dass zumindest in Einzelfällen deren Wirkung zu Unrecht genossen wird, etwa bei gezielten falschen Angaben. Unter diesem Gesichtspunkt ist auch für die Steuerungsfunktion die verschuldensunabhängige Haftung letztlich erforderlich.

Denkbar erschiene es aber auch, gerade die Unterbindung langer Subunternehmerketten als legitimes Ziel zu verstehen. Der Umstand, dass auch bei Einhaltung aller Sorgfaltsanforderungen die Haftung nicht gänzlich ausgeschlossen werden kann, macht den Subunternehmereinsatz weniger attraktiv. Die Gefährdungshaftung ist bei ökonomischer Betrachtungsweise dann vorzuziehen, wenn auf die Aktivität an sich, etwa auf den Betrieb gefährlicher Anlagen, Einfluss genommen werden soll[297].

Zu beachten ist, dass die Einführung milderer Regeln bei anderen Normen der bürgengleichen Haftung nicht als Gegenargument herangezogen werden kann: Es steht dem Gesetzgeber frei, etwa zur Vermeidung einer aus seiner Sicht politisch nicht sinnvollen massiven Belastung, weniger effektive Mittel einzusetzen, als dies möglich wäre.

c) Grundfragen der Angemessenheit

Diese Aspekte der Verhältnismäßigkeitsprüfung sind letztlich unproblematisch und bedürfen keiner näheren Erläuterung. Ausführlich eingegangen werden soll jedoch auf die Angemessenheitsprüfung. Bei einer bloßen Abwägung zwischen den genannten legitimen Zielen und den Auswirkungen auf die Auftraggeber ist festzuhalten, dass nicht von einer fehlenden Zweck-Mittel-Relation ausgegangen werden kann. Bei einer gebotenen pauschalen Betrachtung stehen relevante, aber nicht exorbitante finanzielle Risiken den dargestellten, durchaus vielfältigen positiven Effekten gegenüber. Nur bei einem unzumutbaren Volumen der drohenden Haftung kommen Einschränkungen in Betracht, wovon aber bei der

296 Vgl. Kühn/Reich BB 2014, 2938.

297 Schäfer/Ott 6.14. 3.

Entgelt- und Beitragshaftung nicht auszugehen ist. Auch bei einer denkbaren Bruttolohnhaftung gilt insoweit nichts anderes.

Die Problematik der Angemessenheitsprüfung geht aber über eine bloße Abwägung hinaus.

Das BVerfG rechtfertigte die Haftung damit, dass einerseits hinreichende Möglichkeiten zur Absicherung des Haftungsrisikos bestünden und andererseits eine Verantwortungsbeziehung des Auftraggebers hinsichtlich des Lohnausfalls gegeben sei. Dies weist in die Richtung des Hauptproblems: Der Unternehmer wird für Verbindlichkeiten in die Haftung genommen, die sich eigentlich gegen den Arbeitgeber richten. Bemerkenswert ist dabei, dass bei einer Haftung für öffentlich-rechtliche Verpflichtungen offensichtlich ein anderes Verständnis der Verantwortungsbeziehung gelten soll, da das Urteil die Exkulpationsmöglichkeit im heutigen § 28 e Abs. 3 b, 3 f SGB IV gerade mit dieser systematischen Einordnung begründet.

Inwieweit hinreichende Sicherungsmaßnahmen vorliegen, ist hingegen nicht als Frage der Verfassungsmäßigkeit zu diskutieren. Wird grundsätzlich eine hinreichende Verantwortungsbeziehung anerkannt, kann es für die Verfassungsmäßigkeit nicht darauf ankommen, ob diese Haftung vermieden werden kann. Die Prüfung der Verhältnismäßigkeit geht stattdessen gerade von dem Umstand aus, dass es zur Inanspruchnahme kommt. Inwieweit das Haftungsrisiko verringert werden kann, bleibt eine praktische Frage.

Im Folgenden ist daher der Begriff der Verantwortungsbeziehung zu analysieren, um anschließend die Anwendung auf die hier gegebene Konstellation erörtern zu können.

2 Herleitung einer Verantwortungsbeziehung

a) Die Verantwortungsbeziehung bei Sonderabgaben

Der Begriff der Verantwortungsbeziehung ist bekannt aus der Thematik der Sonderabgaben. Das BVerfG geht davon aus, dass zur Wahrung der Regelungen des Finanzverfassungsrechts und der föderalen Steuerstruktur nicht in den allgemeinen Haushalt fließende Abgaben nur unter besonderen Voraussetzungen zulässig sind. Zu diesen Voraussetzungen zählt neben dem Vorliegen einer homogenen Gruppe auch die besondere Sachnähe, sodass die in Anspruch genommene Gruppe dem Finanzierungszweck näherstehen muss als jede andere Gruppe. Weiterhin muss die Sonderabgabe gruppennützig verwendet werden. Letztes Kriterium ist eine aus der Sachnähe folgende Verantwortungsbeziehung der belasteten Gruppe zum Zweck der Abgabe[298]. Allerdings sollen diese Voraussetzungen nicht uneingeschränkt greifen, wenn anstatt der Finanzierung Steuerung und Ausgleich im Mittelpunkt stehen, wie dies bei der Schwerbehindertenabgabe der Fall ist[299]: Dort soll ein Ausgleich für die fehlende Beschäftigung Schwerbehinderter geschaffen und zugleich ein Antrieb für die Einstellung dieser Personen gesetzt werden. Begründet wird dieser eingeschränkte Kontrollmaßstab mit der Erwägung, dass der Gesetzgeber ansonsten keine hinreichenden Möglichkeiten habe, auf Antrieb und Ausgleich hinzuwirken.

Das BSG wendete bei § 729 Abs. 2 RVO diese Konzeption an und sah eine Verfassungsmäßigkeit auch unter Verweis auf die – oben ausführlich dargelegten[300] – Ausgleichs- und Steuerungsfunktionen als gegeben an. Dabei erfolgte jedoch keine Prüfung dahin gehend, ob eine Sonderabgabe vorlag, stattdessen wurden diese Erwägungen im Rahmen des Art. 3 Abs. 1 GG diskutiert[301]. Das Urteil reagierte auf die von einem anderen Senat zuvor deutlich gemachten Zweifel an der Verfassungsmäßigkeit der Haftung, die sich auf die entstandene Doppelbelastung bezogen: Der Bauherr müsse einen schon die Unfallversicherungsbeiträge erfassenden höheren Lohn an den Bauunternehmer zahlen und werde jetzt noch zusätzlich in Anspruch genommen[302].

b) *Verantwortungsbeziehung im Rahmen der Sozialversicherung und bei privatrechtlichen Sachverhalten*

Das BSG wendete bei der Überprüfung der Abgaben im Rahmen der Künstlersozialversicherung[303] nicht die Voraussetzungen der Sonderabgabe an und begründete dies damit, dass die Bundeskompetenz hinsichtlich der Sozialversicherung nach Art. 74 Abs. 1 Nr. 12 GG bereits das Recht beinhalte, auch Finanzierungsmöglichkeiten gesetzlich zu regeln. Dies bedeutet im Umkehrschluss auch, dass Finanzierungsformen wie die bürgengleiche Haftung nach § 28 e Abs. 3 a SGB IV der Kompetenz nach Art. 74 Abs. 1 Nr. 12 GG unterfallen. Die sozialrechtlichen Normen der bürgengleichen Haftung können daher nicht mit den Regeln für Sonderabgaben verfassungsrechtlich überprüft werden.

298 BVerfGE 55, 274, 305 ff.; BVerfGE 82, 159, 179 ff.; BVerfGE 123, 132, 142.
299 BVerfGE 57, 139, 167 f.
300 S. oben C II 1.
301 BSGE 63, 29, 30.
302 BSG SozR 2200 § 729 Nr. 2.
303 BVerfGE 75, 108, 147 ff.

Allerdings stellte das BVerfG im genannten Urteil auch heraus, dass die Inanspruchnahme bestimmter Gruppen für die Finanzierung der Sozialversicherung einer Rechtfertigung bedürfe und führte insoweit eine Verantwortungs- und Solidaritätsbeziehung an. Im Ergebnis wird also eine Komponente der Zulässigkeitsvoraussetzungen für Sonderabgaben herausgegriffen, während die Gruppenhomogenität und die Gruppennützigkeit unter Verweis auf den Umverteilungscharakter der Sozialversicherungsabgaben als Voraussetzung gerade abgelehnt werden: Es handele sich um die Erhebung einer Fremdlast und nicht um eigene Gruppenangelegenheiten. Normativer Anknüpfungspunkt ist dabei Art. 3 Abs. 1 GG und nicht die Berufsfreiheit – insoweit wird eine berufsregelnde Tendenz bei einer bloßen Abgabenlast abgelehnt.

Für den Bereich der öffentlichen Fürsorge nach Art. 74 Nr. 7 GG wurde die Erstattungspflicht der Arbeitgeber für das gekündigten älteren Arbeitnehmern gezahlte Arbeitslosengeld mit dem Argument nicht als Sonderabgabe qualifiziert, dass hierbei mit der Auszahlung an den Arbeitslosen eine Gegenleistung verbunden sei, es sich im Ergebnis daher um einen staatlichen Erstattungsanspruch handele. Dieser unterfalle nicht den Sonderabgaben. Die Überprüfung der Rechtmäßigkeit erfolgte hier angesichts einer erkannten Steuerungswirkung anhand von Art. 12 Abs. 1 GG[304].

In einem die verpflichtende Gewährung von Bildungsurlaub betreffenden Urteil stellte das BVerfG heraus, dass bei rein privatrechtlichen Sachverhalten die allein dem Schutz des föderalen Steuerstaats dienenden Regeln über Sonderabgaben nicht anwendbar sind. Gleichwohl wurde in der Sache auch hier anhand von Art. 12 Abs. 1 GG thematisiert, inwieweit eine hinreichende Verantwortungsbeziehung der in Anspruch genommenen Arbeitgeber zum Zweck der Verpflichtung gegeben ist[305]. Diese Konstellation ähnelt insoweit der Entscheidung zur Unternehmerhaftung, bei der die Verantwortungsbeziehung ebenfalls im Rahmen einer privatrechtlichen Inanspruchnahme thematisiert wird. Auch bei privatrechtlichen Konstellationen gilt, dass der Gedanke der Gruppennützigkeit schon im Ansatz ausscheidet, da der jeweilige Gläubiger den Anspruch zur eigenen Verwendung geltend macht und nicht zum Nutzen der Gruppe des Schuldners einsetzen wird. Auch Überlegungen hinsichtlich der Gruppenhomogenität sind insoweit nicht zielführend.

Festzuhalten bleibt, dass die Verantwortungsbeziehung letztlich als Abgrenzungskriterium in den Fällen dient, in denen eine Inanspruchnahme nicht

304 BVerfGE 81, 156, 185 ff.

305 BVerfGE 77, 308, 332 ff.

unmittelbar beteiligter Personen erfolgt. Die Wurzeln der Verantwortungsbeziehung sind dabei in der Dogmatik der Sonderabgaben zu verorten[306]. Die Rechtfertigung erfolgt daher hinsichtlich der Frage, warum gerade diese Personen zusätzlich belastet werden. Hier werden letztlich Fragen des Gleichbehandlungsgebots thematisiert, auch wenn dies im Rahmen der Angemessenheitsprüfung des Art. 12 Abs. 1 GG vorgenommen wird. Dabei lassen sich für Einstandspflichten gegenüber dem Staat und für privatrechtliche Ansprüche die gleichen Grundsätze annehmen. Gründe für eine differenzierte Betrachtung sind nicht ersichtlich: Die Haftung gegenüber Privaten trifft den Betroffenen genauso stark wie die Inanspruchnahme durch den Staat, die Eingriffsintensität und mithin das Rechtfertigungsbedürfnis unterscheiden sich nicht. Aus diesem Grunde überzeugt die Ansicht des BVerfG nicht, dass bei Einstandspflichten gegenüber dem Staat strengere Maßstäbe gelten sollen.

3 Ausprägung der Verantwortungsbeziehung in bestimmten Konstellationen

a) Verständnis bei Sonderabgaben

Im Urteil über die Berufsausbildungsabgabe[307] war die Verantwortungsbeziehung für die Konstellation zu hinterfragen, dass die Arbeitgeber sich an einer zur Förderung von ausbildenden Betrieben bestimmten Umlage beteiligen mussten. Das Vorliegen einer Verantwortungsbeziehung wurde zum einen damit begründet, dass nur die Arbeitgeber zur Bereitstellung von Ausbildungsplätzen in der Lage seien und mithin allein als Adressaten in Betracht kämen. Das Ziel der Abgabe läge in einer hinreichenden Anzahl an Ausbildungsplätzen. Als zusätzliches Argument angeführt wurde das bestehende Interesse der Arbeitgeber an einer Ausbildung von Jugendlichen. Auch in neueren Entscheidungen wurde in erster Linie auf dieses Interesse am Zweck der Gruppenabgabe abgestellt[308].

Die Urteile differenzieren dabei nicht näher zwischen Sachnähe und Verantwortungsbeziehung, sondern behandeln beide Aspekte unter einheitlichen Gesichtspunkten.

---

306 Ebs. Kreßel AP MuSchG 1968 § 14 Nr. 13.

307 BVerfGE 55, 274.

308 BVerfGE 91, 186; BVerfGE 135, 155; BVerfGE 136, 194.

b) Überblick über die Rechtsprechung außerhalb von Sonderausgaben

aa) Grundsätzliche Anerkennung einer Verantwortungsbeziehung

(1) Kindergeldbeiträge und Künstlersozialabgabe

Bereits in einem Urteil von 1960 hatte sich das BVerfG mit der Frage auseinandergesetzt, ob eine sachliche Beziehung zwischen dem Arbeitgeber und dem Kinderreichtum eines Arbeitnehmers bestehe. Dies war relevant hinsichtlich der Frage, ob die Finanzierung des Kindergelds durch Arbeitgeberbeiträge verfassungsgemäß war oder gegen Art. 3 Abs. 1 GG verstieß. Hierbei konstruierte das BVerfG die sachliche Beziehung aus der Fürsorgepflicht des Arbeitgebers[309]. Eine ähnliche Überlegung galt hinsichtlich der Künstlersozialabgabe: Mangels Arbeitsverhältnis zwischen Vermarkter und Künstler konnte hier die Fürsorgepflicht nicht unmittelbar herangezogen werden, stattdessen wurde in einem Urteil aus dem Jahr 1987 mit einem „kulturgeschichtlich gewachsenen besonderen Verhältnis" argumentiert, das sich letztendlich aus dem durch den persönlichen Charakter der künstlerischen Leistung besonders ausgeprägten gegenseitigen Abhängigkeitsverhältnis zwischen Vermarkter und Künstler ergebe[310]. Letztlich wird hierdurch eine Analogie zur arbeitsvertraglichen Fürsorgepflicht gezogen[311] und damit auf das Fehlen eines Arbeitgebers reagiert.

(2) Bildungs- und Sonderurlaub

Neben dem allgemeinen Verweis auf den Fürsorgegedanken zog die Rechtsprechung auch Kausalitätsgesichtspunkte heran. Dies zeigte sich zunächst hinsichtlich der Frage, ob die Verpflichtung der Arbeitgeber zur Gewährung von Bildungsurlaub zulässig sei. Hierbei berücksichtigte das BVerfG in einem Urteil ebenfalls von 1987 den wirtschaftlichen Nutzen politischer Bildung für die Arbeitgeber, argumentierte aber vor allem mit dem Umstand, dass die vertragliche Arbeitsverpflichtung den Arbeitnehmer von politischer Bildung abhalten würde[312]. Der Arbeitgeber wird mithin als Adressat ermittelt, da letztlich durch seine Ansprüche die Möglichkeit zur politischen Bildung vereitelt werden würde.

In diesem und in einem folgenden Urteil wurde eine solche Verantwortungsbeziehung im Grundsatz auch für den Fall anerkannt, dass mittels Sonderurlaubs

---

309 BVerfGE 11, 105, 116.

310 BVerfGE 75, 108, 159 f.

311 Vgl. bereits Osterloh NJW 1982, 1617, 1622.

312 BVerfGE 77, 308, 332 ff.

die ehrenamtliche Tätigkeit für die Jugendarbeit erleichtert werden soll: Auch hier sei es der Arbeitgeber, der einer ehrenamtlichen Tätigkeit entgegenstehe, zudem soll sich die ehrenamtliche Tätigkeit durch die erworbenen sozialen Kompetenzen auch positiv auf den Arbeitgeber auswirken[313]. Allerdings würden hier strengere Regeln im Rahmen der Angemessenheit gelten, sodass eine Entgeltzahlungspflicht im Ergebnis unangemessen sei. Die Ermöglichung von Jugendarbeit sei keine Aufgabe der einzelnen Arbeitgeber, was zumindest einer vollen Kostenbelastung entgegenstehe. Die Kosten für die Jugendarbeit seien – anders als diejenigen für die Ermöglichung eines Bildungsurlaubs – nicht einem konkreten Arbeitsverhältnis zugeordnet, sodass allenfalls eine gleichmäßige Belastung aller Arbeitgeber im Rahmen einer Umlage in Betracht käme[314]. Zudem sei der Nutzen des Arbeitgebers nicht hinreichend konkret[315].

Im Ergebnis wird so auf die Kausalität eines Arbeitgeberverhaltens für eine bestimmte Folge abgestellt, gleichzeitig aber deutlich gemacht, dass dies nicht unreflektiert für eine Verantwortungsbeziehung ausreichen kann. Zudem wird dem Nutzenkriterium ein hoher Stellenwert beigemessen.

(3) Mutterschaftsgeld und Insolvenzgeldumlage

Ein ähnliches Argumentationsmuster findet sich wiederum in einem Urteil von 2003, das den vom Arbeitgeber zu leistenden Zuschuss zum Mutterschaftsgeld[316] betraf, also eine ähnliche Thematik wie das Kindergeld. Hierbei wurde die Verantwortungsbeziehung unter Nennung des Fürsorgegedankens darin gesehen, dass die Gefahr für die werdende Mutter von der durch sie zu erbringenden und existenzsichernden Arbeitsleistung ausgehe. Eine Zuordnung zum konkreten Arbeitsverhältnis sei hier gegeben. So wie der Arbeitgeber durch sein Leistungsverlangen dem Bildungsurlaub entgegenstehe, soll er hierdurch auch die Gesundheit der werdenden Mutter gefährden. Hinsichtlich der Gefahrenvermeidung greifen Fürsorgegedanken und Kausalitätsüberlegungen daher ineinander. Ableiten lässt sich daraus, dass ein Bezug zum konkreten Arbeitsverhältnis angenommen werden kann, wenn der Arbeitnehmer selbst nach der Zweckrichtung des Gesetzes den Vorteil erlangen soll, hingegen nicht, wenn der Zweck übergeordneter und allgemeiner Natur ist. Die Abgrenzung ist aber fließend: So ließe sich als Zweck des Mutterschutzes auch der Kinderreichtum nennen[317].

---

313 BVerfGE 77, 308, 336 f.; BVerfG NZA 1992, 641, 642.

314 BVerfGE 77, 308, 337.

315 BVerfG NZA 1992, 641, 642.

316 BVerfGE 109, 64, 88 f.

317 Vgl. BVerfGE 109, 64, 75 (Anträge zum Urteil).

Gleichwohl wurde die betreffende Norm vom BVerfG unter Verweis auf Art. 3 Abs. 2 S. 2 GG als verfassungswidrig beurteilt, was im hier gegebenen Kontext aber nicht relevant ist. Durch die nunmehr nach § 1 Abs. 2 Nr. 1 des Gesetzes über den Ausgleich der Arbeitgeberaufwendungen für Entgeltfortzahlung (AAG) generell gegebene Erstattungspflicht der Krankenkassen ist das Problem vom Gesetzgeber gelöst worden.

In die gleiche Richtung weist auch ein Beschluss aus dem Jahr 2009 zur Verfassungsmäßigkeit der Umlage für das Insolvenzgeld, die heute in §§ 358 ff. SGB III geregelt ist[318]. In einem Urteil von 1978 hatte das BSG diese Umlage entsprechend der Rechtsprechung zu den Kindergeldbeiträgen mit dem Fürsorgegedanken als verfassungsgemäß gerechtfertigt[319], das BVerfG berücksichtigte die Fürsorgepflicht aber nicht mehr.

Eine Verantwortungsbeziehung ergebe sich laut dem Beschluss von 2009 daraus, dass der Arbeitgeber angesichts der Vorleistungspflicht des Arbeitnehmers das Risiko zum Zahlungsausfall setze. Entscheidend ist nach dieser Sichtweise die Kausalität des Arbeitgeberverhaltens für die Entstehung des Ausfallrisikos.

bb) Einschränkende Urteile zur Verantwortungsbeziehung

(1) § 128 AFG

Das aus dem Jahr 1990 datierende Urteil hinsichtlich des damaligen § 128 Arbeitsförderungsgesetz (AFG) betraf eine Erstattungspflicht des Arbeitgebers für das Arbeitslosengeld[320]. Demnach hatte der Arbeitgeber – mit bestimmten Ausnahmen – das Arbeitslosengeld an die Bundesanstalt zurückzuerstatten, wenn dieses an einen über 58-jährigen, langjährig beschäftigten Arbeitnehmer ausgezahlt wurde. Damit sollte nach Auffassung des BVerfG eine Lenkungsfunktion hinsichtlich zu vermeidender Frühverrentungen und damit Kündigungen schwer vermittelbarer älterer Beschäftigter erfüllt werden. Zugleich wurde eine Entlastungsfunktion der Sozialversicherung anerkannt, die sich darauf begründe, dass die Absicherung von Personen außerhalb des regulären Rentenalters nach Möglichkeit nicht durch die Sozialversicherung getragen werden solle. Dies sei von der unmittelbaren Schutzfunktion hinsichtlich der Sozialversicherung zu trennen, die nur als Reflex bei der Verfehlung des Lenkungszwecks fungiere.

---

318 BVerfG NZS 2009, 565 ff.

319 So BSG SozR 4100 § 186 b Nr. 1 S. 3.

320 BVerfGE 81, 156.

Die Frage eines Nutzens der Verpflichtung für den Arbeitgeber wird hier nicht aufgeworfen, sondern lediglich auf den bisherigen Nutzen durch die verdienten älteren Arbeitnehmer verwiesen. Als Grundproblematik innerhalb der Angemessenheitsprüfung wird auf die Doppelbelastung des Arbeitgebers abgestellt, der immerhin für den betreffenden Arbeitnehmer Beiträge zur Sozialversicherung geleistet habe. Die grundsätzliche Verantwortlichkeit wird auch hier aus dem Fürsorgegedanken geschlussfolgert, allerdings erfolgt sodann eine konkrete und differenzierte Bewertung der Arbeitgeberverantwortlichkeit.

Demnach war zunächst zwingend danach zu unterscheiden, aus welchen Gründen die Kündigung des Arbeitnehmers erfolgte, weswegen die Kündigung im Ergebnis auf den Willen des Arbeitgebers zurückzuführen sein musste. Kündigungen aus verhaltensbedingten Gründen, wegen eines wichtigen Grundes im Sinne des § 626 BGB oder auch wegen einer Existenzgefährdung fielen daher aus dem Anwendungsbereich heraus. Dies war vom Gesetzgeber bereits umgesetzt worden, im Rahmen der verfassungskonformen Auslegung wurden insbesondere auch die Fälle krankheitsbedingter Arbeitsunfähigkeit oder wirtschaftlicher Schwierigkeiten des Arbeitgebers ausgeklammert. Insbesondere stellte das BVerfG heraus, dass auch erhebliche wirtschaftliche Schwierigkeiten außerhalb der Existenzgefährdung die Verantwortungsbeziehung ausschließen müssten, wobei auch Besonderheiten des Gewerbezweigs oder des Unternehmens berücksichtigt werden sollten. Zusätzlich sei die Inanspruchnahme auch dann überschießend, wenn ein Anspruch aus einer anderen Sozialversicherung als der Arbeitslosenversicherung bestünde, da sich in solchen Fällen nicht das Risiko der vom Arbeitgeber ausgehenden Arbeitslosigkeit realisiere. Dies solle auch gelten, wenn aufgrund der Entscheidung des Arbeitnehmers dennoch Arbeitslosengeld ausgezahlt wurde. Entscheidend ist hier die Sichtweise, dass der Arbeitgeber zwar formell, also im Sinne einer reinen Kausalitätsbetrachtung, an der Arbeitslosigkeit und den daraus entstehenden Kosten mitgewirkt, diese aber nicht tatsächlich verursacht hat.

Im Ergebnis wurde hier der Verantwortungszusammenhang daher so verstanden, dass dieser nur bei einem konkreten Beitrag des Arbeitgebers zur Arbeitslosigkeit, der über die bloße Beendigung des Arbeitsverhältnisses hinausgeht, gegeben war. Es ist eine verkürzte Formulierung, dass unbeachtet von wirtschaftlichen Erwägungen die Weiterbeschäftigung zumutbar sein musste[321]. Daran ist richtig, dass die Kosten der Weiterbeschäftigung an sich nicht zur Unzumutbarkeit führen. Aber wirtschaftliche Erwägungen konnten nach dem Verständnis

321 So Ebsen NZS 1993, 377, 379.

des BVerfG in diesem Urteil ausnahmsweise durchaus eine Rolle spielen, nämlich dann, wenn erhebliche wirtschaftliche Schwierigkeiten drohten. Daher war hier letztendlich entscheidend, ob die Kündigung unternehmerisch geboten schien – nur wenn der Arbeitgeber sich auch ohne solche Sachzwänge für die Kündigung entschieden hat, also allein im Rahmen seines unternehmerischen Ermessens, wurde das Vorliegen einer Verantwortungsbeziehung angenommen.

(2) § 128 a AFG

Eine ähnliche Thematik betraf die Norm des § 128 a AFG. Demnach hatte der Arbeitgeber das Arbeitslosengeld zu erstatten, wenn ein Wettbewerbsverbot mit dem Arbeitnehmer vereinbart worden war. Eine besondere Verantwortungsbeziehung wurde in einem Urteil von 1998 auch hier für erforderlich gehalten, was wiederum mit der Doppelbelastung angesichts der gezahlten Sozialversicherungsbeiträge begründet wurde.

Eine Verantwortungsbeziehung des Arbeitgebers hinsichtlich der Arbeitslosigkeit wurde in der angegebenen Konstellation mit dem Argument abgelehnt, dass nicht generell das Wettbewerbsverbot zur Arbeitslosigkeit führe, sondern auch andere Vermittlungshindernisse insoweit ausschlaggebend sein könnten[322]. Hier wird also die Frage thematisiert, ob überhaupt eine Kausalität zwischen der Handlung des Arbeitgebers und der Zahlung von Arbeitslosengeld besteht. Das Urteil ist daher weniger weitreichend als die eben genannte Entscheidung zu § 128 AFG, stellt aber auch keine Abweichung dar: Das Problem eines formal zwar kausalen, aber nicht hinreichenden Beitrags zur Arbeitslosigkeit wird hier nicht aufgeworfen. Die Herleitung der Verantwortungsbeziehung erfolgt in diesem Urteil nicht mehr über den Fürsorgegedanken. Bei § 128 AFG wurde dieser Gedanke wie dargestellt zwar erwähnt, aber als nicht ausreichend für eine Verantwortungsbeziehung betrachtet.

cc) Kritik der Literatur

Die dargelegte Rechtsprechung sieht sich erheblicher Kritik ausgesetzt. Insoweit Literaturstimmen parallel zu dem Begriffsverständnis bei Sonderabgaben auf eine besondere Sachnähe abstellen, nehmen diese eine solche Sachnähe für den Bildungsurlaub nur bei einem Nutzen für den Arbeitgeber an[323] oder lehnen

322 BVerfGE 99, 202, 213.
323 Wank AP Nr. 1 zu § 9 BildUrlG Hessen.

sie generell mit der Erwägung ab, dass schließlich die Weiterbildung auch am Wochenende, nach Feierabend oder im Urlaub erfolgen könne[324].

Auch wenn nicht auf eine besondere Sachnähe abgestellt, sondern die Verantwortungsbeziehung aus der Fürsorgepflicht geschlussfolgert oder im Sinne einer qualifizierten Kausalität verstanden wird, ist die Rechtsprechung nicht frei von Inkonsistenzen. So lässt sich etwa das Urteil zu § 128 AFG so verstehen, dass primär die Arbeitslosigkeit zurechenbar verursacht sein muss und sekundär die Kosten der Arbeitslosigkeit, Letzteres soll bei bestehenden Ansprüchen gegen andere Sozialversicherungsträger nicht der Fall sein[325]. Hingegen wird bei der Beurteilung des Zuschusses zum Mutterschaftsgeld nicht zwischen der Verantwortung zur Freistellung von der Arbeitsleistung einerseits und der Verantwortung zur Existenzsicherung andererseits differenziert. In der Literatur wurde dies vielfach kritisiert: Die Freistellung von der Arbeitsleistung kann zwar sinnvollerweise nur der Arbeitgeber erbringen, für die Existenzsicherung gilt dies aber so nicht[326]. Daraus wurde für den Zuschuss zum Mutterschaftsgeld teilweise abgeleitet, dass nur bei der Konstellation des § 11 Abs. 1 MuSchG, also bei besonderen Beschäftigungsverboten, eine Inanspruchnahme in Betracht käme, da dann der Beschäftigungsausfall aus dem Unvermögen des Arbeitgebers folge, seinen Betrieb den Erforderlichkeiten der Schwangerschaft entsprechend umzuorganisieren. Ansonsten sei der Arbeitsausfall unabhängig vom Arbeitgeberverhalten[327]. Generell – beim Bildungsurlaub wie beim Zuschuss zum Mutterschaftsgeld – lässt sich hinterfragen, ob allein das Beharren auf der vom Arbeitnehmer geschuldeten Arbeitsleistung tauglicher Anknüpfungspunkt für Fortzahlungsansprüche sein kann, schließlich entspricht der Wegfall der Lohnfortzahlungspflicht bei fehlender Arbeitsleistung dem vertraglichen Synallagma[328].

Weitere Kritik wurde an der Herleitung der Verantwortungsbeziehung aus der Fürsorgepflicht geäußert. Aus dieser lasse sich zwar eine Lohnfortzahlungspflicht im Falle unvorhergesehener Schicksalsschläge wie etwa Krankheiten herleiten, im Falle erwünschter und keineswegs „schicksalhafter" Geburten gelte dies aber nicht[329]. Canaris argumentierte schon vor Erlass des Urteils zum

324 Depenhauer SAE 1989, 40, 41 f.

325 Ebsen NZS 1993, 377, 378 f.

326 Von Koppenfels-Spiess AuR 2005, 52, 53; Kemmler JA 2004, 517, 519; Kube JZ 2004, 358, 360.

327 Von Koppenfels-Spiess AuR 2005, 52, 53; Kreßel AP MuSchG 1968 § 14 Nr. 13.

328 Kreßel AP MuSchG 1968 § 14 Nr. 13; Hopfner NZA 2001, 6, 8.

329 Von Koppenfels-Spiess AuR 2005, 52, 55; Leisner DB 2004, 598, 602.

Mutterschaftsgeld, dass eine Herleitung der Verantwortungsbeziehung aus der Fürsorgepflicht jeder sachlichen Grundlage entbehre[330], aufgrund der Gesamtverantwortung der Arbeitgeber ähnlich wie hinsichtlich des Sonderurlaubs eine gemeinschaftliche Haftung der Arbeitgeber im Umlageverfahren aber möglich sei[331]. Dies entspricht auch der jetzigen Rechtslage nach dem AAG.

c) Zusammenfassende Definition der Verantwortungsbeziehung

aa) Ausgangspunkt und Übersicht über mögliche Kriterien

Zunächst muss ermittelt werden, wann es einer besonderen Verantwortungsbeziehung bedarf, was also der Ausgangspunkt einer erforderlichen Verantwortungsbeziehung ist. Insoweit ist es durchaus sinnvoll, als Ausgangspunkt das Verbot der Doppelbelastung zu wählen: Der jeweils – auch bei einer Prüfung von Art. 12 Abs. 1 GG – zu thematisierende Gleichheitsverstoß beruht letztendlich darauf, dass zusätzliche Lasten auferlegt werden[332]. Die jeweils geregelte Inanspruchnahme tritt in den genannten Fällen neben die Pflichten zur Abführung von Sozialversicherungsbeiträgen oder neben die allgemeine Steuerpflicht. Damit ist ausgesagt, dass die Verantwortungsbeziehung dann ein notwendiger Teil der Angemessenheitsprüfung ist, wenn eine solche zusätzliche Inanspruchnahme zur Disposition steht.

Problematisch ist, inwieweit Überlegungen zum Nutzen der Maßnahme für den Adressaten der Verpflichtung eine Rolle spielen können. Es besteht insoweit eine Verbindung zum Kriterium der Gruppennützigkeit bei Sonderabgaben, das sich auf die konkrete Verwendung der Abgabe und nicht auf den abstrakten Zweck bezieht. Daran zeigt sich, dass dieser Aspekt letztlich nur in den Konstellationen sinnvollerweise berücksichtigt werden kann, in denen die Gruppennützigkeit ein notwendiges Kriterium ist. Für das Verständnis der Verantwortungsbeziehung außerhalb von Sonderabgaben lässt sich der Nutzen für den Verpflichtungsadressaten hingegen nicht fruchtbar machen: Wie exemplarisch vom BVerfG hinsichtlich der Künstlersozialabgabe ausgeführt, ist es bei Fremdlasten gerade nicht entscheidend, dass die eigene Gruppe einen Nutzen davonträgt. Angestellte Überlegungen des BVerfG in diese Richtung anlässlich des Bildungsurlaubs sind daher im Ergebnis verfehlt. Finanzverfassungsrechtlich mag die Auferlegung von Fremdlasten außerhalb von Steuern aus kompetenzrechtlichen Gründen bei fehlendem Nutzen ausgeschlossen sein, bei

---

330 Canaris, S. 107.

331 Canaris, S. 110 ff.

332 Vgl. Depenhauer SAE 1989, 40.

der ermöglichten Inanspruchnahme durch Private sind hierfür keine Gründe ersichtlich.

Auch eine besondere Sachnähe ist bei der Auferlegung von Fremdlasten nicht in dem Sinne erforderlich, dass kein anderer dem Finanzierungszweck näherstehen darf. Die strikte Anwendung dieses Kriteriums würde ohne Not den gesetzgeberischen Spielraum unnötig einschränken. Eine gewisse Tauglichkeit besitzt dieses Kriterium jedoch dennoch, worauf sogleich zurückzukommen sein wird.

Weiterhin stellt sich die Frage, ob die Verantwortungsbeziehung notwendigerweise aus der Fürsorgepflicht oder einer ähnlich gelagerten Konstellation hergeleitet werden muss. Hier ist festzuhalten, dass die völlige Ablehnung einer nur aus der Fürsorgepflicht geschlussfolgerten Verantwortungsbeziehung zu weitreichende Konsequenzen hätte und letztlich die Inanspruchnahme des Arbeitgebers für Sozialversicherungsbeiträge ausschließen würde. Letztlich entspricht es der grundgesetzlichen Wertung aus Art. 74 Nr. 12 GG, eine Verantwortungsbeziehung auch im Falle einer Fürsorgepflicht anzunehmen. Es lässt sich diskutieren, ob diese nur bei unvorhergesehenen Ereignissen wie Krankheiten anzuerkennen ist und ob die Fürsorgepflicht sachlich so weit reichen kann, auch für die Kosten des Bildungsurlaubs aufkommen zu müssen.

Ob sich für den Fall der Künstlersozialversicherung legitimerweise eine Analogie ziehen lässt, soll hier dahingestellt bleiben. Erwähnenswert ist aber, dass eine Fürsorgepflicht nicht nur den Arbeitgeber, sondern auch andere Personen wie etwa den Vermarkter treffen kann. In den Fällen, in denen ein Dritter mit Verpflichtungen des Arbeitgebers belastet wird, aber seinerseits eine umfassende Fürsorgepflicht gegenüber dem Arbeitnehmer hat, ähnelt dieser Dritte dem Arbeitgeber derart, dass eine Belastung mit Arbeitgeberpflichten gerechtfertigt erscheint. Ein sachlicher Grund für die Belastung gerade dieses Dritten ist dann gegeben. Auf diese Überlegungen wird noch zurückzukommen sein.

Es gilt damit, dass die Fallgruppe einer bestehenden Fürsorgepflicht einen atypischen Sonderfall der Verantwortungsbeziehung darstellt und nicht etwa deren notwendige Voraussetzung ist. Der Begriff der Verantwortungsbeziehung ist daher im Regelfalle losgelöst vom Fürsorgegedanken zu verstehen, stattdessen ist auf Kausalitätsüberlegungen abzustellen.

bb) Qualifizierte Kausalität

Ausgangspunkt hierfür muss eine Kausalität im Sinne der Sine-qua-non-Formel sein. Fehlt es an einer kausalen Verursachung der jeweiligen Problematik, scheidet eine Inanspruchnahme bereits aus. Dies war bei § 128 a AFG der Fall, wo das Wettbewerbsverbot nicht zwingend zur Arbeitslosigkeit führen musste. Es ist aber eine Einschränkung erforderlich. In der Entscheidung zu § 128 AFG wird die Einschränkung dergestalt vorgenommen, dass nach dem eröffneten Risikobereich gefragt wird. Eine zulässige Inanspruchnahme wurde hier für die Fälle abgelehnt, in denen aus der unternehmerischen Perspektive keine freiwilligen Kündigungen vorlagen, also Verhaltensverstöße beziehungsweise Krankheiten des Arbeitnehmers oder drohende wirtschaftliche Schwierigkeiten die Beendigung des Arbeitsverhältnisses notwendig machten. Das Risiko ist damit letztlich nur dann dem Arbeitgeber zugewiesen, wenn sich dieser unter mehreren unternehmerisch vertretbaren Entscheidungen für die Kündigung entscheidet und sich nicht faktisch dazu gezwungen sehen muss. Ein solches Verständnis knüpft unmittelbar an die Berufsfreiheit nach Art. 12 Abs. 1 GG an und nimmt nur das Verhalten als tauglichen Anknüpfungspunkt, das nicht als wirtschaftlich zwingend erscheint. Eine solche Konzeption berücksichtigt das Interesse des Arbeitgebers am Erhalt seines Betriebes durch einen Blick auf nicht mehr zumutbare Weiterbeschäftigungen, ohne dabei den Begriff der Verantwortungsbeziehung zu eng zu ziehen. Der Arbeitgeber kann weiterhin in Anspruch genommen werden, wenn er sich ohne zwingende Gründe Kostenvorteile zu schaffen versucht. Im Ergebnis kann dieser Ansatz daher überzeugen.

Die Urteile zum Bildungsurlaub und zum Mutterschaftsgeldzuschuss lassen eine solche Klarstellung vermissen. Zwar wird hier durch das Beharren auf der Arbeitsleistung die jeweilige Problematik kausal verursacht. Dies ist aber nicht nach den eben beschriebenen Grundsätzen dem Risikobereich des Arbeitgebers zuzuordnen. Die Entscheidung, ob die Arbeitskraft in Anspruch genommen wird oder nicht, ist dem Unternehmer bei wirtschaftlicher Betrachtungsweise nicht freigestellt, stattdessen ist er auf die Arbeitskraft angewiesen. Allerdings lässt sich hier auf das Kriterium der Sachnähe zurückgreifen. Die Verpflichtung zur Freistellung von der Tätigkeit kann sachlogisch nur vom Arbeitgeber erfüllt werden, so wie nur der Arbeitgeber Ausbildungsplätze anbieten kann und deshalb auch allein als Adressat einer Finanzierung solcher Arbeitsplätze infrage kommt. Das heißt aber zugleich, dass sich die gleichzeitige Entgeltzahlungspflicht in den genannten Fällen ausschließlich durch einen weit verstandenen Fürsorgebegriff rechtfertigen lässt.

Solange nicht ausnahmsweise der Fürsorgegedanke verwendet werden kann, ergibt sich die Verantwortungsbeziehung bei der Prüfung der Berufsfreiheit daher aus der Sachnähe oder aus im engeren Sinne eigenverantwortlichem unternehmerischem Verhalten. Als dritte Fallgruppe ergänzt werden muss das vorwerfbare Verhalten des Unternehmers: Wird vorsätzlich oder fahrlässig die missbilligte Folge verursacht, ist notwendigerweise ebenfalls eine hinreichende Eingrenzung der Kausalität anzunehmen. Kann ein Anknüpfungspunkt für die

Haftung der – wirtschaftlich vertretbare – Verzicht auf eine eigene Beschäftigung von Arbeitnehmern sein, muss dies erst recht für ein der Sorgfaltspflicht widersprechendes Verhalten gelten.

4 Vorliegen einer Verantwortungsbeziehung bei der Unternehmerhaftung

a) Allgemeine Erwägungen und Sichtweisen in Rechtsprechung und Literatur

Für die Haftung des Auftraggebers gilt zunächst, dass hier eine doppelte Inanspruchnahme gegeben ist: Der Auftraggeber beteiligt sich durch die Werk – oder Dienstlohnzahlung bereits an den Kosten seines Nachunternehmers und wird nun zusätzlich in Anspruch genommen[333].

Besteht eine Exkulpationsmöglichkeit, lässt sich eine Verantwortungsbeziehung aus der Verletzung von Sorgfaltspflichten ableiten: Die missbilligte Folge wird von den Auftraggebern vorwerfbar verursacht. Problematisch ist die verschuldensunabhängige Haftung, weswegen sich die folgende Darstellung auf §§ 14 AEntG, 13 MiLoG bezieht.

Nützlichkeitserwägungen greifen hier nicht, da der Auftraggeber nicht von der Zahlung des Mindestentgelts an die Arbeitnehmer profitiert – er hat lediglich an deren Arbeitsleistung partizipiert, die Haftung an sich bringt keinen Nutzen für den Auftraggeber. Wie dargestellt kommt es darauf im Ergebnis nicht an. Auch der Fürsorgegedanke ist hier nicht anwendbar, da zwischen Auftraggeber und Arbeitnehmer eindeutig kein dem Arbeitsverhältnis ähnelndes Rechtsverhältnis vorliegt.

Eine reine Kausalität der Handlung des Auftraggebers für die problematische Konstellation ist durchaus gegeben: Die Vergabe des Auftrags an den konkreten Subunternehmer führt dazu, dass die Arbeitsleistung ohne die rechtlich zwingende Zahlung des Mindestentgelts erbracht wird. Die erforderliche nähere Einschränkung der Kausalität wird hier nicht durch eine vorrangige Sachnähe erreicht, da in erster Linie der Arbeitgeber zur Zahlung des Mindestentgelts verpflichtet ist und der Thematik folglich nähersteht als der Auftraggeber.

Entscheidend ist daher, ob hier ein Fall der qualifizierten Kausalität vorliegt. Das BVerfG begründete eine Verantwortungsbeziehung mit dem Argument, dass sich das durch die Auftragsvergabe anstelle der Erledigung durch eigene Arbeitnehmer entstandene Risiko realisiere[334]. Das BAG hatte hingegen

333 BSG SozR 2200 § 729 Nr. 2.
334 BVerfG NZA 2007, 609, 612.

argumentiert, dass ein potentieller Vorteil mit der Verursachung einer rechtlich missbilligten Folge durch bewusste Wahl des Vertragspartners korrespondiere[335]. Dies entspricht dem Grundgedanken einer konkreten Ausgleichsfunktion. Auch das BSG hatte diese Aspekte bei der Prüfung des § 729 Abs. 2 RVO angeführt[336].

In diesem Zusammenhang ist auf Versuche der Literatur einzugehen, den Begriff der Verantwortungsbeziehung für die Nachunternehmerhaftung zu konkretisieren und so die Grenzen des Unternehmerbegriffs festzulegen. Reinfelder stellt dabei darauf ab, ob die Ausführung der Tätigkeit durch eigene Arbeitnehmer erwartet werden kann. Entscheidend sei, ob die jeweilige Werk – oder Dienstleistung dem Tätigkeitsfeld des Auftraggebers zugeordnet werden könne. Dies sei bei der Reinigung von Hotelzimmern oder der Industriereinigung der Fall, aber nicht bei Handwerksleistungen, bei denen es an einer Kompetenz zur Überwachung fehlt[337]. Hlava verwendet daran anknüpfend den Begriff der „Wertschöpfungskette", innerhalb derer sich die betreffende Leistung befinden muss und nennt als Beispiel ergänzend Sicherheitsleistungen, während die Reparatur der Kaffeemaschine nicht erfasst sein soll[338].

b) *Stellungnahme zum Vorliegen einer qualifizierten Kausalität*

Wie soeben dargelegt ist es bei einer Überprüfung einer vorliegenden Verantwortungsbeziehung anhand von Art. 12 Abs. 1 GG geboten, auf das Kriterium der unternehmerischen Vertretbarkeit abzustellen. Es greift zu kurz, allein aus der konkreten Ausgleichsfunktion eine Verantwortungsbeziehung abzuleiten, da dies letztlich ohne hinreichende Würdigung der berufsspezifischen Beeinträchtigung bleibt. Der Ansatz der angeführten Literaturstimmen führt hingegen in die richtige Richtung: Entscheidend ist, ob die Erledigung der Leistung durch eigene Arbeitnehmer erwartet werden kann. Die genannten Literaturstimmen stellen aber letztlich darauf ab, ob diese Tätigkeit typisch für den Geschäftszweig ist. Hier wird zumindest verfassungsrechtlich der falsche Anknüpfungspunkt gewählt: Die unternehmerische Zumutbarkeit geht über die Frage hinaus, ob eine hinreichende Ausführungs- und Überwachungskompetenz vorhanden ist. Der genannte Literaturansatz vermischt verfassungsrechtliche Verantwortlichkeit und rechtspolitische Missbilligung des Fremdpersonaleinsatzes.

---

335 BAGE 103, 240, 258.

336 BSGE 63, 29, 31.

337 Düwell/Schubert/Reinfelder § 13 Rn. 13 f.

338 Hlava SR 2016, 17, 27.

Die Beschäftigung eigener Arbeitnehmer muss daher eine sinnvolle und unternehmerisch nicht unvertretbare Möglichkeit darstellen. Eine unternehmerische Vertretbarkeit lässt sich durchaus auch in Fällen annehmen, in denen die Tätigkeit außerhalb des Betriebszwecks steht: Auch die Reinigung des Bürogebäudes oder der Betrieb der Kantine ließen sich durchaus sinnvollerweise von eigenen Arbeitnehmern erledigen. Zweckmäßiges Kriterium für die unternehmerische Vertretbarkeit ist hingegen die Regelmäßigkeit der jeweiligen Leistung. Bei einmaligen oder selten anfallenden Arbeiten wie etwa der Reparatur der Kaffeemaschine aber auch der Produktionsanlage wäre die Einstellung von Arbeitnehmern ohne Sinn. Die erforderliche Regelmäßigkeit ist dabei keineswegs nur bei der Erledigung von erteilten Aufträgen anzunehmen, sondern erfasst gerade auch Outsourcing-Konstellationen etwa bei den genannten Beispielen der Reinigung und des Kantinenbetriebs. Umgekehrt ist es aber auch denkbar, dass bei Subunternehmerkonstellationen die Regelmäßigkeit der betreffenden Leistung abzulehnen ist. Zu denken ist hier an Fälle, in denen ausnahmsweise ein Spezialist herangezogen wird und bestimmte Arbeiten nicht selbst vorgenommen werden.

Eine Verantwortungsbeziehung des Auftraggebers muss zudem generell abgelehnt werden, wenn dieser sich durch die Beschäftigung eigener Arbeitnehmer massiven wirtschaftlichen Schwierigkeiten aussetzt. Dies kann nicht schon angenommen werden, wenn der Einsatz von Subunternehmern kostengünstiger wäre als die Beschäftigung eigener Arbeitnehmer, umgekehrt muss aber auch keine unmittelbare Existenzgefährdung vorliegen. Folglich wäre es nicht erforderlich, dass schon die einmonatige Beschäftigung eines Arbeitnehmers zur Zahlungsfähigkeit führen würde.

Die Bestimmung drohender wirtschaftlicher Schwierigkeiten ist einerseits eine Frage der individuellen ökonomischen Beschäftigungsmöglichkeiten eines Betriebes. Hierbei ist aber nicht nur die Bruttolohnhöhe relevant, stattdessen sind auch die Kosten miteinzubeziehen, die sich aus der gegebenenfalls notwendigen Ausrüstung des Betriebs ergeben. So fallen für einen Betrieb, der die Reinigung durch eigene Arbeitskräfte erledigen lässt, Kosten für die Anschaffung von Reinigungsutensilien an. In bestimmten Fällen können die Kosten allein für die Ermöglichung einer Erledigung durch eigene Arbeitnehmer durchaus erheblich sein. Gerade für das Baugewerbe sind die genannten Argumente von hoher Relevanz. Der Generalunternehmer ist zumeist schon wegen seiner Unternehmensgröße daran gehindert, sämtliche Bauleistungen selbst anzubieten, also entsprechend qualifizierte Handwerker und die notwendigen Utensilien bereitzuhalten und zudem Ressourcen für die fachgerechte Überprüfung zur Verfügung zu stellen[339].

Andererseits kann sich die unternehmerische Unvertretbarkeit aber auch aus der jeweiligen Besonderheit der Branche ergeben. So führen die Generalunternehmerstrukturen im Baugewerbe dazu, dass die Erledigung durch eigene Arbeitnehmer einen Wettbewerbsnachteil darstellen würde. Ein weiterer Gesichtspunkt, der gegen den Einsatz eigener Arbeitnehmer spricht, ist ein bestehender Fachkräftemangel. Exemplarisch kann auch hier wieder auf die Baubranche zurückgegriffen werden. Hier kamen 2014 auf 9, 5 Lehrlinge 100 Facharbeiter und 2016 betrug der entsprechende Wert für Lehrlinge 8,7, bei einem Wert unter 10 kann nach Einschätzung der deutschen Bauindustrie der Fachkräftebedarf nicht mehr gedeckt werden[340]. Auch eine solche Konstellation kann dazu führen, dass der Einsatz eigener Arbeitnehmer angesichts des Rekrutierungsaufwands wirtschaftlich unvertretbar wird.

Es zeigt sich, dass eine Verantwortungsbeziehung bei der Auftraggeberhaftung nur unter bestimmten Voraussetzungen verschuldensunabhängig angenommen werden kann. Erforderlich wären eine Möglichkeit des Auftraggebers, sich bei nachgewiesenen wirtschaftlichen Härten befreien zu lassen und eine ausdrückliche Ausnahmeregelung bei nur ausnahmsweise anfallenden Leistungen. Speziell für das aus zahlreichen Einzelhandwerken bestehende Baugewerbe wäre eine solche Entlastung dem Generalunternehmer in aller Regel möglich. Die gegenwärtige pauschale Ausgestaltung in §§ 13 MiLoG, 14 AEntG wird diesen verfassungsrechtlichen Anforderungen nicht gerecht. Es ist daher festzuhalten, dass die Rechtsprechung des BVerfG in diesem Punkt verfehlt ist, auch wenn sie sich nicht völlig von dem ansonsten vom Gericht vertretenen Verständnis des Verantwortungsbegriffs unterscheidet: Auch hinsichtlich der Finanzierung des Bildungsurlaubs und des Mutterschaftsgeldzuschusses wurde ein letztlich auf bloßen Kausalitätsüberlegungen beruhender Begriff der Verantwortungsbeziehung angewandt. Ohne diese Problemkreise im Detail bearbeiten zu wollen, ist auch hier zu konstatieren, dass die durchaus überzeugende Fallgruppenbildung und das an der Berufsfreiheit ausgerichtete Verständnis nicht konsequent durchgehalten werden. Für die genannten Themenfelder lässt sich aber über die Konstruktion einer Verantwortungsbeziehung aus einer sehr weit verstandenen

339 Seifert SAE 2007, 386, 387.

340 Hauptverband der deutschen Bauindustrie: Bauwirtschaft im Zahlenbild Ausgabe 2015 S. 26; Bauwirtschaft im Zahlenbild Ausgabe 2017, S. 26.

Fürsorgepflicht diskutieren, die bei der Unternehmerhaftung mangels einer zumindest arbeitgeberähnlichen Stellung des Auftraggebers ausscheidet.

c) Ausnahme bei zentraler Steuerungs- und Ausgleichsfunktion?

Es ließe sich überlegen, ob entsprechend der Rechtsprechung des BVerfG zu Sonderabgaben mildere Voraussetzungen angewendet werden können, wenn Ausgleichs- und Steuerungsfunktion zentral sind und der Finanzierungs- oder unmittelbaren Schutzfunktion nur eine ganz unwesentliche Rolle zukommt. Wie dargestellt argumentierte das BSG zu § 729 Abs. 2 RVO in diese Richtung. Hinsichtlich der Ausgleichsfunktion wurde bereits deutlich gemacht, dass dieser sehr allgemeine Legitimationsgedanke nicht ausreichen kann, sondern eine spezifische Sichtweise für die Berufsfreiheit erforderlich ist. Bei der Steuerungsfunktion ließe sich hingegen durchaus argumentieren, dass bei einer gezielten Verhaltensbeeinflussung ein größerer Spielraum des Gesetzgebers zur effektiven Umsetzung bestehen muss. Betroffen wären hier mit den sozialrechtlichen Normen der Unternehmerhaftung und § 98 a Abs. 3, 4 AufenthG gerade die Normen, bei denen Exkulpationsmöglichkeiten vorgesehen sind.

Im Ergebnis lässt sich mit der zentralen Steuerungsfunktion zwar der Verzicht auf Gruppennützigkeit und Homogenität bei Sonderabgaben rechtfertigen, da die notwendige Gestaltungsmacht des Gesetzgebers über der Einhaltung der föderalen Einnahmenerzielungsstruktur steht. Die unmittelbar mit dem Gleichbehandlungsgebot in Verbindung stehende Verantwortungsbeziehung lässt sich aber nicht mit dieser Erwägung relativieren. Eine solche Privilegierung würde zu unbilligen Ergebnissen führen: Der Gesetzgeber wäre dann stärker eingeschränkt, wenn er auch den Schutz der Anspruchsinhaber im Blickfeld hat. Wirtschaftspolitische Gestaltung wäre hier gegenüber der gezielten Kreation privater Ansprüche bevorzugt, sodass etwa bei einer rein protektionistischen Norm wie dem ursprünglichen § 1 a AEntG größerer Gestaltungsspielraum bestünde als bei einer auch den Arbeitnehmerschutz im Blick habenden Vorschrift. Dies erschiene wertungsmäßig kaum vertretbar. Das BSG hat wie dargestellt die Haftung nach § 729 Abs. 2 RVO im Übrigen auch durch das Zurechenbarkeitskriterium eingeschränkt, dass anders als die Verantwortungsbeziehung eine negative Abgrenzung ermöglicht: In bestimmten Fällen wird die Haftung abgelehnt, da die ansonsten regelmäßig vorliegende Zurechenbarkeit ausnahmsweise fehlen soll[341].

341 S. oben C II 1.Von Dannwitz (RdA 1999, 322, 326) bezweifelt die Verfassungsmäßigkeit von § 1 a AEntG unter dem Gesichtspunkt der Zurechenbarkeit, meint der

Im Ergebnis ist eine Privilegierung für Normen mit einer zentralen Steuerungsfunktion abzulehnen.

5 Schlussfolgerungen

Es hat sich gezeigt, dass die ohne eine Exkulpationsmöglichkeit und ohne Ausnahmen ausgestaltete Unternehmerhaftung verfassungswidrig ist.

Es bestehen daher zwei Möglichkeiten, das Haftungskonzept verfassungskonform zu ordnen. Eine Möglichkeit ist die Einführung von Ausnahmen für die Fälle einer unternehmerischen Unvertretbarkeit der Beschäftigung eigener Arbeitnehmer, sodass in diesen Fällen nur bei einem Verschulden die Haftung greifen würde. Als Alternative hierzu kommt eine generelle Exkulpationsmöglichkeit in Betracht.

Eine Lösung der Problematik durch die Schaffung von Ausnahmen würde zu verstärkter Unübersichtlichkeit und Rechtsunsicherheit führen, was sich insbesondere aus der schwer zu fassenden engeren Definition der wirtschaftlichen Härten ergeben würde. Im Ergebnis erscheint daher eine generelle Exkulpationsmöglichkeit als vorzugswürdige Variante. Hier würde sich die Verantwortungsbeziehung aus der Verletzung einer Sorgfaltspflicht herleiten, nämlich aus der Beauftragung eines die Mindestentgelte nicht zahlenden Auftragnehmers. Zu insoweit zu präferierenden Ausgestaltungen ist noch Stellung zu nehmen. Die Exkulpationsmöglichkeit ist auch hinsichtlich der unionsrechtlich zwingenden Umsetzung im Baugewerbe nach Art. 12 Abs. 1 RL 2014/67/EU unbedenklich, da eine Exkulpation anhand der nationalen Sorgfaltsregeln nach Art. 12 Abs. 5 ausdrücklich möglich ist, Ähnliches gilt für die Sanktionsrichtlinie RL 2009/52/EG nach deren Art. 8 Abs. 3. Dass die Haftung in bestimmten Fällen, etwa bei einer überraschenden Insolvenz, nicht greift und die Schutzfunktion so eingeschränkt wird[342], ist letztendlich hinzunehmen. Bei einem einheitlichen Modell für § 13 MiLoG und für § 14 AEntG müssen daher auch keine negativen Effekte hinsichtlich der Bereitschaft der Branchen, eine Rechtsverordnung nach § 7 a Abs. 1 AEntG zu beantragen, befürchtet werden.

Als Konsequenz einer solchen Lösung würde sich der Vorwurf an den Auftraggeber darauf richten, dass er nicht zahlungsfähige beziehungsweise nicht zahlungswillige Auftragnehmer beauftragt hat. Das Verständnis des BVerfG

Sache nach aber wohl hier unter dem Begriff der Verantwortungsbeziehung diskutierte Aspekte.

342 Vgl. Bayreuther NZA 2015, 961, 967.

hinsichtlich einer Verantwortungsbeziehung stellt hingegen in den Mittelpunkt, dass der Auftraggeber keine eigenen Arbeitgeber beschäftigt.

Denken ließe sich an eine verfassungskonforme Auslegung der §§ 13 MiLoG, 14 AEntG im Sinne der eben beschriebenen Prämissen. Eine solche findet aber im Wortlaut und in dem ausdrücklichen Willen des Gesetzgebers ihre Grenzen. Bei mehreren nach Wortlaut, Entstehungsgeschichte, Systematik und Telos vertretbaren Auslegungsergebnissen ist derjenigen der Vorzug zu geben, die als Einzige mit der Verfassung konform ist[343].

Nach dem Willen des Gesetzgebers sollte aber gerade keine Exkulpationsmöglichkeit für §§ 13 MiLoG, 14 AEntG bestehen, eine solche ist wie dargestellt im Gesetzgebungsprozess gerade verworfen worden[344]. Zudem ist im Rahmen der Systematik zu berücksichtigen, dass in Abgrenzung zu den verschuldensabhängigen Normen der §§ 28 e Abs. 3 a-f SGB IV, 98 a Abs. 3, 4 AufenthG keine Exkulpationsmöglichkeit normiert ist. Der Wortlaut der §§ 13 MiLoG, 14 AEntG sieht eine solche nicht vor. In Betracht käme eine Auslegung in dem Sinne, dass Ausnahmen bei unternehmerischer Unvertretbarkeit gelten sollen. Dies ist der gesetzgeberischen Intention nicht direkt entgegengesetzt, Anhaltspunkte für eine solche Auslegung sind aber auch nicht erkennbar. Es ist nicht möglich, eine verfassungsrechtlich zulässige Ausgestaltung als gesetzgeberische Intention zu unterstellen, auch wenn diese Ausgestaltung nicht explizit verworfen wurde. Stattdessen bedarf es eben einer methodisch vertretbaren Auslegungsmöglichkeit. Im Ergebnis können §§ 13 MiLoG, 14 AEntG nicht verfassungskonform ausgelegt werden und wären daher vom BVerfG für nichtig zu erklären.

III Vereinbarkeit mit Art. 16 EU-Grundrechte-Charta

1 Grundsatz und Schutzbereich

Es ist nunmehr zu klären, ob die verschuldensunabhängige und ausnahmslose Unternehmerhaftung auch gegen die EU-Grundrechtecharta verstößt. Die Grundrechte der Europäischen Union wurden vom EuGH bereits seit längerem als allgemeine Grundsätze des Unionsrechts anerkannt[345] und sind nunmehr in der EU-Grundrechtecharta (EU-GRCh) normiert, über deren Inkorporation in

---

343 BVerfG AP ArbGG 1979 § 26 Nr. 2; BVerfGE 88, 145, 166; BAGE 103, 240, 259; vgl. BVerfGE 8, 28, 34.

344 S. oben C III 2 c).

345 Zur unternehmerischen Freiheit etwa Slg. 1974, 491 Rn. 14 (Nold); Slg. 1979, 2749, Rn. 20 (Eridana).

Art. 6 Abs. 1 EUV gelten die dort enthaltenen Grundrechte wie Primärrecht. In Betracht kommt ein Verstoß der Auftraggeberhaftung gegen die unternehmerische Freiheit nach Art. 16 EU-GRCh. Im Vergleich zum deutschen Grundgesetz unterscheidet die EU-GRCh zwischen Berufsfreiheit nach Art. 15 Abs. 1 einerseits und unternehmerischer Freiheit andererseits, sodass sich im Ergebnis Arbeitnehmer und Selbstständige auf unterschiedliche Gewährleistungen berufen können[346].

Teilweise wird angenommen, dass bei grenzüberschreitenden Sachverhalten die Grundfreiheiten gegenüber Art. 16 EU-GRCh spezieller seien[347]. Die Unionsgrundrechte gelten aber nur bei der Durchführung von Unionsrecht, umgekehrt beschränken sich die Grundfreiheiten auf grenzüberschreitende Sachverhalte. Aus diesen Gründen ist eine parallele Anwendung von Art. 16 EU-GRCh und den Grundfreiheiten zu befürworten[348].

Bei der Auslegung der EU-GRCh sind nach Art. 6 Abs. 1 Unterabs. 3 EUV, Art. 52 Abs. 7 EU-GrCh die Erläuterungen zur Charta zu berücksichtigen. Demnach sind die Komponenten des Schutzbereichs der unternehmerischen Freiheit die Ausübung einer Wirtschafts- und Geschäftstätigkeit, die Vertragsfreiheit und die Wettbewerbsfreiheit unter Verweis auf Art. 119 Abs. 1, 3 AEUV[349]. Während bei der Wettbewerbsfreiheit unklar ist, ob bei einem Verweis auf Art. 119 Abs. 1, 3 AEUV überhaupt eine individualschützende Komponente angenommen werden kann[350], lassen sich die beiden anderen Aspekte anhand der EUGH-Rechtsprechung weiter konkretisieren. Dabei wurde aber nicht immer klar zwischen Berufsfreiheit und unternehmerischer Freiheit abgegrenzt.

Als Aspekt der Betätigungsfreiheit an sich wurde die Ausübung der Geschäftstätigkeit ohne Verbote, also etwa ohne Handelsbeschränkungen oder ohne die Untersagung von Werbebezeichnungen, eingeschätzt[351]. Umgekehrt wird die freie Ausübung einer Wirtschaftstätigkeit auch durch Gebote, namentlich durch zu leistende Abgaben, eingeschränkt[352]. Diese Erwägungen gehen auf in dem

346 Vgl. Jarass Art. 15 Rn. 4.

347 Callies/Ruffert/Ruffert Art. 16 Rn. 6, Art. 15 Rn 26; Franzen/Gallner/Oetker/Schubert Art. 16 GRC Rn. 5.

348 Jarass Art. 16 Rn. 6; Grabenwarter § 13 Rn. 50 f.

349 Amtsblatt der Europäischen Union C 303/23.

350 Meyer/Bernsdorf EU-GrCH Art. 16 Rn. 14.

351 EuGH Slg. 1974, 491 Rn. 14 (Nold); Slg. 1979, 2749, Rn. 20 (Eridana); EuGH NVwZ-RR 2012, 896 Rn. 46 (Deutsches Weintor).

352 EuGH Slg. 1991, I-415 Rn. 76 (Zuckerfabrik Süderdithmarschen); EuGH Slg. 1989, 2237 Rn. 18 (Schräder).

anerkannten Recht, die vorhandenen wirtschaftlichen, finanziellen und technischen Ressourcen nach eigenem Ermessen einsetzen zu können[353]. Ergänzen lässt sich die Freiheit zur Gründung und zur Beendigung eines Unternehmens[354].

Die Vertragsfreiheit beinhaltet demgegenüber die freie Wahl des Vertragspartners[355] sowie ein Mitwirkungsrecht hinsichtlich des Vertragsinhalts[356]. Dies umfasst auch die Möglichkeit, bestehende Verträge einvernehmlich ändern zu können[357].

2 Eingriff und Maßstab der Rechtfertigungsprüfung

Ein Eingriff liegt vor, wenn ein Nachteil bezweckt oder unmittelbar bewirkt wird[358]. Für die Berufsfreiheit soll ein Eingriff anzunehmen sein, wenn die Maßnahme eine hinreichend direkte und bedeutende Auswirkung auf die berufliche Tätigkeit entfaltet[359]. Die Auftraggeberhaftung beeinträchtigt zunächst die Auftraggeber hinsichtlich deren Wirtschaftstätigkeit durch die Belastung an sich. Betroffen ist hier die Dispositionsfreiheit über die unternehmerischen Ressourcen. Diese wird zugleich dadurch berührt, dass der Beauftragung von Nachunternehmern anstelle der Beschäftigung eigener Arbeitnehmer ein Haftungsrisiko innewohnt. Weiterhin betroffen ist die Vertragsfreiheit, indem die Auftragserteilung an einen konkreten Nachunternehmer mit einem Risiko belastet und der Auswahlprozess so beeinflusst wird.

Die Rechtfertigung der Beschränkung erfolgt nach Art. 52 Abs. 1 S. 1 Var. 2 EU-GRCh anhand einer Prüfung dahin gehend, ob der Wesensgehalt des Grundrechts verletzt wird und nach Art. 52 Abs. 1 S. 2 EU-GRCh anhand einer Verhältnismäßigkeitsprüfung. Im Rahmen der Verhältnismäßigkeitsprüfung bei Grundrechten prüft der EuGH die Geeignetheit der Maßnahme, das Vorliegen eines milderen gleich geeigneten Mittels im Rahmen der Erforderlichkeit sowie das Verhältnis zwischen Ziel und Mittel, mithin die Angemessenheit[360]. Es stellt sich hierbei die Frage, ob die Überlegungen zur Verantwortungsbeziehung auch

---

353 EuGH NJW 2014, 1577 Rn. 49 (UPC).

354 Grabenwarter § 13 Rn. 30; Franzen/Gallner/Oetker/Schubert § 16 Rn. 9.

355 EuGH Slg. 1991, I-3617 Rn. 13 (Neu); EuGH Slg. 1993, I-6835 Rn. 14 (Luxlait).

356 EuGH Slg. 2007, I -2007, 2513 Rn. 51 (Kommission/Belgien); EuZW 2012, 427 Rn. 45 (F-Tex); EuZW 2013, 347 Rn. 43 (Sky Österreich); EuGH EuZW 2013, 747 Rn. 32 ff (Alemo Herron).

357 EuGH Slg. 1999, I-6571 Rn. 99 (Spanien/Kommission).

358 Jarass Art. 52 Rn. 11; Frenz GewArch 2009, 427, 431.

359 EuGH Slg. I 2004, 8667 Rn. 49 (Springer).

360 EuGH EuZW 2013, 347 Rn. 50 (Sky Österreich); Slg. 2011, I-6561 Rn. 73 (Franchini).

auf Art. 16 EU-GRCh übertragbar sind. Hier ist zunächst festzuhalten, dass der EuGH kein strenges Prüfungsschema hinsichtlich einer Abgabenlast entwickelt hat, sondern bei der Prüfung von Abgaben ohne Besonderheiten die Verhältnismäßigkeitsprüfung thematisiert. Als relevante Faktoren wurden dabei die Höhe der Abgabe und ihre Abwälzbarkeit genannt[361].

Es fehlt daher an einem Kriterium wie der Gruppenverantwortlichkeit beziehungsweise der Verantwortungsbeziehung, das sich vom Grundgedanken der Sonderlast her auf privatrechtliche Sachverhalte übertragen lässt. Es käme in Betracht, aus dem allgemeinen Gleichheitssatz nach Art. 20 EU-GrCh auch hier eine solche Folgerung zu ziehen und damit das Kriterium der Verantwortungsbeziehung bei Art. 16 EU-GRCh zu etablieren. Allerdings existiert mit dem Wesensgehaltsgrundsatz nach Art. 52 Abs. 1 S. 1 Var. 2 EU-GRCh eine unionsrechtliche Kategorie, die dogmatische Besonderheiten des jeweiligen Grundrechts berücksichtigt und hier vorrangig in den Blick zu nehmen ist. In der Literatur wird der Wesensgehaltsgrundsatz als „absoluter Kernbereich" eines Grundrechts aufgefasst[362]. Ist der Wesensgehalt beeinträchtigt, bleibt gerade kein Raum für eine Verhältnismäßigkeitsprüfung. Ganz im Gegensatz zu Art. 19 Abs. 2 GG führt der Wesensgehaltsgrundsatz nach Art. 52 Abs. 1 S. 1 Var. 2 EU-GR-Charta keineswegs eine Schattenexistenz, sondern weist in der sogleich aufzuzeigenden EUGH Rechtsprechung eine erhebliche Relevanz auf.

3 Rechtsprechung zum Wesentlichkeitsgrundsatz

Der EuGH ging dabei zunächst davon aus, dass der Wesensgehalt der unternehmerischen Freiheit dann nicht angetastet wäre, wenn Regelungen des Unionsrechts bloße Modalitäten der unternehmerischen Tätigkeiten, etwa bestimmte Handelsbeschränkungen, regelten und nicht die Tätigkeit an sich vereiteln würden[363]. In Bezug auf die Auftraggeberhaftung wäre hier festzuhalten, dass eine solche Vereitelungswirkung nicht vorliegt: Die Unternehmer sind nach wie vor in der Lage, ihren Geschäftsbetrieb aufrechtzuerhalten, sie werden lediglich mit einem Haftungsrisiko belastet.

---

361 EuGH Slg. 1991, I-415 Rn. 76 (Zuckerfabrik Süderdithmarschen); EuGH Slg. 1989, 2237 Rn. 18 (Schräder).

362 Meyer/Borowsky Art. 52 Rn. 23; Callies/Ruffert/Kinggreen Art. 52 Rn. 64; Jarass Art. 52 Rn. 28.

363 EuGH Slg. 1986, 2519 Rn. 27 (Qualitätswein B.A.); EuGH NVwZ-RR 2012, 896 Rn. 57 f. (Deutsches Weintor); EuZW 2013, 347 Rn. 49 (Sky Österreich).

Das Urteil *Alemo Herron*[364] hebt sich von diesem Verständnis deutlich ab. Gegenständlich war eine zwingende dynamische Anwendung von Bezugnahmeklauseln bei einem Betriebsübergang, wobei im konkreten Fall nach Art. 3 Abs. 3 RL 2001/23/EG eine Veränderungssperre für die Bezugnahmeklauseln galt. Der EuGH führte aus, dass hier der Wesensgehalt des Art. 16 EU-GR-Charta verletzt sei. Dies ergebe sich aus der fehlenden Mitgestaltung der Arbeitsvertragsbedingungen infolge der entstehenden Abhängigkeit von den Tarifverhandlungen. Im Urteil *Asklepios* stellte der EuGH klar, dass bei Abweichungsmöglichkeiten von den dynamisch fortgeltenden Bezugnahmeklauseln der Wesensgehalt nicht verletzt werde[365], im deutschen Recht sind neben der Änderungskündigung nach § 2 KSchG auch Vertragsänderungen hinsichtlich der lediglich schuldrechtlich geltenden und nicht Art. 3 Abs. 3 RL 2001/23/EG unterfallenden Bezugnahmeklauseln möglich. Ob diese Möglichkeiten tatsächlich Wirksamkeit entfalten können, sei vom Gerichtshof nicht zu prüfen.

Entscheidend ist, dass demnach der Wesensgehalt der unternehmerischen Freiheit nicht mehr nur in der Ausübung des wirtschaftlichen Betriebs gesehen wird. Der absolute, nicht einschränkbare Kernbereich der unternehmerischen Freiheit setzt nicht voraus, dass diese schlechthin unterbunden wird. Die absolute Grundlage wirtschaftlicher Betätigung beinhaltet demnach mehr, als überhaupt einen Geschäftsbetrieb aufrechtzuerhalten.

In eine ähnliche Richtung weist das Urteil in der Rechtssache *AGET Iraklis*. Gegenständlich war hier die erforderliche Genehmigung der griechischen Behörden für Massenentlassungen. Der Wesensgehalt der unternehmerischen Freiheit sei nicht beeinträchtigt, da die Massenentlassungen an sich durchaus möglich seien und lediglich ein Rahmen gesetzt werde[366]. Es kommt daher nicht darauf an, ob der Geschäftsbetrieb weitergeführt werden kann, sondern darauf, ob die Massenentlassungen möglich sind.

Betrachtet man die Urteile *Alemo Herron, Asklepios* und *AGET Iraklis* zusammengenommen, ergeben sich erkennbare Konturen eines neu aufgefassten Wesentlichkeitsgrundsatzes. Demnach kommt es darauf an, ob eine Komponente des Schutzbereichs gänzlich eingeschränkt ist. Dies ist der Fall, wenn die Vertragsfreiheit hinsichtlich des Vertragsinhalts gänzlich dem Machtbereich des Unternehmers entzogen ist oder wenn diesem Massenentlassungen untersagt werden. Die Möglichkeit zur Kündigung lässt sich als Unterfall

---

364 EuGH EuZW 2013, 747 (Alemo Herron).
365 EuGH NJW 2017, 2178 (Asklepios).
366 EuGH NJW 2017, 1723 Rn. 88 (AGET Iraklis).

der Dispositionsfreiheit über wirtschaftliche Ressourcen auffassen. Verbleiben jedoch Möglichkeiten zur Ausübung dieser Komponenten, scheidet eine Berührung des Wesentlichkeitsgrundsatzes aus. Es erfolgt mithin auf dieser Stufe keine qualitative Kontrolle der einschränkenden Maßnahme, etwa dahin gehend ob die nationalen Möglichkeiten zur Vertragsänderung praktisch durchführbar sind oder ob legitime Kriterien für die Genehmigung einer Massenentlassung vorliegen. Diese Aspekte sind vielmehr Fragen der Verhältnismäßigkeitsprüfung, wenngleich eine solche im Urteil *Asklepios* nicht durchgeführt wurde. Mithin ergibt sich die Berührung des Wesensgehalts daraus, dass eine Komponente des Schutzbereichs gänzlich unterbunden wird.

Anders gelagert ist das Urteil in der Rechtssache *UPC*, bei der die durch eine Geldstrafe gesicherte Pflicht eines Netzanbieters zur Abwehr von Urheberrechtsverstößen gegenständlich war. Der EuGH stellte nicht darauf ab, dass die unternehmerische Tätigkeit an sich nicht beeinträchtigt wird und weiterhin möglich bleibt, sondern lehnte eine Verletzung des Wesensgehalts aus Art. 16 EU-GR-Charta aus anderen Gründen ab. Argumentiert wurde hier mit den verbliebenen Wahlmöglichkeiten zur Umsetzung der Verpflichtung, sodass es dem Unternehmer möglich ist, den seinen Ressourcen angepassten Weg zu wählen. Weiterhin führte der EuGH aus, dass auch die Befreiungsmöglichkeit von der Geldstrafe bei Nachweis des Ergreifens aller zumutbaren Maßnahmen dazu führe, dass der Wesensgehalt nicht betroffen sei. Diese Begrenzung auf zumutbare Maßnahmen sei gerechtfertigt, weil der Urheberrechtsverstoß hier nicht vom Netzanbieter selbst ausginge[367].

4 Schlussfolgerung und Anwendung auf die Unternehmerhaftung

a) Negierung einer Schutzbereichsdimension

Die Ausweitung des Wesentlichkeitsbegriffes hinsichtlich der unternehmerischen Freiheit ist insoweit zu begrüßen, dass die wirtschaftliche Aktivität nicht nur die Aufrechterhaltung des Wirtschaftsbetriebs voraussetzt, sondern gerade auch durch den völligen Ausschluss von Schutzbereichsdimensionen wie etwa der Vertragsfreiheit unterbunden wird. Gleichwohl sorgt eine Orientierung des Wesentlichkeitsbegriffes an den verschiedenen Dimensionen des Schutzbereichs aber auch für eine gewisse Rechtsunsicherheit. Es ist eine schwierige Abgrenzungsfrage, zwischen Unteraspekten der genannten wesentlichen Schutzbereichsdimensionen mit eigenständigen Gehalt und bloßen Konkretisierungen zu

367 EuGH NJW 2014, 1577 Rn. 51 ff. (UPC).

unterscheiden. Mithin ist es unklar, ob die Möglichkeit zu Massenentlassungen wirklich eine eigenständige Schutzbereichsdimension darstellt, bei deren völliger Unterbindung eine Verhältnismäßigkeitsprüfung ausscheidet.

Entsprechend der obigen Ausführungen ist für die Unternehmerhaftung zu hinterfragen, ob eine eigenständige Schutzbereichsdimension völlig negiert wird. Die Vertragsfreiheit hier in Form der Wahlmöglichkeit hinsichtlich des Vertragspartners wird nicht völlig unterbunden: Es kann weiterhin jeder mögliche Unternehmer beauftragt werden, das Haftungsrisiko stellt eine Rahmenbedingung dar und schließt das Wahlrecht hinsichtlich des Vertragspartners nicht aus.

Größere Schwierigkeiten bereitet die Abgrenzung bezüglich der Fallgruppe der Autonomie über die vorhandenen Ressourcen. Ein Teilbereich dieser Autonomie besteht in der Entscheidung, ob eigene Arbeitnehmer eingesetzt werden oder aber auf Werkunternehmer zurückgegriffen wird. Dies erscheint auch als so gewichtig, dass eine eigenständige Schutzbereichsdimension anzunehmen ist. Im Ergebnis wird die Entscheidungsfreiheit insoweit durch das Haftungsrisiko aber nicht völlig negiert. Negative Anreize zur eigenen Beschäftigung reichen nicht aus, um den Subunternehmereinsatz schlechthin zu unterbinden.

b) Einstandspflicht bestimmter Gruppen

Allerdings ergibt sich aus der Rechtssache *UPC*, dass auch der EuGH nunmehr eine besondere Rechtfertigung für die Inanspruchnahme einzelner Gruppen für erforderlich hält und eine Abwägung der legitimen Ziele mit der jeweiligen Belastung allein nicht hinreichend ist. Die Besonderheit der genannten Fallkonstellation liegt darin, dass hier die Inanspruchnahme des Netzanbieters keineswegs zwingend erscheint, schließlich verursacht dieser nicht selbst den Urheberrechtsverstoß. Der Wesentlichkeitsgrundsatz besagt nicht, dass eine Haftung nur infolge eigenen Verhaltens gerechtfertigt sein kann. Es ist aber gerade auch ein Kern der unternehmerischen Freiheit, nicht ohne jeglichen Anknüpfungspunkt Ansprüchen ausgesetzt zu sein und so in der Dispositionsfreiheit eingeschränkt zu werden.

Als Anknüpfungspunkte für die Haftung kommen wiederum eine Fürsorgepflicht, eine zwingende Sachnähe oder wie im Fall *UPC* dargelegt ein Außerachtlassen der zumutbaren Sicherungsmaßnahmen in Betracht. Eine bloße Kausalität kann auch hier nicht ausreichen. Hierbei lässt sich als geeignetes Abgrenzungskriterium zwischen einfacher und qualifizierter Kausalität noch leichter als bei Art. 12 Abs. 1 GG die unternehmerische Vertretbarkeit festlegen. Der Wesentlichkeitsgrundsatz besagt für das Grundrecht der unternehmerischen Freiheit gerade, dass die Ausrichtung an ökonomischen Erwägungen legitim sein muss, der Unternehmer seine Ressourcen folglich, wenn nicht in optimaler Art und Weise, doch zumindest auf unternehmerisch vertretbare Weise einsetzen können muss. Infolgedessen kann dem Unternehmer kein wirtschaftlich sinnwidriges oder gar existenzgefährdendes Verhalten abverlangt werden. Folglich kann eine allein an ein unternehmerisch zwingendes Verhalten anknüpfende Haftung nicht gerechtfertigt sein.

Im Ergebnis lässt sich über den Hebel des Wesentlichkeitskriteriums für Art. 16 EU-GR Charta die für Art. 12 GG dargelegte Konzeption einer Verantwortungsbeziehung übertragen, wobei hier letztlich die gleichen Kriterien herangezogen werden können. Bei einer Prüfung der Unternehmerhaftung im Lichte von Art. 16 EU-GRCh ergibt sich daher kein anderes Ergebnis. Die undifferenziert verschuldensunabhängige Haftung nach §§ 13 MiLoG, 14 AEntG verstößt daher unbesehen von dessen Anwendbarkeit gegen Art. 16 EU-GRCh. Gleiches gilt für die durch Art. 12 RL 2014/67/EU und Art. 8 Abs. 3, 4 RL 2009/52/EG eröffneten Möglichkeiten zur verschuldensunabhängigen Haftung. Bei § 98 a Abs. 3, 4 AufenthG würde eine verschuldensunabhängige Haftung ausscheiden.

IV Vereinbarkeit mit den Grundfreiheiten

1 Überblick

Auf der Ebene des Unionsrechts sind neben den Grundrechten auch die Grundfreiheiten zu berücksichtigen. Für die Vereinbarkeit der bürgengleichen Haftung mit den Grundfreiheiten bei grenzüberschreitenden Sachverhalten ist die Dienstleistungsfreiheit, nunmehr Art. 56 AEUV, Anknüpfungspunkt für eine Kontrolle. Eine Verletzung der Arbeitnehmerfreizügigkeit nach Art. 45 Abs. 1 AEUV kommt hingegen nicht in Betracht, da von den Arbeitnehmern in Entsendefällen kein dauerhafter Zugang zum Arbeitsmarkt begehrt wird[368].

Der EuGH hat unmittelbar zur Frage der Auftraggeberhaftung im Urteil *Wolff & Müller* Stellung genommen[369]. Sinnvollerweise ist eine Vereinbarkeit der Auftraggeberhaftung mit der Dienstleistungsfreiheit nicht nur im Lichte dieses Urteils zu überprüfen. Stattdessen ist die Rechtsprechung des EuGH bezüglich der Frage zu beleuchten, inwieweit Arbeitnehmer oder andere Institutionen in Verbindung mit dem Arbeitsverhältnis Ansprüche geltend machen können.

368 Von der Groeben/Schwarze/Hatje/Tietje Art. 57 AEUV Rn. 46; Gündisch S. 108.
369 EuGH Slg. 2004, I-9553 (*Wolff & Müller*).

Dies gilt sowohl für die Rechtsprechung vor Erlass des Urteils *Wolff & Müller* als auch für später erlassene Urteile.

Dabei sind zwei Fragen von übergeordneter Bedeutung. Zum einen muss ermittelt werden, worin genau der EuGH eine Diskriminierung oder Beschränkung gesehen hat. Entscheidend ist dabei, dass sich die Grundfreiheiten nicht auf die Funktion als Diskriminierungsverbot beschränken. In der Entscheidung *Dassonville* hat der EuGH anhand der Warenverkehrsfreiheit die Formel aufgestellt, dass als „Maßnahmen gleicher Wirkung" im Sinne des heutigen Art. 34 AEUV sämtliche Maßnahmen grundsätzlich unzulässig sind, die den innergemeinschaftlichen Handel tatsächlich oder potentiell zu beeinträchtigen geeignet sind[370]. Bereits 1974 wurde dieser Gedanke in der Entscheidung *van Binsbergen* auf die Dienstleistungsfreiheit übertragen, sodass neben Diskriminierungen wegen der Staatsangehörigkeit auch Maßnahmen unzulässig seien, durch die Leistungen unterbunden oder behindert werden[371]. Diese Grundentscheidung ist als Ausgangspunkt der Problematik zu verstehen.

Zum anderen stellt sich die Frage, auf welche Argumentationsmuster hinsichtlich der Rechtfertigung zurückgegriffen wurde. Ausgangspunkt ist die Cassis-Formel des EuGH, wonach die Beschränkung durch zwingende Allgemeininteressen gerechtfertigt werden kann[372]. Eine Rechtfertigung setzt laut dem EuGH voraus, dass die Maßnahmen geeignet sind, die Verwirklichung des mit ihnen verfolgten Zieles zu gewährleisten, ohne über das hinauszugehen, was zur Erreichung dieses Zieles erforderlich ist[373]. Der Zweck-Mittel-Relation, nach deutschem Verständnis der Angemessenheit, wird in der Literatur allenfalls eine geringe Bedeutung beigemessen[374]. Dementsprechend ist nach der Darstellung der einschlägigen EuGH-Rechtsprechung zunächst zu klären, inwieweit die Auftraggeberhaftung eine Beschränkung darstellt und anschließend, welche zwingenden Allgemeininteressen hier grundsätzlich in Betracht kommen. In einem abschließenden Schritt ist die Rechtfertigungsprüfung konkret bei den einzelnen Normen der Auftraggeberhaftung durchzuführen.

Zu beachten bleibt dabei aber, dass der Erlass der Durchsetzungsrichtlinie 2014/67/EU und der Sanktionsrichtlinie 2009/52/EG jeweils zu einer speziellen

---

370 EuGH SlG 1974, 837 Rn. 5.

371 EuGH Slg. 1974, 1299 Rn. 10/12 *(Van Binsbergen)*

372 EuGH Slg. 1979, 649 Rn. 9 (*Cassis de Dijon*).

373 Siehe nur EuGH Slg. 2001, I-2189 Rn. 26 (*Mazzoleni);* EuGH Slg. 2002, I-787 Rn. 19 (*Portugaia Construcoes*); EuGH Slg. 2004, I-9553 Rn. 34 (*Wolff & Müller*).

374 Bieber/Epiney/Haag/Kotzur/Epiney § 10 Rn. 17; Callies/Ruffert/Kinggreen Art. 36 AEUV Rn. 98.

Situation führen. Hierbei gilt, dass auch das Handeln der Unionsorgane an die Grundfreiheiten gebunden ist[375], sodass sich die Frage der Übereinstimmung der Richtlinien mit der Dienstleistungsfreiheit stellt. Es ist festzuhalten, dass durch Art. 12 Abs. 1 der RL 2014/67/EU eine Legitimation erfolgt, während Art. 12 Abs. 2 hinsichtlich des Baugewerbes eine Anordnung trifft. Art. 8 Abs. 1, 3 der RL 2009/52/EG ordnet eine verschuldensabhängige Haftung an, die verschuldensunabhängige Haftung wird nach Art. 8 Abs. 4 ermöglicht. Die Bindung der Unionsorgane an die Grundfreiheiten gilt jedoch nicht nur hinsichtlich der zwingenden Anordnung, sondern auch hinsichtlich des Legitimationsakts[376], sodass im Ergebnis die genannten Artikel vollständig auf ihre Vereinbarkeit mit der Dienstleistungsfreiheit überprüft werden können. Das heißt dann aber auch, dass eine nationale Umsetzung nicht gegen die Dienstleistungsfreiheit verstoßen kann, wenn die Richtlinie hiermit vereinbar ist und die Umsetzung darüber nicht hinausgeht. Dies gilt gerade auch, wenn die Richtlinie lediglich eine Legitimation anstelle einer zwingenden Anordnung vorsieht. Dies ist durchaus relevant, da für die Organe der EU bei Erlass der Richtlinien anders als für die Mitgliedsstaaten ein weiteres Ermessen gilt[377].

2 Rechtsprechung des EuGH zu Ansprüchen in Bezug auf das Arbeitsverhältnis

a) Erstreckung von nationalen Arbeitsbedingungen

Am Anfang der für die gegebene Thematik relevanten Rechtsprechung über Ansprüche mit Bezug auf das Arbeitsverhältnis steht die 1982 entschiedene Rechtssache *Seco*[378]. In deren Sachverhalt mussten die Arbeitgeber nach Luxemburg entsandter Arbeitnehmer Beiträge zur Sozialversicherung zahlen, ohne dass den Arbeitnehmern daraus Ansprüche gegen den Sozialversicherungsträger entstanden wären. Der EuGH nahm eine mittelbare Diskriminierung und mithin eine verdeckte Schlechterbehandlung ausländischer Arbeitgeber an, die mit den gleichzeitig bestehenden Verpflichtungen des Arbeitgebers zur Zahlung von Sozialversicherungsbeiträgen für den gleichen Arbeitnehmer und die gleichen Beschäftigungszeiten in seinem Heimatland begründet wurden. Eine Rechtfertigung mit einem zwingenden Allgemeininteresse des Arbeitnehmerschutzes

---

375 EuGH Slg. 1997, I-3629 Rn. 27 (*Kieffer und Thill*); Slg. 1998 I-04301 Rn. 63 (*Safety Hi-Tech Srl*).

376 Vgl. Streinz/Müller-Graff Art. 49 Rn. 37.

377 EuGH Slg. 2002 I 11453, Rn. 123 (*Tabakprodukte-Richtlinie*); Slg 2000 I-9131 Rn. 32.

378 EuGH Slg. 1982, 223 (*Seco*).

schied hier mangels entstehender Ansprüche der Arbeitnehmer gegen den Sozialversicherungsträger aus. Erwogen wurde eine Rechtfertigung mit den Erwägungen, dass durch die Zahlungspflichten ein Ausgleich für einen potentiellen Mindestlohnverstoß der Arbeitgeber entstehe und so auf besondere Durchsetzungsprobleme bei ausländischen Arbeitgebern reagiert werde.

Insoweit wurde die konkrete Maßnahme aber als nicht geeignet angesehen, um die Zahlung des Mindestlohns präventiv zu gewährleisten, schließlich wurden alle entsendenden Arbeitgeber unabhängig von einer tatsächlichen Mindestlohnzahlung herangezogen. Bei einer Inanspruchnahme allein ausländischer Arbeitgeber konnte kein wirksamer präventiver Schutz hinsichtlich eines Mindestlohnausfalls angenommen werden, ohne wiederum eine diskriminierende Wertung zu vollziehen.

Ebenso stellte der EuGH aber auch klar, dass eine Erstreckung nationaler Arbeitsbedingungen auf ausländische Arbeitgeber und wirksame Instrumente zur Durchsetzung dieser Arbeitsbedingungen durchaus zulässig seien.

Diese zentrale Aussage wiederholte der EuGH in den Rechtssachen *Rush Portuguesa* im Jahre 1990 und *Vander Elst* im Jahr 1994. Es sei nicht zulässig, den Einsatz einer Arbeitnehmerentsendung zu untersagen oder unter bestimmte Bedingungen zu stellen, die Erstreckung der nationalen Rechtsvorschriften sei aber sehr wohl möglich[379].

Die soeben dargelegte Aussage, wonach die Erstreckung nationaler Arbeitsbedingungen auf entsandte Arbeitnehmer durchaus zulässig sei, entspricht der Intention der Entsenderichtlinie 96/71/EG. Nach deren Art. 3 Abs. 1 S. 1 sind nationale Mindestarbeitsbedingungen, die in nationalen Rechtsvorschriften oder für das Baugewerbe in allgemeinverbindlichen Tarifverträgen festgesetzt sind, mit international zwingender Wirkung zu versehen. Die Richtlinie war gemäß Art. 7 Abs. 1 der RL 96/71/EG bis zum 16.12.1999 in nationales Recht umzusetzen. Der EuGH überprüfte bei vor Ablauf der Umsetzungsfrist zu datierenden Sachverhalten die Erstreckung wie auch die ergriffenen Maßnahmen direkt am Maßstab der Dienstleistungsfreiheit.

Im Urteil *Mazzoleni*[380] wurde die Erstreckung nationaler Arbeitsbedingungen als eine Beschränkung beurteilt, die geeignet sei, durch die entstehenden Kosten die Erbringung der Dienstleistung zu behindern oder weniger attraktiv zu machen. Im Rahmen der Rechtfertigung stelle der Schutz der Arbeitnehmer

---

379 EuGH Slg. 1990, I-1417 Rn. 18 (*Rush Portuguesa*); EuGH Slg. 1994, I-3803 Rn. 23 (*Vander Elst*).

380 EuGH Slg. 2001, I-2189 (*Mazzoleni*).

ein zwingendes Allgemeininteresse dar. Allerdings sei es denkbar, dass die an sich zulässige Erstreckung nationaler Arbeitsbedingungen ausnahmsweise weder erforderlich noch verhältnismäßig sei. Dies werde bei grenznahen Tätigkeiten der Arbeitnehmer relevant: Ein in Frankreich lebender, aber in Belgien arbeitender Arbeitnehmer sei bei einer Bezahlung nach den belgischen Rechtsvorschriften aufgrund der geringeren Besteuerung in Frankreich bessergestellt als andere Arbeitnehmer in Belgien. Zudem werde bei grenznahen Tätigkeiten unter Umständen ein unverhältnismäßiger Aufwand für den Arbeitgeber verursacht, den Stundenlohn je nach dem konkreten Arbeitsort zu berechnen.

Von Interesse ist dabei, auf welcher dogmatischen Ebene diese Argumente anzusiedeln sind. Der Hinweis auf den bereits hinreichenden Schutz der in Frankreich wohnenden Arbeitnehmer lässt sich so verstehen, dass als zwingendes Allgemeininteresse lediglich eine Gleichstellung mit den Arbeitnehmern im Entsendestaat in Betracht komme. Versteht man den Schutz für die Arbeitnehmer hingegen qualitativ, sodass schon eine bessere Bezahlung das zwingende Allgemeininteresse darstellt, ist eine Erstreckung angesichts des letztlich höheren Nettolohns bei belgischer Bezahlung und französischer Besteuerung zum Erreichen dieses Ziels sicher geeignet und mangels milderem Mittel auch erforderlich, allenfalls aber in der Abwägung mit den Belastungen des Arbeitgebers nicht angemessen. In beiden Fällen fehlt es letztlich an der Notwendigkeit zur Erstreckung der Arbeitsbedingungen. Der Verweis auf unverhältnismäßige Umstände für den Arbeitgeber ist eindeutig der Abwägung zwischen dem Interesse des Arbeitnehmers und dem Interesse des Arbeitgebers zuzuordnen.

b) *Treuemarken und Wintergeld*

In der Rechtssache *Guiot*[381] war die Verpflichtung eines luxemburgischen Bauunternehmers zur Zahlung von Beiträgen für die Finanzierung von Treue- und Wintergeldern in Belgien Gegenstand des Verfahrens. Der Bauunternehmer war zugleich in Luxemburg zur Zahlung solcher Beiträge für die gleichen Arbeitnehmer und den gleichen Zeitraum verpflichtet, wobei diese aber eine geringere Höhe betrugen. Der EuGH ließ dabei offen, ob aufgrund der Doppelbelastung hier wie in der Rechtssache *Seco* eine mittelbare Diskriminierung vorläge, zumindest sei in der Zahlungsverpflichtung eine Beschränkung zu erblicken. Für die Rechtfertigung wurde zusätzlich zum Verhältnismäßigkeitsgrundsatz die Formel verwendet, dass dem Allgemeininteresse nicht bereits durch die Vorschriften des Entsendestaats Rechnung getragen werde. Eine Rechtfertigung scheide

381 EuGH Slg. 1996, I-1905 (*Guiot*).

aus, wenn der den Arbeitgebern gewährte Schutz bereits in gleicher oder in im Wesentlichen vergleichbarer Weise durch den Entsendestaat gewährt werde. Im konkreten Fall seien sich die luxemburgischen und die belgischen Systeme hinsichtlich ihrer Ziele und der abgesicherten Risiken trotz der Unterschiede in der Höhe der gewährten Leistungen aber so ähnlich, dass ein vergleichbarer Schutz im Entsendestaat durchaus bestehe. Eine Rechtfertigung wurde daher ausgeschlossen.

In der Rechtssache *Arblade*[382] wurde ebenfalls die Verpflichtung zur Finanzierung von Treue- und Wintergeldern thematisiert. Diese wurden hier ausdrücklich als Beschränkung klassifiziert. Im Ergebnis wurde dem Urteil *Guiot* ohne weitergehende Begründung gefolgt.

Der Vergleichbarkeitsgedanke ließe sich dogmatisch als Eingrenzung des zwingenden Allgemeininteresses verstehen. Ein alternativer Erklärungsansatz knüpft an das Erforderlichkeitskriterium an. Demnach schließen bereits bestehende nationale Vorschriften die Erforderlichkeit von Maßnahmen aus, solange kein grundlegend neues Schutzniveau erreicht wird. In der Konsequenz wäre die Erforderlichkeit bereits zu verneinen, wenn vergleichbare nationale Vorschriften im Herkunftsstaat bestehen. Diese nationalen Vorschriften wären, obwohl möglicherweise weniger weitreichend und daher nicht gleich geeignet zum Arbeitnehmerschutz, als mildere Mittel vorzuziehen.

c) Urlaubskassenverfahren

Die Erstreckung des deutschen allgemeinverbindlichen Tarifvertrags über das Sozialkassenverfahren im Baugewerbe auf ausländische Arbeitgeber war Gegenstand der Rechtssache *Finalarte*[383]. Nach dem damaligen Sozialkassentarifvertrag im Baugewerbe (VTV) war die Urlaubsvergütung direkt von der Urlaubskasse an die Arbeitnehmer auszuzahlen. In der Beitragspflicht der Arbeitgeber gegenüber den Urlaubskassen sah der EuGH eine Beschränkung. Als zwingendes Allgemeininteresse im Rahmen der Rechtfertigung kam wiederum der Arbeitnehmerschutz in Betracht.

Dabei problematisierte der EuGH die protektionistische Zielrichtung des AEntG, im Ergebnis käme es jedoch auf eine objektive Schutzwirkung an, wobei die Zielrichtung des Gesetzgebers zu einer genaueren Betrachtung der entstandenen Vorteile führen könne. Den Arbeitnehmern müsse ein „deutlicher" zusätzlicher Schutz entstanden sein, sodass durch die Vorschriften des Herkunftsstaats

382 EuGH Slg. 1999, I-8453 (*Arblade*).

383 EuGH Slg. 2001, I-7831 (*Finalarte*).

nicht bereits ein gleicher oder vergleichbarer Schutz gewährleistet sein dürfe. Es wird mithin wiederum auf den Vergleichbarkeitsgedanken zurückgegriffen. Dabei legte der EuGH dem vorlegenden Gericht ein recht engmaschiges Prüfungsprogramm auf. So soll die Existenz eines zusätzlichen Schutzes im Vergleich zur Regelung des Herkunftsstaats unter anderem davon abhängen, ob die nach deutschem Recht mögliche Mitnahme der Urlaubsansprüche zu anderen Arbeitgebern überhaupt relevant werde oder aber ein Arbeitgeberwechsel eines entsandten Arbeitnehmers innerhalb Deutschlands kaum vorkomme. Zudem sei darauf abzustellen, ob die tatsächliche Geltendmachung der Ansprüche auf Urlaubsvergütung gegen die Kasse zu erwarten sei, ob mithin die hierfür notwendigen Rahmenbedingungen für eine Geltendmachung durch ausländische Arbeitnehmer vorlägen.

Ein solch konkreter Vergleich des jeweiligen Schutzniveaus im Herkunfts- und im Entsendestaat stellt einen gewissen Widerspruch zur Anwendung des Vergleichbarkeitsgedankens in der Rechtssache *Guiot* dar. Dort war lediglich die Ähnlichkeit der Systeme für Treue- und Wettergelder hinsichtlich ihrer Ziele und Verfahrensweisen festgestellt worden, auf das konkret günstigere Modell kam es nicht an. Der BGH führte sodann auch keinen konkreten Vergleich des deutschen und des portugiesischen Verfahrens durch, sondern beschränkte sich auf die Aussage, dass in Portugal die Urlaubsvergütung nicht von einer unabhängigen Instanz verlangt werden könne. Allein darin sei ein zusätzlicher Schutz zu sehen. Die Haltung des EuGH in der Rechtssache *Giout* wie auch diese Stellungnahme des BGH weisen in die Richtung eines rein institutionellen Vergleichs, der sich auf die abgesicherten Risiken und auf den grundlegenden Mechanismus beschränkt. Das Verständnis des EuGH in der Rechtssache *Finalarte* führt hingegen dazu, dass nur ein erheblicher Vorteil für den Arbeitnehmer die Beschränkung rechtfertigen kann. Anstelle einer durchzuführenden Suche nach konkurrierenden Systemen im Herkunftsland war eine Gewichtung der konkreten Maßnahme nach ihrer Schutzqualität durchzuführen. Dies führt zu Ende gedacht dazu, dass die Rechtfertigung einer Beschränkung je einfacher ist, desto intensiver diese ausfällt[384].

Dogmatisch lässt sich der Vergleichbarkeitsgedanke auch hier als Frage des zwingenden Allgemeininteresses oder als Modifikation des Erforderlichkeitskriteriums behandeln. Allerdings verwies der EuGH auch darauf, dass eine Abwägung zwischen der Belastung für den Arbeitgeber und dem Schutz für den Arbeitnehmer vorzunehmen sei, erläuterte aber im Folgenden in Betracht

384 Bayreuther NZA 2008, 626, 629.

kommende Alternativen und damit einen Aspekt der Erforderlichkeit. Es bleibt daher unklar, ob eine Prüfung der Angemessenheit tatsächlich vorzunehmen war[385].

d) Das Urteil Wolff & Müller

Das BAG äußerte im Hinblick auf die Ausführungen des EuGH in der Rechtssache *Finalarte* gewisse Zweifel hinsichtlich der Vereinbarkeit von § 1 a AEntG a. F. mit der Dienstleistungsfreiheit[386]. Insbesondere wurde die Frage aufgeworfen, ob hier anders als im Fall Finalarte angesichts des protektionistischen Ziels dieser Norm der Arbeitnehmerschutz als zwingendes Allgemeininteresse ausscheiden müsse. Zudem wurde die Schutzwirkung auch mit dem Argument in Zweifel gezogen, dass die tatsächliche Geltendmachung durch entsandte Arbeitnehmer angesichts der sprachlichen Hürden und der Unkenntnis der Rechtslage erschwert sei. Hinzu komme, dass diese Arbeitnehmer ihre Beschäftigungschance im Inland verlieren würden, da die Haftung zu einer vorrangigen Beauftragung deutscher Unternehmen führen werde. Dies wurde auch in der Literatur problematisiert[387].

Der EuGH nahm im Ergebnis eine gerechtfertigte Beschränkung der Dienstleistungsfreiheit an[388]. Der Rechtssache *Wolff & Müller* lag dabei ein Sachverhalt zugrunde, der sich nach Ablauf der Umsetzungsfrist der Entsenderichtlinie ereignet hatte. Als Anknüpfungspunkt für eine Auslegung der Richtlinie im Lichte der Dienstleistungsfreiheit wählte der EuGH Art. 5 Abs. 1 der RL 96/71/EG, wonach die Staaten geeignete Maßnahmen zur Umsetzung der Entsenderichtlinie zu ergreifen haben. Diese Maßnahmen seien nur dann geeignet, wenn sie mit den Grundfreiheiten vereinbar seien.

Eine Beschränkung hielt der EuGH sowohl gegenüber den Auftragnehmern wie auch gegenüber den Generalunternehmern im Hinblick auf jeweils entstehende Kosten und administrative Belastungen für möglich, ohne dies abschließend zu klären. Als zwingendes Allgemeininteresse im Rahmen der Rechtfertigung wurde wiederum der Arbeitnehmerschutz genannt, wobei die Zweifel des BAG hinsichtlich der protektionistischen Ausrichtung der Norm vom EuGH entkräftet wurden: Entscheidend sei, ob objektiv ein tatsächlicher Vorteil für die Arbeitnehmer entstehe. Der Zielrichtung des Gesetzgebers wird

---

385 Vgl. von Dannwitz EuZW 2002, 237, 242.

386 BAGE 103, 240, 259 ff.

387 Franzen SAE 2003, 181, 196; Rieble/Bonmann SAE 2005, 189, 196.

388 EuGH Slg. 2004, I-9553.

im Ergebnis jegliche Bedeutung genommen. Im Grundsatz sei die Regelung unionsrechtskonform, da ein tatsächlicher Vorteil für den Arbeitnehmer hier durch die Hinzunahme eines weiteren Schuldners begründet werde. Auf die Möglichkeiten zur prozessualen Durchsetzung komme es hingegen ebenso wenig an wie auf die Nachteile, die für den entsandten Arbeitnehmer durch den Wegfall von Beschäftigungsmöglichkeiten entstehen könnten. Im Ergebnis trennt sich der EuGH vom im Urteil Finalarte beschrittenen Weg, das Vorliegen eines Vorteils im Vergleich zur Regelung im Herkunftsstaat anhand der Qualität des Vorteils zu bestimmen. Entscheidend ist, dass hier eine zusätzliche Absicherung erfolgt, wie sie im Herkunftsstaat nicht gegeben wäre. In der Konsequenz ist hier nicht die „Deutlichkeit" des Vorteils das entscheidende Kriterium, sondern die funktionelle Unvergleichbarkeit mit Regelungen im Herkunftsstaat. Damit wird auf die Grundgedanken der Urteile *Guiot* und *Arblade* zurückgegriffen.

Als weiteres Argument für die Vereinbarkeit mit Unionsrecht führte der EuGH den Schutz eines fairen Wettbewerbs an und verwies dabei auf den 5. Erwägungsgrund der RL 96/71/EG, sodass hier Auslegung der Richtlinie und Überprüfung anhand der Dienstleistungsfreiheit vermischt werden. Mithin wird hier ein weiteres zwingendes Allgemeininteresse aufgeworfen, deren Grenzen aber nicht im Einzelnen ausgelotet werden.

Die Verhältnismäßigkeit der Regelung sei vom vorlegenden Gericht zu prüfen, wobei die Verhältnismäßigkeit sich aus Geeignetheit und Erforderlichkeit zusammensetze. Auch hier blieb unklar, wie genau die Verhältnismäßigkeitsprüfung erfolgen solle und ob insbesondere im Rahmen der Angemessenheit ein Abwägungsprozess vorzunehmen sei. Das BAG führte im Ergebnis eine solche Abwägung durch und stufte das Schutzinteresse der Arbeitnehmer in Verbindung mit dem Ziel eines fairen Wettbewerbs höher ein als die Belastungen für Auftraggeber und Auftragnehmer[389].

e) *Tariftreueklauseln*

Das Urteil *Wolff & Müller* darf nicht als Endpunkt einer für die Auftraggeberhaftung relevanten Rechtsprechung gesehen werden. Wichtige Impulse liefert auch die Rechtsprechung zu Tariftreueklauseln, an deren Anfang das Urteil in der Rechtssache *Rüffert*[390] steht.

Nach dem niedersächsischen Tariftreuegesetz waren öffentliche Aufträge allein an solche Auftragnehmer zu vergeben, die die Einhaltung des am

389 BAGE 113, 149, 171 f.
390 EuGH Slg. I 2008, 2024.

Arbeitsort einschlägigen Tarifentgelts unabhängig von dessen Allgemeinverbindlichkeit zusicherten. Der EuGH stellte zunächst fest, dass eine solche von einem allgemeinverbindlichen Tarifvertrag unabhängige Tariftreueerklärung nicht den in Art. 3 Abs. 1 S. 1 der RL 96/71/EG vorgesehenen Handlungsformen entspricht, ging anschließend aber auf das Verhältnis der gesetzlichen Regelung zur Dienstleistungsfreiheit ein.

Insoweit wurde in der Verpflichtung zur Zahlung des tarifvertraglichen Entgelts eine Beschränkung gesehen. Als zwingende Allgemeininteressen wurden der Arbeitnehmerschutz, die Stärkung der Tarifautonomie und die Bestandsfähigkeit der Sozialversicherung genannt. Allerdings lehnte der EuGH eine Rechtfertigung durch den Arbeitnehmerschutz mit dem Argument ab, dass sich der zusätzliche Schutz nur auf die Erfüllung öffentlicher Aufträge begrenze und insoweit nicht erkennbar sei, inwieweit ausschließlich in diesem Fall ein erhöhter, über die allgemeinverbindlichen Tarifverträge hinausgehender Schutz geboten sei. Der Sache nach wird daher die Erforderlichkeit der Tariftreueklauseln abgelehnt, wobei aber nicht thematisiert wird, ob eine Tariftreueklausel gegenüber der Allgemeinverbindlichkeit von Tarifverträgen ein milderes Mittel sei: Stattdessen wird die Besserbehandlung von Arbeitnehmern allein bei der Erfüllung öffentlicher Aufträge gerügt[391].

In der Konsequenz wird hier der Vergleichbarkeitsgrundsatz auf die Frage erweitert, ob innerhalb des nationalen Rechtssystems ein funktionell vergleichbarer Schutz gewährleistet wird. Nach dieser Logik ist es systemwidrig, bei einem Schutzniveau durch allgemeinverbindliche Tarifverträge speziell für die Erfüllung öffentlicher Aufträge einen darüber hinausgehenden Schutz zu gewährleisten. Der Schutz durch allgemeinverbindliche Tarifverträge und der Schutz durch den vor Ort einschlägigen Tarifvertrag verhalten sich zueinander wie in der Rechtssache *Guiot* die Systeme für Schlechtwetter- und Treuegeld im Herkunfts- und im Entsendestaat. Der EuGH schließt zwar einen zusätzlichen Schutz nicht aus, fordert aber einen besonderen Sachgrund für eine höhere Schutzbedürftigkeit. Letztlich bedarf es eines funktionalen Mehrwerts, der im vorliegenden Fall für die Erfüllung öffentlicher Aufträge abgelehnt wurde.

Eine Rechtfertigung mit dem zwingendem Allgemeininteresse, die Tarifautonomie zu schützen, wurde mit einem Verweis auf die Ausführungen zum Arbeitnehmerschutz abgelehnt. Der Schutz der sozialen Sicherungssysteme wird vom EuGH hingegen nur dann als zwingendes Allgemeininteresse anerkannt,

391 Seifert EuZA 2008, 526, 535 f.

wenn diese ernsthaft gefährdet sind. Insoweit wurde eine schon länger verbreitete Formel aufgegriffen[392].

Einen ähnlichen Sachverhalt betraf die Entscheidung im Fall *Regio Post*[393]. Nach dem Vergabegesetz des Landes Rheinland-Pfalz hatten die beauftragten Unternehmen die Zahlung des landesgesetzlich normierten Vergabemindestlohns zuzusichern. Hier sah der EuGH aber angesichts einer gesetzlichen Regelung anstatt eines Verweises auf einen Tarifvertrag die verfahrensmäßigen Grenzen des Art. 3 Abs. 1 S. 1 der RL 96/71/EG, hier durch Rückgriff auf Variante 1, als eingehalten und die Voraussetzungen für eine Rechtfertigung als gegeben an. Im konkreten Fall war hier die Vergabe von Postdienstleistungen gegenständlich. Anders als im Fall *Rüffert* existierte hier kein niedrigerer branchenspezifischer Mindestlohn, sodass lediglich ein Mindestmaß an Schutz eingeführt wurde. Dies bedeutet, dass bei einem funktionellen Vergleich kein konkurrierendes Schutzmodell zum Vergabemindestlohn existierte. Der Grundsatz der Vergleichbarkeit innerhalb eines Systems kam hier im Gegensatz zum Fall *Rüffert* nicht zur Geltung.

Die Rechtssache *Bundesdruckerei* ist hingegen anders gelagert, wenngleich auch hier eine Tariftreueerklärung gegenständlich war[394]. Die Stadt Dortmund verlangte eine solche im Hinblick auf den landesgesetzlichen Vergabemindestlohn. Allerdings beabsichtigte die Bundesdruckerei als Auftragnehmer, die vergebenen Leistungen in Polen durchzuführen. Der EuGH erblickte in der erforderlichen Tariftreueerklärung eine Beschränkung. Erwähnenswert ist, dass hier im Rahmen des Arbeitnehmerschutzes auch die Vermeidung von Lohndumping aufgeführt wurde. Eine Rechtfertigung unter Verweis auf den Arbeitnehmerschutz könne jedoch nicht durchgreifen, da die Tariftreuerklärung sich an den deutschen anstatt an den polnischen Lebenshaltungskosten orientiere und im Ergebnis den Wettbewerbsvorteil der in Polen ansässigen Nachunternehmer relativiere. Die verlangte Tariftreuerklärung sei daher nicht erforderlich. Hier liegt eine ähnliche Argumentation wie im Fall *Mazzoleni* vor: Das zwingende Interesse des Arbeitnehmerschutzes kann auf eine Gleichstellung mit den im Inland beschäftigten Arbeitnehmern begrenzt werden, wenn man die mangelnde Schutzwürdigkeit der polnischen Arbeitnehmer angesichts der niedrigen Lebenshaltungskosten nicht als Frage der Angemessenheit verstehen will.

---

392 EuGH Slg. 1998, I-1931 Rn. 39 (*Kohll*); EuGH Slg. 2006, I-4325 (*Watts*) Rn. 103.
393 EuGH NZA 2016, 155 (*Regio Post*).
394 EuGH NJW 2014, 3769 (*Bundesdruckerei*).

3 Beschränkung der Dienstleistungsfreiheit

Eine Beschränkung der Dienstleistungsfreiheit nach Art. 56 AEUV wird vom EuGH angenommen, wenn Maßnahmen geeignet sind, die Tätigkeiten des Dienstleistenden bei grenzüberschreitenden Sachverhalten zu unterbinden, zu behindern oder weniger attraktiv zu machen[395]. Wie dargestellt wurde im Fall *Wolff & Müller* eine Beschränkung durch die Auftraggeberhaftung aufgrund der wirtschaftlichen und administrativen Belastungen angenommen. Hiervon ausgehend liegt in der Tat gegenüber dem Generalunternehmer eine Beschränkung vor, da durch das Haftungsrisiko Sicherungs- und Kontrollmaßnahmen notwendig werden. Umgekehrt wird der beauftragte Nachunternehmer seinerseits mit bürokratischem Aufwand zur Erfüllung dieser Maßnahmen belastet. Relevant wird dies aber nur bei grenzüberschreitenden Sachverhalten, also etwa der Beauftragung eines ausländischen Nachunternehmers für Arbeiten in Deutschland, rein inländische Sachverhalte bleiben unberührt.

Versteht man das Beschränkungsverbot aber im Lichte der Keck-Rechtsprechung[396] auch bei der Dienstleistungsfreiheit als Gewährleistung allein des Zugangs zum Wettbewerb[397], ist eine andere Betrachtung gerechtfertigt. In der Literatur wird die Beschränkung in den diskutierten Fällen dementsprechend darin gesehen, dass durch Belastungen für den ausländischen Arbeitgeber dessen Lohnkostenvorteil entfällt[398]. In der Konsequenz ist der entscheidende Punkt etwa bei Vergabemindestlöhnen, dass diese den ausländischen Auftragnehmern erschweren, in Deutschland Aufträge zu erhalten. Der EuGH hat den Wegfall von Wettbewerbsvorteilen im Urteil *Bundesdruckerei* durchaus gesehen, wenn auch nicht im Rahmen einer möglichen Beschränkung thematisiert[399].

Damit ist im Ergebnis der Zugang zum Markt anstelle der bloßen finanziellen Belastungen in den Fokus gerückt, wobei das Zugangskriterium auch vom EuGH bereits länger herangezogen wird, wenngleich keine endgültige Entscheidung für deren Anwendung in Bezug auf die Dienstleistungsfreiheit gefallen ist[400].

---

395 Statt vieler EuGH Slg. 1991, I-4221, Rn. 12 (*Säger*); EuGH Slg. 1996, I-1905 Rn. 10 (*Guiot*).

396 Slg. 1993, S. I-6097 (*Keck*).

397 Grabitz/Hilf/Nettesheim/Randelzhofer/Forsthoff Art. 57 Rn. 110.

398 Mohr EuZA 2017, 23, 43; Forst NJW 2014, 3755, 3757.

399 EuGH NJW 2014, 3769 Rn. 34 *(Bundesdruckerei)*.

400 EuGH Slg. 1995, I-1141 Rn. 37 (Alpine Investments); Slg. 2004, I-8961 Rn. 12 (CaixaBank France).

Die Haftung führt nicht dazu, dass Wettbewerbsvorteile für ausländische Arbeitgeber entfallen, dies geschieht vielmehr durch das jeweilige Mindestentgelt. Die Haftung dient als flankierende Maßnahme nur dessen Durchsetzung. Allerdings ist eine potentielle Folge der Haftung, dass Auftraggeber eher auf vertraute Unternehmer zurückgreifen, insoweit kann eine marktabschottende Wirkung eintreten. Der Marktzugang der Auftragnehmer ist daher potentiell beeinträchtigt, sodass auch nach diesem Verständnis eine Beschränkung der Dienstleistungsfreiheit anzunehmen ist[401]. Hingegen ist eine solche Beschränkung für die Auftraggeber abzulehnen: Diese werden zwar wirtschaftlich belastet, aber nicht bereits hinsichtlich des Markteintritts beeinträchtigt.

Eine abschließende Klärung, welcher Beschränkungsbegriff anzuwenden ist, würde den Rahmen sprengen und kann daher hier nicht vorgenommen werden.

Festzuhalten ist, dass für alle Normen der Auftraggeberhaftung eine Beschränkung angenommen werden kann.

4 Mögliche zwingende Allgemeininteressen und Leitlinien für die Rechtfertigungsprüfung

a) Arbeitnehmerschutz

Der EuGH fordert mit der Cassis-Formel stets zwingende Gründe der Allgemeinheit als Voraussetzung für eine Rechtfertigung der Beschränkung[402], was eine gewisse Flexibilität hinsichtlich möglicher Rechtfertigungsgründe mit sich bringt. Gleichwohl muss das erwogene zwingende Allgemeininteresse mit den Erwägungen der Grundfreiheiten vereinbar sein.

Unproblematisch zu bejahen ist dies hinsichtlich eines Individualschutzes für die Arbeitnehmer. Zutreffenderweise ist hier eine objektive Betrachtung der Folgen vorzunehmen: Das Vorliegen zwingender Gründe ist unabhängig von den jeweiligen gesetzgeberischen Erwägungen.

Aus den genannten Urteilen lassen sich für die Rechtfertigung einer Beschränkung mit dem Arbeitnehmerschutz zwei Leitlinien herausarbeiten: Das Vergleichbarkeitskriterium als möglicher Ausschlussgrund für eine Rechtfertigung sowie die Begrenzung auf eine Gleichstellung mit nationalen Arbeitsbedingungen. Letzterer, in den Urteilen *Mazzoleni* und *Bundesdruckerei* zum Tragen gekommener Grundsatz, spielt für die Auftraggeberhaftung keine Rolle.

401 Dörfler S. 147.

402 EuGH Slg. 1979, 649 Rn. 9 (*Cassis de Dijon*).

Anders verhält es sich mit den Überlegungen zur Vergleichbarkeit. Diese lassen sich als Gegenstand der Erforderlichkeitsprüfung verstehen: Gefragt wird nicht nach der gleichen Eignung milderer Mittel, sondern nach der funktionellen Vergleichbarkeit.

Gegen den Grundgedanken, dass lediglich partikuläre Regelungen unzulässig seien, lässt sich durchaus argumentieren: Auf bestimmte Situationen begrenzte Regelungen, etwa im Zivilrechtsverkehr nicht geltende Vorgaben bei öffentlichen Aufträgen, können eine gewisse Impuls- und Erprobungsfunktion erfüllen[403]. Allerdings ist gerade keine universelle Regelung notwendig. Das Urteil *Regiopost* hat dies bestätigt: Die Begrenzung von höheren Lohnansprüchen der Arbeitnehmer auf Fälle der Erfüllung von öffentlichen Aufträgen ist durchaus möglich, es darf nur kein höheres Mindestentgelt bestehen.

Gibt es keine abschließende Regelung, ist ein gesetzgeberisches Vorgehen in einzelnen Bereichen unproblematisch, nur wenn bereits ein Schutzniveau besteht, kommt der Vergleichbarkeitsgrundsatz zum Tragen. Im Verhältnis der Mitgliedsstaaten zueinander ist die Herleitung dieses Grundsatzes unproblematisch: Der freie Binnenmarkt soll nicht durch Schutzmaßnahmen beeinträchtigt werden, die dem Arbeitnehmer ohnehin schon zugutekommen. Dies wird am Beispiel des Schlechtwettergeldes offensichtlich: Der Arbeitnehmer bedarf insoweit keiner doppelten Absicherung, auch wenn diese für ihn natürlich vorteilhaft ist. Eine Marktbehinderung für die Arbeitgeber kann dieser als überflüssig erscheinende doppelte Schutz nicht rechtfertigen. Es ist dabei zweckmäßig, auf die funktionelle Vergleichbarkeit abzustellen und nicht auf eine hinreichende „Deutlichkeit" des Vorteils, ansonsten droht die aufgezeigte paradoxe Situation, dass eine stärker belastende Beschränkung sich leichter rechtfertigen lässt.

Aber auch innerhalb eines Regelungssystems hat der Vergleichbarkeitsgrundsatz seine Berechtigung, was etwa bei über die Mindestentgelte hinausgehenden Tariftreueklauseln zur Geltung kommt. Letztlich ist damit nur dem Gedanken Ausdruck verliehen, dass der Schutz an sich schon gewährleistet ist und darüber hinausgehende Schutzmaßnahmen einer sachlichen Rechtfertigung unterliegen müssen. Ausgewählte besondere Beschränkungen, bei denen eine größere Schutzwürdigkeit des Arbeitnehmers im Vergleich zur Normalsituation nicht ersichtlich ist, sind letztlich ein Markthindernis ohne besondere Rechtfertigung. Dies schließt gerade nicht aus, bei besonderer Schutzwürdigkeit ergänzende Regelungen einzuführen, mithin einen Zugewinn an Funktionalität einzuführen. Das zwingende Allgemeininteresse des Arbeitnehmerschutzes

403 Däubler NZA 2014, 694, 698.

kann nicht pauschal alle Beschränkungen rechtfertigen. Eine Abwägung der Rechtspositionen beinhaltet stets die Problematik, dass eine besonders starke Belastung umgekehrt die Stellung des Arbeitnehmers besonders stärkt. Aspekte einer Angemessenheitsprüfung sind daher zumindest im Bereich der Rechtfertigung einer Beschränkung der Dienstleistungsfreiheit durch den Arbeitnehmerschutz letztlich nicht weiterführend. Sinnvoller ist es, für vom grundlegendem Schutzniveau abweichende Gestaltungen besondere Sachgründe einzufordern. Dies bedeutet aber nicht, dass das im Regelfall anwendbare Schutzniveau nur ein absolutes, gegenüber jedermann gleiches Minimum darstellen kann: Als zulässige Gestaltungsform nach Art. 3 Abs. 1 S. 1 Var. 2 RL 96/71/EG hat der EuGH auch die Erstreckung von nach Lohngruppen differenzierenden Lohngittern zugelassen, soweit diese Einteilung zwingend und transparent erfolgt[404]. Dies entspricht der reformierten Entsenderichtlinie RL 96/71/EG gemäß dem neuen Art. 3 Abs. 1 S. 1 lit. c, S. 3 der Richtlinie.

Allerdings lässt sich die Anwendung des Vergleichbarkeitsgrundsatzes in den Fällen *Rüffert* und *Regio-Post* durchaus kritisieren: Die speziellen Regelungen erfolgten hier durch die Bundesländer, die kompetenzgemäß gar nicht zu einer Regelung hinsichtlich der Mindestarbeitsbedingungen und damit hinsichtlich des Grundniveaus berechtigt gewesen wären. Bei einer Unzulässigkeit der speziellen Regelung droht die vorhandene Spezialkompetenz der Länder nach Art. 72 Abs. 1, 74 Nr. 11 GG leerzulaufen[405]. Ob der Vergleichbarkeitsgrundsatz auch in diesem Falle sinnvollerweise zur Anwendung zu bringen ist, kann letztlich dahinstehen, für die durch den Bundesgesetzgeber normierte Auftraggeberhaftung ist dies nicht von Relevanz.

Im Ergebnis scheidet bei Beschränkungen der Dienstleistungsfreiheit eine Rechtfertigung mit Verweis auf den Arbeitnehmerschutz aus, wenn ein grundlegender, funktional vergleichbarer Schutz bereits existiert und keine Sachgründe für eine Ausweitung bestehen. Die Maßnahme ist dann nicht erforderlich.

b) Fairer Wettbewerb

Das zwingende Allgemeininteresse eines fairen Wettbewerbs in Bezug auf die Lohnzahlung ließe sich bereits aus der in den Urteilen *Seco* und *Rush Portuguesa* zugelassenen Erstreckung nationaler Arbeitsbedingungen herleiten[406], wobei

---

404 EuGH EuZW 2015, 308, Rn. 43 f. (*Sähköalojen ammattiliitto*).

405 Bonitz NZBau 2016, 418, 420; Däubler NZA 2014, 694, 698; vgl. auch Schlussanträge des Generalanwalts Mengozzi in der Rechtssache *Regiopost* (Rechtssache C-115/14) ZfBR 2015, 801, 806.

406 Däubler NZA 2014, 694, 698.

diese Urteile sich auch als Ausdruck des Gleichstellungsgedankens und mithin des individuellen Arbeitnehmerschutzes verstehen ließen. Im Urteil Vander Elst rechtfertigte der EuGH die Möglichkeit einer solchen Erstreckung ausdrücklich mit dem Ziel, Wettbewerbsverfälschungen zu verhindern[407]. Auch später hat der EuGH die Verhinderung von Lohndumping in Verbindung mit dem Schutz von ihre Zahlungspflichten erfüllenden Arbeitgebern als zwingendes Allgemeininteresse genannt[408]. Dies ist allerdings widersprüchlich zu dem Umstand, dass der EuGH in der Rechtssache *Bundesdruckerei* gerade den Wegfall von Wettbewerbsvorteilen als das Grundproblem ansah. Ein Wettbewerb über die Lohnkosten wäre demnach einerseits als Folgerung aus dem freien Binnenmarkt erwünscht[409], dessen Verhinderung wäre aber auch ein zwingendes Allgemeininteresse für Beschränkungen. Es lässt sich durchaus argumentieren, dass infolgedessen der faire Wettbewerb in Bezug auf Lohnverpflichtungen gegenüber den Arbeitnehmern kein zwingendes Allgemeininteresse sein kann[410]. In der Konsequenz müsste allein auf den Individualschutz der Arbeitnehmer abgestellt werden.

Es ist aber bereits skizziert worden, dass ein fairer Wettbewerb auf dem Gebiet der Lohnzahlung keineswegs den völligen Verzicht auf lohnbedingte Kostenunterschiede beinhaltet, sondern sich nach dem Verständnis des deutschen Gesetzgebers vielmehr dadurch auszeichnet, dass angemessene Löhne bestehen und dass die Arbeitgeber zwecks Beschäftigungsförderung bestandsfähig sind, sie mithin auch ohne Lohndumping auf dem Markt bestehen können. Ein Annex hierzu ist, dass die Rechtsvorschriften auch eingehalten werden[411].

Die zweite Komponente ist unionsrechtlich problematisch. Durch sie werden einem aus der Perspektive des Binnenmarkts legitimen Wettbewerb über die Lohnkosten enge Grenzen gesetzt. Zusätzlich führt das Kriterium der Bestandssicherheit dazu, dass insbesondere ausländische Betriebe, die wirtschaftlich per se anders aufgestellt sind als die nationale Konkurrenz, aus dem Markt verdrängt werden. Auch wenn dies – anders als noch bei § 1 a AEntG – nicht ausdrücklich bezweckt ist, kann so faktisch eine Beschäftigungsförderung für nationale Arbeitnehmer zum Nachteil der ausländischen Arbeitgeber wie Arbeitnehmer ausgeübt werden.

---

407 Slg. 1994, I-3803 (*Vander Elst*), Rn. 25.

408 EuGH NJW 2014, 3769 Rn. 31 (*Bundesdruckerei*); Slg. I 2007, 11845 Rn. 103 (*Laval*).

409 Vgl. Kainer NZA 2016, 394, 398.

410 So Kainer NZA 2016, 394, 399.

411 S. hierzu oben zusammenfassend C V.

Das angemessene Lohnniveau ist demgegenüber letztlich mit Erwägungen des Individualschutzes deckungsgleich. Unter dem Gesichtspunkt der Vertragsgerechtigkeit stellen Lohnuntergrenzen, aber auch verbindliche Lohngitter keinen Widerspruch zu Grundwertungen des Binnenmarkts dar.

Die Sicherstellung einer Einhaltung von Rechtsvorschriften gewährleistet lediglich die Wirkungskraft ohnehin bestehender Regelungen und stellt auch die Einhaltung von Unionsrecht sicher, sodass insbesondere auch insoweit greifende Marktbereinigungen durchaus ein zwingendes Allgemeininteresse darstellen. Zudem ist die Gewährleistung, dass die Marktteilnehmer sich rechtstreu verhalten, Durchsetzungsinstrument für einen wirksamen Individualschutz und hat insoweit eine präventive Wirkung. Diese Grundwertung ließ sich auch schon in der Rechtssache *Seco* erkennen.

Im Ergebnis besteht zwar durchaus ein Widerspruch zwischen dem freien Binnenmarkt und dem Kriterium der Bestandssicherheit. Ein angemessenes Lohnniveau und eine Marktbereinigung zugunsten rechtstreuer, zahlungswilliger Unternehmer widersprechen den Grundvorstellungen des Binnenmarkts aber nicht. Das Verständnis eines fairen Wettbewerbs muss sich daher auf diese Komponenten beschränken, um einen Rechtfertigungsgrund darstellen zu können.

Es stellt sich auch hier die Frage, unter welchen Voraussetzungen dieses zwingende Allgemeininteresse eine Beschränkung rechtfertigen kann. Bei Maßnahmen zur Marktbereinigung passt der Subsidiaritätsgedanke nicht, Wirtschaftssteuerung erfolgt anhand diverser Maßnahmen und kann nicht auf ein Grundsystem zurückgeführt werden. Stattdessen ist hier darauf abzustellen, ob die konkrete Beschränkung zum Erreichen des „fairen" Wettbewerbs geeignet ist, aber im Rahmen der Erforderlichkeit auch nicht darüber hinausgeht.

c) Tarifautonomie

Der EuGH hat in den Rechtssachen *Viking*[412] und *Laval*[413] ein unionsrechtliches Grundrecht auf kollektive Maßnahmen anerkannt. Der Grundrechtsschutz wurde dabei als zwingendes Allgemeininteresse zur Rechtfertigung einer Beschränkung eingestuft, was den Grundsätzen der Entscheidungen *Schmidtberger*[414] und *Omega*[415] entsprach. Wie dargelegt wurde der Schutz der

412 Slg. 2007, I-10779 Rn. 43 ff. (*Viking*).
413 Slg. 2007, I-11767 Rn. 90 ff. (*Laval*).
414 EuGH Slg. 2003, I-5659 Rn. 74 *(Schmidtberger)*.
415 EuGH Slg. 2004, I-9609 Rn. 35 *(Omega)*.

Tarifautonomie auch in der Rechtssache *Rüffert* als zwingendes Allgemeininteresse zumindest erwogen.

In der nunmehr nach Art. 6 Abs. 1 EUV rechtsverbindlichen EU-GRCh wird in Art. 28 das Recht auf Kollektivverhandlungen wie auf kollektive Maßnahmen anerkannt. Daraus lässt sich auf eine generelle Gewährleistung der Tarifautonomie schließen[416]. Die Herleitung eines zwingenden Allgemeininteresses aus Art. 28 EU-GRCh setzt aber voraus, dass sich aus diesem Grundrecht auch ein Leistungsrecht und damit ein Handlungsauftrag ableiten lässt. Allerdings verweist Art. 28 EU-GRCh hinsichtlich des Gewährleistungsinhalts auf das Unionsrecht und die einzelstaatlichen Rechtsvorschriften. Infolgedessen wird in dieser Norm teils ein bloßer Programmsatz ohne eigenen Gewährleistungsgehalt gesehen[417], teils ein eigenes, aber weitgehend unbestimmtes und ausgestaltungsbedürftiges Recht[418]. In der Konsequenz kann ein Leistungsrecht allenfalls hinsichtlich der Sicherstellung des Bestands der Tarifautonomie aus Art. 28 EU-GrCh abgeleitet werden, um erst die Grundlagen für Tarifverhandlungen zu ermöglichen, aber nicht hinsichtlich lediglich fördernder Maßnahmen[419]. Mithin ist nur die Ermöglichung der Tarifautonomie an sich als zwingendes Allgemeininteresse einzuordnen, für deren bloße Förderung gilt dies nicht.

Mit Verweis auf die Flexibilität der Cassis-Formel wäre es denkbar, auch ohne Anbindung an die Grundrechtecharta ein zwingendes Allgemeininteresse hinsichtlich der Förderung der Tarifautonomie anzuführen. Letztlich ist hier aber schon im Hinblick auf den Wortlaut der Grundfreiheiten insoweit Zurückhaltung geboten, dass nicht sämtliche an sich legitime Ziele als zwingende Allgemeininteressen eingeordnet werden können[420]. Im Ergebnis ließe sich unter Rückgriff auf die Cassis-Formel wiederum lediglich der Schutz der Tarifautonomie vor erheblichen Gefährdungen, nicht aber deren bloße Förderung als zwingendes Allgemeininteresse auffassen.

d) *Weitere in Betracht kommende zwingende Allgemeininteressen*

Ebenfalls vom EuGH als zwingendes Allgemeininteresse anerkannt ist die Bekämpfung von Schwarzarbeit[421]. Hier geht es folglich darum, die illegale

416 Franzen/Gallner/Oetker/Schubert Art. 28 GRC Rn. 26; Jarass Art. 28 Rn. 6.

417 Callies/Ruffert/Krebber Art. 28 EU-GrCh Rn. 3.

418 Junker EuZA 2014, 1, 9; Brameshuber EuZA 2016, 46, 59; Franzen/Gallner/Oetker/Schubert Art. 28 Rn. 22.

419 Vgl. Stern/Sachs/Rixen/Scharl Art. 28 Rn. 15.

420 Vgl. hierzu pointiert Von Bogdandy/Bast/Kingreen S. 739.

421 EuGH Slg. 2006, I-5251 (*Kommission/Frankreich*) Rn. 52.

Beschäftigung mit ihren allgemeinschädlichen Wirkungen zu verhindern und nicht darum, einen fairen Wettbewerb im Hinblick auf die Verhinderung von Lohndumping zu ermöglichen. Die Bekämpfung von Schwarzarbeit hat als zwingendes Allgemeininteresse insoweit einen eigenständigen Gehalt.

Hinsichtlich des Schutzes sozialer Systeme ist der Linie des EuGH zu folgen, sodass nur eine erhebliche Gefährdung als Allgemeininteresse in Betracht kommt. Dabei kann das Interesse an funktionierenden sozialen Systemen nicht als Rechtfertigungsgrund für jegliche Maßnahmen herangezogen werden, die Einfluss auf die Beitragserhebungen haben. Ein abstraktes Interesse an einer hohen Anzahl von Beschäftigten mit einem hohen Einkommen und an einer daraus folgenden hohen Beitragshöhe reicht mithin nicht aus.

Im Hinblick auf § 98 a Abs. 3, 4 AufenthG kommt auch die Bekämpfung illegaler Einwanderung als zwingendes Allgemeininteresse in Betracht. Ein solches lässt sich bereits aus Art. 79 Abs. 1 AEUV ableiten.

5 Rechtfertigung der Beschränkung bei den einzelnen Haftungsnormen

a) § 14 AEntG

aa) Rechtfertigung durch Arbeitnehmerschutz

Hinsichtlich der Auftraggeberhaftung nach § 14 AEntG bleibt zu beachten, dass mit Art. 12 Abs. 1 RL 2014/67/EU i.V. mit Art. 3 Abs. 1 S. 1 Var. 2 RL 96/71/EG eine unionsrechtliche Legitimation besteht und für die Baubranche nach Art. 12 Abs. 2 RL 2014/67/EU eine ausdrückliche Umsetzungspflicht. Mithin ist die Richtlinie selbst auf ihre Vereinbarkeit mit dem Unionsrecht hin zu untersuchen. Ist diese gerechtfertigt, so trifft dies auch für die nationale Norm zu.

Als zwingendes Allgemeininteresse ist hier zunächst der Individualschutz für die Arbeitnehmer heranzuziehen. Insoweit kommt es nach den dargelegten Grundsätzen darauf an, ob ein funktionell vergleichbares Grundniveau bereits gewährleistet wird. Da hier eine Richtlinie der EU zu betrachten ist, scheidet ein Vergleich mit möglichen Schutzsystemen in anderen Mitgliedsstaaten aus, stattdessen ist allein auf konkurrierende Systeme innerhalb des Unionsrechts abzustellen. Es ist daher zu fragen, ob auf unionsrechtlicher Ebene ein funktionell vergleichbares Schutzsystem bereits besteht.

Ein solches lässt sich in der Insolvenzsicherung entsprechend der RL 2008/94/EG[422] erblicken[423]. Nach deren Art. 4 Abs. 2, 3 kann das Insolvenzgeld zwar auf bestimmte Zeiträume und auf Höchstsummen begrenzt werden, sodass eine Nettolohnhaftung effektiver ist. Im Hinblick auf die Eignung der Maßnahmen wäre daher festzustellen, dass die Nettolohnhaftung eine eigenständige Berechtigung besitzt. Wie dargestellt ist aber kein Günstigkeitsvergleich vorzunehmen, bei dem das Gewicht des jeweiligen Vorteils bestimmt wird. Stattdessen ist ein rein funktionaler Vergleich anzustellen. Insoweit ist festzuhalten, dass durch die RL 2008/94/EG ein funktionell vergleichbares Schutzsystem besteht. Ermittelt werden muss, welches Schutzsystem dabei als grundständig anzusehen ist und welches als Abweichung hiervon eingeordnet werden kann. Die Richtlinie 2008/94/EG ist nicht allein aufgrund ihres früheren Erlassdatums gegenüber der RL 2014/67/EU als Basis einzuordnen, es ist auch denkbar, dass eine Richtlinie zunächst nur Einzelbereiche normiert und eine grundlegende Regelung erst später erlassen wird. Letztlich ergibt sich aus dem Charakter der RL 2014/67/EU als Durchführungsinstrument für die Entsenderichtlinie 96/71/EG aber bereits, dass hier eine ergänzende Regelung zwecks Effektivität einer anderen Richtlinie erlassen wird und keine grundlegende Neuordnung des Arbeitnehmerschutzes hinsichtlich der Lohnansprüche beabsichtigt ist. Letztlich sind Art. 12 Abs. 1, 2 der RL 2014/67/EU Abweichungen von einem funktional vergleichbaren Grundsystem, verhalten sich also zur RL 2008/94/EG wie die Tariftreuegesetze zum AEntG.

Mithin wäre ein besonderer Sachgrund erforderlich, der einen zusätzlichen Arbeitnehmerschutz rechtfertigt. Folglich ist nach einem funktionalen Mehrwert zu fragen. Im Ergebnis wird hier hinsichtlich des Arbeitnehmerschutzes funktional auf die gleiche Gefährdungslage, nämlich einer Zahlungsunfähigkeit, mit der gleichen Konsequenz reagiert wie bei der Insolvenzsicherung, nämlich mit der Hinzunahme eines weiteren Schuldners. Eine andere Gefährdungslage besteht lediglich im Hinblick auf eine fehlende Zahlungswilligkeit. Hier lässt sich aber wiederum auf die Möglichkeit verweisen, den Arbeitgeber gerichtlich in Anspruch zu nehmen[424], nach Art. 6 der RL 96/71/EG ist dies auch im Entsendestaat möglich. Im Ergebnis besteht bei rein funktionaler Betrachtung

---

422 Richtlinie über den Schutz der Arbeitnehmer bei Zahlungsunfähigkeit der Arbeitgeber, Amtsblatt EU 2008 L 283/36 EU.

423 Vgl. Franzen SAE 2003, 181, 196 in Bezug auf die RL 80/987/EWG und die RL 2002/74/EG.

424 Rieble/Lessner ZfA 2002, 29, 87; Franzen SAE 2003, 181, 195 f.

keine Notwendigkeit, eine Haftung gegenüber Dritten zuzulassen. Ein besonderer Sachgrund, warum es nicht bei den Regelungen zur Insolvenzsicherung sein Bewenden haben kann, besteht daher nicht. Im Ergebnis ist die Auftraggeberhaftung nicht im Hinblick auf das zwingende Allgemeininteresse des Individualschutzes erforderlich.

bb) Rechtfertigung durch Tarifautonomie

In Betracht käme eine Rechtfertigung mit Verweis auf Art. 28 EU-GrCh und die daraus ableitbare Tarifautonomie. Die Haftung trägt dazu bei, dass die Tarifgebundenheit sich im Wettbewerb faktisch nicht als Nachteil für die Arbeitgeber auswirkt. Die Tauglichkeit dieses Rechtfertigungsgrundes bei einer durch eine Richtlinie verursachten Beschränkung lässt sich schon im Ansatz anzweifeln. Dies folgt daraus, dass die Kompetenz der EU für das Tarifvertragsrecht umstritten ist. Teilweise wird die Kompetenz für nach außen wirkende Belange der Koalitionen, mithin auch für das Tarifvertragsrecht, aus Art. 153 Abs. 1 f AEUV hergeleitet[425], teilweise wird der Ausschlussgrund nach Art. 153 Abs. 5 AEUV auch auf das Tarifrecht bezogen[426]. Bei einer schon fehlenden Zuständigkeit der EU kann aber die Tarifautonomie nicht als zwingendes Allgemeininteresse hinsichtlich einer Richtlinie angeführt werden. Im Ergebnis kommt es darauf aber nicht an, da wie dargestellt Art. 28 EUGrCh allenfalls ein Leistungsgehalt hinsichtlich des grundsätzlichen Bestands der Tarifautonomie zu entnehmen ist, aber nicht hinsichtlich der Förderung der Tarifautonomie. Die Auftraggeberhaftung unterstützt die Tarifautonomie, ist aber keine Grundvoraussetzung für deren Bestehen, sondern lediglich ein Anreiz für die Tarifgebundenheit. Die Möglichkeit zur Ausübung der Tarifautonomie ist auch ohne die Haftung gegeben. Art. 28 GrCH kann daher nicht als Rechtfertigungsgrund herangezogen werden, wie dargestellt ist eine weitergehende Herleitung eines zwingenden Allgemeininteresses aus der Cassis-Formel im Ergebnis abzulehnen. In der Konsequenz scheidet auch der Schutz der Tarifautonomie als zwingendes Allgemeininteresse aus.

425 Thüsing/Traut RdA 2012, 65, 67; vgl. Von der Groeben/Schwarze/Hatje Art. 153 AEUV Rn. 47.

426 Streinz/Eichenhofer Art. 153 AEUV Rn. 21; Callies/Ruffert/Krebber Art. 153 AEUV Rn. 12.

cc) *Rechtfertigung durch fairen Wettbewerb*

Als zwingendes Allgemeininteresse kommt weiterhin die Förderung des fairen Wettbewerbs in Betracht, wobei dabei als „fair" der Wettbewerb in Bezug auf die Bezahlung der Arbeitnehmer dann zu verstehen ist, wenn die zwingenden Arbeitsbedingungen auch eingehalten werden. Zwingendes Allgemeininteresse ist daher die präventive Durchsetzung des individuellen Arbeitnehmerschutzes durch eine Marktverdrängung der nicht rechtstreuen, also nicht zahlungswilligen Arbeitgeber. Insoweit sind nach der Ablehnung des Individualschutzes als durchgreifendes zwingendes Allgemeininteresse noch ergänzende Anmerkungen zum Verhältnis zwischen Individualschutz und fairem Wettbewerb vorzunehmen. Bei einer fehlenden Rechtstreue kann der Arbeitnehmer zwar den Klageweg gegen seinen Arbeitgeber bestreiten, weswegen ein zusätzlicher Schuldner sich nicht mit dem Individualschutz rechtfertigen lässt. Dadurch entfällt aber nicht das legitime Interesse daran, präventiv solche Situationen schon zu vermeiden, zumal ansonsten ein Wettbewerbsvorteil zugunsten der auf einen Klageverzicht der Arbeitnehmer spekulierenden, seine Pflichten nicht erfüllenden Auftragnehmer entstehen würde.

Die beschränkende Maßnahme muss hinsichtlich des zwingenden Allgemeininteresses geeignet und erforderlich sein. Die Schwierigkeit besteht darin, einen Begriff des fairen Wettbewerbs zu finden, der mit den Grundannahmen des freien Binnenmarkts vereinbar ist, insoweit ist ein Ansatz entwickelt worden. Die Haftung ist angesichts der Verdrängungswirkung hinsichtlich nicht rechtstreuer Arbeitgeber auch geeignet, einen solchen als fair verstandenen Wettbewerb zu ermöglichen. Die Haftung geht in ihrer Wirkung aber über diesen engen Begriff des fairen Wettbewerbs hinaus und entfaltet auch eine Verdrängungswirkung hinsichtlich nicht bestandsfähiger Unternehmen, da auch solche Auftragnehmer von der Auftragsvergabe ausgeschlossen werden. Insoweit ließe sich die Erforderlichkeit mit dem Argument anzweifeln, dass die Haftung im Insolvenzfall über das hinausgeht, was zur Sicherstellung des fairen Wettbewerbs erforderlich ist[427]. Allerdings ist die Wirksamkeit der Steuerung hinsichtlich der Rechtstreue auch davon abhängig, dass tatsächlich ein Ausfallrisiko besteht. Dies wird aber ganz erheblich eingeschränkt, wenn die Haftung nur bei einem noch wirtschaftlich liquiden Auftragnehmer greift. Die Beauftragung wirtschaftlich anfälliger Briefkastenfirmen würde zudem so gerade attraktiv und das Ziel der Marktbereinigung ad absurdum geführt werden. Letztlich ist es daher unionsrechtlich zulässig, die Haftung auch für den Insolvenzfall zuzulassen, um eine

---

427 Dörfler S. 238, Gündisch S. 113.

wirksame Marktbereinigung im Hinblick auf die Rechtstreue zu gewährleisten. Die Erforderlichkeit ist daher auch für den Insolvenzfall anzunehmen.

Im Ergebnis liegt mit Art. 12 Abs. 1, 2 RL 2014/67/EU i.V. mit Art. 3 Abs. 1 S. 1 Var. 2 RL 96/71/EG eine gerechtfertigte Beschränkung vor, auch die in § 14 AEntG liegende Beschränkung ist daher gerechtfertigt.

b) § 13 MiLoG

Art. 12 Abs. 1, 2 RL 2014/67/EU bezieht sich auf Art. 3 Abs. 1 S. 1 Var. 1 RL 96/71/EG, wonach gerade auch aus Rechtsvorschriften folgende Mindestarbeitsbedingungen zu erstrecken sind. § 20 MiLoG ordnet die international zwingende Wirkung des Mindestlohns an. Art. 12 Abs. 1, 2 RL 2014/67/EU erfasst daher auch die Auftraggeberhaftung für den Mindestlohn. Auch § 13 MiLoG ist folglich hinsichtlich seines Inhalts mit Art. 12 Abs. 1, 2 RL 2014/67/EU deckungsgleich, sodass die gleichen Grundsätze wie für § 14 AEntG gelten: Es kommt nicht auf den strukturellen Vergleich mit anderen Regelungskomplexen im deutschen Recht oder in Bezug auf andere Mitgliedsstaaten an, sondern vielmehr auf den Vergleich mit Regelungskomplexen im Unionsrecht. Insoweit lässt sich hinsichtlich des zwingenden Allgemeininteresses des Arbeitnehmerschutzes vollumfänglich auf die Ausführungen zu § 14 AEntG verweisen. Im Ergebnis ist aufgrund der Regelungen zur Insolvenzsicherung eine funktional vergleichbare, grundständige Regelung bereits gegeben. Es besteht aufgrund der prozessualen Möglichkeiten gegen den Arbeitgeber auch keine Notwendigkeit zur Bereitstellung eines weiteren Haftungsadressaten. Die Ausführungen zur Tarifautonomie sind hier schon im Ansatz nicht anwendbar, es liegt schon keine Förderung der Tarifautonomie vor, sodass diese von vornherein als zwingendes Allgemeininteresse ausscheidet. Auch hier ist aber der faire Wettbewerb im Hinblick auf die Lohnzahlung als zwingendes Allgemeininteresse zu berücksichtigen, insoweit kann wiederum vollumfänglich auf die Ausführungen zu § 14 AEntG verwiesen werden.

Im Ergebnis liegt in Art. 12 Abs. 1, 2 RL 2014/67/EU i.V. mit Art. 3 Abs. 1 S. 1 Var. 1 RL 96/71/EG eine gerechtfertigte Beschränkung vor, sodass gleiches für § 13 MiLoG gilt.

c) § 98 a Abs. 3, 4 AufenthG

§ 98 a Abs. 3, 4 AufenthG ist auf Art. 8 RL 2009/52/EG zurückzuführen, sodass die Rechtfertigung dieser unionsrechtlichen Norm zu überprüfen ist. Der Schutz der illegal beschäftigten Arbeitnehmer ist grundsätzlich als zwingendes Allgemeininteresse zu werten, entsprechend der genannten EuGH-Rechtsprechung ist hier die objektive Wirkung und nicht die Intention des Gesetz- oder Richtliniengebers entscheidend. Insoweit kann vollumfänglich auf die Ausführungen zu §§ 14 AEntG, 13 MiLoG verwiesen werden, eine Rechtfertigung mit Verweis auf den Individualschutz scheidet aus.

Offenkundig relevant ist hier die Bekämpfung der illegalen Einwanderung. Weiterhin kommt als zwingendes Allgemeininteresse auch die Bekämpfung der Schwarzarbeit in Betracht, mithin eine Einflussnahme auf die Rahmenbedingungen der illegalen Beschäftigung. Gleiches gilt auch hier für die Marktbereinigung durch Verdrängung nicht rechtstreuer Auftragnehmer, mithin für die Gewährleistung eines fairen Wettbewerbs auf dem Gebiet der Lohnzahlung.

Die Auftraggeberhaftung führt dazu, dass Anreize für die illegale Einreise beseitigt werden, indem ein Haftungsrisiko für Arbeitgeber entsteht und so Möglichkeiten zur illegalen Beschäftigung entfallen. Die Haftungsandrohung führt auch unmittelbar zu einer Bekämpfung der Schwarzarbeit, zumindest soweit diese durch Personen ohne Aufenthalts- oder Arbeitserlaubnis durchgeführt wird. Dies geschieht durch die Steuerung der Auftragsvergabe und durch Anreize zur legalen Erledigung für die Arbeitgeber, die sich auf diese Weise Aufträge erhalten können. Schließlich wird durch die Steuerung der Auftragsvergabe ein zusätzlicher Beitrag dafür geleistet, nicht rechtstreue Auftragnehmer aus dem Markt zu verdrängen und so die Einhaltung der zwingenden Löhne durchzusetzen. Die Haftung ist daher geeignet zur Verwirklichung der zwingenden Allgemeininteressen.

Im Hinblick auf die Erforderlichkeit ist festzustellen, dass insbesondere auch eine Haftung im Insolvenzfall notwendig ist, um wirksam die illegale Einreise und die Schwarzarbeit zu bekämpfen. Es ist nicht ersichtlich, dass insofern gerade für den Insolvenzfall des Arbeitgebers eine Einschränkung geboten sein soll. Bezüglich der Verdrängung nicht rechtstreuer Nachunternehmer gilt auch hier, dass die Effektivität der Haftung gegen einen Ausschluss im Insolvenzfalle des Nachunternehmers spricht. Die Erforderlichkeit ist daher gegeben. Die Beschränkung durch Art. 8 RL 2009/52/EG und dementsprechend auch die von § 98 a Abs. 3, 4 AufenthG ausgehende Beschränkung sind gerechtfertigt.

d) Haftung gegenüber der Sozialversicherung

§§ 28 e Abs. 3 a SGB IV, 150 Abs. 3 S. 1 HS 2 SGB VII, 3 GSA Fleisch stehen in keiner Verbindung mit Rechtsakten der Union. Die von diesen Normen ausgehende Beschränkung ist daher jeweils gerechtfertigt, wenn die Normen selbst geeignet und erforderlich zur Verwirklichung eines zwingenden Allgemeininteresses sind.

Hier kommt als zwingendes Allgemeininteresse zunächst der Schutz der sozialen Sicherungssysteme vor erheblichen Gefährdungen in Betracht. Es lässt sich durchaus argumentieren, dass die besonderen Einzugsprobleme in den Bereichen der Bau – und Fleischwirtschaft zu einer insoweit erheblichen Gefährdung der sozialen Sicherungssysteme führen. Allerdings droht keineswegs der Kollaps der Sozialsysteme an sich. Treffender ist es daher, auf das zwingende Allgemeininteresse der Bekämpfung von Schwarzarbeit abzustellen, also auf eine Veränderung der Rahmenbedingungen für Schwarzarbeit. Daneben ist auch hier das Allgemeininteresse eines fairen Wettbewerbs im Hinblick auf die Lohnzahlung einschlägig.

Durch die Haftung werden Auftraggeber davon abgehalten, die Sozialversicherungsbeiträge nicht abführende Arbeitgeber zu beauftragen, zudem steigt der Anreiz für die Arbeitgeber, sich zur Rekrutierung von Aufträgen generell rechtstreu zu verhalten. Die Haftung ist daher geeignet für die Bekämpfung der Schwarzarbeit, gleiches gilt entsprechend den obigen Ausführungen für die Förderung eines fairen Wettbewerbs durch eine Marktbereinigung. Hinsichtlich der Erforderlichkeit gelten für die Bekämpfung der Schwarzarbeit wie für die Förderung eines fairen Wettbewerbs im Hinblick auf die Lohnzahlung die Ausführungen zu § 98 a Abs. 3, 4 AufenthG entsprechend. Die Beschränkung durch §§ 28 e Abs. 3 a SGB IV, 150 Abs. 3 S. 1 HS 2 SGB VII, 3 GSA Fleisch ist daher gerechtfertigt.

Im Ergebnis lassen sich die von den Normen der Unternehmerhaftung ausgehenden Beschränkungen der Dienstleistungsfreiheit daher sämtlich rechtfertigen. Es ist aufgezeigt worden, dass die unionsrechtlichen Wertungen teils durchaus mit den nationalen Beweggründen der Haftung kollidieren, dies aber im Ergebnis nicht zu einer Rechtswidrigkeit der Haftungsnormen führt.

V Ergebnis zu den Grenzen der Unternehmerhaftung

Als Ergebnis der Prüfung einer Vereinbarkeit mit höherrangigem Recht ist festzuhalten, dass die Dienstleistungsfreiheit nach Art. 56 Abs. 1 AEUV nicht verletzt ist, dies aber sehr wohl auf die Grundrechte nach Art. 12 Abs. 1 GG beziehungsweise Art. 16 EU-GRCh zutrifft. Auf das Verhältnis des Grundrechtsschutzes auf nationaler Ebene und auf Unionsebene zueinander kommt es nicht an.

Zentral für die Grundrechtsprüfung ist die Frage, ob der Auftraggeber in die Haftung genommen werden kann, obwohl er die Mindestentgelte selbst nicht schuldet. Entscheidendes Kriterium für die Grundrechtsprüfung nach Art. 12 Abs. 1 GG ist dabei das Vorliegen einer Verantwortungsbeziehung, was sich letztlich aus dem allgemeinen Gleichheitssatz ergibt und wobei auf Überlegungen zur Sonderabgabenrechtsprechung des BVerfG zurückgegriffen werden kann. Im Ergebnis ist eine Verantwortungsbeziehung anzuerkennen, wenn sich eine solche aus dem Fürsorgegedanken herleiten lässt oder aber eine qualifizierte Kausalität anzuerkennen ist. Als Rechtfertigungsgrund für die Auftraggeberhaftung kommt nur eine qualifizierte Kausalität in Betracht, die lediglich bei einer schuldhaften Beauftragung von unzuverlässigen Auftragnehmern oder für Fälle, in denen der Einsatz eigener Arbeitnehmer unternehmerisch zumindest vertretbar wäre, anzunehmen ist. Für den noch wenig konturierten Art. 16 EU-GRCh lässt sich das identische Ergebnis letztlich aus Überlegungen zum Wesensgehalt des Grundrechts herleiten.

Angesichts der verfassungsrechtlich bei einer verschuldensunabhängigen Haftung notwendigen, aber schwer abgrenzbaren Ausnahmen ist es vorzugswürdig, generell eine Exkulpationsmöglichkeit einzuführen.

Die Grundfreiheit aus Art. 56 AEUV orientiert sich an der Marktbehinderung. Eine Beschränkung liegt jedenfalls hinsichtlich des Auftragnehmers vor, während dies hinsichtlich des Auftraggebers zweifelhaft ist. Im Ergebnis kann das zwingende Allgemeininteresse des Arbeitnehmerschutzes aufgrund des konkurrierenden grundständigen Schutzsystems der Insolvenzsicherung die Haftung nicht rechtfertigen. Dies geschieht stattdessen über das zwingende Allgemeininteresse eines fairen Wettbewerbs in Bezug auf die Lohnzahlung. Bei den sozialrechtlichen Normen der Unternehmerhaftung tritt noch die Bekämpfung der Schwarzarbeit hinzu. Bei § 98 a Abs. 3, 4 AufenthG sind ein fairer Wettbewerb hinsichtlich der Lohnzahlung sowie die Bekämpfung der Schwarzarbeit und der illegalen Einwanderung zu nennen. Dabei gilt, dass bei einem unionsrechtlichen Verständnis der Wettbewerb auf dem Gebiet der Lohnzahlung als fair zu verstehen ist, wenn eine Verdrängung nicht rechtstreuer Mitbewerber erfolgt und so die Einhaltung der zwingenden Entgelte gesichert wird. Die Bestandsfähigkeit ist bei einem unionsrechtlichen Verständnis keine Komponente des fairen Wettbewerbs. Allerdings schließt dies nicht aus, den nationalen Normen diese Wirkung zu verleihen und insbesondere eine Haftung im Insolvenzfall zu ermöglichen.

E. Die Grundentscheidung: Die Rechtsfigur der bürgengleichen Haftung

I Vorbemerkung

Die gesetzgeberische Entscheidung für eine Ausgestaltung der Haftung unter Rückgriff auf das Bürgschaftsrecht hat im Wesentlichen drei Konsequenzen. Zunächst ist stets eine Hauptverbindlichkeit vonnöten. Weiterhin können dem Anspruch nach §§ 768, 770 BGB Einreden und Einwendungen des ebenfalls haftenden Arbeitgebers entgegengesetzt werden, bei der gesamtschuldnerischen Haftung wäre dies nach § 425 Abs. 1 BGB anders. Schließlich gilt nicht der im Regelfall gleichmäßige, gegebenenfalls aber angepasste Regressmaßstab nach § 426 Abs. 1 S. 1 BGB, sondern es greift nach § 774 Abs. 1 S. 1 BGB ein voller Regressanspruch des Auftraggebers gegen den Arbeitgeber.

Es stellt sich die Frage, ob diese Ausgestaltung der Effektivität der Haftung dient, ohne überschießend zu wirken. Dies ist gerade im Kontext der unionsrechtlichen Umsetzungsverpflichtungen relevant. Gemäß Art. 5 Abs. 1 RL 96/71/EG sind geeignete Maßnahmen für den Fall der Nichteinhaltung der Richtlinie zu ergreifen. Nach Art. 12 Abs. 2 RL 2014/67/EU soll für die Baubranche die mögliche Inanspruchnahme der Auftraggeber gewährleistet werden und nach Art. 8 Abs. 1 RL 2009/52/EG tragen die Mitgliedsstaaten dafür Sorge, dass eine solche Inanspruchnahme möglich ist. In der Konsequenz ist eine erforderliche Effektivität der Umsetzung schon im Wortlaut der Richtlinien angelegt. Es stellt sich daher die Frage nach einer Vereinbarung mit Unionsrecht auch in Bezug auf die hinreichende Umsetzung.

Als Besonderheit der Bürgschaft ist auch zu würdigen, dass der Bürge das Risiko hinsichtlich der Frage trägt, ob der Hauptschuldner seine Verbindlichkeit begleichen kann[428]. Dies stellt einen gewissen Widerspruch zu einer Exkulpationsmöglichkeit dar, wie sie für die sozialrechtlichen Haftungsnormen bereits besteht und aus verfassungsrechtlichen Gründen für die Unternehmerhaftung generell zu fordern ist. Bei einer solchen haftet der Unternehmer nicht, wenn er nachweist, dass der Zahlungsausfall nicht zu erwarten war. Die dargelegte Risikoverteilung bei einer rechtsgeschäftlichen Bürgschaft ist aber Konsequenz der autonomen Entscheidungen der beteiligten Parteien, an der es bei einer gesetzlichen Bürgschaft gerade mangelt. Die Risikoverteilung ist Ausdruck des

---

428 Vgl. hierzu BGH NJW 1965, 438; BGH NJW 1988, 3205, 2306.

Bürgschaftsvertrags und ist nicht in der dogmatischen Ausgestaltung der Rechtsfigur angelegt. Eine Exkulpationsmöglichkeit spricht daher noch nicht gegen die Rechtsfigur der bürgengleichen Haftung.

Im Folgenden sollen daher die drei genannten Konsequenzen des Bürgschaftsrechts dahin gehend untersucht werden, ob sie zu den Zielen der Haftung passen oder ob nicht vielmehr eine gesamtschuldnerische Haftung besser geeignet wäre. Eine solche findet sich in § 21 Abs. 2 HAG. Diese Norm wird im Kontext der jeweiligen Regressmöglichkeiten gegen den Arbeitgeber ausführlich dargestellt, um so einen funktionellen Vergleich mit der bürgengleichen Haftung zu ermöglichen.

Anschließend sind weitere Alternativen hinsichtlich des dogmatischen Rahmens zu erörtern.

II Existenz einer Hauptverbindlichkeit

1 Bestimmung der Hauptverbindlichkeit

Angesichts des Verweises auf das Bürgschaftsrecht ist der Anspruch nach § 767 Abs. 1 BGB auf Bestand und Umfang der Hauptverbindlichkeit beschränkt. Hauptverbindlichkeit ist im Falle des § 14 AEntG der Anspruch nach § 8 Abs. 1 S. 1 AEntG in Verbindung mit dem anzuwendenden Tarifvertrag auf Zahlung der Mindestentgelte oder der Beiträge an gemeinsame Einrichtungen. Letztere sind nach § 15 VTV 2015 abhängig von der Bruttolohnsumme der dem Tarifvertrag unterfallenden Arbeitnehmer im Betrieb. Einen Sonderfall stellt die Haftung nach §§ 7, 12 SokaSiG, 14 AEntG dar[429]. Hier wird ein gesetzlicher Anspruch der Urlaubskassen als Anknüpfungspunkt der Haftung einbezogen, der sich infolge der über § 7 SokaSiG in den Anlagen in Bezug genommenen Tarifverträge aber wiederum am Bruttolohn orientiert.

Im Falle des § 13 MiLoG stellt der Anspruch aus § 1 Abs. 1 MiLoG die Hauptverbindlichkeit dar. Die Funktion des § 20 MiLoG ergibt sich hingegen aus der Eigenschaft als Anknüpfungspunkt für öffentlich-rechtliche Verbindlichkeiten und als Eingriffsnorm bei grenzüberschreitenden Sachverhalten[430]. Mithin ergibt sich die Anspruchsgrundlage für den Mindestlohn aus dem Gesetz. Anders verhält es sich bei § 98 a Abs. 3, 4 AufenthG: Bei § 98 a Abs. 1 AufenthG handelt es sich nicht um eine eigene Anspruchsgrundlage, stattdessen wird klargestellt,

---

429 Zum SokaSiG s. oben C II 5 a).

430 Lakies § 20 Rn. 1; Beck'scher Online-Kommentar Arbeitsrecht/Greiner § 20 Rn. 1 f.; Düwell/Schubert § 20 Rn. 2.

dass der vertragliche Anspruch nicht nach § 134 BGB nichtig wird[431]. Hauptverbindlichkeit ist daher der vertragliche Anspruch gegen den Arbeitnehmer. Bei §§ 28 e Abs. 3 a SGB IV, 3 Abs. 1 GSA Fleisch ergibt sich die Hauptverbindlichkeit des Arbeitgebers aus § 28 e Abs. 1 S. 1 SGB IV, bei §§ 150 Abs. 3 S. 1 HS 2 SGB VII, 3 Abs. 2 GSA Fleisch aus § 150 Abs. 1 S. 1 SGB VII. Gemäß § 28 e Abs. 4 SGB IV erfasst die Haftung zusätzlich auch Säumniszuschläge nach § 24 Abs. 1 SGB IV und Zinsen für gestundete Beiträge. Da sich die Höhe des Gesamtsozialversicherungsbetrags aus dem Bruttolohn ergibt, ist auch hier die Lohnvereinbarung zwischen Arbeitgeber und Arbeitnehmer maßgeblich.

2 Folgen der Orientierung an einer Hauptverbindlichkeit

Demnach lassen sich als Hauptverbindlichkeiten gesetzliche und vertragliche Ansprüche unterscheiden, wobei auch ein gesetzlicher Anspruch auf das jeweilige Vertragsverhältnis Bezug nehmen kann. Die Haftung in den Fällen der §§ 28 e Abs. 3 a SGB IV, § 98 a Abs. 3, 4 AufenthG ist jeweils inhaltlich abhängig vom Vertragsverhältnis zwischen Arbeitgeber und Arbeitnehmer, bei der Haftung nach § 14 AEntG gegenüber der Urlaubskasse und bei § 150 Abs. 3 S. 1 HS 2 SGB VII ergibt sich dies aus der Orientierung an den Bruttolohnsummen. Hier liegt eine bürgengleiche Haftung daher auch gedanklich nahe, da sich ohne eine vertragliche Regelung der Anspruch nicht denken ließe. Der Mindestlohn beziehungsweise das Mindestentgelt erfüllen als Untergrenze lediglich eine Auffangfunktion, wenn das vertragliche Entgelt niedriger ist. Anders ist dies bei § 13 MiLoG sowie bei § 14 AEntG in Bezug auf die Mindestentgelte: Hier ist zwar Voraussetzung der eingreifenden Haftung, dass ein Mindestlohnanspruch überhaupt entstanden ist, die Höhe des Anspruchs bleibt aber vom Verhältnis des Arbeitnehmers zum Arbeitgeber unberührt. Der Akzessorietätsgedanke ist wesentlich ausgeprägter, wenn sich der Inhalt der Haftung nur unter Rückgriff auf das Vertragsverhältnis bestimmen lässt.

Wie bereits kurz erwähnt[432] stößt die Haftung auf das Mindestentgelt nach § 14 AEntG aber dann an Grenzen, wenn gar kein Anspruch des Arbeitnehmers auf das Mindestentgelt vorliegt, weil der Arbeitgeber nicht unter den Geltungsbereich des jeweiligen Tarifvertrags fällt. Es ist daher möglich, dass etwa ein Angestellter in der Abfallwirtschaft (§ 4 Abs. 1 Nr. 7 AEntG) einen Anspruch auf das Mindestentgelt hätte, wenn der jeweilige Auftraggeber sein Arbeitgeber wäre, sein tatsächlicher Arbeitgeber aber nicht dem Geltungsbereich des

---

431 BT-Drs. 17/5470 S. 28 rechte Spalte; Bergmann/Dienelt/Wunderle § 98 a Rn. 4.

432 S. oben C III 1 e) aa).

erstreckten Tarifvertrags unterfällt. Letztlich ist dies eine Folge des Industrieverbandsprinzips. Eine Haftung des Auftraggebers ließe sich unter Beachtung der Effektivitätsfunktion daher erwägen, wenn bei einer Anstellung direkt beim Auftraggeber dieser das Mindestentgelt zahlen müsste. Dies ließe sich dogmatisch nur unter Loslösung von der stets auf einer Hauptverbindlichkeit basierenden bürgengleichen Haftung gestalten. Allerdings ist es verfassungsrechtlich problematisch, nicht etwa die fehlende eigene Beschäftigung, sondern vielmehr die unsorgfältige Beauftragung eines Nachunternehmers als Grundlage für die Haftung zu nehmen. Dies wäre nur bei den geschilderten, recht unpraktikablen Haftungsausnahmen möglich. Einer Orientierung an der unsorgfältigen Auswahl liefe es aber zuwider, wenn eine Haftung über die Verbindlichkeit des Auftragnehmers hinausginge. Letztlich spricht diese Überlegung für eine Anknüpfung an eine Hauptverbindlichkeit. Umgekehrt deutet die gewählte Ausgestaltung aber auch in die Richtung, nicht die fehlende eigene Beschäftigung als Vorwurf zu verstehen.

Ein weiterer Aspekt für die Orientierung an einer Hauptverbindlichkeit ergibt sich aus der Überlegung, dass hiermit die primäre Haftung des Arbeitgebers deutlich herausgestellt wird. Letztlich wird so der geringeren Sachnähe des Auftraggebers Rechnung getragen. Dagegen wird in Bezug auf die gesamtschuldnerische Haftung vertreten, dass diese keineswegs eine gleichmäßige Verantwortung mit sich bringe, die Ausgestaltung letztlich also wertfrei sei[433]. Es ist zwar richtig, dass mit der gesamtschuldnerischen Haftung keineswegs zwingend ein anteilmäßiger Regress verbunden sein muss, eine gleichmäßige Belastung also nicht zwingend ist. Dennoch bringt der Gesetzgeber mit einer gesamtschuldnerischen Haftung zum Ausdruck, dass er kein abgestuftes Verantwortungsverhältnis annimmt, sondern, unabhängig von der Durchführung des Regresses, mehrere gleichrangige Schuldner anerkennt. Dies ist letztlich insoweit Symbolik, dass eine tatsächlich nachrangige, mithin subsidiäre Verpflichtung mit beiden Gestaltungsformen in die Tat umgesetzt werden kann. Dennoch bleibt diese symbolische Wirkung zu beachten: Liegt eine bürgengleiche Haftung vor, wird der mithaftenden Person vermittelt, dass diese zum offensichtlichen Schuldner noch hinzutreten soll und lediglich eine mittelbare Verantwortung hat. Konkret wird herausgestellt, dass die Zahlungspflicht an sich den Arbeitgeber trifft. Diese symbolische Distanzierung vom Forderungsausfall kann die gesamtschuldnerische Haftung nicht leisten, hier würden Arbeitgeber und Auftraggeber scheinbar gleichermaßen den Zahlungsausfall verursacht haben.

433 Kasseler Kommentar/Spellbrink § 150 SGB VII Rn. 15.

Zusammengefasst sind damit drei Konsequenzen der Orientierung an einer Hauptverbindlichkeit festzuhalten. Es kann so der Abhängigkeit des Anspruchs von einer vertraglichen Vereinbarung zwischen Arbeitgeber und Arbeitnehmer Rechnung getragen werden, durch den generellen Gleichlauf mit der Haftung des Arbeitgebers wird der Anknüpfungspunkt der unsorgfältigen Auswahl betont und durch die Haftung als Bürge folgt eine symbolische Distanzierung des Auftraggebers vom Zahlungsausfall.

III Verteidigungsmöglichkeiten des Bürgen

1 Eigene Einreden

Als Besonderheit des Verweises auf das Bürgschaftsrecht sind auch die Verteidigungsmöglichkeiten des Bürgen zu berücksichtigen. Keine spezifische Folge der Ausgestaltung als Bürgenhaftung ist es, dass der Auftraggeber eigene Einreden geltend machen kann. Zu nennen sind hier die Verjährung des Anspruchs nach § 214 Abs. 1 BGB und die fehlende Fälligkeit des Anspruchs. Hier ist allerdings angesichts der Akzessorietät eine gleichlaufende Fälligkeit zur Hauptverbindlichkeit anzunehmen[434]. Bei einer gesamtschuldnerischen Haftung wäre hingegen eine flexible Lösung möglich.

2 Bestand der Hauptverbindlichkeit

Aus der Akzessorietät der Bürgenhaftung ergibt sich, dass rechtsvernichtende Einwendungen des Arbeitgebers die Inanspruchnahme des Bürgen ausschließen. Hierbei spielt die Wirksamkeit des Vertrags angesichts der Regelungen zum fehlerhaften Arbeitsverhältnis keine Rolle. Als nach § 767 Abs. 1 BGB relevante rechtsvernichtende Einwendung käme ein Verzicht in Betracht, der nach §§ 3 S. 2 MiLoG, 9 S. 1 AEntG hinsichtlich des Mindestentgelts allerdings nur bei einem gerichtlichen Vergleich möglich ist. Anderes gilt für den vertraglichen Anspruch, an den § 98 a Abs. 3, 4 AufenthG anknüpft.

Ebenfalls rechtsvernichtende Wirkung haben verstrichene Ausschlussfristen[435]. In diesem Punkt widersprechen sich AEntG und MiLoG. Im parlamentarischen Verfahren wurde mit § 9 S. 3 AEntG eine Möglichkeit zur Vereinbarung von tariflichen Ausschlussfristen eingefügt und mit der gängigen Praxis der Tarifvertragsparteien hinsichtlich der Vereinbarung solcher Klauseln begründet[436].

434 BGHZ 175, 161 Rn. 24; Schulze/Dörner/Staudinger BGB § 768 Rn. 4.
435 MüKo BGB/Müller-Glöge § 611 Rn. 1154.
436 BT-Drs. 16/11669 S. 23 f.

§ 3 MiLoG greift diesen Gedanken nicht auf und sieht keine Sonderregelung vor, sodass für § 13 MiLoG etwaige tarifliche Ausschlussfristen ohne Belang sind[437].

Bei einer Erfüllung nach § 362 BGB erlischt der Anspruch gegen den Bürgen vollständig oder teilweise. Ob die Zahlung von Zulagen auch für den Mindestentgeltanspruch nach § 1 Abs. 1 MiLoG oder § 8 Abs. 1 AEntG angerechnet werden kann, ist nach den Grundsätzen der funktionalen Äquivalenz zu beurteilen, sodass nur die Normalarbeit vergütende Zusatzleistungen anrechenbar sind[438]. Letztlich ergibt sich die Abhängigkeit der Haftung vom Bestand der Hauptverbindlichkeit insoweit aus dem nur dann bestehenden Schutzinteresse. Dies ist aber kein zwingendes Argument für eine bürgengleiche Haftung, da auch bei einer gesamtschuldnerischen Haftung nach § 422 Abs. 1 S. 1 BGB die Erfüllung einer Leistung durch den Arbeitgeber einen Anspruch gegen den Auftraggeber zum Erlöschen bringen würde.

Nach § 389 BGB kann der Anspruch auch durch eine Aufrechnung untergehen, bei einer gesamtschuldnerischen Haftung wäre eine solche nach § 422 Abs. 1 S. 2 Var. 3 BGB aber ebenfalls relevant. Eine Aufrechnung gegenüber dem Arbeitseinkommen unterliegt zudem den Grenzen nach §§ 394 S. 1 BGB, 850 ff. ZPO.

Im Ergebnis hat die gesetzgeberische Entscheidung, an eine noch bestehende Hauptverbindlichkeit anzuknüpfen, nur praktische Konsequenzen hinsichtlich der gesetzgeberisch stark eingeschränkten Verzichtsmöglichkeiten und hinsichtlich der tariflichen Ausschlussfristen bei § 14 AEntG, bei § 98 a Abs. 3, 4 AufenthG wäre auch eine vertragliche Ausschlussfrist relevant. Ansonsten führt die Berücksichtigung der rechtsvernichtenden Einwendungen zu keinen Unterschieden im Vergleich zu einer gesamtschuldnerischen Haftung.

3 Einreden des Hauptschuldners

Nach § 768 Abs. 1 S. 1 BGB kann der Auftraggeber auch Einreden des Auftragnehmers geltend machen. Relevant sind hier neben der Fälligkeit der Hauptverbindlichkeit insbesondere Zurückbehaltungsrechte aus § 273 Abs. 1 BGB wegen Gegenansprüchen des Arbeitgebers. In der Konsequenz kann auch ohne eine tatsächlich erfolgende Aufrechnung die bloße Existenz von Gegenansprüchen bereits ausreichen, der Geltendmachung von Ansprüchen entgegenzutreten. Dies ist ein Aspekt, bei dem die bürgengleiche Haftung zu einer

437 Spielberger/Schilling NZA 2014, 414, 416; Erfurter Kommentar/Franzen § 3 MiLoG Rn. 3.

438 BAGE 148, 68 Rn. 39 ff.; Düwell/Schubert Einl. Rn. 72.

Verschlechterung der Rechtsposition des Anspruchsinhabers im Vergleich zu einer gesamtschuldnerischen Haftung führt. Das Vorliegen von Gegenansprüchen gegen den Arbeitnehmer erscheint eher als Ausnahmefall, ist aber – etwa bei der Rückforderung von Ausbildungskosten oder bei wirksamem Widerruf gewährter Leistungen – keineswegs ohne jegliche Relevanz. Zu beachten bleibt aber, dass die Beschränkungen der §§ 394 BGB, 850 ff. ZPO auch bei Zurückbehaltungsrechten zur Anwendung kommen[439].

Weiterhin einschlägig sein kann die Einrede der Anfechtbarkeit nach § 770 Abs. 1 BGB. Dies erscheint aber als problematisch: Eine Anfechtung des Arbeitgebers würde angesichts der Regelungen zum fehlerhaften Arbeitsverhältnis nicht dazu führen, dass der Anspruch nach § 142 Abs. 1 BGB unterginge. Aus diesem Grunde ist eine teleologische Reduktion vorzunehmen, sodass die Einrede der Anfechtbarkeit nicht vom bürgengleich haftenden Auftraggeber erhoben werden kann.

4 Insbesondere: Vorrangige Inanspruchnahme des Arbeitgebers als Einrede

a) Funktionale Einordnung

§ 729 Abs. 2 RVO sah vor, dass der Bauherr nur bei Zahlungsunfähigkeit des Auftragnehmers zu haften habe, sodass der Haftung ein erfolgloser Vollstreckungsversuch gegen den Auftragnehmer vorauszugehen hatte[440]. Dies widerspricht der heutigen Ausgestaltung der bürgengleichen Haftung, bei der stets die Einrede der Vorausklage ausgeschlossen ist und mithin eine unmittelbare Inanspruchnahme ohne vorherigen Vollstreckungsversuch möglich ist. Insoweit greift die Wertung, dass die Haftung gerade auch bei Zahlungsunwilligkeit greifen soll. Die Steuerung erschöpft sich daher nicht zwingend darin, wirtschaftlich hinreichend potente Subunternehmer zu beauftragen, sondern bezieht sich zumindest potentiell auch auf den Fall, dass der wirtschaftlich an sich hinreichend leistungsfähige Nachunternehmer die Mindestentgelte aus fehlender Rechtstreue nicht zahlen will.

§ 729 Abs. 2 RVO konnte hingegen angesichts der Subsidiarität lediglich eine Steuerungswirkung dahin gehend entfalten, dass zahlungsfähige und bestandssichere Auftraggeber beauftragt wurden. Hinsichtlich der Rechtstreue war eine

439 BGH NJW 1984, 128, 129; Staudinger/Gursky § 394 BGB Rn. 13.
440 Lauterbach § 729 Rn. 9.

solche Wirkung ausgeschlossen: Gegen den nicht zahlungswilligen Arbeitgeber hätte vorrangig vollstreckt werden müssen.

§ 28 e Abs. 3 a S. 3 SGB IV sieht durch den Verweis auf § 28 e Abs. 2 S. 2 SGB IV ein Leistungsverweigerungsrecht vor, wenn der Auftragnehmer nicht gemahnt wurde und die Mahnfrist nicht abgelaufen ist. Diese Regelung soll sicherstellen, dass der Auftraggeber nur bei sichergestellter fehlender Zahlung haften soll, auf den Grund der ausbleibenden Zahlung oder auf einen erfolglosen Vollstreckungsversuch kommt es nicht an[441]. Manifestiert sich die Subsidiarität in einer erforderlichen Mahnung, so greift die Haftung nicht nur bei Zahlungsunfähigkeit, sondern auch schon bei bloßer Zahlungsunwilligkeit. Auch hier kann sich die Steuerungswirkung auf die Rechtstreue beziehen, obwohl wie bei § 729 Abs. 2 RVO eine Subsidiarität vorliegt. Es zeigt sich daran, dass die funktionale Auswirkung eines notwendigen Vorgehens gegen den Arbeitgeber auf die Steuerungsfunktion davon abhängig ist, ob ein erfolgloser Vollstreckungsversuch unternommen werden muss und nicht davon, ob sich zunächst an den Arbeitgeber gewandt wird.

Die Normen der Unternehmerhaftung sehen eine selbstschuldnerische Haftung vor. Wird auf ein Vorgehen gegen den Arbeitgeber verzichtet, steht dem Gläubiger ein Wahlrecht zu, welchen Schuldner er in Anspruch nimmt[442]. Der jeweilige Anspruchsinhaber ist dadurch flexibler und kann gleich den oftmals potenteren Auftraggeber in Anspruch nehmen, ohne die Rechtsverfolgung gegen den Arbeitgeber mit den damit verbundenen Umständen einleiten zu müssen.

Eine zusätzliche Absicherung ist durch die Unbeachtlichkeit der Einrede der Vorausklage aber nicht verbunden. Umgekehrt ist der Auftraggeber angesichts der Regressmöglichkeit gegen den Auftragnehmer aus § 774 Abs. 1 S. 1 BGB im Regelfalle auch nicht zusätzlich dadurch belastet, dass er unmittelbar in Anspruch genommen werden kann. Der Hauptunternehmer wird nur dann durch die ausgeschlossene Anwendung der Einrede der Vorausklage schlechtergestellt, wenn der Nachunternehmer bei der Geltendmachung des Anspruchs noch liquide war und der Arbeitnehmer sich daher hätte befriedigen können, jetzt aber seine Zahlungsfähigkeit eingebüßt hat. Der Auftraggeber steht dann aber auch nicht anders, als wenn der Arbeitnehmer sich erst zu diesem Zeitpunkt zur Geltendmachung des Anspruchs entschieden hätte. Zudem kann bei bewusster Nichtzahlung des Mindestlohns entsprechend einer Absprache durch

---

441 Vgl. BSG Breithaupt 2008, 153, 154.

442 Berndt DStR 2014, 1878, 1883.

Auftragnehmer und Arbeitnehmer die Einrede des Rechtsmissbrauchs nach § 242 BGB erhoben werden, was aber Beweisprobleme aufwirft[443].

b) *Faktische Nivellierung des Wahlrechts*

Allerdings ergibt sich über den Verweis auf das Bürgschaftsrecht letztlich doch, dass kein absolutes Wahlrecht gegeben ist, sondern eine Klage auch gegen den Arbeitgeber unumgänglich bleibt. Bei Anwendung der Bürgschaftsregelungen wirkt sich die Verjährungshemmung durch Klageeinreichung nach § 204 Abs. 1 Nr. 1 BGB gegen den Hauptunternehmer nicht auf die Verjährungseinrede hinsichtlich der Hauptschuld entsprechend §§ 768 Abs. 1 S. 1, 214 Abs. 1 BGB aus, insoweit ist eine separate Klage erforderlich[444].

Da es keines erfolglosen Vollstreckungsversuchs bedarf, führt dies zwar nicht dazu, dass sich die Steuerungswirkung auf die Zahlungsfähigkeit beschränkt. Zu bedenken ist aber, dass sich das prozessuale Vorgehen gegen den Arbeitgeber nur zugunsten des Auftraggebers auswirken kann: Nach den allgemeinen Regeln zur Bürgschaft kann sich der Bürge zwar auf die Rechtskraft einer für den Gläubiger ungünstigen Entscheidung berufen, aber der Gläubiger nicht auf die Rechtskraft eines für ihn günstigen Urteils gegen den Hauptschuldner[445]. Dies wird als Fall des § 768 Abs. 1 S. 1 BGB[446] oder als Rechtskrafterstreckung nach § 325 Abs. 1 ZPO eingeordnet[447]. Hergeleitet wird dies aus dem Rechtsgedanken des § 767 Abs. 1 S. 3 BGB, da Handlungen des Hauptschuldners nicht zulasten des Bürgen gehen sollen[448]. Dies ist auf die Nachunternehmerhaftung zu übertragen, sodass ein rechtskräftiges Urteil im Rechtsstreit zwischen Arbeitgeber und Arbeitnehmer nur Konsequenzen hat, wenn es zugunsten des Arbeitgebers ausgefallen ist[449].

Schwerer wiegt aber, dass vor allem Arbeitnehmer durch die ebenfalls erforderliche Klageerhebung gegen den Arbeitgeber davon abgeschreckt werden könnten, ihre Ansprüche gegen den Auftraggeber geltend zu machen. Gründe

---

443 Oltmanns/Fuhlrott NZA 2015, 392, 395; Koberski/Asshoff/Eustrup/Winkler § 14 AEntG Rn. 48.

444 LAG Hessen vom 30.04. 2014, AZ 18 Sa 1169/13 Rn. 26 – juris; Düwell/Schubert/Reinfelder § 13 Rn. 28; vgl. BGHZ 139, 214, 216 ff.; Beck'scher Online-Kommentar BGB/Rohe § 768 Rn. 3.

445 MüKo BGB/Habersack § 768 Rn. 11; Erman/Zetsche § 767 Rn. 4.

446 MüKo BGB/Habersack § 768 Rn. 11; LAG Hessen NZA-RR 2006, 381, 382.

447 Thomas/Putzo/Reichold § 325 Rn. 5; BGH NJW 1970, 279.

448 BAGE 119, 170 Rn. 4.

449 BAGE 119, 170 Rn. 14; Thüsing/Mohr § 14 AEntG Rn. 24.

hierfür können der erhebliche Aufwand, drohende zusätzliche Anwalts- und Gerichtskosten oder auch befürchtete negative Auswirkungen auf das Arbeitsverhältnis sein. Die Berücksichtigung einer Verjährung der Hauptverbindlichkeit über § 768 Abs. 1 BGB trägt zwar der generellen Schutzwürdigkeit des Bürgen Rechnung, passt aber nicht für Fälle, in denen das Zahlungsrisiko gerade bewusst dem Bürgen aufgelastet wird. Hierin ist ein durchaus gewichtiges Defizit des Verweises auf das Bürgschaftsrecht zu erblicken, das durch eine gesetzliche Klarstellung korrigiert werden sollte.

Im Ergebnis ist es sinnvoll, ein tatsächliches Wahlrecht des Schuldners zu ermöglichen, um die Geltendmachung der Haftung zu erleichtern und um die Steuerungswirkung auch auf fehlende Rechtstreue erstrecken zu können.

IV Schlussfolgerungen aus dem Kriterium der Hauptverbindlichkeit und den Verteidigungsmöglichkeiten

Die Ergebnisse hinsichtlich der Folgen einer Orientierung an einer Hauptverbindlichkeit sind bei der Bewertung der Verteidigungsmöglichkeiten des Bürgen zu berücksichtigen.

Für eine Ausgestaltung unter Rückgriff auf das Bürgschaftsrecht spricht neben der symbolischen Distanzierung des nicht selbst zahlungsverpflichteten Auftraggebers vom Zahlungsausfall in erster Linie die Erwägung, dass so eine strengere Haftung des Auftraggebers als des Arbeitgebers vermieden wird. Dies entspricht der Grundüberlegung, als Anknüpfungspunkt der Haftung die Beauftragung unseriöser Auftragnehmer zu wählen.

Fraglich ist aber, ob es hierfür erforderlich ist, auch später eintretende rechtsvernichtende Einwendungen und Einreden zu berücksichtigen. Dies erscheint als stimmig, wenn sich der Inhalt der Haftung nur unter Rückgriff auf das Vertragsverhältnis bestimmen lässt. Hier geht der Anspruchsinhalt über dasjenige hinaus, was der Arbeitnehmer bei der Auftragsvergabe an einen leistungsfähigen und leistungswilligen Arbeitgeber hätte verlangen können. Eine Auftragsvergabe an einen zahlungsfähigen und zahlungswilligen Auftragnehmer hätte lediglich zwingend zu einem Anspruch auf den Mindestlohn mit den daraus folgenden Konsequenzen für Beitragsansprüche geführt. Bei Ansprüchen der Sozialversicherungsträger ergibt sich der Anspruch aber nicht aus den fiktiven Beiträgen bei einem Mindestlohnanspruch, sondern aus dem zwischen Arbeitgeber und Arbeitnehmer vereinbarten Bruttolohn.

Es erscheint als überzeugend, für diese Fälle den genauen Inhalt der Haftung tatsächlich akzessorisch von der Verbindlichkeit des Arbeitgebers auszugestalten und dem Auftraggeber Einwendungen und Einreden zugutekommen zu lassen, auf die sich der Hauptschuldner berufen könnte. Die Abhängigkeit des Auftraggebers vom Vertragsverhältnis zwischen Arbeitgeber und Arbeitnehmer rechtfertigt es, dem Auftraggeber auch die Einreden und Einwendungen des Arbeitgebers zustehen zu lassen: Aus der Abhängigkeit hinsichtlich des Haftungsinhalts folgt eine Schutzbedürftigkeit des Auftraggebers.

Ergibt sich der Haftungsinhalt wie bei §§ 13 MiLoG, 14 AEntG aus einem abstrakt festgelegten Wert und nicht aus den Besonderheiten des Vertragsschlusses zwischen Arbeitgeber und Arbeitnehmer, muss diese Sichtweise aber hinterfragt werden. Wer sorgfaltswidrig den Ausfall des Mindestentgelts verursacht, hat für dieses Risiko einzustehen, das Vertragsverhältnis zwischen Arbeitgeber und Arbeitnehmer ist für den Anspruchsinhalt ohne Interesse. Eine besondere Schutzwürdigkeit des Auftraggebers ist insoweit nicht zu erkennen. Es ist wertungsmäßig daher nicht überzeugend, die Haftung für ein Mindestentgelt davon abhängig zu machen, ob dem Arbeitgeber aus dem Vertragsverhältnis Einreden und Einwendungen zustehen.

Es muss aber gesehen werden, dass die praktischen Konsequenzen des Verweises auf das Bürgschaftsrecht letztlich eher gering bleiben und sich abgesehen von der Verjährungsproblematik auf die Fragen bestehender Zurückbehaltungsrechte und bei § 14 AEntG eingreifender tariflicher Ausschlussfristen beschränken.

Zumindest die Einrede der Verjährung der Hauptschuld führt zu einem letztlich unbilligen Ergebnis, durch das dem Arbeitnehmer eine Geltendmachung seines Anspruchs erschwert wird. Hier ist daher auf jeden Fall eine Korrektur vonnöten. Die in §§ 28 e Abs. 3 a S. 3, 28 e Abs. 2 S. 2 SGB IV geforderte erfolglose Mahnung schränkt die Steuerungswirkung nicht ein, erhöht aber den bürokratischen Aufwand für die Einzugsstelle ohne erkennbaren Nutzen, eine Absicherung der Zahlungsunwilligkeit des Arbeitgebers erscheint angesichts der vorhandenen Regressmöglichkeiten auch entbehrlich. Ein Verzicht auf diese bürokratische Hürde ist daher vorzugswürdig.

V Voller Regress gegen den Auftragnehmer – § 21 Abs. 2 HAG als Alternativmodell

1 Überblick zum Bürgschaftsregress

Entsprechend § 774 Abs. 1 S. 1 BGB geht die Forderung auf den bürgengleich haftenden Unternehmer über, sobald dieser den Haftungsadressaten befriedigt. Mithin kann in der Höhe der vollen Haftungssumme Regress genommen werden. Als weitere Anspruchsgrundlage kommt insoweit ein

Aufwendungsersatzanspruch nach §§ 677, 670, 683 BGB in Betracht. Dies ist deswegen wichtig, weil die Einreden des Hauptschuldners gegen den Gläubiger hinsichtlich der Hauptverbindlichkeit nach §§ 404, 412 BGB auch dem Bürgen entgegengesetzt werden können, dies hinsichtlich des Aufwendungsersatzanspruchs aber nicht gilt. Bei rechtsvernichtenden Einwendungen würde dieser Anspruch hingegen nicht entstehen.

Bei einer gesamtschuldnerischen Haftung würde der Aufwendungsersatzanspruch nach §§ 677, 670, 683 BGB den eigenen Haftungsanteil ausklammern, nur hinsichtlich des Regressanteils nach § 426 Abs. 1 BGB wäre eine Erforderlichkeit im Sinne der §§ 683 S. 1, 670 BGB anzunehmen[450]. Es wäre daher ein Gleichlauf zum Anspruch aus § 426 Abs. 1 BGB gegeben.

Im Folgenden soll die Bedeutung eines nach den Regeln des Bürgschaftsrechts ausgestalteten Regresses anhand eines Vergleichs mit dem gesamtschuldnerisch ausgestalteten § 21 Abs. 2 HAG erörtert werden.

2 Einführung und Entstehungsgeschichte zu § 21 Abs. 2 HAG

§ 21 Abs. 2 HAG sieht die Lohnhaftung einer dritten Person neben dem eigentlichen Auftraggeber vor, ist aber nicht als bürgengleiche Haftung gestaltet. Diese Norm verdient besonderes Interesse angesichts der Ähnlichkeit der betreffenden Sachverhalte zu den hier behandelten Normen, der aber grundsätzlich anderen Ausgestaltung. Dies gilt vor allem im Hinblick auf die Frage, ob sich hier in Bezug auf die Regressmöglichkeit Rückschlüsse auf die Eignung der bürgengleichen Haftung für ihre jeweiligen Anwendungsbereiche ziehen lassen.

In der Heimarbeit entwickelten sich Ende des 19. Jahrhunderts aus verschiedenen Gründen soziale Missstände. In der Heimarbeitsbranche sorgte ein Überangebot an gering qualifizierten Anbietern für einen Lohnunterbietungswettbewerb[451]. Angesichts eines fehlenden Austausches zwischen verschiedenen Heimarbeitern konnte sich eine wirksame gewerkschaftliche Aktivität nicht entfalten[452]. Verschärfend kam hinzu, dass durch die Anbindung an die private Lebenssphäre die öffentliche Aufmerksamkeit nicht im gleichen Maße wie etwa bei Fabrikarbeitern auf sich ausbreitende Missstände gelenkt wurde[453]. Zudem war eine mögliche gesetzliche Regelung auch durch diesen privaten Charakter erschwert[454].

450 Vgl. BGH NJW 2010, 435 Rn. 8.
451 Leuthier S. 68 f.
452 Brecht Einf.; Fitting/Karpf S. 16.
453 Schmidt/Koberski/Tiemann/Wascher Einl. Rn. 3.
454 Hueck/Nipperdey § 10 I 3; BT-Drs. 1/1357, S. 17.

Das Hausarbeitsgesetz von 1923 eröffnete in § 20 Nr. 1 erstmals die Möglichkeit zur Festsetzung von Mindestentgelten. Der Anspruch richtete sich aber nur gegen den unmittelbaren Auftraggeber der Heimarbeit. In der Konsequenz zahlten die Abnehmer bereits zu niedrige Entgelte an die delegierenden Zwischenmeister, die infolgedessen das Mindestentgelt an die Heimarbeiter nicht weiterleiten konnten[455]. Der Begriff des Zwischenmeisters ist heute in § 2 Abs. 3 HAG legaldefiniert, Zwischenmeister ist demnach jeder, der Heimarbeit weitergibt. Die Aufgabe der Zwischenmeister besteht darin, die Vergabe zu organisieren, zuverlässige Heimarbeiter auszuwählen und die Arbeit zu überwachen[456]. Zudem besorgten Zwischenmeister häufig die Anlieferung des Materials und die Ablieferung der Waren[457]. Ein Anspruch des Zwischenmeisters auf Zahlung des Entgelts bestand nur bei einer erfolgten Gleichstellung mit Heimarbeitern. Diese konnte aber nach § 18 Abs. 1 Hausarbeitsgesetz nach einem behördlichen Verfahren nur erfolgen, wenn der Zwischenmeister bei der Herstellung beteiligt war. Das Heimarbeitsgesetz von 1934 ermöglichte in § 2 Abs. 2 Nr. 1 die Gleichstellung sozial schutzwürdiger Zwischenmeister, was aber ein behördliches Verfahren voraussetzte. Zudem garantierte die Gleichstellung allein nicht, dass Zwischenmeister ein auch für die Auszahlung an die Heimarbeiter hinreichendes eigenes Entgelt erhielten.

Infolge der Weltwirtschaftskrise ab 1929 und der allgemeinen geringen Nachfrage verschlechterte sich die Situation der Heimarbeiter noch, angesichts der drohenden Arbeitslosigkeit waren am Markt lediglich niedrige Löhne durchsetzbar. In Thüringen nahm beispielsweise die Zahl der in Hausarbeit Beschäftigten zwischen 1929 und 1932 um 53 % ab[458].

Mit § 23 Abs. 2 HAG 1934 wurde ein zusätzliches Instrument geschaffen, das eine Haftung des Auftraggebers für den Fall ermöglicht, dass dieser ein offenkundig nicht ausreichendes Entgelt zahlt. Das HAG von 1951 übernahm diese Haftung in § 21 Abs. 2 und ergänzte sie durch eine zweite Variante, nach der die Haftung auch bei offensichtlich fehlender Zuverlässigkeit des Zwischenmeisters greift.

---

455 Leuthier S. 283; Reichstagsprotokolle 3. Wahlperiode, Band 389, 166. Sitzung vom 20.02.1926, S. 5784 rechte Spalte (Behm, DNVP).

456 Fitting/Karpf § 2 Rn. 17; Schmidt/Koberski/Tiemann/Wascher § 2 Rn. 43.

457 Leuthier S. 73.

458 Lüders Reichsarbeitsblatt 1934 II, 1, 4.

3 Ziele der Haftung

Als Ziel des § 23 Abs. 2 HAG 1934 wurde in der Gesetzesbegründung einerseits der Schutz des Zwischenmeisters vor „Preisdruck", andererseits aber auch die Verdrängung unzuverlässiger, sich ausweislich ihres Angebots nicht an die Mindestentgelte haltender Zwischenmeister genannt[459]. Für § 21 Abs. 2 Var. 1 HAG 1951 wurden die bessere Absicherung der Heimarbeiter sowie der Schutz der Zwischenmeister vor unzureichenden Entgelten angegeben, für die zweite Variante hingegen die Verdrängung unzuverlässiger Zwischenmeister angeführt[460].

Es stellt sich hier die Frage, wie der in den Gesetzesbegründungen jeweils angelegte Schutz der Zwischenmeister zu verstehen ist. Dieser ließe sich darin erblicken, dass angesichts der Haftungsandrohung nur die „seriösen" Zwischenmeister Aufträge erhalten werden und kein Verdrängungswettbewerb über die Lohnkosten mehr stattfindet. Dies entspräche dem Konkurrentenschutz bei der Unternehmerhaftung. Bei diesem Verständnis würde der Preisdruck von einzelnen Zwischenmeistern ausgehen.

In der zeitgenössischen Kommentierung wurde aber bereits angenommen, dass der Preisdruck vom Auftraggeber ausgehe und nicht etwa von einzelnen Zwischenmeistern[461]. Der Schutz der Zwischenmeister ist daher für § 23 Abs. 2 HAG 1934 im Sinne einer Entgeltsicherung und nicht im Sinne eines Konkurrenzschutzes zu verstehen. Schützenswert ist demnach gerade auch der Zwischenmeister, der das Mindestentgelt an den Heimarbeiter nicht zahlen kann. Ein Schutz vor Preisdruck soll demnach nicht durch die Verdrängung einzelner, besonders günstiger Zwischenmeister erfolgen.

Dies entspricht dem HAG von 1951: Der Haftungstatbestand wurde in zwei Varianten aufgespalten, nur für die Beauftragung unseriöser Zwischenmeister wird eine Verdrängungswirkung geltend gemacht. Zu denken ist hier an Personen, die zur Auszahlung an die Heimarbeiter hinreichende und hierzu bestimmte Entgelte für sich behalten. Der Schutz des Zwischenmeisters bezieht sich nach der Gesetzesbegründung ausdrücklich auf unzureichende Entgelte. Dies zielt eindeutig nicht auf eine drohende Billigkonkurrenz, sondern auf das Verhalten des Auftraggebers. Hinsichtlich der ersten Variante ist von einer „missbräuchlichen" Zahlung eines zu niedrigen Entgelts die Rede, zudem wird

---

459 Reichsarbeitsblatt 1934 I S. 81.

460 BT-Drs. 1/1357 S. 27.

461 Mansfeld/Kalckbrenner S. 63. Die Bedeutung dieser Aussage wird dadurch verstärkt, dass es sich hierbei um leitende Ministerialbeamte handelt.

die wirtschaftliche Schwäche der Zwischenmeister explizit genannt[462]. Daraus lässt sich ableiten, dass den Zwischenmeistern im Falle einer nicht hinreichenden Zahlung nicht die Verantwortung zugewiesen wird und ein Verstoß nicht existenzbedrohend wirken soll. Dies gilt insbesondere angesichts der dem nicht gleichgestellten Zwischenmeister nicht zustehenden Mindestentgelte oder Zuschläge nach § 21 Abs. 1 HAG. Folglich kann der tatsächlich existierende Anspruch des Zwischenmeisters gegen den Auftraggeber erheblich unter dem gegenüber den Heimarbeitern zu zahlenden Mindestentgelt liegen. Das Risiko, bei einer nicht hinreichenden Zahlung an den Auftraggeber die Mindestentgelte zahlen zu müssen, soll nicht zwingend allein den Zwischenmeistern auferlegt werden. Dies erscheint insoweit nicht ganz konsequent, dass bei wirtschaftlicher Schutzwürdigkeit eine Gleichstellung nach § 1 Abs. 2 S. 1 d HAG erfolgen kann. Offensichtlich wurde aber angesichts des langwierigen Verfahrens nach § 1 Abs. 4, 5 HAG nicht davon ausgegangen, dass alle schutzwürdigen Zwischenmeister tatsächlich der Gleichstellung unterliegen.

4 Überblick zur dogmatischen Ausgestaltung

§ 21 Abs. 2 HAG unterscheidet zwei Varianten, die jeweils von einer Beauftragung eines Zwischenmeisters ausgehen, der wiederum den Auftrag an Heimarbeiter weitergibt. Jeweils ist ein Verschulden des Auftraggebers erforderlich: In der ersten Variante hatte dieser Kenntnis von einem zur Zahlung des Mindestentgelts nicht ausreichenden Entgelt an den Zwischenmeister oder hätte diese haben müssen, in der zweiten Variante bezieht sich der Vorwurf auf die erkannte oder fahrlässig verkannte Unzuverlässigkeit des Zwischenmeisters.

Die vorgesehene Exkulpationsmöglichkeit stellt klar, dass die fahrlässige Unkenntnis von bestehenden Mindestentgelten nicht zu einer Haftungsbefreiung führt. Da es zur Sorgfaltspflicht gehört, sich über bestehende Mindestentgeltregelungen zu informieren, bleibt die Möglichkeit der Exkulpation in der ersten Variante letztlich gegenstandslos[463]. Anders verhält es sich in der zweiten Variante, die sich auf die Zuverlässigkeit des Zwischenmeisters bezieht.

Der Anspruch des Heimarbeiters richtet sich nach §§ 21 Abs. 2, 17 Abs. 2 HAG auf Zahlung der nach § 19 Abs. 1 S. 1 HAG festgesetzten oder sich aus einem Tarifvertrag im Sinne des § 17 Abs. 1 HAG ergebenden Mindestentgelte. Voraussetzung ist eine erfolgte Zahlung an den Auftraggeber. Der Zwischenmeister kann zuvor zwar die Einrede nach § 320 Abs. 1 BGB geltend machen, die

462 BT-Drs. 1/1357 S. 27.

463 Schmidt/Koberski/Tiemann/Wascher § 21 Rn. 5.

Anknüpfung an die erfolgte Zahlung birgt aber mangels Abnahmeverpflichtung das Risiko in sich, dass die Heimarbeiter ihre Leistung erbracht haben, ohne nunmehr auch den Auftraggeber in Anspruch nehmen zu können[464]. Es zeigt sich für die erste Variante, dass der Fokus auf der unzureichenden Zahlung und nicht schon auf dem Vertragsschluss mit dem Zwischenmeister liegt. Für die zweite Variante erklärt sich der Anknüpfungspunkt aus dem Gedanken, dass auch der zuverlässigste Zwischenmeister ohne Erhalt des Entgelts nicht seine Verpflichtungen gegenüber dem Heimarbeiter wird erfüllen können, sodass sich das Risiko durch die Auftragsvergabe erst nach Zahlung des Entgelts realisiert.

Umstritten ist, ob der Auftraggeber nur subsidiär[465] oder aber unmittelbar[466] in Anspruch genommen werden kann. Damit zusammen hängt die Frage nach einem möglichen Regress zwischen Auftraggeber und Zwischenmeister. Bei einer gleichrangigen Haftung wäre ein Gesamtschuldnerausgleich nach § 426 Abs. 1 BGB einschlägig. Bei einer subsidiären Haftung des Auftraggebers könnte dieser entsprechend den Regeln zur unechten Gesamtschuld vom Heimarbeiter nach § 255 BGB analog die Abtretung von dessen Entgeltansprüchen gegen den Zwischenmeister verlangen[467].

Der Wortlaut spricht bereits für eine gleichrangige und nicht für eine abgestufte Haftung. Eine Subsidiarität ist weder im Wortlaut noch in der Gesetzesbegründung in irgendeiner Weise angelegt. In der Konsequenz muss auf § 426 Abs. 1 BGB abgestellt werden.

5 Ausgestaltung des Gesamtschuldnerausgleichs

Der Schutz der Zwischenmeister vor einer existenzbedrohenden Haftung auf die Mindestentgelte lässt sich über den Gesamtschuldnerausgleich bewerkstelligen. Hierdurch kann der Zwischenmeister davor bewahrt werden, trotz eines nicht hinreichenden Entgelts den vollen Entgeltanspruch weiterleiten zu müssen. Dieser Interessenlage ist bei der Ausgestaltung des Gesamtschuldnerausgleichs Rechnung zu tragen. Im Folgenden ist darauf aufbauend eine Konzeption des Gesamtschuldnerausgleichs bei § 21 Abs. 2 HAG zu entwickeln.

Beträgt das Mindestentgelt 10 €, ist die dem Gesamtschuldnerausgleich unterliegende Summe nach Telos und Wortlaut ebenfalls 10 €, auch wenn

---

464 Vgl. Plenarprotokoll 01/89 v. 05.10.1950 (Volkholz, BP), S. 3299 rechte Spalte.

465 Schmidt/Koberski/Tiemann/Wascher § 21 Rn. 10.

466 Brecht § 21 Rn. 6.

467 MüKo BGB/Oetker § 255 Rn. 2; Beck'scher Online-Kommentar BGB/Gehrlein § 421 Rn. 18.

der Zwischenmeister 8 € tatsächlich erhalten und nur 6 € an den Heimarbeiter weitergegeben hat. Obwohl der Heimarbeiter nur die Differenz von 4 € vom Auftraggeber verlangen könnte, ist der Ausgleich zwischen Auftraggeber und Zwischenmeister daher hinsichtlich des Mindestentgelts in Höhe von 10 € durchzuführen.

Wird als Ziel der ersten Haftungsvariante auch der Schutz der Zwischenmeister identifiziert, kann dies wirksam im Rahmen des Gesamtschuldnerausgleichs nur geschehen, indem ein Mindestbehalt des Zwischenmeisters abgesichert wird. § 21 Abs. 2 HAG muss im Kontext von § 21 Abs. 1 HAG gesehen werden, wonach Zuschläge für gleichgestellte Zwischenmeister einen solchen Mindestbehalt absichern. Ein noch darunter liegender Schutz in Fällen fehlender Gleichstellung ist zweckmäßigerweise § 21 Abs. 2 HAG im Rahmen des Gesamtschuldnerausgleichs zu entnehmen, sodass letztlich ein Minimum an Selbstbehalt gesichert sein muss. Die Maßstäbe für den Lohnwucher nach § 138 Abs. 1 BGB können insoweit als Orientierung dienen. In der Konsequenz ist die Bestimmung der Haftungsanteile davon abhängig, wie hoch die bereits gezahlte Summe an den Zwischenmeister war. Deckt diese lediglich den Selbstbehalt, muss der Auftraggeber die volle Summe an den Heimarbeiter zahlen, der Zwischenmeister könnte sich bereits an den Heimarbeiter gezahlte Summen vom Auftraggeber erstatten lassen. Beträgt der Mindestbehalt 5 €, müsste bei einem Mindestentgelt von 11 € der Zwischenmeister lediglich hinsichtlich 6 € für das Mindestentgelt aufkommen und könnte bei einer aber erfolgten Zahlung an den Heimarbeiter in Höhe von 7 € einen Euro Regress vom Auftraggeber verlangen, der 4 € an den Heimarbeiter gezahlt hat. Es ist aber durchaus – etwa bei einer Zahlung von 9 € an den Zwischenmeister – möglich, dass der vom Heimarbeiter in Anspruch genommene Auftraggeber eine Rückzahlung vom Zwischenmeister verlangen kann. Letztlich wird so der Grad des Verschuldens[468] insoweit berücksichtigt, dass die Höhe der Unterschreitung hinsichtlich der Zahlung an den Zwischenmeister sich auf die Ausgleichssummen auswirkt. Beachtet werden muss, dass dieser Ausgleichsmechanismus nur bei einer für die Befriedigung des Heimarbeiters zu geringen Zahlung greift, ansonsten ließe sich über vertragliche Ansprüche in Verbindung mit § 138 Abs. 1 BGB auf Zahlung von Mindestentgelten zugunsten der Zwischenmeister nachdenken.

Anders verhält es sich bei der zweiten Variante, die gerade die Verdrängung unseriöser Elemente bezweckt: Hier ist eine volle Belastung des Zwischenmeisters

468 Zur Bedeutung des Verschuldens bei § 426 I BGB schon RGZ 84, 415, 429; RGZ 75, 251, 256; ebenso BGHZ 17, 214, 222; BGHZ 12, 213, 230.

im Innenverhältnis anzunehmen. Festzuhalten bleibt, dass der Auftraggeber mit Zahlung eines ausreichenden Entgelts zwar nicht eine Inanspruchnahme durch den Heimarbeiter ausschließen kann, sehr wohl aber eine anteilmäßige Last beim Gesamtschuldnerausgleich.

6 Funktionale Einordnung

Die gesamtschuldnerisch ausgestaltete Haftung nach § 21 Abs. 2 HAG bezieht sich ebenso wie einige Normen der bürgengleichen Haftung auf eine nicht erfolgende Zahlung an die Person, von der die Arbeitsleistung tatsächlich erbracht wird. Allerdings lässt sich durch die gesamtschuldnerische Haftung besser ein Schutz der zwischengeschalteten Instanz, im Falle des § 21 Abs. 2 Var. 1 HAG des Zwischenmeisters, erreichen als durch eine bürgengleiche Haftung mit voller Regressmöglichkeit entsprechend § 774 Abs. 1 BGB. Der Unterschied zwischen den Haftungskonzepten ist darin begründet, dass bei einem gesamtschuldnerischen Modell der Zwischeninstanz nicht zwingend ein Vorwurf hinsichtlich des Zahlungsausfalles gemacht wird. Es ist hier ein anderes Marktbild erkennbar als bei der bürgengleichen Haftung: Es wird davon ausgegangen, dass der Auftraggeber die Preise einseitig diktieren kann und angesichts der zu geringen Nachfrage dem Zwischenmeister hier keine andere Möglichkeit bleibt, als sich diesem Diktat zu beugen, ansonsten muss der Zwischenmeister Arbeitslosigkeit und Verelendung befürchten[469]. Diese Betrachtungsweise resultiert letztlich aus dem bei der Heimarbeit generell vorhandenen Überangebot einerseits und aus der Weltwirtschaftskrise ab 1929 andererseits. Ziel ist es, den Zwischenmeister im Markt zu halten und nicht in die Arbeitslosigkeit absinken zu lassen.

Der Druck durch die Haftungsandrohung wird daher weniger hinsichtlich des Auswahlprozesses ausgeübt, die Zwischenmeister werden unisono den Auftrag zu jedem Preis ausführen. Wer ein auch das Mindestentgelt abdeckendes Angebot macht, wird keine Aufträge erhalten. Mithin sind zahlungsfähige Auftragnehmer auf dem Markt ausgeschlossen, solange der Auftraggeber sich nicht auf höhere Kosten einlässt. Anstelle der Auswahl stellt die Preisvorgabe den Vorwurf an den Auftraggeber dar. Die Steuerungsfunktion bezieht sich daher auf die Frage, ob hinreichenden Entgelten zugestimmt wird und nicht darauf, ob solche Auftragnehmer ausgewählt werden, die hinreichende Entgelte anbieten. Liegt der Fokus auf der Auswahl, liegt eine nur mittelbare Verantwortlichkeit des Auftraggebers durch die Wahl des Vertragspartners vor, während bei einem

469 Vgl. Leuthier S. 283.

einseitigen Preisdiktat die zwischengeschaltete Instanz austauschbar ist und lediglich als Zahlstelle dient.

Ein anderes Verständnis wird in der zweiten Variante des § 21 Abs. 2 HAG zum Ausdruck gebracht: Hier geht es nicht um die Höhe des gezahlten Mindestentgelts, sondern um die Unzuverlässigkeit des Zwischenmeisters, was die Abführung der Mindestentgelte anbetrifft. Der Hauptvorwurf trifft den Zwischenmeister, da sein Verhalten keineswegs zwingend ist, um am Markt zu bestehen: Eine Unzuverlässigkeit ist keine Voraussetzung für die Erteilung der Aufträge. Der Vorwurf an den Auftraggeber bezieht sich hier allein auf die Auswahl des Zwischenmeisters. Im Ergebnis sollen unseriöse Elemente unabhängig von deren ökonomischer Schutzwürdigkeit verdrängt werden.

In der Konsequenz gilt bei § 21 Abs. 2 HAG eine Steuerungsfunktion hinsichtlich der Rechtstreue der Zwischenmeister und hinsichtlich der Preisvorgabe, aber gerade nicht hinsichtlich der Bestandssicherheit. Dies entspricht auch der Gleichstellungsmöglichkeit nach § 1 Abs. 2 S. 1 d HAG für wirtschaftlich abhängige Zwischenmeister: Hierdurch wird erreicht, dass wirtschaftliche schwächere Zwischenmeister im Wettbewerb bestehen können und eben nicht verdrängt werden[470]. Auch § 21 Abs. 2 HAG ist in diesem Kontext zu sehen, der sich auf den Schutz nicht autonom bestandsfähiger Mitbewerber bezieht.

7 Schlussfolgerungen für die bürgengleiche Haftung

Die Normen der Unternehmerhaftung wie auch § 21 Abs. 2 HAG beabsichtigen eine Verdrängung der nicht zahlungswilligen Auftraggeber, unterscheiden sich aber in ihrem Verständnis hinsichtlich einer fehlenden Zahlungsfähigkeit.

Die bürgengleiche Haftung sieht in der zwischengeschalteten Instanz den Hauptverantwortlichen, der voll Regress leisten soll. Es ist nicht das Ziel der Normen der Unternehmerhaftung, ihre Zahlungspflichten nicht erfüllende Auftragnehmer zu schützen. Eine solche Forderung im Gesetzgebungsprozess ließe sich heute nur schwer denken. Bei § 21 Abs. 2 HAG sollte die Existenz der sich dem Preisdruck fügenden Zwischenmeister nicht gefährdet werden, während eine bürgengleiche Haftung eine solche Absicherung von vorneherein ausschließt. Letztlich wird bei einem Bürgschaftsmodell stets davon ausgegangen, dass die fehlende Zahlungsfähigkeit aus der Sphäre des Arbeitgebers selbst herrührt und dieser nicht vom Markt dazu gezwungen wird, die gesetzlichen Zahlungspflichten zu ignorieren. Diesem Verständnis in Bezug auf die angebotenen Preise liegt ein ausgewogenes Verhältnis von Angebot und Nachfrage zugrunde, bei dem die

---

470 Holtschmidt S. 28.

Möglichkeit für den Auftragnehmer besteht, Aufträge auch bei einer Zahlung des Mindestentgelts an die Arbeitnehmer zu erhalten. Dies lässt sich durchaus hinterfragen: Für die Gebäudereinigerbranche wurde etwa festgestellt, dass es den Auftragnehmern schwerfällt, ein höheres Lohnniveau gegenüber dem Auftraggeber durchzusetzen, wobei hier über unterschiedliche Erfahrungen je nach dem jeweiligen Auftraggeber berichtet wurde[471]. Der fehlende Zahlungswille lässt sich aus Perspektive der Marktteilnehmer durchaus aus dem an sich legitimen Ziel schlussfolgern, auf dem Markt bestehen zu können.

Letztlich ist ein voller Regress sinnvoll, wenn eine Verdrängung bezweckt wird. Entsprechend dem Gesagten sollte eine Verdrängung bei § 21 Abs. 2 Var. 1 HAG aus zwei, nicht völlig voneinander zu trennenden Gründen nicht erfolgen: Den Zwischenmeister trifft einerseits angesichts der Marktsituation kein Vorwurf, er kann nur bei einer Zahlung zu niedriger Entgelte auf dem Markt bestehen. Es gibt keine Zwischenmeister, die auch bei Zahlung des Mindestentgelts bestandsfähig wären. Auf der anderen Seite ist der Zwischenmeister ökonomisch schutzwürdig, sodass ihm ein Marktaustritt zumindest bei ansonsten bestehender Zuverlässigkeit nicht zugemutet werden kann.

Es ist dargelegt worden, dass bei den heutigen §§ 14 AEntG, 13 MiLoG eine Verdrängung der nicht bestandsfähigen Mitbewerber bezweckt ist. Es stellt sich die Frage, in welchen Fällen eine bürgengleiche Haftung mit einer verdrängenden Wirkung auch hinsichtlich der Bestandsfähigkeit sinnvoll ist und in welchen Fällen eine gesamtschuldnerische Haftung, die umgekehrt die nicht bestandsfähigen Mitbewerber im Markt hält und sich hinsichtlich der Preisvorgabe auswirkt.

Wird eine Verdrängungswirkung beabsichtigt, liegt dem die Annahme zugrunde, dass es durchaus möglich wäre, auch bei Einhaltung der Mindestarbeitsbedingungen am Markt zu bestehen. Nur wenn es solche hierzu fähigen Mitbewerber überhaupt gibt, ist es geboten, deren Wettbewerbsstellung durch Verdrängung der Mitbewerber zu verbessern. Nur auf diesem Wege lassen sich die beiden Blöcke der zu fördernden und der zu verdrängenden Marktteilnehmer bilden. Dies entspricht schon der Überlegung von § 729 Abs. 2 RVO: Es gibt die nicht bestandssicheren Unternehmer auf der einen Seite und die überlebensfähigen, aber im Wettbewerb benachteiligten soliden Mitbewerber auf der anderen Seite.

---

471 Bosch/Kalina/Kern S. 212, http://www.bmas.de/SharedDocs/Downloads/DE/PDF-Meldungen/evaluation-mindestlohn-gebaedereinigung.pdf?__blob=publicationFile, abgerufen am 09.02.2019.

Entscheidend ist daher, wann niedrige Preise kein zwingendes Kriterium für die Auftragserteilung sind und der beauftragte Unternehmer in seinem Rechtsbruch nicht völlig austauschbar ist. Dies ist der Fall, wenn sich am Markt mit Verweis auf eine höhere Qualität auch eine höhere Bezahlung durchsetzen lässt. Solange dies nicht ausscheidet, bleibt eine Auftragserteilung trotz Zahlung der Mindestentgelte möglich.

Besteht kein totales Überangebot, sind mit dem Verweis auf eine höhere Qualität auch deutlich höhere Löhne durchsetzbar. Nur wenn der Anbieter existentiell auf diesen Abnehmer angewiesen ist, scheidet diese Möglichkeit aus. Letztlich ist eine Zweiteilung in die qualifizierten, teureren Bewerber einerseits und die „Schmutzkonkurrenz“ andererseits durchaus möglich, wenn Angebot und Nachfrage nicht völlig außer Verhältnis stehen, sodass keine zwingende Abwärtsspirale hinsichtlich der Entgelte entsteht.

Auch für das Gebäudereinigerhandwerk wurde als Folge der Einführung von Mindestentgelten nicht angenommen, dass Aufträge generell nur bei fehlenden Preissteigerungen rekrutiert werden können. Bei einer Ablehnung von Preissteigerungen kommen zudem Kürzungen im Leistungsangebot wie etwa eine Bedarfsreinigung anstatt einer Intervallreinigung in Betracht[472]. Es ist mithin durchaus möglich, auch bei Einhaltung der Mindestarbeitsbedingungen auf dem Markt zu bestehen.

Unter normalen ökonomischen Verhältnissen lässt sich daher durchaus annehmen, dass im Hinblick auf die Mindestentgelte zahlungsfähige Mitbewerber auf dem Markt vorhanden sind, sodass die nicht zahlungsfähigen Mitbewerber sinnvollerweise verdrängt werden können. Es ist daher eine Steuerung hinsichtlich der Bestandsfähigkeit mit der damit verbundenen Verdrängungswirkung vorzugswürdig gegenüber einer Steuerung hinsichtlich der Preisvorgabe. Folglich ist auch eine Absicherung der nicht bestandssicheren Unternehmen durch die Möglichkeiten des gesamtschuldnerischen Ausgleichs nicht überzeugend.

Hinzu kommt, dass eine besondere ökonomische Schutzwürdigkeit der nicht bestandsfähigen Mitbewerber zudem anders als hinsichtlich der Zwischenmeister abzulehnen ist: Die Gefahr der Verelendung durch Massenarbeitslosigkeit ist nicht gegeben.

8 Zwischenergebnis

Es zeigt sich, dass die Wertung des § 21 Abs. 2 HAG sich letztlich aus den Eindrücken von Deflation und vorherrschender Massenarbeitslosigkeit ergab und

472 Bosch/Kalina/Kern a.a.O., S. 212 f.

so nicht auf normale ökonomische Verhältnisse übertragen werden kann. Sinnvollerweise ist daher in den genannten Fällen der bürgengleichen Haftung ein voller Regress durchzuführen, was sowohl über § 774 Abs. 1 S. 1 BGB als auch über eine ausdrückliche Klarstellung bei § 426 Abs. 1 S. 1 BGB möglich wäre. Der Vergleich mit einer unter anderen ökonomischen Bedingungen entstandenen Haftungsnorm hat gezeigt, dass sich die Steuerungswirkung sinnvollerweise auch auf die Bestandsfähigkeit erstreckt.

Es ist aber auch deutlich geworden, dass die Inanspruchnahme von Auftraggebern ein flexibles Instrument darstellt, das sich unter verschiedenen Marktbedingungen einsetzen lässt. Auch die gesamtschuldnerische Haftung lässt sich flexibel einsetzen, wie dargelegt war in § 21 Abs. 2 Var. 1 HAG ein anteilmäßiger, in Var. 2 hingegen ein voller Regress beabsichtigt. Zu beachten bleibt, dass hier eine dritte Fallgruppe hinsichtlich einer möglichen Steuerungswirkung vorliegt, neben den Bezugspunkten Bestandssicherheit und Rechtstreue wird die Preissteuerung insoweit erkennbar. Hierbei werden nicht bestandssichere Unternehmen gerade nicht verdrängt, sondern vielmehr geschützt. Das Unwerturteil trifft den Auftraggeber. Ergänzend ist festzuhalten, dass es als Nebeneffekt der gesamtschuldnerischen Ausgestaltung an einer symbolischen Klarstellung dahin gehend fehlt, dass vorrangig der Zwischenmeister vertraglich haften soll. Die Verantwortung für den Zahlungsausfall wird hier gerade nicht in erster Linie dem Zwischenmeister aufgebürdet.

VI Weitere Alternativen zur bürgengleichen Haftung

1 Verrechnungsmodell

a) Eine alternative Ausgestaltung: § 48 EStG

Neben der gesamtschuldnerischen Haftung sind weitere alternative Modelle in den Blick zu nehmen.

§ 48 EStG aus dem Jahre 2001 stellt eine Reaktion auf illegale Beschäftigung und auf Hinterziehungs- und Verschleierungsmodelle dar[473]. Diese Norm ist daher zeitlich und inhaltlich im Kontext des § 28 e Abs. 3 a SGB IV zu sehen. Anstelle einer bürgengleichen Haftung wird hier aber ein Verrechnungsmodell praktiziert. Nach § 48a Abs. 1 S. 1 EStG hat der eine Bauleistung in Anspruch nehmende Unternehmer im Sinne von § 2 UStG innerhalb einer Frist den Vordruck für den Steuerabzug unter Berechnung der Quote abzugeben. Der

473 BT-Drs. 14/4658 S. 8 rechte Spalte.

Vorsteuerabzug beläuft sich nach § 48 Abs. 1 S. 1 EStG auf 15 % der Gegenleistung, also gemäß § 48 Abs. 3 EStG des Werklohns zuzüglich Umsatzsteuer. Dieser Teil des Werklohns gilt gegenüber dem Auftragnehmer als gemäß § 362 BGB Abs. 1 erfüllt[474]. Mit dem Steuerabzug wird aber nicht die volle Steuerschuld beglichen, stattdessen ergibt sich aus der abgeführten Summe die geringstmögliche Steuerbelastung des Auftragnehmers[475]. Hinsichtlich des restlichen Betrags bleibt es bei einer alleinigen Verpflichtung des Auftragnehmers.

Der Steuervorabzug kann nach § 48 Abs. 2 S. 1 EStG vermieden werden, indem für den Auftragnehmer eine Freistellungsbescheinigung gemäß § 48 b Abs. 1 S. 1 EStG ausgestellt wird oder wenn die Gegenleistung gerechnet auf das volle Kalenderjahr gewisse Schwellenwerte nicht übersteigt.

b) Anwendbarkeit auf Fälle der Unternehmerhaftung

Über ein Verrechnungsmodell ließe sich bei den Ansprüchen auf die Urlaubskassenbeiträge und auf die Gesamtsozialversicherungs- beziehungsweise Unfallversicherungsbeiträge nachdenken[476]. In der Konsequenz würde der Auftraggeber unmittelbar herangezogen werden und könnte die erbrachte Leistung auf den Werklohn anrechnen lassen. Dies entspräche letztlich einer eigenen Beitragspflicht des Auftraggebers. Allerdings muss dabei beachtet werden, dass erheblicher bürokratischer Aufwand dadurch entstehen würde, nicht die Arbeitgeber, sondern die ständig wechselnden Auftraggeber als Beitragsschuldner zu führen. In Betracht käme letztlich nur, den Auftraggeber mit einer Pflicht zur Meldung entsprechend § 48 a Abs. 1 S. 1 EStG zu belasten. Mangels einer Kenntnis des Auftraggebers von der genauen Beitragshöhe wäre im Sinne einer schnellen Einziehung wiederum nur die Zahlung eines Pauschalbetrags bei gleichzeitiger Befreiung hinsichtlich der Resthöhe praktikabel. Dies widerspricht der zumindest beim Anspruch der Urlaubskassen nach § 14 AEntG ausgeprägten Schutzfunktion und bedeutet eine zunehmende bürokratische Belastung für den Auftraggeber.

In den Blick genommen werden muss auch, inwieweit ein für die Wirksamkeit der Steuerungswirkung zentrales hinreichendes Risiko besteht. Zahlt der Auftraggeber bereits unmittelbar fällig gewordene Beiträge bei einer schon erbrachten Arbeitsleistung – ohne diese Arbeitsleistung entsteht der Anspruch

---

474 Blümich/Ebling § 48 EStG Rn. 157.

475 BT-Drs. 14/4658 S. 10 rechte Spalte.

476 Dafür BR-Drs. 798/98 S. 2; Gündisch S. 116 f.

nicht – bleibt letztlich kein Risiko erhalten, da der Auftraggeber stets den zu zahlenden Werklohn verringern kann. Die Auswahlentscheidung hat keinen Einfluss auf das Haftungsrisiko. Ein Ausfallrisiko lässt sich daher nur konstruieren, wenn der Vertrag etwa wegen Mängeln nach §§ 634 Nr. 3, 633, 346 Abs. 1 BGB rückabgewickelt wird, dann droht bei Vermögenslosigkeit des Auftragnehmers ein Verlust hinsichtlich der vollen Vertragssumme. Das Ausfallrisiko ist bei einem Verrechnungsmodell daher erheblich geringer, was sowohl der Steuerungs- als auch der abstrakten Ausgleichsfunktion abträglich ist: Die Beauftragung eines nicht zahlungsfähigen oder nicht zahlungswilligen Auftragsnehmers bleibt bei ordnungsgemäßer Vertragsdurchführung ohne Risiko.

Bei den Ansprüchen der Arbeitnehmer ist die fehlende Praktikabilität eines Verrechnungsmodells noch offensichtlicher: Es erscheint wenig zielführend, eine unmittelbare Verpflichtung der Auftraggeber hinsichtlich des Mindestlohns anzunehmen. Dies hätte die Folge, dass eine gestückelte Zahlung verschiedener Auftraggeber und des Arbeitgebers erfolgen müsste. Gleichwohl ist es dem Arbeitgeber unbenommen, schon vor der Zahlung des Werklohns das Mindestentgelt an den Arbeitnehmer zu zahlen und so über § 389 BGB in Verbindung mit § 765 BGB den Werklohnanspruch zu kürzen. Ein solches, letztlich auf ein „Nullsummenspiel" hinauslaufendes Verhalten des Auftraggebers ist für den Bereich der Urlaubskassenbeiträge keine Seltenheit, zwischen 2007 und 2016 zahlten im Inlandsverfahren Auftraggeber in 753 Fällen ohne Aufforderung an die SOKA-BAU, die Zahl liegt damit über den Fällen einer Zahlung nach Aufforderung (343 Fälle)[477]. Dies hat zur Folge, dass der Auftraggeber das Ausfallrisiko ausschließen kann, ohne dass ein besonderer Anreiz zur sorgfältigen Auswahl gesetzt wird. Diese Schwächung der Steuerungsfunktion ist aber ein legitimes Mittel der Auftraggeber zur Haftungsvermeidung und sollte auch nicht eingeschränkt werden: Der Anreiz zur sofortigen Zahlung ohne Klage des Anspruchsinhabers ist spiegelbildlich zur Schwächung der Steuerungs- und abstrakten Ausgleichsfunktion der Schutzfunktion zuträglich. Hinzu kommt, dass sich für die zahlungsfähigen Auftragnehmer der Druck auf die Mindestlohnzahlung erhöht, da nur so die volle Zahlung des Werklohns erreicht wird.

2 Ausgleich über das Bereicherungsrecht

Im Rahmen der Beratungen zum BGB wurde von den sozialdemokratischen Kommissionsmitgliedern Frohme und Stadthagen der Vorschlag unterbreitet, als Leistung im Sinne des § 812 Abs. 1 S. 1 Var. 1 BGB auch die „auf Grund eines

477 Termin bei der SOKA-BAU, 18.01. 2017.

Vertrags mit einem anderen erlangte Verwendung der Arbeitskraft in dem Nutzen des Bereicherten" zu werten[478]. In der Konsequenz könnte der Arbeitnehmer einen Anspruch aus § 812 Abs. 1 S. 1 Var. 1 BGB gegen den Auftraggeber geltend machen.

Hiergegen spricht allerdings der damit verbundene Systembruch, eine Leistung des Arbeitnehmers nicht allein gegenüber dem Vertragspartner, hier dem Arbeitgeber, anzunehmen. Im Ergebnis würden dann zwei Leistungen des Arbeitnehmers vorliegen. Ein voller Regress des Auftraggebers ließe sich zwar über die Rückgriffskondiktion entsprechend § 812 Abs. 1 S. 1 Var. 2 BGB annehmen. Umgekehrt wäre dann aber ein solcher Ausgleich durch den Arbeitgeber möglich, wenn dieser den Lohn zahlen würde. Demnach könnte derjenige vollen Regress verlangen, der zuerst zahlt. Die entstehende Situation erinnert daher an die Konstellation eines Wettlaufs der Sicherungsgeber, sodass hinsichtlich des Regresses wiederum die Regelungen des Gesamtschuldnerausgleichs Anwendung finden würden[479]. Die Anwendung des Bereicherungsrechts würde zudem dem Auftraggeber die Möglichkeit eröffnen, sich nach § 818 Abs. 3 BGB auf Entreicherung zu berufen oder einen Wert der Arbeitsleistung nach § 818 Abs. 2 BGB darzulegen, der unter dem jeweiligen Mindestentgelt liegt. Im Ergebnis ist auch eine Lösung über das Bereicherungsrecht abzulehnen.

3 Sicherungsmodell

Lohnenswert ist wiederum der Blick auf Strategien zur Bekämpfung unseriöser Elemente in der Bauwirtschaft während des Kaiserreichs.

Nach § 772 RVO von 1911[480] konnte die oberste Verwaltungsbehörde festlegen, dass in bestimmten Gemeinden und für festzulegende Arten von Bauten der Bauherr Sicherheit für die Unfallversicherungsbeiträge zu leisten hatte. Mit dieser differenzierten Lösung sollte ermöglicht werden, dass in größeren Städten mit erheblicher Bauspekulation und bei insoweit anfälligen Bauobjekten, etwa bei Mietshäusern, eine zusätzliche Sicherung der Unfallversicherungsbeiträge zustande kam[481]. Allerdings sah § 774 RVO vor, dass die Sicherheit zurückgefordert werden konnte, wenn gewerbliche Bauunternehmer beauftragt wurden. Die Beeinflussung der Auswahl wurde daher über die Sicherung der Beiträge gestellt. Im Ergebnis bestand also die Möglichkeit, das Haftungsrisiko bei der

478 Jakobs Schubert §§ 652–853 BGB, S. 857; siehe auch oben unter C II 2.

479 Siehe hierzu nur BGHZ 108, 179, 186.

480 Reichsverordnung RGBl. Teil I 1911 Nr. 42 S. 509.

481 Reichstagsprotokolle 12. Legislaturperiode, 1911/12, Band 274 Nr. 340, S. 326.

Beauftragung nicht gewerblicher Unternehmen vorzuverlagern. Die Baugenehmigung durfte nach § 772 Abs. 2 RVO erst erteilt werden, wenn die Zahlung der Sicherheit bestätigt wurde. Diese Normen existierten bis 1963.

Übertragen auf die heutigen Haftungsnormen wäre ein Sicherungsmodell so auszugestalten, dass der Auftraggeber vor Beginn der Werkleistung eine Sicherheit zu zahlen hat, von dieser Pflicht aber bei der Beauftragung eines solchen Auftragnehmers befreit wird, der einen bestimmten Legitimationstatbestand erfüllt.

Eine Sicherungslösung hinsichtlich der Beiträge hätte den Vorteil, dass ein Ausfallrisiko anders als bei einem Verrechnungsmodell für den Auftraggeber durchaus besteht, schließlich droht der Zugriff auf die Sicherheit. Zugleich wird durch die sofort erfolgende Zahlung das Ausfallrisiko bei der Beauftragung nicht legitimierter Unternehmer noch plastischer und unmittelbar greifbar. Es wäre auch möglich, die Sicherheit auch auf Ansprüche gegen Subunternehmer zu erstrecken.

Ein solches Modell wäre nur bei länger andauernden Bauleistungen praktikabel, die Haftung auf Urlaubskassenbeiträge nach § 14 AEntG und auf Sozialversicherungsbeiträge nach §§ 28 e Abs. 3 a SGB IV, 150 Abs. 3 S. 1 HS 2 SGB VII beziehen sich aber allein auf Bauleistungen. Bei Ansprüchen des Arbeitnehmers wäre eine Sicherung mangels Kenntnis von den späteren Anspruchsinhabern nur möglich, wenn ein Treuhänder die Zahlungen entgegennehmen würde. Nachteil einer solchen Lösung ist aber, dass die Sicherheit nur einen pauschalen, eventuell nicht ausreichenden Betrag umfassen kann. Eine zusätzliche Inanspruchnahme für die Differenz wäre zwar technisch möglich, entspricht aber kaum dem Rechtsempfinden der Auftraggeber, die ihre Sicherheit ja bereits geleistet und ihre Einstandsverpflichtung erfüllt haben. Hinzu kommt, dass zwar die Sicherungszahlung durch einen Bauherrn wie bei § 771 RVO oder bei direkter Anwendung des § 14 BGB durchaus praktikabel wäre. Schon bei einem Generalunternehmer und erst recht bei weiteren Unternehmern in der Kette ist die Umsetzbarkeit aber zweifelhaft, da die Delegation der Aufgaben kurzfristig erfolgen kann und gegebenenfalls zahlreiche, nur mit kleinen Teilaufgaben beauftragte Nachunternehmer hervorbringt. Die Baugenehmigung liegt gegebenenfalls bei der Beauftragung dieser möglichen Haftungsadressaten schon vor. Ob diese Haftungsadressaten rechtzeitig und umfassend Sicherungsleistungen stellen würden, scheint sehr fraglich.

Im Ergebnis ist daher auch ein Sicherungsmodell keine tragfähige Alternative.

VII Öffentlich-rechtliche Sanktionen als Alternative

1 Bußgeldnormen

a) Grundsatz

Wird die Beauftragung von ihre Zahlungspflichten nicht erfüllenden Nachunternehmern unter eine Sanktion gestellt, kann diese offenkundig keine Schutzfunktion erfüllen. Es ist aber die Frage aufzuwerfen, ob eine Abschreckung und mithin eine Steuerungsfunktion wirksamer durch Bußgeldnormen oder vergleichbare Sanktionen erfüllt werden kann. Es soll an dieser Stelle nicht auf die konkreten Sorgfaltsmaßstäbe bei den Bußgeldnormen eingegangen werden, dieser Aspekt ist bei der Herleitung einer konkreten Exkulpationsmöglichkeit noch von Interesse.

Die Beauftragung von sich nicht rechtskonform verhaltenden Nachunternehmern kann nach §§ 404 Abs. 1 SGB III, 23 Abs. 2 AEntG, 21 Abs. 2 MiLoG ein Bußgeld jeweils bis zur Höhe von 500.000 € nach sich ziehen. Nach dem Wortlaut der jeweiligen Nr. 2 kann insbesondere auch der Zahlungsausfall beziehungsweise die illegale Beschäftigung in der Nachunternehmerkette die Ordnungswidrigkeit auslösen. Der Unternehmerbegriff muss für §§ 23 Abs. 2 AEntG, 21 Abs. 2 MiLoG angesichts der Einheitlichkeit des Gesetzes den Begriffen in §§ 14 AEntG, 13 MiLoG folgen[482], für den bei illegaler Beschäftigung einschlägigen § 404 Abs. 1 SGB III war ausdrücklich eine Beschränkung auf Unternehmer, die einen erhaltenen Auftrag weitergeben, beabsichtigt[483]. Weitere Risiken im Bereich des Ordnungswidrigkeitenrechts und des Strafrechts ergeben sich bei einer Beteiligung nach § 14 OwiG an einer Ordnungswidrigkeit nach §§ 21 Abs. 1 Nr. 9 MiLoG, 23 Abs. 1 Nr. 1 AEntG oder § 404 Abs. 2 Nr. 3 SGB III. Im Falle des §§ 28 e Abs. 3 a SGB IV ist auch eine Beihilfe zu einer Straftat nach § 266 a Abs. 1 StGB zu erwägen, im Rahmen der illegalen Beschäftigung eine Beihilfe zu einer Tat nach §§ 10, 11 SchwarzArbG[484].

Festzuhalten ist hierbei, dass angesichts der höheren drohenden Belastung der Abschreckungseffekt für die Auftraggeber insoweit gewichtiger sein kann. Aufgrund von § 10 OwiG ist stets zumindest fahrlässiges Verhalten erforderlich, allerdings ist hinsichtlich der Unternehmerhaftung bereits für eine Exkulpationslösung plädiert worden. Im Bereich des Straf- und Ordnungswidrigkeitenrechts

---

482 Riechert/Nimmerjahn § 21 Rn. 52.

483 BT-Drs. 12/7563 S. 9 rechte Spalte.

484 Zur Strafbarkeit Aulmann NJW 2012, 2074, 2078.

scheidet eine Beweislastumkehr aber aus, sodass der subjektive Tatbestand für Fälle der Auftraggeberverantwortlichkeit nur schwer nachzuweisen ist[485]. Zudem kann sich der Auftraggeber gegebenenfalls darauf berufen, dass die Bemühungen zur Erfüllung der gebotenen Sorgfalt ohnehin erfolglos geblieben wären und es daher an einem Pflichtwidrigkeitszusammenhang fehle[486]. Zivilrechtliche Normen weisen eine größere Flexibilität auf und können auch bei einer Exkulpationsmöglichkeit wesentlich effektiver eine Steuerungswirkung hervorrufen.

b) Verfall

§ 29 a Abs. 1 OwiG ermöglicht die Abschöpfung eines Vermögensvorteils, wenn ein Bußgeldtatbestand erfüllt ist. Hierfür müssen folglich dessen Voraussetzungen vorliegen. Von größerer Brisanz im hier gegebenen Zusammenhang ist § 29 a Abs. 2 Nr. 1 OwiG, der die Abschöpfung gegenüber Dritten ermöglicht, ohne dass diese selbst den Ordnungswidrigkeitentatbestand erfüllen. Anknüpfungspunkt ist folglich eine durch den Arbeitgeber erfüllte Ordnungswidrigkeit nach §§ 21 Abs. 1 Nr. 9 MiLoG, 23 Abs. 1 Nr. 1 AEntG oder § 404 Abs. 2 Nr. 3 SGB III. Der Täter muss nach § 29 a Abs. 2 Nr. 1 OwiG für einen anderen gehandelt haben, der hierdurch etwas erlangt hat. Die Handlung für einen anderen liegt jedenfalls vor, wenn in Erfüllung einer entgeltlichen Forderung, die in keinem Zusammenhang mit der Tat steht, dem Dritten Vorteile zugewendet werden[487]. Der Auftragnehmer erfüllt durch seine Leistung den Dienst- oder Werkvertrag, ohne dass hierin bereits die Ordnungswidrigkeit bestünde. Der Auftraggeber erspart sich durch die Nichtzahlung die Differenz zum Preis bei ordnungsgemäßer Leistung des Arbeitgebers, wobei nach § 29 a Abs. 4 S. 1 OwiG auf eine Schätzung zurückgegriffen werden kann[488]. Darin liegt das erlangte „Etwas". Es kommt also darauf an, wie teuer die Auftragsausführung bei Einhaltung des Mindestentgelts oder bei Zahlung der Sozialversicherungsbeiträge gewesen wäre.

Der Verfall nach § 29 Abs. 2 OwiG ist daher an sich auf die Nachunternehmerkonstellationen anwendbar. Folglich kann der Verfall zumindest eine teilweise Inanspruchnahme für die vom Auftragnehmer zu erbringenden Zahlungen gewährleisten, und zwar abhängig von der bereits geleisteten Summe. Insoweit wird der konkreten Ausgleichsfunktion Genüge getan. Allerdings wird der Auftraggeber lediglich so gestellt, wie er bei der Beauftragung eines zahlungsfähigen

485 Vgl. Ignor/Rixen § 4 Rn. 108.
486 BGH wistra 2005, 390.
487 BGHSt 45, 235, 246.
488 Kempen/Zachert/Seifert § 23 AEntG Rn. 11.

und zahlungswilligen Auftragnehmers stünde und muss nicht für den gesamten Beitrag haften, andererseits besteht kein Regressanspruch gegen den Auftragnehmer.

Allerdings soll der Verfall lediglich eine Vermögensverschiebung korrigieren und keine Sanktionsfunktion erfüllen, sodass Ansprüche Dritter dem Verfall entgegenstehen und als Einstellungsgrund nach § 47 Abs. 1 S. 2 OwiG zu behandeln sind, den die Behörde im Rahmen ihrer Ermessensausübung berücksichtigen muss[489]. Werden die Zahlungsansprüche nach Anordnung der Einziehung rechtskräftig festgestellt, ist von der Vollstreckung des Verfalls nach § 99 Abs. 2 S. 1 OwiG abzusehen beziehungsweise ist nach S. 2 der bereits gezahlte Betrag zurückzugewähren. Solche Ansprüche Dritter gegen den Auftraggeber sind mit den Normen der Unternehmerhaftung aber gerade vorhanden. Folglich bleibt daneben kein Raum für eine Anordnung des Verfalls.

Aus der Formulierung des § 99 Abs. 2 OwiG lässt sich aber ableiten, dass der Richter das Vorliegen der Tatbestandsvoraussetzungen des Ersatzanspruchs nicht zu prüfen hat, wenn dieser nach Grund und Höhe unklar ist[490]. Folglich muss der Richter nicht überprüfen, ob das Verfahren nach § 47 Abs. 1 S. 2 OwiG hätte eingestellt werden müssen. Bei der Nichtzahlung des Mindestentgelts muss erst festgestellt werden, welcher Arbeitnehmer für welchen Zeitraum Dienst- oder Werkleistungen gegenüber dem Auftraggeber erbracht hat. Bei § 98 a Abs. 3, 4 AufenthG kommen noch die Exkulpationsmöglichkeiten hinzu. Die Verdrängungswirkung der zivilrechtlichen Ansprüche tritt daher nur ein, wenn gemäß § 99 Abs. 2 OwiG der Auftraggeber eine rechtskräftige Entscheidung vorlegt, die einen Anspruch gegen ihn anerkennt. Dem Verfall kommt daher eine Auffangfunktion zu, da hierdurch auch bei einer fehlenden Geltendmachung durch den Arbeitnehmer bei Kenntnis der Behörde eine Zahlung geleistet werden muss, auch wenn diese nicht mit der Höhe des Mindestentgelts identisch ist.

2 Vergabesperren

Eine weitere in diesem Kontext relevante Sanktion stellen Vergabesperren dar. Dieser Ausschluss von Vergabeverfahren kann den Bewerber unter Umständen erheblich härter treffen als ein summenmäßig begrenztes Bußgeld. §§ 19 Abs. 1 MiLoG, 21 Abs. 1 AEntG sowie § 21 Abs. 1 S. 1 Nr. 2 SchwarzArbG, der auf § 404 Abs. 1 SGB III verweist, beziehen sich auf den Tatbestand der

489 BT-Drs. 10/318, S. 37; vgl. BayOblG NStZ 2000, 537; Beck'scher Online-Kommentar OwiG/Nestler § 99 Rn. 8.

490 BayOblG NStZ 2000, 537; Göhler/Gürtler § 29 a Rn. 14.

jeweiligen Bußgeldnorm, sodass die angegebenen Probleme hinsichtlich einer nachgewiesenen Fahrlässigkeit auch hier zum Tragen kommen. § 19 MiLoG hat dabei strengere Voraussetzungen, da ein Bußgeldbescheid vorausgesetzt wird und anders als nach § 21 Abs. 1 S. 2 AEntG ein hinreichender Verdacht nicht ausreicht. Nach der ursprünglichen Konzeption sollte auch für § 19 MiLoG ein hinreichender Verdacht ausreichend sein. Dies wurde aber im Gesetzgebungsverfahren gestrichen, was mit der besonders gravierenden Wirkung der Vergabesperre begründet wurde[491].

Neben den gesetzlich geregelten Vergabesperren wird anerkannt, dass eine Vergabesperre generell bei schweren Verfehlungen des Bewerbers im Sinne der §§ 124 Abs. 1 Nr. 3 GWB, 6 a Abs. 2 Nr. 7 VOB/A möglich ist[492]. Allerdings setzt eine schwere Verfehlung ein nachzuweisendes Verschulden voraus[493], sodass auch hier die Probleme der ausgeschlossenen Beweislastumkehr und des Pflichtwidrigkeitszusammenhangs wieder auftreten. Auf mögliche gesetzgeberische Möglichkeiten bei der Ausgestaltung einer Vergabesperre soll hier nicht näher eingegangen werden.

3 Auferlegung der Abschiebekosten

Speziell für den Fall einer illegalen Ausländerbeschäftigung ist noch § 66 Abs. 4 S. 1 Nr. 2, 3 AufenthG zu nennen. Demnach können die Kosten für die Abschiebung dem Auftraggeber in Rechnung gestellt werden, dieser haftet gesamtschuldnerisch mit Arbeitgebern und Schleusern, worunter nach § 96 AufenthG strafbare Personen zu verstehen sind. Die durchschnittlichen Kosten für eine Abschiebung betrugen nach Angaben des Landes Berlin für das Jahr 2014 dort 7239, 54 €[494], sodass hier durchaus von einem ernst zu nehmenden Haftungsrisiko gesprochen werden kann. § 66 Abs. 4 S. 1 Nr. 2, 3 AufenthG sehen nach dem Verhältnis zum Auftragnehmer gestufte Exkulpationsmöglichkeiten vor.

Diese Haftung greift nur, wenn es zu einer Abschiebung kommt. Mithin ist die Inanspruchnahme ausgeschlossen, wenn eine Arbeitsgenehmigung nach § 4 Abs. 3 S. 1 AufenthG zwar nicht vorliegt, der Aufenthalt an sich aber legal ist. Angesichts der Haftungshöhe und der durchaus zu erwartenden

---

491 BT-Drs. 18/2010 (neu) S. 24.

492 KG Berlin NZBau 2012, 56, 60; LG Nürnberg/Fürth NZBau 2016, 717, 720.

493 VG Düsseldorf, Urteil vom 24. März 2015, 20 K 6764/13-juris, Rn. 20; Beck'scher Vergaberechtskommentar § 16 VOB/A Rn. 158.

494 Vetter, https://www.welt.de/wirtschaft/article150602259/Was-Deutschland-sich-die-Abschiebungen-kosten-laesst.html vom 05.01.2016 abgerufen am 09.02.2019.

Geltendmachung ist aber in § 66 Abs. 4 S. 1 Nr. 2, 3 AufenthG das wirksamere Instrument im Vergleich zur Lohnhaftung zu sehen. § 98 a Abs. 3, 4 AufenthG rechtfertigt sich dadurch, dass die Haftung gegenüber dem Arbeitnehmer stets bei einer illegalen Ausländerbeschäftigung eingreifen kann und es nicht auf eine Abschiebung ankommt.

VIII Zwischenergebnis

Die bürgengleiche Haftung kann durch die Orientierung an einer Hauptverbindlichkeit dogmatisch betonen, dass die Auswahl eines konkreten Auftragnehmers die Haftung begründet und dass hierin der Vorwurf zu erblicken ist. Zudem wird die nachrangige Verantwortlichkeit des Auftraggebers herausgestellt. Das Kriterium der Hauptverbindlichkeit ist insbesondere bei den Haftungsnormen passend, die hinsichtlich des Anspruchsinhalts an vertragliche Ansprüche anknüpfen.

Im Hinblick auf die Ausgestaltung der Regressmöglichkeit ist die bürgengleiche Haftung mit dem indizierten vollen Regress die geeignete Umsetzungsmöglichkeit für die relevanten Konstellationen. Unter normalen ökonomischen Verhältnissen ist eine Verdrängungswirkung hinsichtlich nicht bestandsfähiger Unternehmer einer Preislenkung vorzuziehen. Die bürgengleiche Haftung ist daher insoweit der gesamtschuldnerischen Haftung überlegen.

Die durch §§ 768, 770 BGB eröffnete Möglichkeit zur Erhebung von Einreden des Hauptschuldners ist hingegen nur bei den Haftungsnormen sinnvoll, die sich auf das Vertragsverhältnis zwischen Arbeitgeber und Arbeitnehmer beziehen und nicht ein Mindestentgelt als Anknüpfungspunkt wählen. Allerdings sind die praktischen Auswirkungen dieser Frage eher gering, sodass hier noch von einer effektiven Umsetzung im Sinne der unionsrechtlichen Verpflichtungen nach Art. 5 Abs. 1 RL 96/71/EG, 12 Abs. 2 RL 2014/67/EU, 8 Abs. 1 RL 2009/52/EG ausgegangen werden kann. Dies kann aber nicht in Bezug auf die Möglichkeit angenommen werden, die Einrede der Verjährung gegenüber dem Hauptschuldner zu erheben. Es wäre denkbar, bei §§ 13 MiLoG, 14 AEntG generell Einreden des Hauptschuldners für unbeachtlich zu erklären. Dies würde aber zu einer noch weitergehenden Rechtszersplitterung der Haftungsnormen führen, hiervon ist daher angesichts der geringen Effekte der Einredemöglichkeiten Abstand zu nehmen. Die bürgengleiche Haftung kann daher mit einer Modifikation hinsichtlich der Verjährungseinrede bestehen bleiben. Alternativ möglich, aber umständlicher wäre eine Umgestaltung in eine gesamtschuldnerische Haftung mit festgelegtem vollem Regress gegen den Auftragnehmer. Andere Alternativen können nicht überzeugen. Hinsichtlich der Steuerung stellt die

Haftung im Vergleich zu Sanktionsnormen ebenfalls die effektivere Möglichkeit dar, wenngleich der Verfall eine Auffangfunktion erfüllen kann und § 66 Abs. 4 S. 1 Nr. 2, 3 AufenthG bei allerdings weitergehenden Voraussetzungen als wirksameres Steuerungsinstrument im Vergleich zur Lohnhaftung erscheint.

F. Die dogmatische Ausgestaltung der Unternehmerhaftung aus rechtspolitischer Sicht

I Vorbemerkung

Die erlangten Kenntnisse zu den Funktionen sowie zu den sich aus höherrangigem Recht ergebenden Grenzen können für eine rechtspolitische Überprüfung der dogmatischen Ausgestaltung der Unternehmerhaftung nutzbar gemacht werden. Teilweise ist hier aber zunächst eine Auslegung der vagen gesetzlichen Vorgaben vonnöten. Zu beachten sind die wechselseitigen Auswirkungen dogmatischer Entscheidungen. Aus diesem Grunde ist der zentrale und in Kapitel C bereits problematisierte Unternehmerbegriff erst am Ende dieses Kapitels zu behandeln: Der Unternehmerbegriff kann nicht isoliert stehen, sondern muss sich in ein dogmatisches Gesamtgefüge einordnen lassen.

II Anspruchsinhalt und Anknüpfungspunkt

1 Begrenzung auf den Nettolohn

Zunächst soll sich mit dem Anspruchsinhalt auseinandergesetzt werden. §§ 13 MiLoG, 14 AEntG umfassen jeweils gemäß § 14 S. 2 AEntG allein den Nettolohn, während §§ 28 e Abs. 3 a SGB IV, 150 Abs. 3 S. 1 HS 2 SGB VII, 3 GSA Fleisch nur Sozialversicherungsbeiträge betreffen. Im Falle des § 98 a Abs. 3, 4 AufenthG ist die Begrenzung auf den Nettolohn nicht ausdrücklich geregelt, ergibt sich aber aus dem Bezug auf die allgemeine Vergütung entsprechend § 98 a Abs. 2 AufenthG. Bei der Anwendung der Haftungsnormen der §§ 13 MiLoG, 14 AEntG, 98 a Abs. 3, 4 AufenthG ist vom Bruttobetrag nur die Summe in Abzug zu bringen, die dem tatsächlichen, gegebenenfalls ausländischen Sozialversicherungsbeitrag entspricht, da nur insoweit der Schutz des Arbeitnehmers angesichts des ihm gleichzeitig zukommenden Vorteils begrenzt werden darf: Folglich sind fiktive, gegebenenfalls höhere deutsche Sozialversicherungsbeiträge nicht in Abzug zu bringen[495].

Eine Haftung auch für die Sozialversicherungsbeiträge kann eine erhebliche Belastung für die Auftraggeber darstellen. Die Haftung für

495 BAG NZA 2012, 563 Rn. 30; Temming juris PR-ArbR 42/2010 Anm. 3.

Sozialversicherungsbeiträge in der Bau- und Fleischwirtschaft folgt der Wertung, dass hier infolge der verbreiten illegalen Arbeitsbedingungen eine besondere präventive Schutzbedürftigkeit der Sozialversicherung, aber gerade auch der Arbeitnehmer besteht. Die Institution des als fair verstandenen Wettbewerbs ist hier zudem in besonderem Maße gefährdet. Diese Wertung kann nicht unbesehen auf sämtliche andere Branchen übertragen werden. Auch der Gesetzgeber begründete die Einführung der Nettohaftung allein für die Baubranche mit dem Umstand, dass hier mehr Missstände als in anderen Branchen anzutreffen seien[496].

Von einer generellen Ausweitung auf andere Branchen ist daher Abstand zu nehmen. Eine Ausnahme ist aber für solche Branchen zu machen, in denen eine vergleichbare Problematik hinsichtlich verbreiteter illegaler Arbeitsbedingungen existiert, mithin ein besonderes Durchsetzungsdefizit hinsichtlich bestehender gesetzlicher Regelungen vorhanden ist. Mögliche Kontrollhindernisse sind insbesondere wechselnde Einsatzorte oder die Beteiligung von Privathaushalten wie etwa bei der Gebäudereinigung, daneben können auch saisonale Schwankungen und eine nur schwer mögliche Verlagerung ins Ausland Antriebsgründe für eine illegale Beschäftigung darstellen[497]. Insoweit kann auf § 28 a Abs. 4 S. 1 SGB IV verwiesen werden: In dieser Vorschrift werden Branchen genannt, in denen bereits bei Beschäftigungsaufnahme eine Meldung an die Rentenversicherung vorzunehmen ist. Der Branchenkatalog ist identisch mit § 2 a Abs. 1 a SchwarzArbG, der die Mitführungspflicht für Ausweispapiere normiert. Auch das Baugewerbe (Nr. 1) und die Fleischwirtschaft (Nr. 9) sind in dieser Aufzählung erhalten. Für diese Branchen ist eine Haftung des Auftraggebers, der selbst nicht der Branche anzugehören braucht, durchaus sinnvoll. § 3 GSA Fleisch entspricht dieser Logik.

2 Begrenzung auf das Mindestentgelt

a) Ausweitung auf vertragliches Entgelt?

§ 14 AEntG sieht eine Haftung für die Verpflichtungen zur Zahlung des Mindestentgelts oder der Urlaubskassenbeiträge nach § 8 Abs. 1 S. 1 AEntG vor. Daraus ergibt sich, dass kein Anspruch auf Zahlung des darüber hinausgehenden Lohns besteht[498]. Für § 13 MiLoG war im ursprünglichen Regierungsentwurf

---

496 BT-Drs. 14/8221 S. 16 rechte Spalte.

497 Vogel in Fischer-Lescarno/Kocher/Nassibi, 13, 20.

498 BAG NJOZ 2005, 2325, 2337; Deckers NZA 2008, 321, 322; Erfurter Kommentar/Schlachter § 14 AEntG Rn. 3.

eine Haftung allein für den Mindestlohn vorgesehen[499]. Der nunmehrige Verweis auf § 14 AEntG hat dogmatisch zur Folge, dass dessen Wirkung nunmehr auch die Pflicht zur Zahlung des Mindestlohns nach § 1 Abs. 1 MiLoG erfasst. § 98 a Abs. 3, 4 AufenthG verweist hingegen auf § 98 a Abs. 1 und mithin auf die zwischen Arbeitnehmer und Arbeitgeber vereinbarte Vergütung. § 98 a Abs. 2 AufenthG stellt dabei eine Vermutung auf, wonach das übliche Entgelt vereinbart worden wäre. Die Üblichkeit soll sich dabei aus dem überwiegend anwendbaren Tarifvertrag oder ansonsten aus dem Durchschnittslohn ergeben[500]. Eine solche Systematik ist nach Art. 6 Abs. 1 a HS 2 der Sanktionsrichtlinie 2009/52/EG verbindlich. Ausdrücklich zulässig ist aber die Vereinbarung einer niedrigeren Vergütung, wobei nunmehr § 1 Abs. 1 MiLoG eingreift.

Bezieht sich die Haftung auf den gesamten Anspruch des betreffenden Arbeitnehmers gegen seinen Arbeitgeber und nicht nur auf das Mindestentgelt, verstärkt dies die Steuerungswirkung, da das Risiko bei der Auswahl eines seine Verpflichtungen nicht erfüllenden Auftragnehmers erhöht wird. Allerdings beschränkt sich der gesetzliche Schutz des Arbeitnehmers gerade auf das Mindestentgelt, eine darüber hinausgehende Absicherung ist nicht erforderlich. Zudem besteht der Vorwurf gegen den Auftraggeber in der Auswahl eines seine gesetzliche Verpflichtungen nicht erfüllenden Auftragnehmers, die Erfüllung vertraglicher Pflichten ist hiervon unabhängig. Es ist daher konsequent, den Haftungsumfang auch auf das Mindestentgelt zu begrenzen und nicht darüber hinauszugehen[501]. Bei Beauftragung eines rechtstreuen und bestandsfähigen Arbeitgebers hätte mit Gewissheit lediglich ein Anspruch auf das Mindestentgelt geltend gemacht werden können. Der Umstand, dass tatsächlich ein höheres Entgelt vereinbart worden ist, steht außerhalb des Vorwurfs an den Auftraggeber. Hinzu kommt noch, dass die bezweckte Verhinderung von Umgehungen sich ebenfalls nur auf die Zahlung des Mindestlohns beschränkt.

b) Stets Begrenzung auf Mindestentgelte?

Umgekehrt lässt sich auch die Frage aufwerfen, ob generell eine Begrenzung der Haftung auf den bei rechtstreuem Verhalten des Auftragnehmers einschlägigen Mindestbetrag vorgenommen werden sollte.

In Bezug auf § 98 a Abs. 3, 4 AufenthG muss in Erinnerung gerufen werden, dass eine spezifische Schutzfunktion hier nicht gegeben ist. Der Vorwurf

499 BT-Drs. 18/1558 S. 11, 40.

500 BT-Drs. 17/5470 S. 28 rechte Spalte.

501 Vgl. Deckers NZA 2008, 321, 322.

besteht darin, dass durch die Auswahl des Unternehmers überhaupt illegale Beschäftigung ermöglicht wurde. Daraus allein folgt aber kein Schaden für den Arbeitnehmer, der sich mit der ausbleibenden Zahlung von Mindestentgelten vergleichen lässt. Es zeigt sich, dass diese Haftung in der deutschen Systematik einen Sonderfall darstellt, da an die Beschäftigung an sich und nicht an die ausbleibende Zahlung angeknüpft wird. Zudem korrespondiert der Haftungsinhalt letztlich nicht mit dem entstandenen Mindestschaden für den Arbeitnehmer. Durch die Orientierung am Anspruch gegen den Arbeitgeber haftet der Auftraggeber schärfer als bei der Beauftragung eines rechtstreuen und zahlungsfähigen Auftragnehmers.

Der Ausgleich für den potentiellen Vorteil erfolgt hier also nicht in einem Eintritt in die Verpflichtung auf Zahlung des Mindestbetrags, die durch einen zuverlässigen Auftragnehmer erfüllt worden wäre[502]. Stattdessen trifft den Auftraggeber ein darüber hinausgehendes Risiko. Dies ist wie dargelegt unionsrechtlich bindend, zudem hätte es bei Erlass des § 98 a AufenthG kein geeignetes Mindestentgelt als Anknüpfungspunkt gegeben. Eine nunmehr erfolgende, mit der Richtlinie ohnehin nicht zu vereinbarende Begrenzung der Haftung auf den Mindestlohn wäre nicht sinnvoll, da dann die Verursachung illegaler Beschäftigung nicht spezifisch gewürdigt werden würde. Als mildere Alternative käme eine stets mögliche Orientierung am üblichen Entgelt mit einer Abweichung nur bei Beteiligung des Auftraggebers in Betracht, wie es bei § 4 Abs. 4 S. 2 SeeArbG der Fall ist. Dies würde aber eine unionsrechtliche Lösung voraussetzen und den zusätzlichen Gehalt der Haftung erheblich einschränken. Hiervon ist daher Abstand zu nehmen.

Auch bei einer Haftung für Sozialversicherungsbeiträge ist der genaue Haftungsumfang vom Verhandlungsergebnis des Arbeitgebers abhängig, da sich die Beitragshöhe aus dem Bruttolohn ergibt. Wäre ein rechtstreuer Nachunternehmer beauftragt worden, wäre der bei einer Zugrundelegung des Mindestentgelts entstehende Gesamtsozialversicherungsbeitrag gezahlt worden, alles Weitere bleibt Spekulation. Hier ist eine Begrenzung auf den fiktiven Sozialversicherungsbetrag, der bei einer Orientierung am jeweiligen gesetzlichen Mindestentgelt einschlägig wäre, durchaus in Betracht zu ziehen. Dagegen spricht jedoch der dadurch entstehende bürokratische Aufwand, zudem besteht im Bau- und im Fleischgewerbe ein besonderes Interesse an einer wirksamen Steuerung, die rechtspolitisch eine insoweit mit einem größeren Abschreckungseffekt verbundene Erstreckung auf die tatsächlich bestehenden Sozialversicherungsbeiträge

502 S. hierzu oben E II 2.

rechtfertigt. Für die in § 28 e Abs. 4 S. 1 SGB IV genannten Branchen gilt dies entsprechend.

Eine Orientierung am vertraglich zustehenden Lohn erfolgt letztlich auch bei der Haftung für Urlaubskassenbeiträge, da sich die Beiträge gemäß § 15 Abs. 1 VTV 2015 nach der Bruttolohnsumme richten. Dies ist auch sinnvoll, da die Beiträge zur Finanzierung einer Erstattung der Urlaubsvergütung an die Arbeitgeber dienen. Die Finanzierung ist nur gewährleistet, wenn sich die Beiträge an dem Verdienst der Arbeitnehmer orientieren, da auch die Urlaubsvergütung sich gemäß § 11 Abs. 1 BurlG danach richtet. Daneben gelten die Überlegungen zum besonderen Steuerungsbedarf in der Baubranche entsprechend.

3 Begrenzung auf tatsächliche Arbeit

Die Haftung beschränkt sich nach einhelliger Auffassung zu §§ 14 AEntG, 13 MiLoG auf den Mindestlohnanspruch derjenigen Arbeitnehmer, die mit der Dienst- oder Werkleistung beauftragt wurden[503]. Dies folgt trotz des insoweit abweichenden Wortlauts letztlich daraus, dass der Vorwurf der Beauftragung eines konkreten Unternehmers erst dann relevant wird, wenn eine tatsächliche Arbeitsleistung nicht honoriert wird[504]. Nur derjenige Arbeitnehmer, der die Arbeitsleistung erbracht hat, kann einen Anspruch für diese Stunden geltend machen. Problematisch sind Konstellationen, in denen mehrere Aufträge in der Stunde erfüllt werden: Bei einer möglichen zeitlichen Trennung, also etwa einer halbstündigen Beschäftigung mit einem Auftrag und einer halbstündigen mit einem anderen, ist der Anspruch gegen die beiden Auftraggeber jeweils zu reduzieren[505]. Dies ist unabhängig davon anzuwenden, ob die Arbeiten nacheinander oder abwechselnd durchgeführt wurden. Ist eine solche Trennung nicht möglich, wird teils eine gesamtschuldnerische Haftung beider Auftraggeber befürwortet[506], teils eine Bestimmung der jeweiligen Anspruchshöhe quotal nach dem Auftragswert[507]. Überzeugender erscheint es, auch hier eine Aufspaltung vorzunehmen und schon den Anspruch des Arbeitnehmers zu kürzen, anstelle auf die

---

503 Hilgenstock Rn. 184; Koberski/Asshoff/Eustrup/Winkler § 14 AEntG Rn. 33; vgl. Oltmanns/Fuhlrott NZA 2015, 392–395.

504 Bayreuther NZA 2015, 961, 965.

505 Riechert/Nimmerjahn § 13 Rn. 39; vgl. Kühn/Reich BB 2014, 2938, 2940; Bayreuther NZA 2015, 961, 965.

506 Riechert/Nimmerjahn § 13 Rn. 39.

507 Bayreuther NZA 2015, 961, 965; wohl Kühn/Reich BB 2014, 2938, 2940.

mit dem Insolvenzrisiko belastete Rückgriffsmöglichkeit nach § 426 Abs. 1 BGB zurückzugreifen.

Der Ausschluss der Ansprüche aus §§ 615, 616 BGB, 2 Abs. 1, 3 Abs. 1 EFZG oder §§ 1, 11 BurlG sowie aus § 288 Abs. 1 S. 1 BGB ergibt sich schon daraus, dass nur tatsächlich geleistete Arbeit erfasst wird[508]. Lohnersatzansprüche können der Haftung daher nicht unterfallen.

Auch bei sozialrechtlichen Haftungsnormen beschränkt sich der Haftungsinhalt selbstverständlich auf den Anteil an den Beiträgen, der während der konkreten Arbeitsleistung für den jeweiligen Auftraggeber entstanden ist. Für die Bauwirtschaft bedeutet dies, dass nur der Zeitraum, in dem ein Unternehmer auf der Baustelle tätig war, in die Betrachtung einzubeziehen ist.

4 Anknüpfungspunkt: Dienst- und Werkleistung

a) Dogmatik

Der ursprüngliche § 1 a AEntG stellte auf die Weitergabe von Bauleistungen nach § 211 Abs. 1 SGB III ab, die dort befindliche Legaldefinition von Bauleistungen findet sich nunmehr in § 101 Abs. 2 S. 2 SGB III und bildet nach wie vor den Anknüpfungspunkt für die Haftung für Sozialversicherungsbeiträge gemäß § 28 e Abs. 3 a S. 1 SGB IV.

Anlässlich der Aufnahme auch der Gebäudereinigerbranche in das AEntG wurde im Rahmen einer „redaktionellen Anpassung" als Anknüpfungspunkt nunmehr die Weitergabe von Werk- und Dienstleistungen gewählt[509]. Auch § 98 a Abs. 3, 4 AufenthG stellt hierauf ab. In der Literatur wird angenommen, dass dies zwar keine zwingende Begrenzung auf Werk- und Dienstverträge bedeute und mithin etwa auch Aufträge und Geschäftsbesorgungsverträge erfasst seien, allerdings entsprechend allgemeinen zivilrechtlichen Regeln der Schwerpunkt auf der Dienst- oder Werkleistung liegen müsse. Im Ergebnis sei etwa bei einem Kaufvertrag mit Montageverpflichtung zwischen Auftraggeber und Auftragnehmer die Haftung nicht gegeben, anderes solle nur gelten, wenn das werkvertragliche Element angesichts eines komplexen Arbeitsvorgangs überwiege[510]. In Anbetracht des geltenden Unternehmerbegriffs kommt dieser Frage de lege lata nur begrenzte Bedeutung zu, relevant wäre etwa der Fall, dass ein Verkäufer

---

508 Thüsing/Mohr § 14 AEntG Rn. 23; Koberski/Asshoff/Eustrup/Winkler § 14 Rn. 28; Däubler/Lakies TVG Anh. 2 zu § 5 TVG § 14 AEntG Rn. 30.

509 BT-Drs. 16/3064 S. 8 linke Spalte.

510 Riechert/Nimmerjahn § 13 MiLoG Rn. 28; Thüsing/Mohr § 14 AEntG Rn. 20; Bayreuther NZA 2015, 961, 964; Insam/Hinrichs/Tascou NZA-RR 2014, 569, 570.

Lieferung und Einbau einer Küche schuldet und dies weiter delegiert. Bei einem an § 14 BGB orientierten Unternehmerbegriff wäre der genaue Anknüpfungspunkt der Haftung hingegen durchaus von Bedeutung.

Die Literaturansicht erscheint zweifelhaft: Bei der Orientierung an Bauleistungen wurde nicht darauf abgestellt, welchen Anteil die Bauleistungen am gesamten Vertrag zwischen Auftraggeber und Auftragnehmer hatten. Auch wenn der Werk- oder Dienstleistung nur ein geringer Anteil am Vertrag zukommt, bedient sich der Auftraggeber im Ergebnis doch fremder Arbeitskraft. Die Schutzwürdigkeit der betroffenen Arbeitnehmer ist unabhängig von der vertraglichen Ausgestaltung. Bei nur geringen Werk- oder Dienstleistungen muss zudem beachtet werden, dass auch nur für diese erbrachte Arbeitszeit der Anspruch besteht, mithin gegebenenfalls auch nicht für die volle Stunde.

Es lässt sich zwar einwenden, dass bei einer nur geringen Bedeutung der Werk- oder Dienstleistung diese ganz typischerweise lediglich eine geringe Auswirkung auf den Preis und mithin auch auf die Auswahlentscheidung des Auftraggebers hat[511]. Dies verkennt aber, dass die Steuerungsfunktion sich allgemein darauf bezieht, eine Auswahlsorgfalt hinsichtlich der Rechtstreue und der Liquidität zu gewährleisten. Sicher ist es eine wichtige Komponente der Steuerung, Kostenvorteile durch ein niedriges Angebot zu relativieren, darüber hinaus soll aber auch losgelöst von Kostenentscheidungen zur Sorgfalt angehalten werden. Dies kann beispielsweise den Ruf oder das seriöse Auftreten des Auftragnehmers betreffen. Im Ergebnis ist daher angesichts der Schutz- und Steuerungsüberlegungen auf die Bedeutung der Werk- oder Dienstleistung im Gesamtvertrag nicht abzustellen. Die Mindestentgelte nach dem AEntG und mithin § 14 AEntG sind aber nur einschlägig, wenn die Ausnahme des § 6 Abs. 1 S. 1 AEntG nicht eingreift.

b) *Ausschluss von Kaufverträgen*

Es stellt sich die Frage, wodurch sich rechtspolitisch genau der Ausschluss von Kaufverträgen aus dem Anwendungsbereich der Haftung rechtfertigt. Nach den jeweiligen Gesetzeswortlauten muss beispielsweise für § 13 MiLoG ein Großhändler, der die Produkte weiterveräußern will, nicht haften, wenn der Hersteller oder dessen Subunternehmer seinen Lohnzahlungspflichten nicht nachkommt. Entscheidender Gesichtspunkt ist hier im Sinne der konkreten Ausgleichsfunktion die zeitliche Perspektive: Der Käufer profitiert zwar von einem potentiellen Kostenvorteil bei einer Verletzung der rechtlichen Verpflichtungen durch den

511 Insam/Hinrichs/Tascou NZA-RR 2014, 569, 570.

Hersteller, hat mangels Auftrag die Rechtsverletzung aber nicht selbst ausgelöst. Mithin steht der Käufer anders da als ein Auftraggeber, der seinen Auftragnehmer selbst bestimmt hat und die Ausführung des Auftrags und mithin die konkrete Arbeitsleistung so erst ermöglicht hat. Es ist systematisch daher überzeugend, den Käufer aus der Haftung auszuschließen.

Gleichwohl muss gesehen werden, dass dieser Ausschluss und damit die Privilegierung des Käufers durchaus gewisse Folgewirkungen haben kann. Plastisch wird dies im Bereich der Fleischwirtschaft. Die Käufer, namentlich Zwischenhändler und Supermärkte, haben weniger Einfluss auf die Fertigung als ein Auftraggeber. Dementsprechend lässt sich gerade gegenüber Supermärkten der Vorwurf erheben, dass diese bei einem Ankauf von verarbeitetem Fleisch möglicherweise über Zwischenhändler die genauen Umstände von Schlachtung, Zerlegung und Verarbeitung nicht kennen oder nicht in der Hand haben. Insoweit stehen Aspekte des Tierschutzes und der Hygiene im Fokus. Eine Haftung von Supermärkten nur bei der Auftragsvergabe liefert aber einen Anreiz, sich gerade auf den Kauf von Produkten zu beschränken.

Gegenwärtig besteht aufgrund der Begrenzung auf einen Unternehmer der Fleischwirtschaft sowie der fehlenden Kettenhaftung bei § 3 GSA Fleisch einerseits und dem eingeschränkten Unternehmerbegriff bei § 14 AEntG andererseits keine Auftraggeberhaftung von Supermärkten. Wenn eine solche eingeführt werden sollte, müssen die Auswirkungen der Unterscheidung zwischen Auftragsvergabe und bloßem Ankauf gesehen werden. Speziell für die Fleischwirtschaft wäre daher synchron mit einer Auftraggeberhaftung in der Kette auch eine Haftung des Käufers, der im Rahmen seiner unternehmerischen Tätigkeit die Produkte weiterveräußern möchte, einzuführen. Rechtfertigen lässt sich dies damit, dass synchron zur Verantwortung des Auftraggebers zur Auswahl solider Auftragnehmer ein Lebensmittelhändler schon im Interesse seiner Kunden eine besondere Verantwortung hinsichtlich der Auswahl seiner Warenlieferanten hat, die über die allgemeine Verantwortung eines Händlers hinausgeht. So entstehen keine Anreize für Supermärkte, sich auf den bloßen Ankauf von Fleischwaren zu beschränken.

5 Wirksamkeit des Vertrags

Die Wirksamkeit des Vertrags zwischen Auftraggeber und Auftragnehmer wird einhellig als nicht relevant eingeschätzt[512]. Eine ausdrückliche Feststellung findet

512 Düwell/Schubert/Reinfelder § 13 Rn. 6; Bayreuther NZA 2015, 961, 964; Thüsing/Mohr § 14 AEntG Rn. 20.

sich in den Gesetzesmaterialien nicht, lediglich die in der Gesetzesbegründung 1998 enthaltene Formulierung, dass „alle Bauaufträge“[513] erfasst sein sollen, ließe sich in diesem Sinne interpretieren. Der jeweilige Wortlaut enthält keine Anhaltspunkte. Die Auslegung muss sich daher an den Funktionen der Normen orientieren.

Hier ist festzustellen, dass die Steuerungsfunktion auch bei einer Nichtigkeit des Vertrags Relevanz aufweisen würde, da letztendlich auch in diesen Fällen der rechtswidrig handelnde Arbeitgeber den Auftrag ausführen und im Rahmen des Bereicherungsausgleichs auch davon profitieren würde. Dies widerspricht den hinter der Steuerungsfunktion stehenden Intentionen einer Marktbereinigung oder eines Wettbewerbsschutzes tariflich Beschäftigter. Auch die bei allen Normen vorliegende abstrakte Ausgleichsfunktion spricht dafür, nicht nach der vertraglichen Wirksamkeit zu differenzieren, für die Bedenken gegen tiefgestaffelte Subunternehmerketten spielt dieser Umstand keine Rolle. Die Schutzwürdigkeit des Arbeitnehmers ist weiterhin nicht davon abhängig, ob der Vertrag zwischen seinem Arbeitgeber und dem Auftraggeber rechtlich wirksam ist. Insbesondere die Effektivitätsfunktion spricht für ein rein faktisches Verständnis, da sich die Unternehmerhaftung ansonsten durch einen nichtigen Vertragsschluss, etwa mit einer nicht geschäftsfähigen Person, ausschließen ließe.

Unabhängig von der genauen Gewichtung der Funktionen in den jeweiligen Haftungsnormen ergibt sich, dass stets eine Orientierung am bloßen faktischen Vertragsschluss unabhängig von dessen rechtlicher Wirksamkeit geboten ist. Der Arbeitnehmer ist im Ergebnis hinsichtlich seiner Ansprüche nach erbrachter Arbeitsleistung nicht abhängig von der Wirksamkeit des Vertrags, hier besteht im Ergebnis eine Parallele zum fehlerhaften Arbeitsverhältnis. Erforderlich ist nur, dass der Auftragnehmer aufgrund des geäußerten Willens des Auftraggebers tätig wird.

6 Zwischenergebnis

Die Auslegung anhand der Funktionen ergibt, dass recht umfangreiche Einschränkungen des Wortlauts vonnöten sind. Die Haftung beschränkt sich auf den tatsächlich tätigen Arbeitnehmer und nimmt Bezug auf die von diesem für den Auftraggeber verwendete Arbeitszeit. Einschränkungen des Begriffs der Werk- oder Dienstleistung sind jedoch nicht vonnöten, jedwede Werk- oder Dienstleistung reicht aus. Auch die Wirksamkeit des Vertrags ist kein Kriterium. Änderungsbedarf besteht insoweit nicht.

---

513 BT-Drs. 14/45 S. 26 rechte Spalte.

Eindeutig ist der Wortlaut, was die Begrenzung der Haftung auf das Mindestentgelt und auf den Nettobetrag anbetrifft. Rechtspolitisch ist die Begrenzung auf den Nettolohn sinnvoll. Allerdings ist eine Erweiterung der Bruttolohnhaftung auf die in § 28 a Abs. 4 S. 1 SGB IV genannten Branchen zu fordern, da hier ein verstärktes Interesse an einer Marktbereinigung und ein verstärktes unmittelbares Finanzierungsinteresse der Sozialkassen besteht. Die Beschränkung auf ein Mindestentgelt ist im Ergebnis sinnvoll, solange ein taugliches Mindestentgelt besteht. Eine Haftung für das vertragliche Entgelt und nicht etwa für ein übliches Entgelt ist letztlich zweifelhaft, für § 98 a Abs. 3, 4 AufenthG aber unionsrechtlich geboten. Gangbar wäre eine Begrenzung der Haftung für Sozialversicherungs- und Urlaubskassenbeiträge auf den bei einer Zugrundelegung des Mindestentgelts ermittelten fiktiven Beitrag, unter Beachtung praktischer Erwägungen und eines besonderen Steuerungsbedarfs im Bau- und Fleischgewerbe ist dies jedoch im Ergebnis abzulehnen. Rechtspolitisch zu fordern ist weiterhin eine Haftung des unternehmerischen Käufers für den Bereich der Fleischwirtschaft.

III Exkulpationsmöglichkeit

1 Vorbemerkung

Es ist bereits im Rahmen des verfassungsrechtlichen Kriteriums der Erforderlichkeit festgestellt worden, dass eine verschuldensunabhängige Haftung den Funktionen am besten entsprechen würde[514].

Weiterhin ist dargelegt worden, dass aus verfassungsrechtlichen Gründen eine verschuldensunabhängige Haftung nur in engen, wenig praktikablen Grenzen möglich wäre. Es ist daher vonnöten, Wege zu einer Exkulpationsmöglichkeit aufzuzeigen, bei denen eine hinreichende Effektivität gewahrt bleibt. Dabei können keine Anforderungen aufgestellt werden, die praktisch nicht zu erfüllen sind oder die zu einem überproportional hohen Aufwand führen: Bei ökonomischer Betrachtung droht die Steuerungswirkung leerzulaufen, wenn das Haftungsrisiko unter Beachtung der Haftungshöhe und der Eintrittswahrscheinlichkeit im Vergleich zum Vermeidungsaufwand als hinnehmbar erscheint. Andererseits dürfen die Kriterien nicht zu leicht zu erfüllen sein. Weiterhin ist darauf zu achten, welche Folgewirkungen einzelne Kriterien auf die unternehmerische Tätigkeit entfalten. Insbesondere ist auf eine größtmögliche Rechtssicherheit durch klare und transparente Anforderungen abzustellen. Im Folgenden sind

514 S. oben D II 1 b).

verschiedene Konzepte hinsichtlich einer Exkulpationsmöglichkeit in den Blick zu nehmen, um sodann zu einem eigenen Vorschlag gelangen zu können.

2 Rechtslage bei § 729 Abs. 2 RVO

Wird im Rahmen einer Exkulpationsmöglichkeit ein bestimmter Sorgfaltsmaßstab verlangt, kommen zwei Anknüpfungspunkte in Betracht, die kumulativ oder alternativ erfüllt sein müssen: Die sorgfältige Auswahl und die sorgfältige Überwachung. Besteht hingegen keine Exkulpationsmöglichkeit, kann der Auftraggeber die Haftung nie definitiv ausschließen. Das Risiko kann aber minimiert werden, wenn er sowohl bei der Auswahl als auch bei der Überwachung die größtmögliche Sorgfalt einhält.

Der Vorläufer der heutigen Unternehmerhaftung in § 729 Abs. 2 RVO sah keine Exkulpationsmöglichkeit vor. Auch die Rechtsprechung nahm an, dass keine Kenntnis über die Beauftragung eines nicht gewerbsmäßigen Unternehmers erforderlich wäre[515]. Demnach traf den Bauherrn entsprechend der obigen Ausführungen sowohl die Verpflichtung zu einer gründlichen Auswahl als auch zu einer Überwachung, wenn er die Haftung vermeiden wollte. Eine Haftungsfreistellung garantierte dies jedoch nicht. Als Besonderheit ist hier aber zu berücksichtigen, dass die Haftung nur beim Vorliegen eines nicht gewerbsmäßigen Betriebs überhaupt in Betracht kam. Folglich konnte der Bauherr durch eine darauf abgestellte Auswahl die Haftung schon vermeiden und musste nur bei Beauftragung eines nicht gewerblichen Bauunternehmers auch Überwachungsmaßnahmen ergreifen, um die Zahlung der Beiträge sicherzustellen.

Dies bedeutete allerdings, dass der Bauherr verschiedene Risiken tragen musste. Zum einen musste er zur Vermeidung der Inanspruchnahme durch die Berufsgenossenschaft Erkundigungen anstellen, wie genau der Betrieb des Unternehmers ausgestaltet war. Wie dargestellt wurde der Begriff der Gewerbsmäßigkeit so verstanden, dass auf eine hinreichende Bestandssicherheit ohne jederzeitiges Insolvenzrisiko abzustellen sei. Infolgedessen traf den Bauherrn auch ein Wertungsrisiko, dass bei dieser eher unsicheren Einschätzung das Gericht zu einem abweichenden Ergebnis kommen würde. Allerdings deutete das BSG zunächst an, dass die Sicht der Bauberufsgenossenschaft entscheidend sei und eine nur den gewerblichen Unternehmern offenstehende Mitgliedschaft in der Genossenschaft eine hinreichende Sicherheit biete[516]. Später stellte das BSG ausdrücklich heraus, dass bei einer von der Berufsgenossenschaft

515 RVA EuM 22, 210 ff.; BSGE 30, 230, 237.

516 BSGE 30, 230, 237 („zudem hat BG selbst“); BSGE 63, 29, 30.

ausgestellten Unbedenklichkeitsbescheinigung – die sich auf eine Mitgliedschaft als gewerbsmäßiges Bauunternehmen bezog und mithin Gewerblichkeit voraussetzte – eine Zurechnung zum Bauherrn ausgeschlossen sei. Das bedeutete, dass die Bescheinigung letztlich eine Legalisierungsfunktion erfüllte und umgekehrt der Verzicht auf die Ausstellung einer solchen Bescheinigung die Inkaufnahme des Risikos mit sich brachte. Bei einer solchen Inkaufnahme musste der Bauherr als Auftraggeber einschätzen, ob eine Gewerbsmäßigkeit vorlag und ob es tatsächlich zu einem Zahlungsausfall kommen könnte. Die Erkundigungs- und Wertungsrisiken trafen damit im Ergebnis nicht den Bauherrn. Um die Haftung zu vermeiden, musste er nicht die Auswahl der nach seiner Ansicht nicht gewerbsmäßigen Unternehmer vornehmen, sondern lediglich den Auswahlprozess an die Auskunft der Berufsgenossenschaft anpassen. Dies bedeutete, dass die Unternehmen ohne eine solche Bescheinigung im Ergebnis gebrandmarkt waren: Die Wertungsentscheidung und letztlich der Auswahlprozess, welche Unternehmen durch ein zusätzliches Risiko bei deren Beauftragung verdrängt werden sollten, oblag damit im Ergebnis der Berufsgenossenschaft. Diese hatte einzuschätzen, ob ein gewerbsmäßiger Charakter vorlag und mithin eine derart ausgestaltete Mitgliedschaft bestand. Es lässt sich daher hier von einer Legitimationslösung sprechen.

3 Fahrlässigkeitsmaßstab bei Bußgeldnormen

Instruktiv ist es, den bei den Bußgeldnormen nach §§ 404 Abs. 1 SGB III, 23 Abs. 2 AEntG, 21 Abs. 2 MiLoG verwendeten Fahrlässigkeitsmaßstab und die dort geforderten Sorgfaltspflichten in den Blick zu nehmen. Die Bußgeldtatbestände knüpfen an eine vorsätzliche oder fahrlässige „Beauftragung“ mit Werk- oder Dienstleistungen an. Der Wortlaut scheint eher für eine Beschränkung der Pönalität auf den Auswahlvorgang zu sprechen, in der Gesetzesbegründung wird aber für §§ 404 Abs. 1 SGB III, 23 Abs. 2 AEntG ausdrücklich auch die Kontrolle des Nachunternehmers während der Ausführung miteinbezogen[517], für § 21 Abs. 2 MiLoG ist kein anderer Geltungsbereich ersichtlich. „Beauftragen“ ist daher im Sinne eines permanenten Veranlassens vor eingetretener Erfüllung zu verstehen. Der heutige § 404 Abs. 1 SGB III wie der heutige § 23 Abs. 2 AEntG setzten ursprünglich Leichtfertigkeit voraus, der Maßstab wurde zur besseren Bekämpfung illegaler Beschäftigung aber 1997 auf Fahrlässigkeit herabgesetzt. Allerdings soll nach der Gesetzesbegründung die Sorgfaltspflicht für § 23 Abs. 2 AEntG grundsätzlich bereits erfüllt sein, wenn der Auftragnehmer schriftlich

517 BT-Drs. 13/8994 S. 66 linke Spalte, 72.

die Einhaltung der Mindestarbeitsbedingungen zusagt, eine Überwachungspflicht hinsichtlich § 23 Abs. 2 AEntG und § 404 Abs. 1 SGB III bestehe grundsätzlich nicht. Anderes gelte für die Auswahl wie für die Überwachung jeweils nur bei ausdrücklichen Anhaltspunkten für ein nicht ordnungsgemäßes Verhalten, da die Kapazitäten und Möglichkeiten des Auftraggebers begrenzt seien. Nur bei einem solchen Verdacht müsse der Auftraggeber seinen Vertragspartner auffordern, den Verdacht auszuräumen und die Rechtstreue durch Vorlage der Arbeitsgenehmigung oder Nachweisen über die Einhaltung der Mindestarbeitsbedingungen zu dokumentieren[518].

Anhaltspunkte für eine illegale Beschäftigung stellen etwa niedrige Löhne und eine geringe Qualität der Arbeitsbedingungen oder der Ausrüstung dar[519], Indiz für eine fehlende Zahlung des Mindestentgelts ist neben einem schlechten Ruf des Auftragnehmers insbesondere die geringe Höhe des Angebots[520]. Es ist daher im Ergebnis nicht mit dem Willen des Gesetzgebers vereinbar, wenn für die Exkulpation bei der Vertragsgestaltung die Vereinbarung von weitgehenden Kontrollrechten und bei der Vertragsausführung die regelmäßige Kontrolle der auch tatsächlich erfolgenden Zahlungen beziehungsweise vorliegenden Genehmigungen verlangt wird[521].

Korrekt ist es aber, ein Auswahlverschulden anzunehmen, wenn der Auftraggeber sich kein vertragliches Recht zur Einsichtnahme in die Lohnunterlagen bei einem konkreten Verdacht ausbedungen hat[522]: In diesem Fall beraubt sich der Auftraggeber der Möglichkeit, einen konkreten Verdacht auszuräumen. Umgekehrt reicht es aber auch nicht aus, wenn der Auftragnehmer auf einen begründeten Verdacht hin lediglich eine plausible Erklärung etwa für einen auffallend geringen Preis bietet[523], die Gesetzesbegründung geht hier ausdrücklich von Nachweisen aus. Hinsichtlich § 21 Abs. 2 MiLoG gelten diese Erwägungen angesichts des Verweises auf die Parallelnorm im AEntG entsprechend[524]. Vorsatz kann angenommen werden, wenn der Auftragnehmer es ablehnt, die Einhaltung der Mindestarbeitsbedingungen zuzusichern[525].

---

518 BT-Drs. 13/8994 S. 65 f., 72.

519 Heil BB 1999, 2609, 2612.

520 Koberski/Asshoff/Eustrup/Winkler § 23 Rn. 16; Ignor/Rixen § 7 Rn. 88; Bissels/Falter BB 2015, 373, 374.

521 So aber Düwell/Schubert/Ramming § 21 Rn. 26; Aulmann NJW 2012, 2074, 2077; wie hier Grau/Sittard ArbRB 2014, 375, 378.

522 Grau/Sittard ArbRB 2014, 375, 377.

523 So aber Ignor/Rixen/Rzepka § 7 Rn. 88; Hauck/Noftz/Sehnert § 28 e Rn. 26.

524 Vgl. BT-Drs. 18/1558 S. 42.

525 Aulmann NJW 2012, 2074, 2077.

Im Ergebnis ist festzuhalten, dass bei der Auswahl der Auftragnehmer nicht von einer Aufbürdung der Kontrollaufgaben auf den Auftraggeber ausgegangen werden kann, sondern sich letztlich die Verpflichtung darauf beschränkt, vor Hinweisen auf fehlende Rechtstreue nicht den Blick zu verschließen. Der Gesetzgeber verzichtet hier also darauf, schon eine fehlende gründliche Auswahl zum Fahrlässigkeitsgegenstand zu erklären oder eine permanente Kontrolle hinsichtlich der Ausführung für erforderlich zu halten.

In einer ähnlichen Konstellation beurteilt der Gesetzgeber die Aufsichtspflichten bei einem Fremdpersonaleinsatz hingegen anders: Nach § 16 Abs. 1 Nr. 2 AÜG wird sanktioniert, wer vorsätzlich oder fahrlässig einen illegal beschäftigten Leiharbeitnehmer tätig werden lässt. Hierdurch soll nach der Gesetzesbegründung aktiv zur Kontrolle der Arbeitsgenehmigung animiert werden[526]. Fahrlässigkeit wird folgerichtig schon dann angenommen, wenn sich der Entleiher die Aufenthaltsgenehmigung nicht vorlegen lässt[527]. Hier ist die tatsächlich erfolgte Kontrolle also notwendige Voraussetzung der Entlastung.

4 Regierungsentwurf zu § 13 MiLoG

Die im Entwurf des § 13 MiLoG noch vorgesehene Exkulpationsmöglichkeit wurde dafür kritisiert, dass der genaue Sorgfältigkeitsmaßstab im Unklaren bleibe[528]. Das ursprüngliche Haftungskonzept für § 13 MiLoG erscheint tatsächlich widersprüchlich: Einerseits soll nach dem Wortlaut des Entwurfs der Auftraggeber die Beweislast tragen, andererseits sei grobe Fahrlässigkeit erforderlich[529]. Zur näheren Aufhellung ist die Gesetzesbegründung[530] heranzuziehen. Der Auftraggeber wird darin ausdrücklich dazu ermuntert, sich Kontrollrechte vorhalten zu lassen, da diese nicht zu seinen Lasten im Rahmen der Überprüfung möglicher Scheinwerkverträge bewertet werden sollen.

Im Detail hätte sich die sorgfältige Auswahl laut Gesetzesbegründung auf den Ruf des Auftragnehmers beziehen und dabei auch Erkundigungen über konkrete Anhaltspunkte für eine fehlende Seriosität beinhalten sollen. Dies bleibt – gerade angesichts der den Auftraggeber aufgelasteten Beweislast – sehr vage.

Die Überwachungspflicht wird allerdings wiederum darauf begrenzt, konkreten Hinweisen auf Rechtsverstöße nachzugehen und bei diesen die erforderlichen

---

526 BT-Drs. 6/2303, 15 rechts.

527 Schüren/Hamann/Stracke § 16 Rn. 36; Thüsing/Küdlich § 16 AÜG Rn. 25.

528 Ausschuss-Drs. 18 (11)/148, S. 11 rechts (Stellungnahme BDA).

529 BT-Drs. 18/1558 S. 11.

530 BT-Drs. 18/1558 S. 40.

Maßnahmen zu treffen. Allerdings trifft den Auftraggeber die Beweislast. Es wären damit letztlich zwei Möglichkeiten verblieben, die Einhaltung der Sorgfaltspflicht zu beweisen. Einerseits hätte eine hinreichende Überwachung ausgereicht, wobei das erforderliche Maß an Überwachungsmaßnahmen gerade unbestimmt blieb. Zumindest eine permanente Kontrolle der erfolgten Lohnzahlung hätte ausgereicht[531]. Ob auch bloße Nachfragen oder Stichproben hinreichend gewesen wären, ist unklar.

Die alternative Möglichkeit hätte darin bestanden, das Fehlen konkreter Anhaltspunkte für Rechtsverstöße nachzuweisen, sodass die Überwachung gerade nicht notwendig gewesen wäre. Das Fehlen konkreter Hinweise stellt eine negative Tatsache dar, bei der die Grundsätze der sekundären Beweislast eingreifen. Demnach muss der Kläger auf das Bestreiten des Beklagten hin Gründe darlegen, warum der Einwand der fehlenden Kenntnis nicht durchgreift. Folglich wäre vom Arbeitnehmer zu beweisen gewesen, warum der Arbeitgeber doch Kenntnis von der unzureichenden Lohnzahlung hatte. Diese Grundsätze gelten aber nur, wenn dem Kläger die Darlegung näherer Umstände zumutbar ist[532]. Der Arbeitnehmer wird regelmäßig keinen Einblick in die genauen Geschäftsbeziehungen zwischen Auftraggeber und Auftragnehmer haben, sodass keine hinreichende Kenntnis über dem Auftraggeber erkennbare Anhaltspunkte gegeben sein wird. Mangels Zumutbarkeit würden die Regeln der sekundären Beweislast daher nicht eingreifen. Allerdings bleibt das Kriterium der Zumutbarkeit sehr vage und würde letztendlich zu massiver Unsicherheit führen.

Bei einer Beweislastumkehr wäre die Exkulpation daher letztlich nur gelungen, wenn tatsächliche Kontrollen nachgewiesen worden wären. Dies ähnelt dem Konzept bei § 16 Abs. 1 Nr. 2 AÜG, anders als dort ist das geforderte Ausmaß der Kontrollen aber nicht bestimmt.

Ein solches Konzept bedeutet, dass dem Auftraggeber die Auswahl- und Kontrollpflichten bezüglich der Rechtstreue zugewiesen werden. Zugleich hätte er aber nur begrenzt das Insolvenzrisiko zu tragen: Bei einem plötzlichen, unvorhergesehenen Zahlungsausfall wäre die Exkulpation bei dauerhafter Kontrolle möglich gewesen. Die Bestandsfähigkeit des Auftragnehmers ist dennoch an sich dem Kontrollkreis des Auftraggebers zuzurechnen, da dieser bei Anzeichen

531 Für eine erforderliche Kontrolle Ausschussdrucksachen 18(11)148, S. 183 linke Spalte (Bundesverband Druck und Medien).

532 Beck'scher Online-Kommentar ZPO/Bacher § 284 Rn. 84 ff.; Zöller/Greger vor § 284 Rn. 24, 34; BGH NJW 1999, 714, 715; BGHZ 86, 23, 29 f.

für eine Insolvenz des Auftragnehmers etwa mit einer Kündigung des Vertrags reagieren müsste.

Wie dargestellt wurde gegen diese Ausgestaltung im Gesetzgebungsverfahren vorgebracht, dass die Haftung bei einer Exkulpationsmöglichkeit nicht mehr hinreichend effektiv sei und zudem die Aufnahme in das AEntG angesichts der hier unbeschränkten Haftung so unnötig unattraktiv gemacht werden würde[533].

5 Exkulpationsmöglichkeit bei § 98 a AufenthG

a) Gesetzgeberisches Konzept

Die Sanktionsrichtlinie RL 2009/52/EG sah ursprünglich keinerlei Exkulpationsmöglichkeit vor[534]. Im Gesetzgebungsverfahren auf Unionsebene wurden jedoch zwei weitreichende Entlastungsmöglichkeiten eingefügt: Art. 8 Abs. 2 der Richtlinie sieht nunmehr eine Haftung nur noch bei Kenntnis vor, wenn keine unmittelbare vertragliche Beziehung zum betreffenden Arbeitgeber vorlag. Nach Art. 8 Abs. 3 ist die Haftung ausgeschlossen, wenn der Auftraggeber seinen Sorgfaltspflichten nach nationalem Recht nachkommt. Allerdings bleibt nach Art. 8 Abs. 4 eine strengere Haftung möglich, zudem wird die gewählte Ausgestaltung der Unternehmerhaftung als nicht bindend für die Zukunft angesehen[535]. § 98 a AufenthG setzt diese Entlastungsmöglichkeiten in den Absätzen vier und fünf um, geht aber durch die Formulierung „es sei denn" in Absatz vier und über die Formulierung „nachweist" in Absatz fünf über die Richtlinie hinaus: Die fehlende Kenntnis muss nunmehr vom Auftraggeber nachgewiesen werden[536]. Das deutsche Recht übernimmt damit die Wertung, wonach bei fehlender unmittelbarer vertraglicher Beziehung zum Auftraggeber eine fehlende Kenntnis zur Exkulpation ausreicht, bloße Fahrlässigkeit die Haftung dann folglich nicht auslösen kann. Die Entlastungsgründe sind dabei voneinander unabhängig und auch nebeneinander anwendbar[537], sodass sich ein Auftraggeber ohne vertragliche Beziehung zum Nachunternehmer auf fehlende Kenntnis und hilfsweise auf fehlende Fahrlässigkeit berufen könnte.

---

533 BT-Drs. 18/1558 S. 63; Ausschussdrucksache Arbeit und Soziales 18/(11)/148.

534 Kom 2007, 249 (endgültig), S. 19.

535 EU-Parlament P6_TA(2009) 0069 Anhang: Gemeinsame Erklärung des Europäischen Parlamentes und des Europäischen Rates.

536 GK AufenthG/Funke-Kaiser § 98 a AufenthG Rn. 23; Hailbronner § 98 a AufenthG Rn. 7.

537 BT-Drs. 17/5470 S. 29 linke Spalte.

Offen bleibt dabei, wie genau der Auftragnehmer nachweisen kann, keine Kenntnis von der illegalen Beschäftigung zu haben. Hier gelten die eben dargelegten Erwägungen zur sekundären Beweislast entsprechend. Der Auftraggeber müsste einen negativen Beweis der fehlenden Kenntnis erbringen, was nicht einmal durch regelmäßige Kontrollen möglich wäre. In aller Regel ist der Auftraggeber daher nicht in der Lage, den Entlastungsbeweis zu erbringen, stattdessen bleibt er auf die Exkulpationsmöglichkeit nach Abs. 5 beschränkt. Nur in besonders gelagerten Fällen erscheint den Arbeitnehmern die Darlegung konkreter Verdachtsmomente zumutbar.

Hinsichtlich Abs. 5 geht die Gesetzesbegründung[538] davon aus, dass sich die erforderlichen Sorgfaltspflichten nach den Besonderheiten der jeweiligen Branche und deren Anfälligkeit für illegale Beschäftigung richten. Gesteigerte Sorgfaltspflichten bestünden bei einer Mitführungspflicht für Ausweispapiere nach § 2 a SchwarzArbG. Generell sei der schlechte Ruf eines Nachunternehmers zu berücksichtigen und sei konkreten Anhaltspunkten für einen Verstoß nachzugehen. Dies lässt sich durchaus so verstehen, dass bei nicht von illegalen Praktiken geprägten Branchen sich die Überwachungssorgfalt wiederum auf die Reaktion bei offensichtlichen Missständen beschränkt und ansonsten darüber hinausreicht[539]. Hinsichtlich einer Auswahlfahrlässigkeit reicht aber eine vertragliche Zusicherung nicht mehr aus. Eine trennscharfe Abgrenzung zwischen den Branchen ließe sich hier mit Blick auf § 2 a SchwarzArbG durchaus ziehen. Zwingend ist ein solches Verständnis nach der Formulierung der Gesetzesbegründung aber nicht.

Auch im Weiteren bleibt die Gesetzesbegründung sehr vage. Es ist unklar, inwiefern sich die einfache und die gesteigerte Sorgfaltspflicht unterscheiden sollen und welche Maßnahmen konkret bei einer gesteigerten Sorgfaltspflicht notwendig sind. Ein durchgeführtes Präqualifikationsverfahren hinsichtlich des Nachunternehmers könne positiv berücksichtigt werden, anders als bei § 28 e Abs. 3 b S. 2 SGB IV führt dies aber nicht direkt zum Ausschluss der Haftung. Weiterhin soll auch eine mögliche Auftragssperre eine Rolle spielen.

Hinsichtlich der Überwachungssorgfalt trifft den Auftragnehmer in den anfälligen Branchen aber nicht die Verantwortung, das Vorliegen einer Arbeitsgenehmigung aktiv nachzuprüfen, wie dies bei § 16 Abs. 1 Nr. 2 AÜG praktiziert wird. Stattdessen sollen die Sorgfaltspflichten sich über Nachfragen und vertragliche Zusicherungen bis zu stichprobenartigen Kontrollen erstrecken, wobei die

538 BT-Drs. 17/5470 S. 29.

539 GK AufenthG/Funke-Kaiser § 98 a Rn. 26.

Nähe zum Nachunternehmer und damit die bestehenden Einwirkungsmöglichkeiten relevant seien. In bestimmten Branchen werden damit zwar aktive Handlungen verlangt, der genaue Umfang ist aber einzelfallabhängig und reicht in keinem Fall soweit, dass fortlaufende Kontrollen notwendig wären.

b) *Kritische Auseinandersetzung*

Erkennbar ist wiederum die Zweiteilung zwischen Auswahl- und Überwachungssorgfalt. Es wird wieder die auch beim Entwurf zu § 13 MiLoG relevante Frage aktuell, wie genau die sorgfältige, den Ruf des Auftragnehmers berücksichtigende Auswahl nachgewiesen werden kann. Verstehen lässt sich dieses Konzept in der Weise, dass der Auftraggeber seiner Sorgfalt durch Beauftragung eines präqualifizierten Unternehmens nachkommt und die Beweislast für dennoch bestehende Hinweise für eine fehlende Seriosität nunmehr dem Arbeitnehmer zufällt. Dies würde eine gewisse Rechtssicherheit hinsichtlich der Auswahlpflicht bedeuten.

Die Überwachungslast trifft den Nachunternehmer nur eingeschränkt, obwohl seine Pflichten zumindest bei bestimmten Branchen über die Reaktion auf offensichtliche Verstöße hinausgehen. Wann genau welches Maß an Sorgfalt erforderlich ist, bleibt letztlich unklar. Auch die konkret zu ergreifenden Maßnahmen sind kaum fassbar. Im Ergebnis bietet die Entlastungsmöglichkeit ein Höchstmaß an Rechtsunsicherheit und lässt daneben auch keine klare Verteilung der Auswahl- und Überwachungspflichten erkennen.

Es ist aber zu berücksichtigen, dass der Vergleich mit § 16 Abs. 1 Nr. 2 AÜG an einer Stelle hinkt: Der Entleiher kann sich sicher sein, dass auch tatsächlich der von ihm kontrollierte Arbeitnehmer in seinem Betrieb eingesetzt wird, zumindest kann dies ohne Probleme überprüft werden. Dies gilt nicht für den Auftraggeber, der sich – zumindest bei einer Ausklammerung von Eigenbedarf – regelmäßig in räumlicher Distanz zum Arbeitsort aufhalten wird. Erwartet werden könnte hierbei allerdings, dass der Auftraggeber zumindest stichprobenmäßig kontrolliert, ob tatsächlich die angegebenen Arbeitnehmer beschäftigt sind. Problematisch ist aber, wie dies zuverlässig dokumentiert werden soll.

Die gegenwärtige Ausgestaltung der §§ 98 a Abs. 4, 5 AufenthG muss aber als misslungen bezeichnet werden.

6 Durchsetzungsrichtlinie

Der Vorschlag der Kommission zu einer Durchsetzungsrichtlinie sah in Art. 12 Abs. 2 eine generelle Möglichkeit zur Exkulpation vor, ermöglichte aber andererseits auch strengere Haftungsformen in Abs. 3[540]. Das europäische Parlament forderte hingegen eine Haftung ohne Entlastungsmöglichkeit[541]. Der nunmehrige Art. 12 Abs. 5 der RL 2014/67/EU sieht eine für die Mitgliedsstaaten fakultative Entlastungsmöglichkeit vor. Eine sachliche Änderung zum Entwurf bedeutet dies angesichts der jeweils vorhandenen Spielräume der Mitgliedsstaaten nicht, allerdings wird durch die Formulierung klargestellt, dass eine verschuldensunabhängige Haftung grundsätzlich als im Sinne des Abs. 1 verhältnismäßig anzusehen ist. Der genaue Maßstab der Sorgfalt wird gemäß Art. 12 Abs. 5 den Mitgliedsstaaten überlassen, wobei im Erwägungsgrund 37 Dokumentationen zur Einhaltung der Arbeitsbedingungen durch den Auftragnehmer sowie durchgeführte Kontrollen genannt sind. In Art. 12 Abs. 2 S. 3 des Entwurfs war noch konkreter von der Einsicht in Lohnbelege als denkbares Erfordernis im nationalen Recht die Rede.

Andererseits wird in der Begründung zum Entwurf aber herausgestellt, dass den Auftraggebern nicht die Pflichten zur Kontrolle der Einhaltung fremder Arbeitsbedingungen übertragen werden sollen. Zumindest eine risikobasierte Auswahl sei aber zu treffen[542]. Dies deutet eher an, dass die Verantwortlichkeit den Auftraggebern nur im Auswahlprozess zugeordnet sei. Letztlich fehlt es an einer stringenten Linie auf Unionsebene hinsichtlich der dem Auftraggeber obliegenden Pflichten. Als Grenze der nationalen Umsetzungsmöglichkeiten hinsichtlich der Sorgfaltspflichten ist aber eine verbleibende Effektivität zu nennen, sodass zumindest bei einer Passivität trotz konkreter Anhaltspunkte eine Fahrlässigkeit vorliegen muss[543].

7 Exkulpation bei § 28 e Abs. 3 a – f SGB IV

a) Gesetzgeberische Entwicklung

Ähnlich wie § 98 a AufenthG enthält auch die Haftungsnorm für den Gesamtsozialversicherungsbeitrag ein fein austariertes Haftungssystem. § 150 Abs. 3 S. 1 HS 2 SGB VII und § 3 GSA Fleisch nehmen hierauf Bezug. Ursprünglich sah § 28 e Abs. 3 a SGB IV vor, dass die Haftung bei der Einhaltung der Sorgfaltspflicht entfallen solle, wofür der Auftraggeber aber die Beweislast zu tragen hatte. Verwiesen wurde dabei in der Gesetzesbegründung auf die Sorgfalt

---

540 Kom 2012/131 (endgültig), 41.
541 EU-Parlament A7-0249/2013 (Bericht Danuta Jazłowiecka, Antrag 54).
542 Kom 2012/131 (endgültig), 23.
543 Vgl. Franzen/Gallner/Oetker/Rebhahn Art. 5 RL 96/71/EG Rn. 20.

eines ordentlichen Kaufmanns[544]. Allerdings bildet der so angesprochene § 347 Abs. 1 HGB keinen abstrakten Sorgfaltsmaßstab, stattdessen ist die erforderliche Sorgfalt nach den Gegebenheiten und Erfordernissen der jeweiligen Branche zu bestimmen[545]. Mithin erschöpfte sich diese Bezugnahme auf einen Verweis hinsichtlich der im Baugewerbe erforderlichen Sorgfaltspflichten, was letztlich einen Zirkelschluss darstellte.

Als Gesichtspunkte für die erforderliche Sorgfalt nannte der Gesetzgeber in der Gesetzesbegründung 2002 die Plausibilitätsprüfung der Kalkulation sowie auch die Vorlage einer Unbedenklichkeitsbescheinigung der Krankenkasse hinsichtlich der Beitragszahlung, was jedoch als Indiz und nicht als zwingender Ausschlussgrund für die Haftung gewertet wurde. Eine Kontrolle der Abführung der Sozialversicherungsbeiträge wurde hingegen nicht verlangt, stattdessen sollte der Auftraggeber seinen Nachunternehmer verpflichten, solche Kontrollen bei weiteren Nachunternehmern in der Kette durchzuführen. Grundsätzlich oblag die Verantwortlichkeit für den Auswahl- und Überwachungsprozess daher dem Auftraggeber.

Entgegen der Intention des Gesetzgebers, nach der die Unbedenklichkeitsbescheinigung der Krankenkasse lediglich als Indiz für die Einhaltung der Auswahlsorgfalt fungieren sollte, einigten sich die Vertreter der Sozialversicherungen sowie der Bauwirtschaft darauf, als Exkulpationsmöglichkeit stets die Unbedenklichkeitsbescheinigung ausreichen zu lassen[546]. Im Umkehrschluss bildete die Einsicht in eine Unbedenklichkeitsbescheinigung nunmehr die einzige sichere Möglichkeit, die Haftung zu vermeiden. Der Begriff der Unbedenklichkeitsbescheinigung ist sogleich näher zu erläutern.

Im Ergebnis war damit eine ähnliche Rechtslage wie bei § 729 Abs. 2 RVO konstituiert, aber aus einem anderen Entstehungshintergrund heraus: Bei § 729 Abs. 2 RVO wurde die Ausstellung der Unbedenklichkeitsbescheinigung als Ausschlussgrund der Haftung anerkannt, um die Angemessenheit zu wahren. Bei § 28 e Abs. 3 a SGB IV einigte sich die Praxis auf diesen Weg, um Rechtssicherheit zu gewährleisten. Der Gesetzgeber folgte dieser Handhabung 2009 und erkennt als Exkulpationsgründe nach § 28 e Abs. 3 b S. 2, Abs. 3 f S. 1 SGB IV nunmehr ausschließlich das Präqualifikationsverfahren und eine bestimmte Angaben enthaltende Unbedenklichkeitsbescheinigung der zuständigen Einzugsstelle an. Auf anderem Wege soll die Einhaltung der Sorgfaltspflicht nicht

---

544 BT-Drs. 14/8221, S. 15 rechte Spalte.
545 Baumbach/Hopt § 347 Rn. 1; Ebenroth/Boujong/Joost/Stroth/Joost § 347 Rn. 28.
546 Vgl. BT-Drs. 15/4599 S. 4 linke Spalte.

nachgewiesen werden können[547]. In beiden Fällen beschränkt sich die Verpflichtung des Auftraggebers auf eine sorgfältige Auswahl, bei der er sich auf die Auskunft der Einzugsstellen beziehungsweise der Präqualifizierungsstelle berufen kann. Nur bei einer bewussten Entscheidung für ein Unternehmen, das diese Nachweise nicht erbringen kann, liegt das Auswahl-und Überwachungsrisiko beim Auftraggeber.

Dabei wurde in den Gesetzesmaterialien betont, dass langfristig eine Exkulpation allein über die Präqualifikation erfolgen soll und die Unbedenklichkeitsbescheinigung nur bis zu einer größeren Verbreitung der Präqualifikation als Exkulpationsmöglichkeit zu erhalten ist[548].

b) Exkulpation durch Unbedenklichkeitsbescheinigungen

aa) Grundsatz

Eine durch die Einzugsstelle eingeholte Unbedenklichkeitsbescheinigung muss nach § 28 e Abs. 3 f S. 2 SGB IV Angaben über die Zahlung der Beiträge bei gleichzeitiger Nennung der Anzahl der gemeldeten Beschäftigten enthalten. Anders als bei § 729 Abs. 2 RVO ist die für die Exkulpation entscheidende Information nicht der Status als gewerbsmäßiger Bauunternehmer, sondern die tatsächliche Zahlung der Beiträge. Damit erfolgt nur ein Nachweis über ein einzelnes Faktum und nicht eine umfassende Bewertung hinsichtlich der Zuverlässigkeit.

Hinsichtlich der Schwächen der Exkulpationsmöglichkeiten kann auf die Evaluationsberichte der Bundesregierung zu §§ 28 e Abs. 3 a, 150 Abs. 3 S. 1 HS 2 SGB VII zurückgegriffen werden. Es ist zunächst festzustellen, dass angesichts des nur kurzen Gültigkeitszeitraums und der potentiell bestehenden Vielzahl an Krankenkassen im Betrieb die Einholung von Unbedenklichkeitsbescheinigungen mit erheblichem bürokratischem Aufwand für die Nachunternehmer verbunden ist[549]. Eine Ausstellung der Unbedenklichkeitsbescheinigungen durch die – einheitlich zuständige – Rentenkasse hätte den Nachteil, dass diese nach § 28 p Abs. 1 S. 1 SGB IV nur in längeren Abständen Daten erhebt und die Angaben mithin gegebenenfalls nicht mehr aktuell sind. Eine direkte Abrufung durch den Auftraggeber würde zu Problemen hinsichtlich dessen zu klärender Einsichtsberechtigung führen[550]. Für eine gewisse Entlastung sorgt die Möglichkeit, gemäß § 28 e Abs. 3 f Abs. 4 S. 1 SGB IV auf Antrag des Arbeitgebers eine

547 BT-Drs. 16/12596 S. 10 rechte Spalte.

548 BT-Drs. 16/12596 S. 10 rechte Spalte.

549 BT-Drs. 17/11920 S. 8 rechte Spalte.

550 BT-Drs. 17/11920 S. 8 linke Spalte.

beauftragte Stelle für die bei einer bestimmten Kassenart versicherten Arbeitnehmer zu bestimmen. Allerdings werden regelmäßig mehrere Kassenarten betroffen sein, so gehören etwa AOK als Ortskrankenkasse nach §§ 143 ff. SGB V und DAK als Ersatzkasse nach § 168 Abs. 1 SGB V unterschiedlichen Krankenkassenarten an.

bb) Wirkung falscher Angaben

Die Einzugsstelle bestätigt, dass die von ihr geltend gemachten Beiträge gezahlt wurden, aber nicht, ob diese Beiträge korrekt erhoben wurden und nicht auf falschen Angaben des Nachunternehmers basieren[551].

Letztlich beinhaltet die Legitimationswirkung der Unbedenklichkeitsbescheinigung das Risiko, dass die Einzugsstelle von falschen Angaben ausging. Dies betrifft etwa eine falsche Meldung der Nettolöhne. Ein Vorbehalt in der Unbedenklichkeitsbescheinigung, dass die Beiträge korrekt erhoben wurden, kann nicht ausreichen, um die Exkulpationsmöglichkeit bei falschen Angaben des Auftragnehmers gegenüber der Krankenkasse auszuschließen: Der Gesetzgeber fordert allein die Bestätigung der Zahlung der Beiträge nach § 28 Abs. 3 f S. 2 SGB IV, die weiteren Voraussetzungen für die Erteilung einer Unbedenklichkeitsbescheinigung können sinnvollerweise nicht in der Autonomie der Krankenkasse liegen. Daher sind auch etwaige andere Vorbehalte unbeachtlich. Stattdessen bedürfte es hier einer gesetzlichen Regelung, wonach nur bei ordnungsgemäßer Beitragserhebung die Exkulpationswirkung greift. Eine solche Regelung erscheint aber nicht als geboten. Schließlich wird die Einhaltung der erforderlichen Sorgfalt schon angenommen, wenn der Auftraggeber von seinem Nachunternehmer eine Unbedenklichkeitsbescheinigung anfordert. Es ist nicht ersichtlich, inwieweit bei falschen Annahmen der Einzugsstelle dem Auftraggeber ein Vorwurf gemacht werden kann und er hier im geringeren Maße schutzwürdig ist. Schließlich wurde alles unternommen, was der Gesetzgeber einfordert.

Anderes gilt aber bei gefälschten Unbedenklichkeitsbescheinigungen[552]. Dies ist keineswegs ein theoretisches Problem. Für die BG Bau wird von etwa 20 bis 30 Fällen im Jahr berichtet, in denen Fälschungen aufgedeckt werden, die Dunkelziffer liegt dementsprechend höher[553]. Das BSG ging für gefälschte Mitgliedsbescheinigungen im Rahmen des § 729 II RVO davon aus, dass diese dann keine

551 BT-Drs. 17/11920 S. 9 linke Spalte.
552 Vgl. BT-Drs. 17/11920 S. 8 rechte Spalte.
553 Gespräch mit Vertreterin der BG Bau, 20.07.2017.

Legalisierungswirkung entfalten könnten, wenn sie nicht von der Berufsgenossenschaft selbst ausgestellt worden waren. Der Haftungsadressat sei weniger schutzwürdig, da er die Bescheinigung durch die Berufsgenossenschaft kontrollieren lassen könne. Die Berufsgenossenschaft habe hingegen keine Möglichkeit, sich gegen gefälschte Bescheinigungen zur Wehr zu setzen[554]. Diese Argumentation lässt sich auf die Unbedenklichkeitsbescheinigungen übertragen, zudem würde eine Abgrenzung zwischen offensichtlichen und nicht ohne Weiteres zu erkennenden Fälschungen für erhebliche Rechtsunsicherheit sorgen.

cc) Problem des Alibieffekts

Ein weiteres in den Evaluationsberichten erkanntes Problem ergibt sich daraus, dass die Unbedenklichkeitsbescheinigung nur die Anzahl der bei der Krankenversicherung versicherten Nachunternehmer enthält, diese aber nicht namentlich nennt. Der Auftraggeber müsste zwar kontrollieren, ob die Arbeit durch die angegebene Anzahl von Arbeitnehmern erfüllt werden kann, da sonst die Exkulpation nicht greifen würde. Dies lässt sich aus der nach § 28 Abs. 3 f S. 2 Var. 2 BGB erforderlichen Angabe auch der Anzahl der gemeldeten Arbeitnehmer ableiten, die sonst wirkungslos bliebe.

Es ist dem Arbeitgeber jedoch möglich, bei einer Krankenkasse etwa fünf Arbeitnehmer zu melden und dann aber fünf Arbeitnehmer auf der Baustelle einzusetzen, für die bei einer Krankenkasse die Beiträge nicht gezahlt wurden oder die gar nicht angemeldet sind. Auch in dieser Konstellation wäre der Auftraggeber von seiner Haftung befreit[555]. Dies erscheint bedenklich: Die Unbedenklichkeitsbescheinigung bezieht sich stets nur auf bestimmte Arbeitnehmer und nicht auf die Seriosität des Bauunternehmers als Ganzes, diese Arbeitnehmer werden aber gar nicht eingesetzt, sodass der Kontrollprozess der Einzugsstelle letztlich ohne Relevanz für die tatsächliche Lage ist. Entscheidendes Problem ist hierbei, dass die Unbedenklichkeitsbescheinigung keine Auskunft darüber gibt, ob ein illegal beschäftigter Arbeitnehmer eingesetzt wird, sondern nur die Einhaltung der Zahlungspflichten hinsichtlich der gemeldeten Arbeitnehmer dokumentiert. Die Verhinderung illegaler Beschäftigung ist aber gerade wesentliches Ziel der Haftung nach § 28 e Abs. 3 a SGB IV.

Andererseits würde es den Arbeitgeber erheblich in seiner Flexibilität beschneiden, wenn er die auf der konkreten Baustelle einzusetzenden Arbeitnehmer bereits im Vorfeld abschließend bestimmen müsste. Als zumutbar

554 BSG NZA 1990, 954, 955.
555 BT-Drs. 15/4599 S. 4.

erschiene es hingegen, alle potentiell zum Einsatz kommenden Arbeitnehmer, also alle ihrem Arbeitsvertrag nach auf dem Bau einsetzbaren Arbeitskräfte, der Einzugsstelle bei Beantragung der Unbedenklichkeitsbescheinigung zu melden, sodass diese namentlich auf der Unbedenklichkeitsbescheinigung aufgeführt werden können. Dies wäre aber nur sinnvoll, wenn die Haftung auch nur ausgeschlossen wäre, wenn die betreffenden Arbeitnehmer eingesetzt werden. Damit würde die Überwachungspflicht wieder zum Auftraggeber zurückfallen, der die Identität der eingesetzten Arbeitnehmer überprüfen müsste. Dies widerspricht der Grundkonzeption der Entlastung durch Unbedenklichkeitsbescheinigungen, zudem ist eine Identitätsüberprüfung nur schwer nachzuweisen. Es zeigt sich daher, dass einige Probleme durch die Exkulpationsmöglichkeit mit Unbedenklichkeitsbescheinigungen aufgeworfen werden.

dd) Abweichungen bei der Unfallversicherung

Für die Unfallversicherung sind mehrere Besonderheiten bei den Unbedenklichkeitsbescheinigungen zu beachten. Ursächlich hierfür ist das abweichende Verfahren der Unfallversicherung. Die Berufsgenossenschaft erhebt die Beiträge gemäß § 167 Abs. 1 SGB VII nach der Lohnsumme, die auf einen Auftrag entfällt, konkrete Arbeitnehmer werden der BG Bau nicht mitgeteilt.

Dementsprechend enthält die qualifizierte Unbedenklichkeitsbescheinigung nach § 150 Abs. 3 S. 1 HS 2 SGB VII nicht die Anzahl der gemeldeten Arbeitnehmer, sondern die Lohnsummen. Der Auftraggeber kann folglich errechnen, ob die Anzahl der bei ihm eingesetzten Arbeitnehmer mit den Lohnsummen übereinstimmen kann[556]. Eine verstärkte Wirksamkeit erfordert, dass die Exkulpation nur bei einer Plausibilität der insoweit gemachten Aussagen greift. Dies ist wiederum als notwendige Voraussetzung anzusehen, da anderenfalls die qualifizierte Unbedenklichkeitsbescheinigung letztlich ohne Sinn bleibt.

Das Problem des Alibi-Effekts kann bei der Haftung gegenüber dem Unfallversicherungsträger nicht auftreten. Aufgrund der lohnsummenbezogenen Meldung ist es nicht möglich, dass ein illegal beschäftigter Arbeitnehmer tätig wird, während eine Unbedenklichkeitsbescheinigung hinsichtlich eines versicherten Arbeitnehmers zur Exkulpation führt. Für die Unfallversicherung sind alle Arbeitnehmer gleichgestellt. Insoweit besteht bei der Unfallversicherung ein anderes Verständnis von illegaler Beschäftigung, weswegen sich das Problem anders als beim Gesamtsozialversicherungsbeitrag nicht stellt.

---

556 BT-Drs. 17/11920 S. 8 links.

Weiterhin gibt die Unbedenklichkeitsbescheinigung auch Auskunft über die beim Unfallversicherungsträger eingetragenen Unternehmensteile und die hierauf entfallenden Lohnsummen. Verstanden werden hierunter die Tarifstellen nach § 157 Abs. 2 S. 1 SGB VII, also etwa Tiefbau, Zimmerarbeiten oder der Büroteil des Unternehmens. Es ist mithin auch ersichtlich, in welchem konkreten Bereich der Auftragnehmer tätig ist und wie viele Arbeitnehmer gerade in diesem Bereich beschäftigt sind. Die Plausibilitätsprüfung bezieht sich auf den zum eigenen Auftrag passenden Unternehmensteil. Über die Erfüllung der von der BG Bau in Rechnung gestellten Beitragsforderungen hinaus lassen sich aus der Unbedenklichkeitsbescheinigung daher weitere Informationen über den Auftragnehmer ableiten, die im Rahmen der Plausibilitätsprüfung relevant werden.

Bei der praktischen Ausgestaltung ist zu beachten, dass die BG Bau die Möglichkeit einer elektronischen Anforderung von Unbedenklichkeitsbescheinigungen direkt durch den vom Nachunternehmer berechtigten Auftraggeber eröffnet hat, auf diesem Wege verringert sich der bürokratische Aufwand für den Nachunternehmer[557]. Dies ließe sich auch in Bezug auf den Gesamtsozialversicherungsbeitrag anwenden.

Anders als für § 28 e Abs. 3 f SGB IV, bei dem sich die Gültigkeit der Unbedenklichkeitsbescheinigung auf den jeweiligen Monat bezieht, ist bei der Unfallversicherung angesichts des Prinzips der nachträglichen Bedarfsdeckung aber unklar, ob die aktuelle Unbedenklichkeitsbescheinigung beim Zeitpunkt der Rechnungsstellung oder beim Zeitpunkt der tatsächlichen Ausführung vorliegen muss[558]. Dies führt in der Praxis zu erheblicher Unsicherheit und zu erhöhtem Aufwand[559]. Die BG Bau geht dabei davon aus, dass die Unbedenklichkeitsbescheinigung während der Auftragsvergabe und während des gesamten Bauzeitraums vorliegen muss[560]. Dafür spricht, dass die Unbedenklichkeitserklärung so an die Stelle der Auswahl- und der Überwachungssorgfalt tritt und in den hierfür jeweils relevanten Zeiträumen den Auftraggeber zumindest die Verantwortung zur Kontrolle des Vorliegens einer Unbedenklichkeitsbescheinigung trifft.

557 http://www.bgbau.de/extranet/extranet-fuer-hauptunternehmer, abgerufen am 09.02.2019.

558 Vgl. BT-Drs. 17/11920 S. 9 linke Spalte.

559 Gespräch mit Vertreterin der Bauindustrie Mitte, 15.12.2016.

560 http://www.bgbau.de/service/pdf-down/checkliste-guh/view., abgerufen am 09.02.2019.

c) *Exkulpation durch Präqualifizierung*

aa) *Grundlagen der Präqualifizierung*

Die Möglichkeit einer Exkulpation durch Beauftragung eines präqualifizierten Nachunternehmers hat nicht nur hinsichtlich der Haftung für Sozialversicherungsbeiträge Relevanz, die faktische Bedeutung dieser Möglichkeit geht weit darüber hinaus. Die SOKA-BAU verzichtet nämlich darauf, Auftraggeber von präqualifizierten Unternehmen nach § 14 AEntG für Urlaubskassenbeiträge in die Haftung zu nehmen[561].

Bei der Präqualifizierung handelt es sich um ein nach §§ 6 b Abs. 1, 6 b Abs. 1 S. 1 Nr. 1 EU VOB/A zulässiges Verfahren zum Nachweis der Eignung für sich um öffentliche Aufträge bemühende Bauunternehmen, bei dem die Einzelerbringung der Nachweise nach §§ 6 a Abs. 2, 6 a EU VOB/A entfällt. Allerdings können die öffentlichen Auftraggeber nach § 6 a Abs. 3 VOB/A auch darüber hinausgehende, von der Präqualifizierung nicht erfasste Nachweise verlangen, zudem ist den Bewerbern weiterhin die Einzelerbringung von Nachweisen gemäß § 6 b Abs. 2 S. 1 VOB/A, 6 b Abs. 1 S. 1 Nr. 2 EU VOB/A möglich.

Das weitere Verfahren ergibt sich aus den Leitlinien des Bundesbauministeriums[562], die Präqualifizierung gilt jeweils für bestimmte Leistungsbereiche. Das Präqualifikationsverfahren wird durch privatrechtliche Präqualifizierungsstellen durchgeführt, die vom Verein für die Präqualifikation von Bauunternehmen überwacht werden. Die Präqualifizierungsstellen übermitteln ihre Ergebnisse an diesen Verein, der eine im Internet öffentlich zugängliche Präqualifizierungsliste führt[563]. Mithin lässt sich auch für einen privaten Auftraggeber feststellen, dass die Präqualifizierung erfolgt ist. Dieser muss nicht erst wie bei der Unbedenklichkeitsbescheinigung seinen Nachunternehmer zur Erbringung von Nachweisen auffordern, die dieser wiederum von der Einzugsstelle erhält.

Vorteil der Präqualifizierung ist neben diesem geringeren bürokratischen Aufwand für den Auftraggeber die immerhin einjährige Gültigkeitsdauer der Präqualifizierung. Zudem trägt nunmehr nicht mehr der Auftragnehmer das Risiko, dass Bescheinigungen veraltet sind[564]. Die rechtzeitige Aktualisierung

561 https://www.soka-bau.de/arbeitgeber/teilnahme-beitraege/bescheinigungen/, abgerufen am 09.02.2019.

562 Abrufbar mit Anlagen unter: https://www.pq-verein.de/anlage473665binary, abgerufen am 09.02.2019.

563 Abrufbar unter https://www.pq-verein.de/pq_liste/index.html, abgerufen am 09.02.2019.

564 BWI-Bau GmbH Evaluierung des Präqualifizierungssystems, S. 6 http://www.bbsr.bund.de/BBSR/DE/FP/ZB/Auftragsforschung/3Rahmenbedingungen/2015/

der Nachweise soll auch dadurch gewährleistet werden, dass nach Punkt 9.1 der PQ-Leitlinien von 2016 die präqualifizierten Unternehmer darauf hinzuweisen sind, wenn Unterlagen zu veralten drohen. In der Praxis stellt sich allerdings das Problem, dass die Gültigkeit der Präqualifikation in der PQ-Liste nicht angegeben ist, sodass die Auftraggeber die Eintragung auch angesichts des hier ebenfalls unklaren relevanten Zeitpunktes tagesaktuell überprüfen müssen[565]. Dieser recht leicht zu behebende Mangel führt dazu, dass im Ergebnis doch erheblicher bürokratischer Aufwand für den Hauptunternehmer entsteht.

Für die Unternehmer entstehen bei der erstmaligen Präqualifizierung Kosten von rund 450 € und bei der jährlichen Erneuerung Kosten von rund 350 bis 400 €[566]. Dies bedeutet gegenüber den kostenfreien Unbedenklichkeitsbescheinigungen einen erheblichen Nachteil für den Auftragnehmer. Nach der internen Statistik des PQ-Vereins sind Unternehmen mit maximal 10 Arbeitnehmern mit einem Anteil von 28 % unter den präqualifizierten Unternehmen unterrepräsentiert, wenngleich keineswegs nur marginal vertreten[567]. Eine seltenere Beteiligung an öffentlichen Ausschreibungen kann hier neben den mit der Präqualifizierung verbundenen Kosten als Ursache angeführt werden.

Insgesamt waren 2015 von 390.000 Bauunternehmen 8500 präqualifiziert[568]. Eine Umfrage unter 152 präqualifizierten Bauunternehmen anlässlich einer Evaluierung der Präqualifikation ergab dabei, dass 40 % die Exkulpationswirkung nach § 28 e Abs. 3 b SGB IV nicht bekannt war[569], bei nicht präqualifizierten Unternehmen dürfte diese Unkenntnis noch größer sein. Dass die Exkulpationsmöglichkeit in erheblichem Umfang zur größeren Verbreitung der Präqualifikation beiträgt, erscheint daher unwahrscheinlich. Erwähnenswert ist schließlich die Streichung der Präqualifikation, wenn schuldhaft nicht präqualifizierte Unternehmer eingesetzt wurden (Punkt 9.3 Abs. 2 d der Leitlinie).

bb) Gegenstand der Präqualifizierung

Die Präqualifizierung bezieht sich auf die in §§ 6 a Abs. 2, 6 a EU VOB/A genannten Eignungsnachweise und die in §§ 16 VOB/A, 6 e EU VOB/A genannten Ausschlussgründe.

PQSystem/Endbericht.pdf?__blob=publicationFile&v=2;abgerufen am 09.02.2019; BT-Drs. 17/11920 S. 5 rechte Spalte.

565 Gespräch mit Vertreterin der Bauindustrie Mitte, 15.12.2016.

566 BT-Drs. 17/11920 S. 7 rechte Spalte.

567 Bundesinstitut für Bau-Stadt- und Raumforschung, S. 14.

568 BWI a.a.O., S. 58, 59.

569 BWI a.a.O., S. 63, 86.

Die einzelnen Kriterien können dabei den in §§ 2 Abs. 1 Nr. 1, 6 a Abs. 1 VOB/A, 6 Abs. 1 EU VOB/A genannten Oberbegriffen Leistungsfähigkeit und Zuverlässigkeit zugeordnet werden. Leistungsfähigkeit meint die technische, personelle und finanzielle Gewähr zur ordnungsgemäßen Leistung, Zuverlässigkeit die zu erwartende Einhaltung aller technischer und rechtlicher Normen[570]. Zur Leistungsfähigkeit zu rechnen sind beispielsweise der anzugebende Umsatz nach §§ 6 a Abs. 2 Nr. 1 VOB/A, 6 a Nr. 2 S. 1 c EU VOB/A sowie der Nachweis erbrachter Leistungen nach § 6 a Abs. 2 Nr. 2 VOB/A, 6 a Nr. 3 a EU VOB/A. Die Zuverlässigkeit ist etwa beim Nachweis betroffen, dass entsprechend §§ 6 a Abs. 2 Nr. 7 VOB/A, 6 e Abs. 6 Nr. 3 EU VOB/A keine schwerwiegenden Verfehlungen vorliegen.

Festzuhalten bleibt, dass sich die Präqualifizierung nicht nur auf die Zuverlässigkeit im Sinne der Rechtstreue, sondern auch und gerade auf die wirtschaftliche Kompetenz bezieht. Bei einer Exkulpation allein durch die Präqualifizierung, wie dies langfristig bei hinreichender Verbreitung angedacht ist[571], erstreckt sich folglich die Steuerungsfunktion nicht nur auf die Rechtstreue, sondern auch auf die wirtschaftliche Potenz. Diese wird dadurch ein Aspekt der angestrebten Marktbereinigung. Für § 28 e Abs. 3 a SGB IV war wie dargestellt die Marktbereinigung hinsichtlich der Rechtstreue ausschlaggebendes Motiv. Durch die Ausgestaltung der Exkulpationsmöglichkeit wird die Verdrängungswirkung nunmehr auch auf Fragen der Bestandsfähigkeit erweitert und fügt sich so in den Kontext der §§ 13 MiLoG, 14 AEntG ein, bei denen sich eine solche Zielrichtung jeweils aus dem Zweck der jeweiligen Mindestentgelte ergibt.

cc) Kritik

Im Sinne eines präventiven Schutzes der Arbeitnehmer ist es zu begrüßen, wenn die Bestandssicherheit der Auftragnehmer zum Gegenstand der Steuerungswirkung gemacht wird. Dafür spricht, dass Rechtstreue und Bestandssicherheit zwar nicht identisch sind, sich aber doch überschneiden und nur schwer voneinander zu trennen sind. Es ist zudem aufgezeigt worden, dass durch die Förderung bestandsfähiger Arbeitgeber ein Beitrag zur Bekämpfung von Arbeitslosigkeit geleistet wird und dass letztendlich so klassische Aufgaben des Tarif- und Gewerberechts erfüllt werden. Schließlich hat der Vergleich mit § 21 Abs. 2 HAG ergeben, dass eine Verdrängungswirkung unter normalen ökonomischen

570 Pünder/Schellenberg/Tomerius § 6 VOB/A Rn. 45 f.
571 BT-Drs. 16/12596 S. 10 rechte Spalte.

Verhältnissen zweckmäßiger ist als eine Preissteuerung, durch die nicht leistungsfähige Unternehmer im Markt gehalten werden.

Allerdings wird die Orientierung an der Bestandssicherheit dann problematisch, wenn die Haftung letztlich verhindert, dass neu gegründete Unternehmen beauftragt werden. An sich müsste sich dieses Problem bei einer Präqualifizierungsprüfung nicht stellen, da die Präqualifizierungsstellen anhand der ihnen vorliegenden Unterlagen beurteilen können, ob eine wirtschaftliche Stabilität besteht. Eine auch für neu gegründete Unternehmen mögliche Präqualifizierung hätte den Vorteil, dass es den Auftraggebern infolge des nicht mehr bestehenden Haftungsrisikos gerade erleichtert wird, auch „Newcomer" zu beauftragen. Grundsätzlich wäre die zu erwartende Folge der Haftung, dass angesichts des Haftungsrisikos hiervon Abstand genommen wird.

Allerdings ist die Präqualifizierung nach Nr. 13 der Anlage 1 zur Präqualifizierung nur möglich, wenn der Mindestumsatz der letzten drei Jahre nachgewiesen wird und nach Nr. 14 drei Referenzen für den zu präqualifizierenden Leistungsbereich vorgelegt werden. Die letztere Voraussetzung erscheint noch zumutbar, der Umstand, dass sich Unternehmen erst nach dreijähriger Tätigkeit präqualifizieren lassen können, erscheint hingegen überaus bedenklich. Die Anlage zu den Leitlinien folgt damit den Anforderungen der §§ 6 a Abs. 2 Nr. 1 VOB/A, 6 a Nr. 2 c EU VOB/A. Die dreijährige Existenz des Unternehmens mag für die Vergabe öffentlicher Aufträge ein notwendiges Kriterium zur Bestimmung der auch tatsächlich möglichen Auftragsausführung sein, die zum Schutz öffentlicher Kassen gerechtfertigt ist[572]. Für die private Auftragsvergabe scheint dies zu weitgehend.

Letztlich führt die Rechtslage hier zu einem absurden Ergebnis: Auftraggeber sollen veranlasst werden, nur präqualifizierte Unternehmer zu beauftragen, die Präqualifikation ist aber nur möglich, wenn das Unternehmen drei Jahre lang genügend Aufträge erhält. Dieser Zeitraum ist auch länger als die Zeitspanne, für die Auftraggeber bei einer verschuldensabhängigen Haftung ohnehin von der Beauftragung neu gegründeter, unbekannter Unternehmen Abstand nehmen würden. Die Verlagerung des Auswahlprozesses weg von den Auftraggebern führt daher dazu, dass die Chancen neu gegründeter Unternehmen verschlechtert werden.

Auf der anderen Seite ist zu berücksichtigen, dass die geforderten Nachweise hinsichtlich der Rechtstreue sich teilweise auf Eigenerklärungen beschränken und somit nur begrenzte Aussagekraft aufweisen können. So ist etwa eine

572 VK Nordbayern, Beschluss vom 11.05.2015 – 21.VK-3194-10/15 juris, Rn. 87.

Unbedenklichkeitsbescheinigung hinsichtlich der Beitragszahlung zwar von der Urlaubskasse im Baugewerbe erforderlich, nicht aber von der Krankenkasse (Nr. 8 der Leitlinien). Die Folgerung, dass bei einer nachgewiesenen Zahlung der Beiträge an die Baugenossenschaft (Nr. 11) der Bauunternehmer auch seine Pflichten gegenüber der Krankenkasse erfüllen werde[573], erscheint zu pauschal. Weiterhin wird auch kein Führungszeugnis nach § 30 Abs. 1 BZRG oder ein Auszug aus dem Gewerberegister nach § 150 Abs. 1 GeWO hinsichtlich Verstößen gegen Ordnungswidrigkeitsnormen verlangt, die für eine mögliche Vergabesperre nach §§ 19 MiLoG, 21 AEntG, 21 SchwarzArbG relevant sind. Ein Führungszeugnis soll nach Nr. 3 der Leitlinien nur in Zweifelsfällen gefordert werden. Hinsichtlich der Ordnungswidrigkeiten nach §§ 21 MiLoG, 23 AEntG, 404 SGB III sind die Präqualifizierungsstellen nach §§ 19 Abs. 2 MiLoG, 21 Abs. 2 AEntG, 21 Abs. 2 S. 3 SchwarzArbG grundsätzlich zur Anforderung von Informationen berechtigt, allerdings nur nach pflichtgemäßem Ermessen der zuständigen Behörden. Von dieser Möglichkeit wird in den Präqualifizierungsrichtlinien kein Gebrauch gemacht.

Es zeigt sich, dass die Präqualifikation hinsichtlich der Gewährleistung der Rechtstreue nur bedingt Aussagekraft aufweist und folglich insoweit nur bedingt geeignet ist. Letztlich ergibt sich aus den beiden genannten Kritikpunkten, dass die Präqualifizierung zumindest bei ihrer gegenwärtigen Ausgestaltung als alleiniges Exkulpationsmittel nicht geeignet wäre.

dd) Präqualifizierung außerhalb der Baubranche

Für andere Werk- und Dienstleistungen ist entsprechend § 48 Abs. 8 VgV beziehungsweise für Unterschwellenaufträge § 35 Abs. 6 UVgO eine Eintragung in ein den Anforderungen des Artikels 64 der Richtlinie 2014/24/EU entsprechendes Register ein Indiz für die vorliegende Eignung, das nur bei begründeten Zweifeln erschüttert werden kann. Diese Präqualifikation wird durch die Industrie- und Handelskammern durchgeführt. An sich käme für die Haftung nach §§ 14 AEntG, 13 MiLoG, 98 a Abs. 3, 4 AufenthG außerhalb des Baugewerbes ebenfalls die Präqualifizierung als Exkulpationskriterium in Betracht, wenngleich angesichts der geringeren Ausrichtung auf öffentliche Aufträge in anderen Branchen der Präqualifikation eine weit geringere Bedeutung zukommt. VgV und UVgO verlangen dabei keinen Kanon zu fordernder Nachweise, stattdessen nennen §§ 45, 46 VgV fakultativ von den öffentlichen Auftraggebern zu verlangende Nachweise. § 33 Abs. 1 S. 2 UVGO beschränkt sich auf die allgemeine

573 Molkentin DGUV-Forum 10/2009, 31, 35.

Formulierung, wonach ein Bezug zum Auftrag bestehen muss. Die vom deutschen Industrie- und Handelskammertag erstellte Liste der Eignungsbelege[574] nennt hinsichtlich der wirtschaftlichen Leistungsfähigkeit lediglich eine summenmäßig nicht konkretisierte Berufs- oder Betriebshaftpflichtversicherung entsprechend § 45 Abs. 1 S. 2 Nr. 3 VgV, sodass die Bestandsfähigkeit der Unternehmen nicht ernsthaft überprüft werden kann. Hinsichtlich schwerer Verfehlungen ist im Regelfall lediglich eine Eigenerklärung ausreichend, wenngleich hier eine Unbedenklichkeitsbescheinigung der Krankenkasse und des Unfallversicherungsträgers erforderlich ist. Auch diese Präqualifikation weist hinsichtlich einer Eignung als Exkulpationsinstrument erhebliche Defizite auf, wobei hier die Voraussetzungen hinsichtlich der Bestandsfähigkeit zu gering sind.

d) Besonderheiten im Rahmen der Unfallversicherung und des GSA Fleisch

§ 150 Abs. 3 HS 2 SGB VII in der Fassung von 2002 sah zunächst zwar einen Verweis auf § 28 e Abs. 3 a SGB IV vor, der aber die Exkulpationsmöglichkeit nicht mit einschloss. Das BSG ging davon aus, dass es sich hierbei um ein Redaktionsversehen des Gesetzgebers handele und die Exkulpationsmöglichkeit auch hier gelten solle[575]. Seit 2011 sieht § 150 Abs. 3 S. 1 HS 2 SGB VII einen entsprechenden Verweis vor. Ob tatsächlich ein Redaktionsversehen vorlag, ist für die Kritik der jetzigen Ausgestaltung nicht von Belang. Die teleologisch ausgetauschten Argumente sind aber von Interesse hinsichtlich der Frage, ob eine spezifische, verschuldensunabhängige Haftungsregelung für die Beiträge zur Unfallversicherung sinnvoll wäre. Hierbei wurde darauf hingewiesen, dass mit § 729 Abs. 2 RVO schließlich eine Regelung allein für die Unfallversicherung existiert habe[576] und zudem die Inanspruchnahme allein der Arbeitgeber angesichts des so eingeschränkten Kreises der Haftungsadressaten eine verschärfte Haftung erfordere[577]. Das SG Augsburg argumentierte, dass die Unfallversicherung von einer Solidarhaftung ausgehe und zudem das Umlageverfahren eine andere Betrachtung rechtfertige[578].

574 Abrufbar unter https://www.amtliches-verzeichnis.ihk.de/Eignungsnachweise.aspx, abgerufen am 09.02.2019.

575 BSG, Urteil vom 27. Mai 2008 – B 2 U 21/07 R –juris Rn. 22; BSG NZS 2009, 396 Rn. 24.

576 LSG Nordrhein-Westfalen, Urteil vom 26. Januar 2007 – L 4 U 57/06 –, juris Rn. 27.

577 SG Berlin, Urteil vom 26. Februar 2007 – S 25 U 732/06 –, juris, Rn. 24.

578 SG Augsburg, Gerichtsbescheid vom 07. November 2007 – S 5 U 354/06 –, juris Rn. 66 ff.

Die Argumentation des BSG, wonach das Umlageverfahren als Ursache der separaten Haftungsregelung kein Argument für die strengere Haftung darstelle[579], überzeugt nicht uneingeschränkt. Wie dargelegt stellte das Umlageverfahren einen wichtigen Grund für die Haftungsnorm des § 729 Abs. 2 RVO dar. Bei einer Insolvenz eines Bauunternehmers im Laufe eines Jahres sind die Beitragsausfälle bei der Unfallversicherung größer, sodass sich eine im Vergleich zum Gesamtsozialversicherungsvertrag strengere Haftung sachlich auch mit Bezug auf die weiteren genannten Besonderheiten der Unfallversicherung durchaus rechtfertigen ließe. Hier kommen aber die dargelegten verfassungsrechtlichen Bedenken zum Tragen. Dadurch erübrigt sich eine weitere Diskussion.

Es ist auch zu erwähnen, dass die Exkulpationsmöglichkeit für die Unfallversicherung die Haftung insoweit keineswegs marginalisiert hat. Nach 382 Haftungsfällen 2007 kam es im Folgejahr, also im Jahr des genannten BSG-Urteils, zu 186 und 2009 zu 122 Haftungsfällen, 2011 wurde aber ein Anstieg auf 175 Haftungsfälle verzeichnet[580]. Generell ist nach Aussagen der BG Bau kein eklatanter, dauerhafter Rückgang der Fallzahlen durch die Exkulpationsmöglichkeit eingetreten, die Fallzahlen seien vergleichbar mit denen vor Einführung einer Exkulpationsmöglichkeit[581]. Dies zeigt auf, dass auch bei einer verschuldensabhängigen Ausgestaltung eine effektive Haftung durchaus möglich ist, wenn die Rahmenbedingungen stimmen.

Für § 3 GSA Fleisch ist als einzige Möglichkeit zur Exkulpation der Weg über Unbedenklichkeitsbescheinigungen eröffnet. Begründet wurde dies mit der Erwägung, dass für die Fleischwirtschaft kein vergleichbares Präqualifikationssystem existiere[582]. Dies ist insoweit nicht ganz richtig, als die Präqualifikation entsprechend VgV und UVgO bei sämtlichen Werk- und Dienstleistungen in Betracht kommt, es mangelt hier weniger an einem infrage kommendem Verfahren als an einer hinreichenden Verbreitung. Öffentliche Aufträge spielen für die Fleischwirtschaft keine Rolle. Durch die Beschränkung des Legitimationsmodells auf Unbedenklichkeitsbescheinigungen kommt der Bestandsfähigkeit der Unternehmer keine Bedeutung zu. Es ist insoweit festzuhalten, dass sich bei den sozialrechtlichen Haftungsnormen die genaue Zielrichtung hinsichtlich der Steuerungswirkung aus der Ausprägung der Exkulpation ergibt und insoweit

---

579 BSG NZS 2009, 396 Rn. 32.

580 BT-Drs. 17/11920 S. 3 rechte Spalte.

581 Gespräch mit Vertreterin der BG Bau, 20.07.2017.

582 BT-Drs. 18/12611 S. 136.

§ 3 GSA Fleisch auf die Verdrängung nicht rechtstreuer Unternehmer begrenzt bleibt.

8 Exkulpation gegenüber der SOKA-BAU

Es ist bereits erwähnt worden, dass die SOKA-BAU Auftraggeber von präqualifizierten Auftragnehmern nicht in Anspruch nimmt. Eine Exkulpationswirkung tritt nach dem Verfahren der SOKA-BAU aber auch ein, wenn dem Auftraggeber eine Enthaftungsbescheinigung in Bezug auf den konkreten Nachunternehmer vorliegt, die der Auftraggeber nach vorheriger Bevollmächtigung durch seinen Auftragnehmer beantragen kann[583]. Die Enthaftungsbescheinigung enthält Angaben über die Bruttolohnsummen und die Anzahl der gemeldeten Arbeitnehmer. Mithin wird bestätigt, dass der Auftragnehmer seinen Zahlungspflichten gegenüber der SOKA-BAU nachgekommen ist. Die Bestandsfähigkeit des Nachunternehmers ist für die Exkulpation ohne Relevanz, es darf aber kein Insolvenzverfahren gegen den Nachunternehmer eröffnet worden sein.

Allerdings sind jeweils Enthaftungsobergrenzen möglich. Diese ergeben sich, indem die Bruttolohnsummen der letzten sechs Monate zusammengerechnet werden und diese Summe durch sechs geteilt wird[584].

Die SOKA-BAU bietet zudem ein Bürgenfrühwarnsystem an[585]. Hierbei ermächtigt der Auftragnehmer seinen Auftraggeber, monatlich Auskünfte über Zahlungsrückstände einzuholen. Die Information des Auftraggebers erschöpft sich dabei nicht in der Mitteilung möglicher Beitragsrückstände, vielmehr hat der Auftragnehmer auch die Namen der beim Auftraggeber eingesetzten Arbeitnehmer anzugeben, die jeweiligen Bruttolöhne werden durch die SOKA-BAU eingetragen. Vorteil ist, dass der Auftraggeber erkennen kann, ob die vom Auftragnehmer gegenüber der SOKA-BAU gemachten Angaben hinsichtlich der gemeldeten Arbeitnehmer so stimmen können. Dem Bürgenfrühwarnsystem ist keine Exkulpationswirkung gegeben[586].

583 https://www.soka-bau.de/arbeitgeber/teilnahme-beitraege/bescheinigungen/, abgerufen am 09.02.2019.

584 Schriftliche Auskunft der SOKA-BAU.

585 Formular abrufbar unter: https://www.soka-bau.de/fileadmin/user_upload/Dateien/Arbeitgeber/vollmacht_auskuenfte_ksc.pdf, abgerufen am 09.02.2019.

586 Termin bei der SOKA-BAU, 18.01. 2017.

9 Möglichkeiten zur praktischen Umsetzung der Sorgfaltspflichten

Zu klären ist, welche Möglichkeiten dem Auftraggeber zur Verfügung stehen, um einer geforderten Sorgfalt nachzukommen. Dabei wäre hinsichtlich der Auswahlsorgfalt zunächst das Verlangen einer Unbedenklichkeitserklärung unproblematisch zumutbar.

Problematisch ist, ob Vergabesperren gegen den Auftragnehmer berücksichtigt werden können. Für den Auftraggeber besteht insoweit keine Möglichkeit zur Kenntnisnahme, da bei inoffiziellen „schwarzen Listen" kein Einsichtsrecht besteht[587]. Es existieren zwar auch offizielle Korruptionsregister, in die Vergabesperren aufgenommen werden. Allerdings sehen bestehende Landesgesetze über Korruptionsregister ein solches Einsichtsrecht für Private nicht vor und sperren als spezielle Regelung damit Ansprüche aus den Informationsfreiheitsgesetzen[588]. Die Landesgesetze werden gemäß Art. 31 GG, §§ 12 Abs. 1 S. 1, 10 Wettbewerbsregistergesetz (WRegG) mit Erlass einer Rechtsverordnung über die genaue Ausgestaltung eines Bundeswettbewerbsregisters verdrängt. In das neue Bundeswettbewerbsregister sollen Vergabesperren nicht mehr eingetragen werden, Einsichtsrechte bestehen nach § 6 WRegG wiederum nur für öffentliche Auftraggeber. Das Vorliegen einer Vergabesperre ist damit ein Gesichtspunkt für die Seriosität des Auftragnehmers, der aber außerhalb der Sorgfaltspflichten des Auftraggebers anzusiedeln ist.

Hinsichtlich der Überwachungssorgfalt ließe sich erwägen, einen Anspruch des Auftraggebers auf Vorlage von Zahlungsbelegen bereits aus § 810 Var. 2 BGB abzuleiten, sodass der Hauptunternehmer etwa Einsicht in Zahlungsbelege wie Kontoauszüge oder Lohnbelege nehmen könnte[589]. Ein solcher Anspruch wird für eine Einsicht des Bürgen beim Gläubiger bei einer möglichen Tilgung der Schuld angenommen[590]. Dies ist auf die Situation des Hauptunternehmers übertragbar. Das Interesse muss sich aber auf eine hinreichend konkrete Urkunde beziehen[591], was bei Lohnbelegen oder Kontoauszügen gegeben wäre. Ohne genaue Kenntnis der Wochenarbeitszeit der Arbeitnehmer kann daraus aber nicht abgeleitet werden, ob der Mindestlohn gezahlt wurde. Im Ergebnis bedarf

---

587 Vgl. Seifert SAE 2007, 386, 388.

588 Vgl. etwa §§ 3 Abs. 3, 7 Berliner Korruptionsregistergesetz; §§ 3 Abs. 1 Nr. 3, 8; Hamburger Gesetz zur Einrichtung eines Registers zum Schutz fairen Wettbewerbs; §§ 3, 4 Abs. 3 Nr. 1 Var. 1, Nr. 2 Var. 1 Korruptionsbekämpfungsgesetz NRW.

589 Koberski/Asshoff/Eustrup/Winkler § 14 AEntG Rn. 54.

590 BGH NJW 2014, 3312 Rn. 21.

591 BGH a.a.O. Rn. 24.

es einer konkreten Vereinbarung von Einsichtsrechten in die Lohnunterlagen[592]. Wird eine solche Vereinbarung vorgenommen, ist dies nach der Gesetzesbegründung kein Indiz für das Vorliegen eines Scheinwerkvertrags[593].

10 Schlussfolgerungen für die Ausgestaltung einer Exkulpation

a) Legitimationsmodell

Bei allen Normen führt die verschuldensunabhängige Haftung dazu, die Effektivität im Hinblick auf die wesentlichen Funktionen zu wahren. Wird grundsätzlich eine Exkulpationsmöglichkeit befürwortet, eröffnen sich zwei alternative Modelle. Das eine Modell sieht vor, dass die Haftung ausscheidet, wenn der beauftragte Unternehmer einen hinreichenden Legitimationsakt vorweisen kann, das andere Modell basiert auf einer einzuhaltenden Sorgfaltspflicht und auf einer Kontrolle der Nachunternehmer.

Ein hinreichender Legitimationsakt wurde bei § 729 Abs. 2 RVO und wird gegenwärtig bei §§ 28 e Abs. 3 b S. 2 SGB IV, § 150 Abs. 3 S. 1 HS 2 SGB VII vorausgesetzt. Dieses Modell ähnelt letztlich auch § 10 AÜG. Wird ein Fremdpersonaleinsatz durch eine nicht legitimierte Person durchgeführt, treten negative Rechtsfolgen ein: Dort die Konstruktion eines Arbeitsverhältnisses, hier die bürgengleiche Haftung. Den Auftraggeber treffen nur Auswahlpflichten, die sich zudem für ihn rechtssicher durch die Einsichtnahme in Unbedenklichkeitsbescheinigungen oder die PQ-Liste erfüllen lassen.

Dabei besteht eine offenkundige Schwäche des Legitimationsmodells: Der Auftraggeber kann sich exkulpieren, auch wenn der Mindestlohn permanent nicht gezahlt wird, etwa über einen längeren Bauzeitraum hinweg. Steht der Schutz des Anspruchsinhabers im Mittelpunkt, ist ein solches Legitimationsmodell daher nicht geeignet. Bei anders gelagerten Normen kommt ein solches Modell aber sehr wohl in Betracht: Stehen Steuerungs- und Ausgleichsüberlegungen im Mittelpunkt, kann ein objektiv nicht zu erwartender Zahlungsausfall letztlich hingenommen werden.

Es stellt sich dabei weiterhin die Frage, ob die Legitimationsprüfung auf bloße Rechtstreue oder darüber hinausgehend auf wirtschaftliche Bestandssicherheit hin ausgeführt wird. Der weitere Ansatz ist zu befürworten, bietet aber Unwägbarkeiten hinsichtlich der zu treffenden Prognose und muss zudem

---

592 So auch OLG Naumburg, Urteil vom 24.01.2014, AZ 10 U 7/13 – juris Rn. 37 ff., das auch Ansprüche aus einer vertraglichen Nebenpflicht und aus § 242 BGB ablehnt.

593 BT-Drs. 18/1558 S. 40.

hinreichenden Raum für neu gegründete Unternehmen lassen. Das Präqualifikationsverfahren für die Bauwirtschaft in seiner gegenwärtigen Ausgestaltung gewährleistet diesen Raum nicht und bietet zudem hinsichtlich der Rechtstreue keine hinreichende Sicherheit, das Präqualifikationsverfahren für andere Branchen gewährleistet nicht hinreichend die Bestandsfähigkeit. Auch abgesehen von der nicht zufriedenstellenden Ausbreitung und der gegenwärtigen bürokratischen Belastung für den Auftraggeber mangels angegebener Gültigkeitsdauer erscheint das Präqualifikationsverfahren aktuell nicht als geeigneter Legitimationstatbestand. Der vergaberechtliche Charakter des Präqualifikationsverfahrens passt letztlich nicht zur Haftung, da der Schutz öffentlicher Kassen bei der Auftragsvergabe ein von den Haftungszielen zu unterscheidendes Grundmotiv der Präqualifizierung darstellt.

Unbedenklichkeitsbescheinigungen nehmen eine Zwischenstellung ein: Ihnen liegt keine Wertung einer prüfenden Stelle zugrunde, andererseits wird die Kontrolle hier auch nicht vom Auftraggeber selbst ausgeübt. Stattdessen darf dieser sich vorbehaltlich einer Plausibilität auf die Mitteilung der Einzugsstelle verlassen. Im Ergebnis beschränken sich Unbedenklichkeitsbescheinigungen auf die Erfüllung der Zahlungspflichten und haben keine wirtschaftliche Prognose zum Gegenstand, wirken also nicht negativ hinsichtlich kleiner und neu gegründeter Unternehmen mit jeweils schwer zu ermittelnden Zukunftschancen. Umgekehrt bieten sie aber auch keine Aussage hinsichtlich der Bestandssicherheit, die über den Fakt der erfüllten Zahlungspflichten hinausgeht.

Die Unbedenklichkeitsbescheinigungen bringen aber praktische Komplikationen mit sich. Problematisch bleibt der drohende Alibieffekt für den Gesamtsozialversicherungsbeitrag, was sich aber durch Optimierungen an anderer Stelle relativieren ließe. Die auf die Besonderheiten der Unfallversicherung zugeschnittene qualifizierte Unbedenklichkeitsbescheinigung ermöglicht durch die erforderliche Angabe der eingetragenen Unternehmensteile eine weiterreichende Plausibilitätsprüfung. Wird bei allen Haftungsnormen eine Unbedenklichkeitsbescheinigung auch des Unfallversicherungsträgers gefordert, erscheint das Problem des Alibi-Effekts bei § 28 e Abs. 3 a SGB IV daher im Ergebnis als hinnehmbar. Grundsätzlich ist es im Interesse eines möglichst großen Aussagegehalts sinnvoll, generell Unfallbedenklichkeitsbescheinigungen sowohl der Krankenkasse als auch der jeweiligen Berufsgenossenschaft zu fordern. Der praktische Aufwand für die Nachunternehmer ließe sich durch ein elektronisches Verfahren verringern, wie es bei der Bau-Berufsgenossenschaft gängig ist. Dies ist als Angelegenheit der Sozialversicherungsträger zu werten.

Aufschlussreich ist der Blick auf das Weißbuch der Sozialkassen, wie es momentan nur für den Tarifbezirk Berlin und Brandenburg geführt wird.

Kriterien für die Aufnahme in das Weißbuch sind die ordnungsgemäße Teilnahme am Urlaubskassenverfahren, eine Arbeitszeitauslastung von mindestens 75 % der tariflich vorgesehenen Arbeitszeit und eine Facharbeiterquote von mindestens 50 %. Ausschlussgründe sind Mindestlohnverstöße oder andere relevante Gesetzesverstöße. Eintragung und Einsicht sind kostenlos[594]. Dies ist letztlich ein Modell ohne Wertungsspielraum der eintragenden Stelle hinsichtlich der wirtschaftlichen Zukunftsaussichten und ohne Rückgriff auf eine bereits mehrjährige Geschäftstätigkeit, sichert aber dennoch eine gewisse Seriosität und Bestandssicherheit. Dieses Modell erscheint daher, ergänzt um Unbedenklichkeitsbescheinigungen der Krankenkasse und des Unfallversicherungsträgers, für die Baubranche als geeignete Exkulpationslösung und ließe sich bei Herausnahme des Urlaubskassenbeitrags auch auf andere Branchen übertragen. Allerdings wäre die Einführung und vor allem auch Aktualisierung solcher regions- und branchenübergreifender Weißbücher mit erheblichem bürokratischem Aufwand verbunden.

b) Eigene Auswahl- und Überwachungspflicht

aa) Auswahl

Das Modell einer eigenen Auswahl- und Überwachungspflicht kommt gegenwärtig nur für § 98 a Abs. 3, 4 AufenthG zum Tragen, lässt sich aber auch ansonsten durchaus diskutieren.

Die Auswahlsorgfalt kann sich vernünftigerweise nicht in vertraglichen Zusicherungen des Nachunternehmers erschöpfen, sondern muss auch eigene Erkundigungen erfassen. Insoweit kommt als rechtssichere Ausgestaltung momentan die Einholung von Unbedenklichkeitsbescheinigungen von Krankenkasse, Unfallversicherungsträger und in der Baubranche der SOKA-BAU in Betracht. Weiterhin ist auch mangels eines von Privatpersonen einsehbaren Registers die Vorlage einer Selbstauskunft des Hauptunternehmers hinsichtlich möglicher Ordnungswidrigkeiten entsprechend § 150 Abs. 1 GewO i.V. mit § 149 Abs. 2 Nr. 3, 4 GewO zu fordern[595]. Dies gilt zumindest bei Branchen mit erhöhter Anfälligkeit für illegale Praktiken, eine Aufzählung solcher Branchen findet sich in § 28 a Abs. 4 S. 1 SGB IV. Wie dargestellt liefert selbst die Präqualifizierung momentan keine Gewähr, dass Ordnungswidrigkeiten des Nachunternehmers nicht vorliegen.

---

594 https://dta.sozialkasse-berlin.de/weissbuch/?menu=info, abgerufen am 09.02.2019.

595 Vgl. Aulmann NJW 2012, 2074, 2077.

Dabei sollten bei in der Branche kursierenden konkreten Hinweisen über eine drohende Zahlungsunfähigkeit oder über mangelnde Rechtstreue Nachforschungen verlangt werden, die Beweislast für solche Hinweise würde aber den Anspruchsinhaber treffen. Sinnvoll wäre es allerdings, neben der Rechtstreue auch die Bestandsfähigkeit über die Erfüllung von Zahlungspflichten hinaus abzudecken und zudem eine Einsichtsmöglichkeit in ein Register zu ermöglichen, sodass keine Einzelnachweise vom Nachunternehmer besorgt werden müssten. Das Berliner Weißbuch der Sozialkassen ist insoweit jeweils vorbildlich.

Zu beachten bleibt, dass der jeweilige Legitimationstatbestand stets aktuell sein muss, die Unbedenklichkeitsbescheinigung also etwa nicht abgelaufen ist. Fragen der Auswahlsorgfalt können also auch während des Ausführungszeitraums aktuell werden.

bb) Überwachung

(1) Grundsatz

Hinsichtlich der Überwachungspflicht besteht die Besonderheit darin, dass der Auftraggeber sich bei diesem Modell – anders als bei einer Exkulpation durch Unbedenklichkeitsbescheinigungen – nicht auf Informationen über das bisherige Verhalten verlassen darf, sondern stattdessen im Blick haben muss, ob die Pflichten konkret ausgeführt werden. Bei erkennbaren Defiziten muss der Auftraggeber sich vom Vertrag lösen, angesichts der Haftungsrisiken und drohenden Bußgeldern nach § 23 Abs. 2 AEntG, 21 Abs. 2 MiLoG ist ein wichtiger Grund entsprechend §§ 314 BGB, 626 Abs. 1 BGB anzuerkennen[596].

Hinsichtlich der Überwachungssorgfalt wurde bei den Bußgeldnormen und in der Diskussion zur zivilrechtlichen Haftung darauf abgestellt, ob konkrete Anhaltspunkte für Verstöße bestehen. Dies wäre zu arbeitnehmerfeindlich, wenn den Arbeitnehmer die Beweislast für solche Anhaltspunkte träfe. Eine Umkehrung der Beweislast führt aber dazu, dass der Auftraggeber aktiv verdachtsunabhängige Ermittlungen einleiten muss. Sinnvollerweise wäre nachzuprüfen, ob die Arbeitnehmer am Ende des Monats eine Summe erhalten, aus der sich bei Berücksichtigung der Wochenarbeitszeit die Mindestlohnzahlung ableiten lässt. Der Arbeitgeber müsste hierfür Kontoauszüge einreichen. Bloße Bestätigungen des Arbeitnehmers, wonach dieser den Mindestlohn erhalten hat, erscheinen unter Heranziehung des Rechtsgedankens von § 3 MiLoG problematisch: Der

596 Bayreuther NZA 2015, 961, 967.

Arbeitnehmer soll außer durch einen gerichtlichen Vergleich nicht wirksam auf den Mindestlohn verzichten können, sodass eine unwahre Erfüllungsbestätigung sinnvollerweise nicht die Haftung ausschließen sollte.

Konkret kann folglich bei einem erstmaligen Verstoß hinsichtlich der Zahlungspflicht die Exkulpation gelingen. Ist bereits zuvor ein Zahlungsausfall eingetreten, bestand die Fahrlässigkeit des Auftraggebers darin, den Vertrag mit dem Auftragnehmer nicht gekündigt zu haben. Eine Fahrlässigkeit wäre an sich wie bei den Bußgeldnormen auch schon anzunehmen, wenn keine vertraglichen Kontrollrechte vereinbart werden und so keine Möglichkeit besteht, der Überwachungssorgfalt überhaupt nachzukommen. Sinnvoller erscheint es aber, dem Auftraggeber einen gesetzlichen Anspruch auf Einsicht in Zahlungsbelege zu verschaffen und ihm somit eine wirksame Kontrollmöglichkeit zu eröffnen. Der Auftraggeber kann seiner Überwachung nur nachkommen, wenn er die Anzahl der beschäftigten Arbeitnehmer kennt und nachprüfen kann, ob diese auch den Mindestlohn erhalten haben. Der Arbeitgeber müsste daher angeben, wie viele Arbeitnehmer bei ihm beschäftigt sind und wie hoch deren Wochenarbeitszeit ist. Wenn eine Erfüllung der konkreten Werkleistung durch die Anzahl der angegebenen Arbeitnehmer nicht plausibel ist, müsste eine Exkulpation ausscheiden.

Dieses Überwachungsmodell kommt aber nur in Betracht, wenn ein längerer Ausführungszeitraum vorliegt, sodass auch nach der ersten Lohnkontrolle das Vertragsverhältnis noch fortgeführt wird. Bei nur einmaligen beziehungsweise kurzzeitigen Werk- oder Dienstleistungen scheidet eine Anwendung dieser Anforderungen aus. Abgestellt werden könnte folglich darauf, ob das Vertragsverhältnis länger als einen Monat besteht. Nur dann werden die Zahlungspflichten mehrfach relevant.

(2) Einfluss des Datenschutzrechts

Problematisch ist, inwieweit Belange des Datenschutzes einer Überwachung entgegenstehen. Dabei ist danach zu unterscheiden, ob die Zahlungsbelege anonymisiert werden oder ob die Namen der Arbeitnehmer anzugeben sind, sodass sich daraus die Beschäftigung bei einem bestimmten Arbeitgeber und der Nettolohn schlussfolgern ließen. Gemäß Art. 5 Abs. 1, 6 Abs. 1 Datenschutzgrundverordnung (DS-GVO) ist die Verarbeitung personenbezogener Daten rechtfertigungsbedürftig. Nach Art. 4 Nr. 1 DS-GVO liegen bei nicht identifizierbaren Personen keine personenbezogenen Daten vor, nach Erwägungsgrund 26 S. 1, S. 5 zur DS-GVO sind die Grundsätze des Datenschutzes dann nicht anwendbar. Werden die Namen der Arbeitnehmer auf den Zahlungsbelegen geschwärzt, sind diese nicht mehr identifizierbar, insbesondere entsprechend

Erwägungsgrund 26 S. 2, 3 DS-GVO auch nicht durch Heranziehung weiterer voraussichtlich vom Verantwortlichen oder einer anderen Person genutzter Informationen. Die Weitergabe anonymisierter Zahlungsbelege wäre daher datenschutzrechtlich zulässig.

Fraglich ist, ob auch eine Weitergabe von nicht anonymisierten Zahlungsbelegen zulässig wäre. Hierin liegt eine Offenlegung von Daten und mithin nach Art. 4 Nr. 2 DS-GVO eine Verarbeitung personenbezogener Daten. In Betracht kommt eine Rechtfertigung nach Art. 6 Abs. 1 S. 1 lit. f DS-GVO. Hierfür muss die Verarbeitung zur Wahrung der berechtigten Interessen des Verantwortlichen oder eines Dritten erforderlich sein und es dürfen nicht die Interessen oder Grundrechte und Grundfreiheiten der betroffenen Person, die den Schutz personenbezogener Daten erfordern, überwiegen. Der Begriff des berechtigten Interesses ist dabei sehr vage, die beispielhaft in den Erwägungsgründen 47 S. 6, 7, 48, 49 zur DS-GVO genannten berechtigten Interessen sind hier nicht einschlägig. Als Auslegungshilfe können die früheren speziellen Rechtfertigungstatbestände im nationalen Recht dienen[597]. § 28 Abs. 1 S. 1 BDSG a.F. sah einen hier einschlägigen Rechtfertigungsgrund vor, indem die Erhebung personenbezogener Daten für zulässig erklärt wurde, wenn dies für die Durchführung eines Schuldverhältnisses erforderlich war. Die Datenerhebung erfolgt anlässlich der Durchführung des Schuldverhältnisses mit dem Auftragnehmer, da Haftungsrisiken dieser Vertragsbeziehung ausgeschlossen werden sollen[598]. Die Durchführung eines Vertrags mit einem Dritten ist auch als berechtigtes Interesse im Sinne von Art. 6 Abs. 1 S. lit. f DS-GVO anzusehen.

Die Verarbeitung der personenbezogenen Daten muss aber auch zur Wahrung der berechtigten Interessen erforderlich sein, sodass diese entsprechend Erwägungsgrund 39 S. 9 DS-GVO nicht einfacher gewahrt werden können[599]. Die Verarbeitung personenbezogener Daten muss einzige Möglichkeit sein, um die berechtigten Interessen zu wahren[600]. Bei anonymisierten Zahlungsbelegen liegt gerade keine Verarbeitung personenbezogener Daten vor[601]. Es stellt sich hier daher die Frage, ob die einzelnen Arbeitnehmer notwendigerweise auf den Lohnnachweisen genannt werden müssten, um eine wirksame Kontrolle der Mindestlohnzahlung zu ermöglichen. Dies ist unentbehrlich, wenn sich die

---

597 Beck'scher Online-Kommentar Datenschutzrecht/Albers Art. 6 DS-GVO Rn. 48.

598 Bayreuther NZA 2015, 961, 969.

599 Vgl. Paal/Pauly/Frenzel Art. 6 Rn. 29.

600 Sydow/Reimer Art. 6 Rn. 58.

601 Eine fehlende Rechtfertigung bei auch möglicher Anonymisierung anerkennend Gola/Pötters Art. 5 Rn. 13.

Prüfung des Auftraggebers allein auf die Lohnzahlung an diejenigen Arbeitnehmer beziehen soll, die auch tatsächlich beim Auftraggeber tätig wurden. Die Überwachungspflicht kann aber auch erfüllt werden, wenn für sämtliche Arbeitnehmer eine Lohnkontrolle erfolgt. Schließlich wird anhand dieser Erkenntnisse vom Auftraggeber eine Prognose für die Zukunft hinsichtlich der zu erwartenden Lohnzahlung abgegeben, insoweit ist eine Zuordnung der Arbeitgeber zu dem spezifischen Auftrag nicht notwendig. Argumentieren ließe sich, dass eine Kontrolle hinsichtlich sämtlicher beschäftigter Arbeitnehmer einen den Kontrollerfolg beeinträchtigenden Mehraufwand bedeuten würde und daher weniger wirksam wäre. Der bürokratische Aufwand für den Auftraggeber erhöht sich aber nicht notwendigerweise: Bei einer Überprüfung sämtlicher Arbeitnehmer ist kein Abgleich mit Einsatzlisten des Arbeitgebers vonnöten. Im Ergebnis ist eine Kontrolle ohne genaue Identifikation der Arbeitnehmer letztlich ein weniger datenintensives und dabei gleich wirksames Instrument, sodass eine Weitergabe von Lohnbelegen ohne Anonymisierung nicht erforderlich ist. Folglich ist eine Anonymisierung vorzunehmen, bei der die Grundsätze des Datenschutzes nicht zur Anwendung kommen. Der Arbeitgeber müsste lediglich die Wochenarbeitszeit bei den einzelnen Zahlungen vermerken, um eine Kontrolle der Mindestlohnzahlung zu ermöglichen.

c) Fazit

Es ist festzuhalten, dass eine Legitimationslösung bei einer dominanten Schutzfunktion nicht als Exkulpationsmodell geeignet ist. Als vorzugswürdigstes Konzept erweist sich bei einer zentralen Schutzfunktion, mithin bei §§ 14 AEntG, 13 MiLoG damit letztlich eine eigene Auswahl- und Überwachungspflicht, wobei auf Legitimationsgedanken hinsichtlich der Auswahl durchaus zurückgegriffen werden kann. Dem Arbeitnehmer sollte es aber möglich sein, Beweis für eine fehlerhafte Auswahl zu führen. Dem Auftraggeber muss dabei ein gesetzlicher Anspruch auf Einsicht in anonymisierte Zahlungsbelege zukommen. Besteht kein längerer Ausführungszeitraum, muss sich die Sorgfalt aber auf die Auswahl begrenzen.

Für Normen ohne zentrale Schutzfunktion, mithin für § 98 a Abs. 3, 4 AufenthG und für die sozialrechtlichen Normen der Unternehmerhaftung, ist eine Legitimationslösung hinreichend. Hierbei kann durch einen Legitimationsakt rechtssicher die Haftung ausgeschlossen werden. Das Berliner Weißbuch der Sozialkassen weist hierbei Modellcharakter auf. Angesichts der gegenwärtig fehlenden Voraussetzungen für ein solches Modell bleibt hinsichtlich des Legitimationstatbestands nur der Rückgriff auf Selbstauskünfte nach § 150 Abs. 1 i.V. mit

§ 149 Abs. 2 Nr. 3, 4 GewO sowie auf Unbedenklichkeitsbescheinigungen. Solche sollten sinnvollerweise sowohl von der Krankenkasse als auch von der Unfallversicherung erforderlich sein. Im Baugewerbe wären Unbedenklichkeitsbescheinigungen der Sozialkasse des Baugewerbes grundsätzlich zweckmäßig. Zur Vermeidung einer zu sehr auf die – tarifvertraglich veränderlichen – Besonderheiten der SOKA-BAU eingehenden gesetzlichen Regelung wäre es aber vorzugswürdig, lediglich den Tarifvertragsparteien die Möglichkeit zur Festsetzung weiterer Exkulpationsvoraussetzungen zu geben. Dann wäre es auch möglich, besondere Anforderungen für diese Bescheinigungen vorzusehen.

Bei § 98 a Abs. 3, 4 AufenthG spricht für eine Exkulpationslösung auch, dass eine Überprüfung der Arbeitnehmeridentität besondere Schwierigkeiten mit sich bringt, eine Orientierung an der allgemeinen Seriosität hingegen Rechtssicherheit gewährleisten kann.

IV Kettenhaftung und Regress

1 Ausgangspunkt

Von großer Bedeutung ist auch die Frage, ob lediglich der unmittelbare Auftraggeber haftet oder aber Haftungsketten entstehen können. § 729 Abs. 2 S. 2 RVO sah vor, dass Zwischenunternehmer vor dem Bauherrn hafteten, also eine erfolglose Vollstreckung auch gegen den Zwischenunternehmer erforderlich war[602]. Hier war der Ausgangspunkt die Haftung des Bauherrn, der nicht zwingend mit dem Bauunternehmer als Arbeitgeber vertragliche Beziehungen haben musste, die Haftung des Zwischenunternehmers trat ergänzend hinzu. Hierfür ursächlich war die Überlegung, dass der Zwischenunternehmer direkte oder zumindest engere vertragliche Beziehungen zum Arbeitgeber hatte und folglich nicht bessergestellt sein konnte als der Bauherr[603]. Diese Grundüberlegung unterscheidet sich von der Konstellation der heutigen Normen der Unternehmerhaftung, bei denen zunächst der mit dem Arbeitgeber unmittelbar in vertraglicher Beziehung stehende Auftraggeber haftet und sich die Frage stellt, ob zusätzlich weiter entfernte Auftraggeber in die Haftung genommen werden. Durch die Haftung der Zwischenunternehmer nach § 729 Abs. 2 S. 2 RVO wurde ein Zwischenraum zwischen Arbeitgeber und Bauherr ausgefüllt, während die Haftung bei den heutigen, an einen Unternehmer anknüpfenden Normen in die Weite geht.

602 Vgl. Lauterbach § 729 Rn. 11.

603 Reichstagsprotokolle 7 Legislaturperiode, 1887, 4 Aktenstück Nr. 123, S. 996 f.

Der Entwurf eines Lohndumpinggesetzes sah ebenso wie der SPD-Vorschlag für ein Entsendegesetz keine Kettenhaftung vor. Erstmals fand sich eine solche Erstreckung in § 1 a AEntG, die heutigen §§ 14 AEntG, 13 MiLoG gehen ebenfalls von einer solchen aus. Damit wird für das Baugewerbe über Art. 12 Abs. 2 RL 2014/67/EU hinausgegangen. Auch der Vorschlag für § 28 e Abs. 3 a SGB IV beinhaltete ursprünglich eine Kettenhaftung[604], im Vermittlungsausschuss wurde diese aber auf eine Haftung im Umgehungsfall reduziert, wie sie § 28 e Abs. 3 e SGB IV auch heute vorsieht. Wie dargestellt gilt für § 98 a AufenthG ein differenziertes Modell, das eine Haftung des mittelbaren Auftraggebers nur bei Kenntnis vorsieht. Dies bleibt durch die Beweislastumkehr aber bedeutungslos, der Auftraggeber in der Kette kann sich hier effektiv nur durch Einhaltung der erforderlichen Sorgfalt exkulpieren.

2 Funktionale Einordnung der Kettenhaftung

a) Steuerungsfunktion

Besonderheit der Kettenhaftung ist es, dass keine vertragliche Beziehung zwischen Auftraggeber und Arbeitgeber gegeben ist und die Einflussmöglichkeiten des Auftraggebers dementsprechend eingeschränkt sind. Dies wurde bereits im Hinblick auf die auch bei fehlender vertraglicher Beziehung zum Arbeitgeber eingreifende Haftung nach § 729 Abs. 2 RVO[605] wie auch für die Kettenhaftung nach § 13 MiLoG[606] kritisiert. Die Folge der Kettenhaftung besteht darin, dass auch bei einem an sich seriösen und zahlungsfähigen Auftragnehmer das Risiko einer Weitergabe an unbekannte und hinsichtlich ihrer Seriosität nicht einschätzbare Nachunternehmer vorliegt.

Die Steuerungsfunktion kann bei einer Kettenhaftung nicht dazu führen, eine Auswahlsorgfalt hinsichtlich der späteren Kettenglieder zu begründen, da der Auswahlprozess dem unmittelbaren Vertragspartner obliegt. Allenfalls wird dazu animiert, bei der Auftragsvergabe auch eine mögliche Weitergabe des Auftrags an unseriöse Nachunternehmer miteinzubeziehen und die Zuverlässigkeit des ausgewählten Vertragspartners auch insoweit zu überprüfen. Es erscheint allerdings unwahrscheinlich, dass dies tatsächlich zu einem geänderten Auswahlverhalten führen kann.

---

604 BT-Drs. 14/8221 S. 7 linke Spalte.

605 Reichstagsprotokolle 7. Legislaturperiode 1887, 4 Aktenstück Nr. 123, S. 996 rechte Spalte.

606 Ausschussdrucksache 18(11)148, 11 (Stellungnahme BDA), 192 f. (Verband Deutscher Maschinen- und Anlagenbau).

Allerdings lässt die Sorgfalt bei der Auftragsvergabe nach, wenn die Kette eine gewisse Tiefe aufweist. Die Generalunternehmer bei größeren Baustellen, mithin die großen Bauunternehmer, achten nach den Wahrnehmungen aus der Praxis durchaus auf die Seriosität ihrer Nachunternehmer, was sich in deren Präqualifikation oder in beantragten Unbedenklichkeitsbescheinigungen äußert. Den nachgelagerten Auftraggebern ist der Aufwand für die Beauftragung einer Unbedenklichkeitsbescheinigung hingegen oft zu groß, auf eine Präqualifikation wird weniger Wert gelegt[607]. Die Wirksamkeit der Steuerungsfunktion in der Kette ist daher niedriger. Eine Kettenhaftung kann Druck auf die Nachunternehmer schaffen, der von den Auftraggebern ausgeübt wird. Dies erfolgt, indem die Auftraggeber etwa Sanktionen wie Kündigungen oder Vertragsstrafen androhen, wenn nicht legitimierte Nachunternehmer beauftragt werden. Solche Vereinbarungen sind durchaus existent[608]. Auch der Verzicht auf weitere Aufträge ist insoweit ein denkbares Druckmittel. Die Steuerungsfunktion kann bei einer Kettenhaftung also effektiv im Hinblick auf die Nachunternehmer wirken, die neben einer Haftung auch negative Folgen im Vertragsverhältnis zum Auftraggeber fürchten müssen.

b) Weitere Funktionen

Offenkundig ist die Förderung der Schutzfunktion mittels einer Erweiterung des Schuldnerkreises. Es lässt sich bei Nachunternehmerketten hier durchaus von einer zusätzlichen Insolvenzsicherung sprechen[609]. Ebenfalls eindeutig gefördert wird die Effektivitätsfunktion, da die Verlagerung der Zahlungspflichten an vermögenslose Personen letztlich trotz der Haftung problemlos ermöglicht wäre, wenn keine Kettenhaftung greifen würde: Der beauftragte Nachunternehmer müsste lediglich weiterdelegieren, um den Hauptunternehmer von der Haftung auszuschließen. In diesem Fall würde eine doppelte Weitergabe ausreichen, um den Zahlungsverpflichtungen zu entgehen. Letztlich ist im Hinblick auf diese Funktion die Kettenhaftung von besonderer Bedeutung, da die Umgehungsverhinderung nur bei einer Kettenhaftung überhaupt greifen kann. Will man die Effektivitätsfunktion nicht völlig nivellieren, ist eine dementsprechende Durchgriffshaftung vonnöten. Folgerichtig sind Umgehungskonstellationen stets

---

607 Gespräche mit Vertreter der IG Bau am 12.05. 2017 und mit Vertreterin der BG Bau am 20.07.2017.

608 Gespräch mit Vertreterin der (Bauindustrie Mitte), 15.12.2016.

609 Heuschmid/Hlava NJW 2015, 1719, 1720.

erfasst, auch die insoweit schwächste Ausgestaltung in § 28 e Abs. 3 e SGB IV regelt diesen Fall.

Hinsichtlich der abstrakten Ausgleichsfunktion ist festzuhalten, dass die Kettenhaftung die Risiken bei einem Nachunternehmereinsatz insoweit erhöht, dass die sorgfältige Auswahl des unmittelbaren Vertragspartners die Haftung nicht ausschließt. Die Attraktivität des Nachunternehmereinsatzes wird so weiter verringert.

Im Ergebnis ist eine Kettenhaftung daher für alle Haftungsnormen als sinnvoll zu bewerten.

3 Exkulpation und Kettenhaftung

a) Konstellation bei § 729 Abs. 2 RVO

Einer Erläuterung bedarf noch, wie sich Kettenhaftung und Exkulpationsmöglichkeit zueinander verhalten sollten. Wird auf eine Sorgfaltspflichtverletzung als Legitimation der Haftung abgestellt, muss auch bei einer Kettenhaftung eine Exkulpation möglich sein.

Auch hier kann auf Überlegungen zu § 729 Abs. 2 RVO zurückgegriffen werden. Es muss daran erinnert werden, dass die Haftung nur bei einem beauftragten Unternehmer greifen sollte, der das Kriterium der Gewerblichkeit nicht erfüllte. Nur in dieser Konstellation trug der Bauherr das Risiko des Zahlungsausfalls. Bei nicht gewerblichen Arbeiten lagen typischerweise Einwirkungsmöglichkeiten des Bauherrn auf die Abwicklung der Geschäfte vor.

Allerdings beschränkte sich die Haftung gerade nicht auf solche Fälle mit typischerweise vorliegenden Einwirkungsmöglichkeiten. Stattdessen griff die Haftung gerade auch, wenn bei der Beauftragung eines gewerbsmäßigen Bauunternehmers dieser den Auftrag an einen nicht gewerbsmäßigen Unternehmer weiterdelegierte. Folglich waren die Haftungsvoraussetzungen erfüllt, ohne dass von einer Einwirkungsbefugnis ausgegangen werden konnte[610]. Die Kettenhaftung führt im Ergebnis zu einer Loslösung von der Abgrenzung anhand der zumutbaren Überwachungsmöglichkeiten. Allerdings schränkte das BSG die Haftung auch für den Fall unter dem Gesichtspunkt der Zurechenbarkeit ein, dass ohne die Zustimmung des Bauherrn ein diesem gar nicht bekannter Nachunternehmer eingesetzt wurde. Dies wurde damit begründet, dass der Bauherr keine Möglichkeit hatte, sich den gewerbsmäßigen Charakter des Nachunternehmers

610 Zur Diskussion hierüber Reichstagsprotokolle 7. Legislaturperiode, 1887, 4 Aktenstück Nr. 123, S. 996 f.

durch die Baugenossenschaft bestätigen zu lassen. Anderes hätte aber gegolten, wenn der Einsatz unbekannter Nachunternehmer vertraglich zulässig gewesen wäre[611]. In diesem Falle hätte ein Verzicht auf die Kontrolle vorgelegen.

b) Ausgestaltung de lege ferenda

aa) Legitimationsmodell

Es ließe sich bei einem Legitimationsmodell vertreten, dass der Legitimationstatbestand bezüglich des Auftragnehmers sich auch auf die Thematik auswirken soll, dass dieser zahlungsfähige und zahlungswillige Nachunternehmer beauftragt. In der Konsequenz wäre die Kettenhaftung des Generalunternehmers als Auftraggeber auch ausgeschlossen, wenn der legitimierte Auftragnehmer einen nicht legitimierten Nachunternehmer einsetzen würde.

Gegen eine derart weit reichende Freistellung spricht aber, dass so gerade keine Anreize für den legitimierten Unternehmer gesetzt werden, seinerseits legitimierte Unternehmer zu beauftragen. Wie dargestellt sind gerade die Auswirkungen auf das Vertragsverhältnis zwischen Auftragnehmer und Auftraggeber der Hebel, um auch in der Kette eine Steuerung der Auftragsvergabe zu gewährleisten. Aus diesem Grund ist parallel zu § 729 Abs. 2 RVO zu fordern, dass auch der Nachunternehmer seinerseits legitimiert sein müsste, um die Haftung des mittelbaren Auftraggebers auszuschließen. Den Generalunternehmer würde mithin die Verantwortung treffen, auch insoweit das Vorliegen eines Legitimationstatbestandes zu überprüfen. Eine Vorlageverpflichtung des unmittelbaren Auftragnehmers hinsichtlich der entsprechenden Bescheinigungen wäre gesetzlich in Zusammenhang mit den Einsichtsrechten des Auftraggebers zu normieren.

Zu klären bleibt aber, ob wie bei § 729 Abs. 2 RVO das Verbot der Weitergabe an einen Nachunternehmer die Haftung ausschließen soll. Dafür spricht, dass darin eine Erfüllung der Sorgfaltspflicht des Auftraggebers gesehen werden kann, indem ein Nachunternehmereinsatz bereits im Ansatz ausgeschlossen wird. Allerdings ließe sich dann schon durch ein vertraglich vereinbartes Weitergabeverbot bei Beauftragung eines legitimierten unmittelbaren Auftragnehmers die Haftung für Subunternehmer in der Kette ausschließen. Es bestünde zu befürchten, dass die Auftraggeber sich etwa durch einen höheren Werklohn auf diese Weise von der Haftung freikaufen, der Auftragnehmer aber tatsächlich

---

611 BSGE 67, 199, 202 ff.

durchaus mit Billigung des Auftraggebers nicht legitimierte Auftragnehmer auswählt.

Aus diesem Grund muss dem in der Kette höher stehenden Auftraggeber, etwa dem Generalunternehmer, auch die Verantwortung zur Überprüfung hinsichtlich der Frage zugewiesen werden, ob überhaupt Nachunternehmer eingesetzt werden. Der Generalunternehmer müsste daher insoweit Kontrollen anstellen und sodann gegebenenfalls die Legitimationsdokumente anfordern. Die Kontrolle ist insoweit bei Baustellen recht unproblematisch möglich, bei geschlossenen Räumen ist ein solches Kontrollrecht als vertragliche Nebenpflicht aus dem Werk- oder Dienstvertrag abzuleiten. Daraus folgt, dass ein gewisses kontinuierliches Kontrollelement auch zwischen zwei Unternehmern in der Kette zu fordern ist und die Frage betrifft, wer genau für den Auftragnehmer tätig wird.

In der Konsequenz sollte bei den sozialrechtlichen Normen der Unternehmerhaftung und bei § 98 a Abs. 3, 4 AufenthG eine Exkulpation bei einer Haftung für Nachunternehmer in der Kette dann möglich sein, wenn auch die Nachunternehmer diesen Legitimationstatbestand aufweisen.

bb) Eigene Überwachungspflicht

Bei einem Modell mit eigener Überwachungspflicht trifft den Auftraggeber die Verantwortung, die Zahlung des Mindestentgelts beziehungsweise der Beiträge zu überwachen. Es stellt sich hier die Frage, ob von dem Unternehmer in der Kette ebenfalls die Überwachung, letztlich damit die Kontrolle des Kontrolleurs, zu fordern ist. Der Auftraggeber müsste also Lohnbelege aller Nachunternehmer in der Kette kontrollieren. Dies erscheint schon praktisch angesichts des damit verbundenen Aufwandes bei zahlreichen Projekten mit verschiedenen Sub- und Subsubunternehmern im Ergebnis kaum zu gewährleisten. Eine praktisch kaum umzusetzende Exkulpationsmöglichkeit ist letztlich wertlos. Zudem wäre so eine Exkulpation für den unmittelbaren Auftraggeber letztlich leichter zu erreichen als für den weiter entfernt stehenden Auftraggeber. Es muss daher insoweit eine Einschränkung der Schutzfunktion hingenommen werden. Gleiches gilt für die Steuerungs- und die abstrakte Ausgleichsfunktion.

Folglich sollte sich eine Exkulpation bei der Kettenhaftung nur auf die sorgfältige Auswahl beziehen. Diese wäre aber so zu verstehen, dass auch hinsichtlich der Nachunternehmer in der Kette ein Legitimationstatbestand, also etwa die Eintragung in ein Register, vorliegen müsste. Ausnahmsweise käme auch beim Vorliegen dieses Legitimationstatbestandes eine Haftung in Betracht. Dem Arbeitnehmer würde dann die Beweislast treffen, dass eine Kenntnis des mittelbaren Auftraggebers sowohl von der Beauftragung eines konkreten

Nachunternehmers als auch von dessen fehlender Zuverlässigkeit bestand. Ein solches Modell ist angesichts der hier jeweils dominanten Schutzfunktion für §§ 13 MiLoG, 14 AEntG zu fordern.

4 Ermittlung einer Umgehungskonstellation

Wenn entgegen den obigen Ausführungen eine generelle Erstreckung der Kettenhaftung auf alle Haftungsnormen abgelehnt wird, muss erwogen werden, ob die aktuelle Absicherung der Effektivitätsfunktion in § 28 e Abs. 3 e S. 1 SGB IV als hinreichend zu bewerten ist. Die dort aufgestellten Maßstäbe sind über die Verweise auch für § 150 Abs. 3 S. 1 HS 2 SGB VII, § 3 GSA Fleisch maßgeblich. Insoweit stellt sich daher die Frage, ob wirksam Umgehungen verhindert werden können.

Nach § 28 e Abs. 3 e S. 1 SGB IV ist nach „verständiger Würdigung der Gesamtumstände" zu entscheiden, ob eine Umgehung der Haftung vorliegt. Das Gesetz ordnet in § 28 Abs. 3 e S. 2 SGB IV weiterhin an, dass die Verkehrsanschauung im Baubereich über eine Umgehung entscheiden solle. § 28 e Abs. 3 e S. 3 SGB IV nennt Fälle, in denen eine Umgehung regelmäßig vorliegen soll. In der Literatur wird zur Ausfüllung der Generalklausel „verständige Würdigung der Gesamtumstände" vorgeschlagen, dass bei fehlenden sachlichen Gründen für die Delegation, einer möglichen und sinnvollen eigenen Erledigung durch den ersten Auftragnehmer und einer Stellung des Nachunternehmers als Weitervermittler regelmäßig eine Umgehung vorliegen soll[612].

Letztlich treffen die Einzugsstelle aufgrund des Amtsermittlungsgrundsatzes in § 20 Abs. 1 S. 1 SGB X erhebliche Informationspflichten. Dass derartige tief greifende und umständliche Erkundigungen tatsächlich eingeholt werden, erscheint vor allem bei den Krankenkassen angesichts der hier sehr geringen Fallzahlen[613] als sehr unwahrscheinlich und ist auch für die Unfallversicherung ungewiss.

Effektiver erschiene es bei einer vorgesehenen Begrenzung auf Umgehungskonstellationen daher, eine zusätzliche Exkulpationsmöglichkeit in Fällen einer Kettenhaftung zu eröffnen. Diese könnte vorsehen, dass dem Auftraggeber in der Kette die Last obliegt, wirtschaftliche Gründe für die weitere Delegation nachzuweisen. Dem Auftraggeber träfe dann zugleich die Kontrolllast hinsichtlich der Frage, ob überhaupt Nachunternehmer eingesetzt werden. Der hiermit

612 Krauskopf/Baier § 28 e SGB IV Rn. 34; Eichenhofer/Wenner/Dahm SGB IV § 28 e SGB IV Rn. 21.

613 S. oben B V.

verbundene Aufwand könnte davon abhalten, an „Briefkastenfirmen" weiter zu delegieren. Ansonsten droht die Effektivitätsfunktion leerzulaufen.

5 Regress innerhalb der Kette

Problematisch ist, inwieweit ein Auftraggeber bei der Inanspruchnahme für die Verpflichtungen eines nicht mit ihm vertraglich verbundenen Auftragnehmers Regress in der Kette nehmen kann. Relevant ist daher der Fall, dass der Auftraggeber für die Verpflichtung eines Subunternehmers haftet, der wiederum von einem dritten Unternehmer in der Auftragskette beauftragt wurde. Der haftende Auftraggeber will diesen dritten Unternehmer in Regress nehmen.

§ 774 Abs. 1 S. 1 BGB gilt nur im Verhältnis zum Arbeitgeber als Hauptschuldner, während im Verhältnis zu anderen Kettengliedern die Regeln des Gesamtschuldnerausgleichs eingreifen. Wie dargestellt haften alle Kettenglieder nach außen vollständig. Im Innenverhältnis wird teils eine gleichmäßige Verpflichtung der Mitbürgen angenommen, sodass nach § 774 Abs. 2, 426 Abs. 1 S. 1, Abs. 2 S. 1 BGB nur anteilig Regress genommen werden könnte[614]. Nach der Gegenansicht ist im Sinne von § 426 Abs. 1 S. 1 BGB etwas anderes bestimmt, wonach ein voller Ausgleich gegen den Nachunternehmer möglich sein soll, der den betreffenden Arbeitgeber beauftragt hat oder sich in der Auftragskette näher an diesem befindet[615].

Es entspricht dem allgemeinen Verständnis, dass derjenige im Innenverhältnis die volle Last trägt, der näher am realisierten Risiko ist, weswegen Erfüllungsgehilfen vor dem Geschäftsherrn, Mieter vor dem Vermieter und Fahrer vor dem Halter haften[616]. Davon ausgehend ist der spätere Nachunternehmer in der Kette in der verantwortlicheren Position und nach den allgemeinen Regeln zum vollen Ausgleich verpflichtet. Eine abweichende Regelung käme nur unter Rückgriff auf die Funktionen der Haftung in Betracht.

Für die Schutzfunktion wie für die Effektivitätsfunktion ist es ohne Belang, wie der Ausgleich unter mehreren Schuldnern erfolgt.

Die Steuerungsfunktion richtet sich in erster Linie an den unmittelbar beauftragenden Unternehmer, diesem obliegt der Auswahlprozess. Die Kettenhaftung verstärkt den Druck auf diesen unmittelbaren Auftraggeber. Bei typisierter

---

614 Erfurter Kommentar/Schlachter § 14 AEntG Rn. 6; Riechert/Nimmerjahn § 13 Rn. 56.

615 Kempen/Zachert/Seifert Anh. 1 zu § 5 TVG; § 14 AEntG Rn. 16; Däubler/Lakies TVG Anh. 2 zu § 5 TVG § 14 AEntG Rn. 19; Sittard RdA 2015, 99, 108.

616 Erman/Böttcher § 426 Rn. 18; Beck'scher Online-Kommentar BGB/Gehrlein § 426 Rn. 9; MüKo BGB/Bydlinski § 426 Rn. 22.

Betrachtung bietet aber der am Anfang der Kette stehende Hauptunternehmer größere Gewähr für eine finanzielle Leistungsfähigkeit. In der Konsequenz wäre die Auswahlentscheidung für ein Kettenglied weniger riskant als für den Hauptunternehmer, da der anteilige Ausgleich gegen den Hauptunternehmer größere Erfolgsaussichten aufweist. Diese typisierte Privilegierung des unmittelbaren Auftraggebers ist sinnwidrig.

Die abstrakte Ausgleichsfunktion richtet sich zudem gerade gegen tiefgestaffelte Subunternehmerketten, sodass eine solche Besserstellung des unmittelbaren Auftraggebers in der Kette auch aus diesem Grunde abzulehnen ist.

Im Ergebnis sprechen die Funktionen ebenfalls für einen vollen Regress gegen das spätere Kettenglied, ein solcher ist nach geltendem Recht anzuerkennen und auch zweckmäßig.

6 Fazit

Eine Kettenhaftung ist rechtspolitisch generell sinnvoll, dies gilt auch für §§ 28 e Abs. 3 a-f SGB IV, 150 Abs. 3 S. 1 HS 2 SGB VII, 3 GSA Fleisch. Zumindest die gegenwärtige Ausgestaltung in § 28 e Abs. 3 e SGB IV ist nicht praktikabel und überarbeitungsbedürftig. Bei einer bestehenden Exkulpationsmöglichkeit sollte diese Exkulpation nur eingreifen, wenn auch der beauftragte Unternehmer in der Kette den Legitimationstatbestand vorweisen kann. Ein vertraglicher Ausschluss des Nachunternehmereinsatzes könnte die Haftung aber nicht ausschließen. Die Auftraggeber müssten daher gegebenenfalls kontrollieren, ob Nachunternehmer eingesetzt werden. Eigene Überwachungspflichten gegenüber den Arbeitgebern in der Auftragskette sind hingegen nicht sinnvoll. Auch wenn nicht auf ein Legitimationsmodell zurückgegriffen wird, sollte sich die Sorgfaltspflicht in der Haftungskette auf die sorgfältige Auswahl beschränken. Die Einhaltung der Auswahlsorgfalt wäre für §§ 14 AEntG, 13 MiLoG dann zu vermuten, wenn der Legitimationstatbestand beim Unternehmer vorliegt, der den Mindestlohn schuldet.

Bei einem Regress in der Kette sind die Normen so auszulegen, dass den unmittelbaren Auftraggeber die volle Last trifft.

V Schwellenwert

1 Zweck des Schwellenwerts und Beweislast

§ 28 e Abs. 3 d SGB IV sieht vor, dass die Haftung erst bei einem Gesamtwert der für das Bauwerk in Auftrag gegebenen Bauleistungen von 275 000 € (bis 2009 waren es 500 000 €) greift. Als Erklärungsansätze für den Schwellenwert werden verschiedene Überlegungen herangezogen. Im Evaluationsbericht zur Haftung für Sozialversicherungsbeiträge wird darauf abgestellt, dass Subunternehmerketten bei kleinen Bauvorhaben nicht üblich seien[617]. Das BSG stellt hingegen auf einen anderen Aspekt ab: Durch die Haftungsprivilegierung bei kleinen Bauvorhaben sei es kalkulatorisch vorzuziehen, kleinere Bauvorhaben zu initiieren, was wiederum den mittelständischen Betrieben nutze[618]. Die Haftung würde demnach dem Mittelstand nicht nur mittels Verdrängung unseriöser Mitbewerber, sondern auch durch die Förderung kleiner Aufträge dienen.

In der Gesetzesbegründung wird der gegenwärtige Schwellenwert mit dem Argument gerechtfertigt, dass der durchschnittliche Preis für ein Einfamilienhaus mit 178. 000 € deutlich darunter liege und private Eigenheimbauherrn so vor den Haftungsrisiken geschützt seien[619]. Als Haftungsrisiko für den privaten Bauherrn kommt dabei nicht die eigene Inanspruchnahme in Betracht, schließlich ist dieser von der Haftung ausgenommen. Gemeint sein kann daher nur, dass der Eigenheimbau von Kostenerhöhungen ausgenommen sein soll, die sich aus dem drohenden Haftungsrisiko für den Generalunternehmer ergeben. Diese Kostenerhöhungen können sich infolge der notwendig gewordenen Kontrollen oder der zusätzlichen Absicherung über einen erhöhten Preis ergeben oder aus höheren Werklöhnen der Subunternehmer als Gegenleistung für Kontrollrechte resultieren. Hintergedanken dieser Privilegierung sind dabei durchaus die geringeren Missbrauchsrisiken und die geringere Tiefe der Subunternehmerketten.

Der Schwellenwert soll folglich nicht nur für einen bestimmten, als weniger brisant und missbrauchsanfällig eingeschätzten Bereich eine Ausnahme machen, sondern auch zugunsten der Eigenheim-Bauherrn auf die Preise einwirken. Es ließe sich daraus mit dem BSG schlussfolgern, dass durch die Begrenzung der Preise umgekehrt auch ein Anreiz für kleinere Bauvorhaben gesetzt werden soll, um kleine und mittelständische Unternehmen zu fördern. Wie dies geschehen soll, bleibt aber unklar: Es ist nicht zu erwarten, dass ein Einfamilienhaus komplett von einem mittelständischen Unternehmer erbaut wird. Die mittelständischen Handwerker können sowohl bei kleineren als auch bei größeren Bauvorhaben als Subunternehmer eingesetzt werden. Die Chancen eines Fliesenlegers verschlechtern sich nicht, wenn ein großes Bauvorhaben ansteht, bei einem solchen würde er als Subunternehmer entsprechend seiner Ressourcen etwa nur für einzelne Räume eingesetzt werden. Kleinere Bauunternehmen

617 BT-Drs. 17/11920 S. 10 rechte Spalte.

618 BSG NZS 2009, 396 Rn. 41.

619 BT-Drs. 16/12596 S. 10 rechte Spalte.

würden bei Großprojekten nicht als Generalunternehmer eingesetzt werden, was aber ihren Einsatz für einzelne Bauleistungen nicht ausschließt. Es ist nicht etwa so, dass mittelständische Betriebe bei größeren Bauvorhaben per se ausgeschlossen sind. Davon abgesehen erscheint es fragwürdig, Anreize etwa für nur ein kleines Einfamilienhaus zu geben. Es ist letztlich nicht ersichtlich, dass die Wertgrenze auch eine Mittelstandsförderung bewirken kann, eine solche Intention ist aus den Gesetzgebungsmaterialien auch nicht abzuleiten. Im Ergebnis ist der Zweck des Schwellenwerts darin zu erblicken, Preissteigerungen beim Bau von Einfamilienhäusern zu vermeiden.

Entsprechend den sozialrechtlichen Beweislastregeln ist das Erreichen des Schwellenwerts vom Sozialgericht im Rahmen des Amtsermittlungsgrundsatzes zu ermitteln. Die Regeln der objektiven Beweislast sehen aber vor, dass die Nichterweisbarkeit einer Tatsache demjenigen zum Nachteil gereicht, der aus dieser Tatsache ein Recht herleiten will[620]. Dementsprechend obliegt es dem Hauptunternehmer, Nachweise dafür zu führen, dass der Schwellenwert nicht erreicht ist und mithin Unterlagen des Vertrags mit dem Bauherrn vorzulegen[621]. Eine Beweislastumkehr ist daher nicht erforderlich.

2 Begriff des Bauwerks

a) Vertretene Ansätze

Problematisch ist der Begriff des Bauwerks. Das LSG Baden-Württemberg ging davon aus, dass der Wert des vom Generalunternehmer an den Nachunternehmer vergebenen Auftrags ausschlaggebend sei[622]. Das BSG lehnte dies mit dem Verweis auf den über eine Einzeldelegation hinausgehenden Begriff „Bauwerk" ab und verwies zudem darauf, dass bei einem solchen Verständnis eine in § 28 e Abs. 3 d S. 2 SGB IV geregelte Schätzung nicht erforderlich sei. Stattdessen sei der Wert des gesamten Bauwerks unabhängig vom Auftraggeber der Bauleistungen entscheidend[623]. Das nach der Zurückverweisung wiederum mit dem Fall beschäftigte LSG Baden-Württemberg wählte nunmehr einen Ansatz, der sich auf das funktionale Verhältnis mehrerer vom Generalunternehmer erbauter Häuser bezog und kam zu dem Ergebnis, dass bei einem gegenseitigen Abhängigkeitsverhältnis bei der Bebauung infolge der geografischen Gegebenheiten

620 BSGE 6, 70, 72; BSGE 30, 121, 123.

621 Sächsisches Landessozialgericht, Urteil vom 22. März 2012- L2U 163/10-juris, Rn. 37.

622 Landessozialgericht Baden-Württemberg, Urteil vom 18. Juni 2007 – L 1 U 6465/06 –, juris Rn. 65.

623 BSG Urteil vom 27. Mai 2008, B2 U 21/07 R-juris Rn. 32 f.

ein einheitliches Bauwerk vorläge, auch wenn die Häuser von unterschiedlichen Auftraggebern bestellt worden seien[624].

Das BSG schränkte diesen Ansatz aber wieder ein und bezog den Begriff des Bauwerks nunmehr auf alles, was der Generalunternehmer nach dem Vertrag mit dem Bauherrn zu errichten hatte. Dafür spräche, dass der in § 28 e Abs. 3 d S. 2 SGB IV in Verweisung genommene § 3 VgV ebenfalls von einem Auftrag und mithin vom Vertragsverhältnis statt vom funktionalen Verhältnis der Bauten ausgeht[625].

Sollen also etwa drei funktional zusammenhängende Häuser gebaut werden und beauftragt der Bauherr drei verschiedene Generalunternehmer, kommt es demnach für das Eingreifen der Haftung eines Generalunternehmers nicht auf den Gesamtwert der Häuser an, sondern auf den Wert des vom Generalunternehmer zu errichtenden Hauses. Es ist aber auch nicht entscheidend, wie hoch der Wert einer Bauleistung ist, die vom Generalunternehmer an einen die Beiträge nicht abführenden Nachunternehmer delegiert wird, also etwa der Wert der Maurerarbeiten. Damit setzte sich das BSG in einen gewissen Widerspruch zu seinen eigenen Aussagen, wonach es auf den Auftraggeber gerade nicht ankomme und der Wert angesichts der gesetzlich geregelten Schätzung dem Generalunternehmer typischerweise unbekannt sein müsste: Hinsichtlich des Vertrags zwischen ihm und dem Bauherrn kann dies kaum angenommen werden.

Es sind damit drei Ansätze erkennbar, von welcher Perspektive aus der Schwellenwert ermittelt werden soll: Aus der Perspektive des beauftragten Nachunternehmers, mit Blick auf das strukturell gesehen komplette Bauvorhaben oder unter Bezug auf das Vertragsverhältnis zwischen Bauherr und Hauptunternehmer. Ein weiterer Ansatz besteht darin, den Wert der insgesamt vom Generalunternehmer delegierten Leistungen zusammenzuzählen und damit auf das Ausmaß an delegierten Leistungen abzustellen[626]. Demnach käme es im Beispiel darauf an, wie hoch der Wert der Maurerarbeiten, der Bodenverlegung und aller sonstigen nicht vom Generalunternehmer selbst ausgeführten Arbeiten wäre.

---

624 LSG Baden-Württemberg L1 U 4301/08 vom 15.06. 2009, -juris Rn. 59 ff; ähnlich Brettschneider/Rixen SGB 2009, 564, 568.

625 BSG NZS 2011, 515 Rn. 16.

626 Langner/Hübsch BB 2008, 2127, 2129.

b) Stellungnahme

Die Vorschläge sind einzuordnen im Lichte des dargelegten Gesetzesziels, Preissteigerungen bei Einfamilienhäusern zu verhindern. Offenkundig nicht zweckmäßig ist die Orientierung am zwischen Generalunternehmer und Nachunternehmer vereinbarten Auftragswert, im Beispiel also an den Maurerarbeiten: Dies würde dazu führen, dass die Haftung in den meisten Fällen nicht mehr greifen würde[627]. Rechtspolitisch ließe sich überlegen, die Vertragsbeziehungen zwischen Hauptunternehmer und Nachunternehmer, also im Beispiel die Maurerarbeiten, zwar zum Anknüpfungspunkt zu nehmen, aber den Schwellenwert wesentlich niedriger anzusetzen. Der Bundesverband des deutschen Baugewerbes fordert dies mit dem Argument der größeren Praxisnähe, da hier von einer Kenntnis des haftenden Hauptunternehmers auszugehen sei[628]. Es ist aber wie dargestellt nicht ersichtlich, warum der Hauptunternehmer keine Kenntnisse über den Wert der von ihm dem Bauherrn geschuldeten Leistungen haben soll. Entscheidend spricht aber gegen ein solches Vorgehen, dass dadurch nicht nur wie beabsichtigt bei einer Vergabe an verschiedene Fachunternehmer, sondern auch gerade bei einer künstlichen Verkleinerung der Auftragssumme durch immer weiterreichende Delegation an Subunternehmer eine Privilegierung auftreten würde[629]. Bei den für Missbrauch besonders anfälligen Subunternehmerketten mit Delegation von Kleinstarbeiten wäre die Haftung daher oftmals ausgeschlossen. Wird das Verhältnis zwischen Bauherr und Generalunternehmer gewählt, besteht diese Möglichkeit des Haftungsausschlusses gerade infolge der verpönten Subunternehmerketten nicht mehr.

Der Ansatz des BSG hat zur Folge, dass bei einer Auftragsvergabe direkt durch den Bauherrn auch größere Bauvorhaben unterhalb des Schwellenwerts liegen können. Es ist nicht unüblich, dass ein Bauträger, der die erbauten Gebäude später veräußern will, die Aufträge direkt vergibt und so Aufgaben eines Generalunternehmers erfüllt. Da auf das Vertragsverhältnis zum Bauherrn abzustellen ist, wäre hier die Auftragsvergabe durch den auch der Haftung unterliegenden Bauträger maßgeblich. Es wäre so möglich, dass der Bauträger als Bauherr durch eine kleinteilige vertikale Vergabe der Aufträge die Haftung komplett vermeiden kann. Hierbei liegt zwar keine tiefgehende Kette, sondern eine differenzierte Aufspaltung direkt durch den Auftraggeber vor. Im Ergebnis wird aber auch bei

---

627 Brettschneider/Rixen Sgb 2009, 564, 568; Landessozialgericht Baden-Württemberg, Urteil vom 17. Dezember 2014 – L 3 U 3062/12 –, juris, Rn. 32.

628 BT-Drs. 17/11920 S. 11 rechte Spalte.

629 Vgl. BT-Drs. 16/11476 S. 4 rechte Spalte.

größeren, nicht mit Einfamilienhäusern zu vergleichenden Bauprojekten die Privilegierung aktiviert.

Die Zusammenrechnung der vom Generalunternehmer an Subunternehmer vergebenden Leistungen lässt ebenfalls die Begrenzung der Privilegierung auf kleine Bauvorhaben außer Acht.

Im Ergebnis ist daher dem Ansatz des LSG Baden-Württemberg zu folgen und unabhängig vom Auftraggeber auf den Wert des Bauvorhabens an sich abzustellen, wobei in Zweifelsfällen aus dem funktionalen Verhältnis mehrerer Gebäude abzuleiten ist, ob diese ein einheitliches, über der Wertgrenze liegendes Bauvorhaben bilden.

3 Schlussfolgerungen

Der Kostenschutz privater Bauherren ist im Lichte allgemeiner Bestrebungen zur Schaffung von Wohnraum durchaus als legitimes Anliegen zu respektieren. Hinsichtlich der Höhe des Schwellenwerts sind die durchschnittlichen Kosten für ein Einfamilienhaus ein geeigneter Maßstab. Allerdings ließen sich hier im Sinne einer Förderung der Wohnraumschaffung auch andere Gestaltungsformen denken. So wäre es etwa ein möglicher Anreiz für der Schaffung von bezahlbarem Wohnraum dienenden und bestimmten Kriterien unterliegenden Bauprojekten, die Wertgrenze höher anzusetzen. Dies würde das Haftungsrisiko an sich und die damit verbundenen Kostensteigerungen entfallen lassen. Dies ist allerdings ein perspektivischer Gedanke, der im Rahmen eines Gesamtkonzepts zur Wohnraumförderung aufgegriffen werden könnte.

Problematisch ist aber, dass die erwünschten Effekte letztlich leerlaufen: Verhältnismäßig geringere Kosten für kleinere Bauvorhaben können nicht eintreten, solange mit § 14 AEntG für die Baubranche eine Haftungsnorm besteht, die einen solchen Schwellenwert gerade nicht kennt. Alle genannten Gründe für Kostensteigerungen werden durch die gleichzeitig geltende Haftungsnorm ohnehin relevant.

Ein Schwellenwert für § 14 AEntG, 13 MiLoG ist aber unter dem Gesichtspunkt der hier zentralen unmittelbaren Schutzfunktion überaus bedenklich, zudem lässt sich die Schutzwürdigkeit des Eigenheimbauherrn vor Preissteigerungen nicht pauschal auf sonstige Konsumenten übertragen. Mit dieser Erwägung wurde der Schwellenwert für die Fleischwirtschaft verworfen[630]. Denken ließe sich aber daran, den Schwellenwert allein auf § 14 AEntG zu übertragen und die betroffenen Arbeitnehmer auf den Anspruch aus § 13 MiLoG zu verweisen,

630 BT-Drs. 18/12611 S. 137.

ihn also wie einen Arbeitnehmer ohne nach §§ 3 S. 1, 5 S. 1 Nr. 1 AEntG allgemeinverbindliches Entgelt zu behandeln. So würde den Arbeitnehmern nicht jeglicher Schutz entzogen werden. Ohne eine solche Lösung bliebe der Schwellenwert letztlich ohne preisregulierende Wirkung und auf die Funktion einer Entlastungsvorschrift für die haftenden Generalunternehmer beschränkt.

VI Der Unternehmerbegriff

1 Problemstellung

Es hat sich gezeigt, dass die verfassungsrechtlichen Grenzen der verschuldensunabhängigen Unternehmerhaftung im Bereich der unternehmerischen Vertretbarkeit zu verorten sind. Diese sind namentlich bei fehlender Dauerhaftigkeit der Leistung und bei wirtschaftlicher Unzumutbarkeit der Beschäftigung eigener Arbeitnehmer überschritten. Weder das eine noch das andere Kriterium führt aber dazu, dass ein an § 14 BGB orientierter Unternehmerbegriff pauschal bei einer verschuldensunabhängigen Haftung unzulässig wäre. Bei einer vorzugswürdigen Exkulpationslösung wären Einschränkungen des Unternehmerbegriffs ohnehin nicht verfassungsrechtlich geboten.

Davon zu trennen ist die rechtspolitische Beurteilung. Hier gilt, dass eine uneingeschränkte Anwendung von § 14 BGB auf Bedenken stößt. Gegen eine solche Lösung sprechen die drohenden unübersichtlichen Haftungsketten, beispielsweise bei der Aufgabe eines Geschäftsbriefs[631]. Hinzu kommt die starke Belastung kleinerer Unternehmen, denen insbesondere die Verhandlungsmacht und die Ressourcen zur Überwachung der Mindestlohnzahlung fehlen[632]. Das im Gesetzgebungsprozess bemühte Beispiel einer Reparatur der Kaffeemaschine durch einen Handwerker [633] erscheint insoweit angesichts des geringen Arbeitsaufwands und dem folglich eher marginalen Haftungsumfangs wenig geeignet. Als brisanteres Beispiel anführen ließen sich etwa langwierige Arbeiten an der Elektronik.

Im Folgenden sind daher verschiedene Ansätze zu diskutieren, durch die eine Einschränkung des Unternehmerbegriffs erfolgen könnte.

---

631 Ausschussdrucksache Arbeit und Soziales. 18(11)/148, S. 183 linke Spalte (Bundesverband Druck und Medien); Beck'scher Online-Kommentar Arbeitsrecht/Greiner § 13 MiLoG Rn. 8; Baeck/Winzer/Kramer NZG 2015, 265, 268.

632 Ausschussdrucksache Arbeit und Soziales. 18(11)/148, 74 (Düwell); Vgl. Bayreuther NZA 2015, 961, 962.

633 Ausschussdrucksache Arbeit und Soziales 18(11)/148, 74 (Düwell).

2 Einschränkung des Vorteils

Wie dargestellt ist ein in der konkreten Ausgleichsfunktion zum Ausdruck kommender Grundgedanke der Haftung, dass ein potentieller Vorteil durch ein rechtlich missbilligtes Verhalten entsteht. Der dem Auftraggeber zugewachsene Vorteil knüpft an der jeweiligen Dienst- oder Werkleistung an. Eigentliche Rechtfertigung für die Haftung ist dabei, dass eine Besserstellung durch die Beauftragung eines seine Verpflichtungen nicht erfüllenden Arbeitgebers ausgeschlossen werden soll. Den potentiellen Einsparungen durch die Auswahlentscheidung soll ein Haftungsrisiko entgegengehalten werden.

Es wurde bereits darauf eingegangen, dass in den einschlägigen Entwürfen und Gesetzen der 90-er Jahre die Haftung auch mit einem Vorteil des Auftraggebers begründet wurde, dieser aber nicht rein kausal verstanden wurde[634]. Stattdessen sollte nur ein Vorteil erfasst werden, der in einem unmittelbaren Gewinn besteht. Dies meint die Differenz zwischen dem vom Hauptauftraggeber, etwa vom Bauherrn, erhaltenen Auszahlungsbetrag und den eigenen Kosten, die potentiell infolge der Vergabe an den konkreten Arbeitgeber niedriger sind. Als Vorteil wird die Geldsumme verstanden, die tatsächlich in das Vermögen fließt. Bei einer solchen Betrachtungsweise erklärt sich die Beschränkung des Unternehmerbegriffs auf Fälle der Unterauftragsvergabe. Nicht erfasst wäre hingegen ein Vorteil, der sich nur aus einem günstigeren Bezug der Leistung ergibt. Dies meint den Fall, dass der Auftraggeber einer Schreinerleistung diese infolge der Auswahl eines nicht zahlungswilligen oder nicht zahlungsfähigen Auftragnehmers potentiell günstiger erhält.

Es stellt sich aber die Frage, ob diese Unterscheidung wertungsmäßig überzeugt. Mithin müsste sich ein potentiell höherer monetärer Vorteil infolge der Einsparungen durch die Beauftragung des jeweiligen Subunternehmers grundsätzlich von dem Fall unterscheiden, in dem die erhaltene Leistung potentiell zu einem geringeren Preis erhalten wird. Demnach wäre die Haftung des Generalunternehmers begründet, weil dieser einen höheren Geldbetrag letztlich verbuchen kann, des Bauherrn aber nicht, weil dieser statt eines Geldbetrags das Ergebnis der Werkleistung erhält. Dies überzeugt nicht: In beiden Fällen profitiert der Auftraggeber von einer kostengünstigeren Erledigung des Auftrags. Ob infolgedessen die Leistung selbst zu einem günstigeren Preis erhalten wird oder der Gewinn infolge der geringeren Ausgaben höher ausfällt, macht

634 Oben C II 3 c).

wertungsmäßig keinen Unterschied. Der Auftraggeber steht jeweils potentiell besser da, als wenn er einen „seriösen“ Unternehmer beauftragt hätte.

Ein weiteres Verständnis des potentiellen Vorteils steht auch nicht völlig außerhalb der Entwicklungslinie der Normen. § 729 Abs. 2 RVO erfasste gerade auch den Fall, dass der Bauherr durch die Beauftragung nicht bestandssicherer Unternehmen das Bauwerk günstiger erhält, sah also eine letztlich erhaltene Geldleistung als nicht erforderlich an. Auch die Vorschläge des EU-Parlaments von 2006 und 2009[635] sahen eine solche Differenzierung nicht vor. Es zeigt sich daran, dass eine unterschiedliche Behandlung eines monetären Gewinns infolge geringerer eigener Ausgaben und einer günstiger erhaltenen Leistung keineswegs zwingend ist.

3 Marktkenntnis und Verhandlungsmacht als Differenzierungskriterien

Es ließe sich erwägen, die Marktkenntnis des Auftraggebers als Grenze des Unternehmerbegriffs einzuführen. Demnach müsste nur derjenige haften, an dessen Auswahlentscheidungen besondere Sorgfaltsanforderungen zu stellen sind. Allerdings stellt sich die Frage, wie die Marktkenntnis ermittelt werden soll. Letztlich liefe die Bestimmung auf eine Orientierung am jeweiligen Tarifbereich hinaus. Bei einer solchen Einschränkung ließe sich die Haftung aber leicht dadurch umgehen, dass nicht unter die eigene Tarifbranche fallende Arbeitgeber beauftragt werden. In zahlreichen Fällen würde auch ohne Umgehungsabsicht ein Arbeitgeber einer fremden Tarifbranche beauftragt werden. Dies würde die Haftung unnötig stark einschränken. Zudem erscheint derjenige nicht als schutzwürdig, der etwa über Internetplattformen Leistungen vermittelt, ohne selbst in der Branche aktiv zu werden[636]. Auch die Marktkenntnis scheidet daher als Differenzierungskriterium aus.

Stattdessen kommt in Betracht, als Differenzierungskriterium die Verhandlungsmacht hinsichtlich möglicher Kontrollrechte heranzuziehen. Dies scheint zunächst stimmig. Folglich müsste auf die vertraglichen Einwirkungsmöglichkeiten abgestellt werden, die über einen oben angedachten Anspruch auf Vorlage bestimmter Dokumente hinausgehen.

Es stellt sich aber die Frage, wie das Vorhandensein dieser Verhandlungsmacht bestimmt werden soll. Teilweise wird angenommen, dass diese gerade bei

---

635 Entschließung des EU-Parlaments vom 26.10.2006, 2006/2038 (INI) Punkt 28; Entschließung vom 26.03.2009, 2008/2249 (INI) Punkt 12.

636 Riechert/Nimmerjahn § 13 Rn. 21 a.

Generalunternehmerstrukturen angesichts der längerfristigen Geschäftsbeziehung vorliegen[637]. Diese Schlussfolgerung kann so aber nicht überzeugen. Langfristige Geschäftsbeziehungen sind nicht auf Subunternehmerkonstellationen beschränkt: Outsourcing-Konstellationen wie die Verlagerung von Forschung und Entwicklung sind ebenfalls auf Dauer angelegt. Es ist nicht ersichtlich, warum gerade in solchen Fällen der Auftraggeber in einer schlechteren Verhandlungsposition sein soll als der Generalunternehmer.

Sicher ist die Möglichkeit zur vertraglichen Vereinbarung einerseits und zur tatsächlichen Durchsetzung dieser Kontrollrechte andererseits von den jeweiligen, auch psychologischen Eigenheiten der Geschäftsbeziehung abhängig. Will man aber eine pauschale Kategorisierung vornehmen, erscheint es aber in der Tat als sinnvoll, auf die Langfristigkeit der Geschäftsbeziehung abzustellen.

In der Konsequenz würden nur wiederholt anfallende Tätigkeiten der Haftung unterfallen. Wie dargestellt ist die Unterscheidung zwischen einmaligen und wiederholt anfallenden Tätigkeiten für die Bestimmung der unternehmerischen Vertretbarkeit im Rahmen der Verantwortungsbeziehung relevant. Bei einmalig anfallenden Tätigkeiten ist es unternehmerisch unvertretbar, eigene Arbeitnehmer einzustellen, weswegen eine verschuldensunabhängige Haftung ausscheidet. Davon ist aber die Frage zu trennen, ob dieses Kriterium rechtspolitisch fruchtbar zu machen ist.

Dies erscheint gerade bei der Vergabe von Werkleistungen als problematisch. Es müsste dann eine zeitliche Abgrenzung erfolgen, ab wann von einer langfristigen Geschäftsbeziehung auszugehen ist. Zudem wäre bei einem solchen Verständnis die Vergabe kurzzeitiger Aufträge generell ausgenommen, was insbesondere die Schutz- und Steuerungsfunktion weit über die genannten wertungsmäßigen Grenzfälle erheblich einschränkt. Es zeigt sich daher, dass bei einmaligen Einsätzen eine verschuldensunabhängige Haftung verfassungsrechtlich ausgeschlossen ist, aber umgekehrt bei einer verschuldensabhängigen Haftung eine Begrenzung allein auf wiederholt anfallende Tätigkeiten rechtspolitisch nicht überzeugt.

Abgesehen davon wird durch die oben dargelegten Überlegungen zu einer Exkulpationsmöglichkeit durchaus der Erwägung Rechnung getragen, dass bei längerfristigen Geschäftsbeziehungen die Vereinbarung von Kontrollrechten oftmals leichter sein wird: Nur wenn die Geschäftsbeziehung auf längere Zeit angelegt ist, macht eine Überwachungspflicht auch Sinn, beim punktuellen

---

637 Ausschussdrucksache Arbeit und Soziales, 18 (11)/148, 74 (Düwell); Bayreuther NZA 2015, 961, 962.

Leistungsaustausch beschränkt sich die Sorgfalt sinnvollerweise auf die Auswahl[638]. Damit wird auf Exkulpationsebene bereits hinreichend auf die Besonderheiten der Verhandlungsmacht eingegangen, eine zusätzliche Einschränkung des Unternehmerbegriffs unter Heranziehung dieses Kriteriums ist nicht zielführend.

4 Privilegierung des Eigenbedarfs als Rechtsprinzip

Stattdessen kommt eine Abgrenzung anhand des Eigenbedarfskriteriums infrage. Relevant ist hier das Urteil des BAG, in dem auch die Haftung des Bauträgers anerkannt und dies mit dem Umstand begründet wurde, dass hier nicht zwecks Erfüllung eines Eigenbedarfs gehandelt wird[639]: Der Bauträger nimmt die Werkleistungen in Anspruch, um das Grundstück veräußern zu können. Hier wird folglich die Unterscheidung zwischen der Teilnahme am Wettbewerb als Anbieter und der Befriedigung des Eigenbedarfs zum entscheidenden Kriterium erklärt. Diese Argumentation ist nicht neu, wie dargestellt stellen auch der heutige § 404 Abs. 1 SGB III sowie der SPD-Entwurf von 1995 auf dieses Kriterium ab.

Bemerkenswert ist dabei die Begründung des Eigenbedarfskriteriums durch das BAG. Verwiesen wird auf ein Urteil, in dem der Betriebsbegriff definiert wird. Demnach ist Betrieb jede organisatorische Einheit, innerhalb derer der Unternehmer allein oder in Gemeinschaft mit seinen Mitarbeitern mithilfe von sächlichen und immateriellen Mitteln bestimmte arbeitstechnische Zwecke fortgesetzt verfolgt, die sich nicht in der Befriedigung von Eigenbedarf erschöpfen[640]. Folglich wird hier aus dem Betriebsbegriff eine Einschränkung der Unternehmerhaftung geschlussfolgert. Die Bezugnahme auf den Betriebsbegriff überrascht. Dieser setzt nämlich notwendig das Vorhandensein von Arbeitnehmern voraus[641]. Mithin wird hier eine für bestehende Arbeitsverhältnisse relevante Terminologie auf die Rechtsbeziehung zwischen Auftraggeber und Arbeitnehmer des beauftragten Bauunternehmers übertragen. Diese Rechtsbeziehung setzt gerade kein Arbeitsverhältnis voraus.

Es ließe sich aber argumentieren, dass der Verwendung des Kriteriums eines fehlenden Eigenbedarfs beim Betriebsbegriff eine Wertung zugrunde läge, die auch auf die Auftraggeberhaftung übertragbar sei. Demnach ließe sich generell

---

638 S. oben F III 10 b) bb) (1).

639 BAG NZA 2012, 980, Rn. 19 ff.

640 BAG NZA 2012, 980, Rn. 20 i.V. mit BAG AP TVG § 1 Tarifverträge: Bau Nr. 280.

641 Bayreuther/Deinert RdA 2015, 129, 131; Joost S. 233.

eine geringere Schutzwürdigkeit des Arbeitnehmers bei einer Nichterfüllung des Betriebsbegriffs annehmen, die sich etwa in der Unanwendbarkeit von §§ 622 Abs. 2 S. 1 BGB, 1 Abs. 1 KSchG oder § 1 Abs. 1 S. 1 BetrVG auswirkt und nunmehr auf den Anspruch gegen den Auftraggeber angewendet werden könnte. Mithin wäre danach zu fragen, ob bei der Auftragsvergabe der betriebliche Bereich des Auftraggebers eröffnet ist, was bei der Erfüllung von Eigenbedarf nicht der Fall ist.

Dies übersieht aber, woraus sich das Kriterium des fehlenden Eigenbedarfs letztlich ergibt. Entscheidend ist ein fehlender übergeordneter ideeller oder wirtschaftlicher Zweck, der über die bloße Konsumtion hinausgeht: Der Familienhaushalt wird so aus dem Betriebsbegriff ausgeschlossen[642]. Lässt ein Unternehmer ein Bauwerk errichten, um seinen Geschäftsbetrieb dort ausführen zu können, ist ein übergeordneter wirtschaftlicher Zweck aber durchaus gegeben. Der Unternehmer handelt, um seinen wirtschaftlichen Zielen nachgehen zu können und nicht, um nur privaten Bedarf zu befriedigen. Eine Privilegierung bei der Auftraggeberhaftung ließe sich parallel zum Betriebsbegriff daher nur bei privaten Auftraggebern erwägen, diese waren nach dem Willen des Gesetzgebers aber ohnehin ausgeschlossen.

Es wird deutlich, dass sich das Eigenbedarfskriterium nicht aus einer Parallele zum Betriebsbegriff herleiten lässt. Es besteht auch gar kein Anhaltspunkt hinsichtlich einer übergeordneten gesetzgeberischen Wertung, eine generelle Privilegierung bei einer Beauftragung wegen Eigenbedarfs vorzunehmen. Allenfalls lässt sich eine Privilegierung der privaten Konsumtion in Abgrenzung zur wirtschaftlichen Tätigkeit herleiten.

5 Kriterium der Betriebsnähe?

Zurückzukommen ist auf die Literaturansichten, die einen an § 14 BGB orientierten Unternehmerbegriff mit bestimmten Einschränkungen vorschlagen. Dabei soll unter dem Gesichtspunkt eine Abgrenzung erfolgen, ob das jeweilige Tätigkeitsgebiet des Arbeitgebers betroffen ist beziehungsweise ob die Tätigkeit in dessen Wertschöpfungskette liegt. Als Kriterien sollen dabei die Fragen herangezogen werden, ob eine Nähe zur Leistung an den Kunden bestehe und ob die Beschäftigung eigener Arbeitnehmer erwartet werden könne[643].

---

642 Richardi/Richardi/Maschmann § 1 BetrVG Rn. 50; vgl. Joost S. 94; vgl. schon RAGE 35, 331, 333.

643 Düwell/Schubert/Reinfelder § 13 Rn. 13 f; Hlava SR 2016, 17, 27; s. schon oben unter D II 4 a).

In einer arbeitsteiligen Wirtschaft kann nicht vom Unternehmer verlangt werden, sämtliche Leistungen selbst zu erbringen[644]. Dem dargelegten Kriterium liegt die Überlegung zugrunde, dass der Einsatz von Werkverträgen problematischer wird, wenn die Beschäftigung unter den eigentlichen Betriebszweck fällt[645], was etwa bei der Auslagerung der Produktion der Fall ist. Demnach wäre etwa die Ausgliederung der Reinigungsarbeiten oder der Buchhaltung letztlich unproblematisch. Diese Sicht ist nicht zwingend: Bei der Verlagerung von betriebsinternen Tätigkeiten ist ebenfalls eine Umgehung der Zahlungspflichten durch Zwischenschaltung Dritter möglich. Darüber hinaus kann auf diese Weise eine andere Tarifzuständigkeit herbeigeführt werden, insoweit für die nunmehr einschlägige Branche überhaupt Tarifverträge bestehen[646]. Schließlich führt die Möglichkeit der Auslagerung zu Änderungsdruck auf die Belegschaft[647] und erschwert durch die Aufspaltung der Belegschaft auch Arbeitskampfmaßnahmen[648]. Wird darauf abgestellt, ob der Einsatz eigener Arbeitnehmer zumutbar wäre, ist eine Orientierung am Betriebszweck daher keineswegs wertungsmäßig zwingend.

Allerdings verschiebt sich die Sichtweise, wenn auf eine verschuldensabhängige Haftung abgestellt wird. Auf der rechtspolitischen Ebene ist sinnvollerweise der Blick von der Frage wegzulenken, ob der Einsatz eigener Arbeitnehmer in dieser Situation verlangt werden könnte. Eine Ausgestaltung der Haftung mit einer Exkulpationsmöglichkeit bezieht sich gerade nicht darauf, dass auf den Einsatz eigener Arbeitnehmer verzichtet werden könnte, sondern darauf, dass die notwendige Sorgfalt bei der Auswahl der Vertragspartner missachtet wird. Dem unternehmerisch handelnden Auftraggeber kommt so die Aufgabe zu, seine Vertragspartner sorgfältig auszuwählen. Laut Bayreuther lassen sich ein weiter Unternehmerbegriff und eine verschuldensunabhängige Haftung nicht einfach austauschen, da stets ein Anknüpfungspunkt für die Haftung vorhanden sein müsse[649]. Dies überzeugt nicht, wie dargestellt ergibt sich aus der Verletzung der erforderlichen Sorgfalt eine hinreichende Verantwortungsbeziehung. Wird eine Einschränkung des Unternehmerbegriffs bei einer verschuldensunabhängigen Haftung diskutiert, ist daher nicht etwa die entscheidende Frage, in welchen Fällen dem Auftraggeber nicht der Einsatz eigener Arbeitnehmer zugemutet

---

644 Greiner NZA 2013, 697, 698; Bauer/Heilmann NJW 2013, 3287, 3288.

645 Greiner NZA 2013, 697, 698.

646 Deinert, RdA 2014, 65, 76 f.

647 Karthaus/Klebe NZA 2012, 417, 418.

648 Deinert, RdA 2014, 65, 77.

649 Bayreuther NZA 2015, 961, 963.

werden kann. Stattdessen ist die Frage zu stellen, in welchen Fällen ihm nicht die sorgfältige Auswahl und Überwachung seiner Vertragspartner aufgebürdet werden soll.

Die Beantwortung dieser Fragestellung orientiert sich entsprechend der Zielsetzung der jeweiligen Normen sicher nicht anhand einer Abgrenzung zwischen Eigenbedarf und Einsatz von Subunternehmern.

Aber auch die Überlegungen zum jeweiligen Betriebszweck führen in diesem Kontext nicht weiter. Insbesondere bei dauerhaft anfallenden Tätigkeiten erscheint es dem Auftraggeber angesichts der besonderen Nähe zur täglichen Ausübung der Tätigkeit zumutbar, eine sorgfältige Auswahlentscheidung zu treffen und die Einhaltung der gesetzlichen Vorschriften zu kontrollieren. Dies gilt gerade auch, wenn die jeweilige Tätigkeit sich nicht auf den Betriebszweck bezieht, so wie dies bei Reinigungs- oder Büroarbeiten der Fall ist.

Es ist aber auch durchaus stimmig, dem gewerblich tätigen Auftraggeber generell diese Pflichten aufzuerlegen, mithin auch in Fällen der einmaligen Beauftragung wie bei der Reparatur der Heizung. Letztlich wird so lediglich die gebotene unternehmerische Sorgfalt hinsichtlich der Auswahl möglicher Vertragspartner von deren Fähigkeit zur Vertragserfüllung auf die Fragen der Rechtstreue und Zahlungsfähigkeit erweitert. Bei einem solchen Verständnis wird auch an die Konzeption des § 729 Abs. 2 RVO angeknüpft, der eine Verantwortung des Bauherrn für die Handwerksbetriebe normierte.

Gewiss sind auch Konstellationen denkbar, in denen die Aufbürdung zur Kontrolle der Vertragspartner zweifelhafter erscheint als in anderen Fällen. Bestes Beispiel hierfür ist die bereits erwähnte Haftung für die Mindestlohnverbindlichkeiten der Postzustelldienste nach Aufgabe eines Briefes. Allerdings lässt sich insoweit eine Abgrenzung kaum rechtssicher treffen, wertungsmäßig zweifelhafte Fälle sind letztlich hinzunehmen. Zweckmäßiger als diese sachliche Abgrenzung ist es, personell zu ermitteln, für wen das Haftungsrisiko einerseits und die Auferlegung der Kontroll- und Auswahllast andererseits eine zu große Härte darstellt.

6 Ausnahmen für Kleinbetriebe

Wertungstechnisch erscheint ein unbegrenzter Unternehmerbegriff vor allem im Hinblick auf kleine Unternehmer angesichts der drohenden Belastungen und des für die Risikominimierung erforderlichen Aufwandes problematisch. Dabei ist neben der finanziellen Höhe der Belastung auch die durch die Kettenhaftung drohende überraschende Inanspruchnahme zu würdigen: Der Unternehmer wird mit nur schwer zu kalkulierenden Risiken konfrontiert und muss möglicherweise zu ungünstigen Zeiten Zahlungen leisten, die sich auf längst abgeschlossene Tätigkeiten beziehen. Der Überprüfungsaufwand würde Kleinunternehmer vor allem in Fällen überfordern, in denen häufig kleinere Aufträge an verschiedene Unternehmer vergeben werden. In der Konsequenz kann hier keine wirksame Steuerungswirkung angenommen werden, da gemessen an den begrenzten Ressourcen der Kontrollaufwand das Haftungsrisiko übersteigen würde. Letztlich gilt dies auch, wenn – wie für den punktuellen Leistungsaustausch sinnvoll – nur eine Auswahlpflicht angenommen wird. Wie dargestellt wäre in Ermangelung eines Registers hierbei die Erkundigung nach verschiedenen Unbedenklichkeitsbescheinigungen zu präferieren, was durchaus mit erheblicher Bürokratie verbunden ist.

Angesichts dieser kumulativ zusammenkommenden Aspekte ist daher eine Ausnahme für solche kleinen Mitbewerber in Erwägung zu ziehen. Dass die bei kleinen Unternehmen beschäftigten Arbeitnehmer nicht weniger schutzwürdig sind, erscheint dabei hinnehmbar, da dies letztlich bei jeder für diese Gruppe geltenden Ausnahme gilt.

Eine mögliche Ausnahme für kleine und mittlere Unternehmen wurde auch für die Durchsetzungsrichtlinie RL 2014/67/EU mit Verweis auf Bestrebungen zum Schutz dieser Gruppe thematisiert. Eine solche Regelung wurde aber letztlich mit dem Argument verworfen, dass dies zahlreiche Umgehungsmöglichkeiten eröffnen und den Kampf gegen Briefkastenfirmen erschweren würde[650]. Dies lässt sich auf das deutsche Recht übertragen, wobei sich die Missbrauchsgefahren in erster Linie bei Subunternehmerkonstellationen ergeben. Hier gilt, dass die Delegation gerade bei diesen Kleinunternehmern als problematisch erscheint und vielstufige Subunternehmerketten ermöglicht. Eine Zwischenschaltung privilegierter Unternehmen wäre zudem der Transparenz abträglich: Es wäre eine erfolgsversprechende Verschleierungsmaßnahme, durch ein Geflecht von privilegierten Unternehmen den eigentlichen Auftraggeber im Unklaren zu lassen und die Haftung so für alle Beteiligten auszuschließen, ohne dass auf finanziell nicht leistungsfähige Scheinfirmen zurückgegriffen werden müsste.

Eine generelle Ausnahme für kleine Unternehmen ist daher abzulehnen, zumindest in Subunternehmerkonstellationen muss die Haftung auch bei diesen eingreifen. Dabei kann es allerdings auch sein Bewenden haben, eine Anwendung des § 14 BGB erscheint hier zumindest solange nicht geboten, wie der Auswahlsorgfalt nicht unbürokratisch durch eine Registereinsicht nachgekommen werden kann.

---

650 Kom (2012), 131 endgültig, S. 12.

Es stellt sich dabei aber die Frage, nach welchem Kriterium die Unternehmensgröße festgelegt und damit bestimmt werden soll, ob auch der Unternehmerbegriff nach § 14 BGB zur Anwendung kommt. Ausgangspunkt einer Ermittlung des Schwellenwerts kann – bezogen auf das Unternehmen – § 23 Abs. 1 S. 3 KSchG sein, der einen Schwellenwert von zehn Arbeitnehmern vorsieht. Dieser legitimiert sich aus dem persönlichen Charakter der Arbeitsbeziehungen, den Belastungen durch Weiterbeschäftigung leistungsschwacher Arbeitnehmer oder durch Abfindungen sowie durch den bei Kündigungsschutzprozessen anfallenden bürokratischen Aufwand[651]. Auch wenn es bei der Haftung für Nachunternehmer nicht auf die persönliche Ausgestaltung des Arbeitsverhältnisses ankommt, so sind doch auch hier die wirtschaftliche Belastung und der entstehende Verwaltungsaufwand Argumente für eine Ausnahmeregelung. Es muss aber gesehen werden, dass die wirtschaftliche Belastung durch die Unternehmerhaftung nicht mit den Belastungen bei einer ausgeschlossenen Kündigung vergleichbar ist. Es erscheint daher sinnvoll, einen geringeren Schwellenwert von fünf Arbeitnehmern zu wählen.

7 Zwischenergebnis

Alle Ansätze zur Einschränkung des Unternehmerbegriffs vermögen letztlich nicht zu überzeugen, wenn sich konsequent an der unsorgfältigen Auswahl beziehungsweise Überwachung der Auftragnehmer als Haftungslegitimation orientiert wird. Bei Kleinbetrieben ist in Ermangelung einer einfachen Möglichkeit der Exkulpation hinsichtlich der Auswahlsorgfalt sinnvollerweise eine Einschränkung auf den geltenden Unternehmerbegriff zu wählen, entsprechend der verfassungsrechtlichen Vorgaben auch hier mit einer Exkulpationsmöglichkeit. Dies gilt entsprechend der Ergebnisse aus Kapitel C für §§ 13 MiLoG, 14 AEntG und zur höheren Wirksamkeit der Steuerungsfunktion auch für § 98 a Abs. 3, 4 AufenthG. Dabei bleibt es dabei, dass für die Ansprüche der Urlaubskasse des Baugewerbes nach § 14 AEntG eine Begrenzung auf Bauunternehmer sinnvoll ist.

Hingegen ist der eingeschränkte Unternehmerbegriff bei §§ 28 e Abs. 3 a SGB IV, 150 Abs. 3 S. 1 HS 2 SGB VII hinreichend, allerdings käme bei einer Erweiterung auf weitere für illegale Praktiken anfällige Branchen auch hier eine Erweiterung in Bezug auf den Unternehmerbegriff in Betracht: Die Strukturen des Baugewerbes passen hier nicht unbesehen. Das Problem stellt sich nicht, wenn

651 BVerfGE 97, 169.

der Haftungstatbestand ohnehin keine soziale Relevanz im Falle einer Eigenbedarfsbefriedigung hat, wie dies bei § 3 GSA Fleisch der Fall ist.

8 Ein Sonderproblem: Die öffentliche Hand als Unternehmer

a) De lege lata

Unklar ist, ob und inwieweit auch die öffentliche Hand vom geltenden Unternehmerbegriff bei der Auftraggeberhaftung erfasst ist. Überwiegend wird angenommen, dass dies nur bei einer privatrechtlichen-, hingegen nicht bei einer öffentlich-rechtlichen Rechtsform der Fall sei[652]. Vereinzelt wird die öffentliche Hand allgemein unabhängig von der Rechtsform einbezogen[653] oder wird danach differenziert, ob hier wie ein Privater im Wettbewerb aufgetreten wird oder ob bloße Aufgabenerfüllung vorliegt[654]. Auch im Rahmen der Ausschussanhörung zu § 13 MiLoG wurde die Gesetzesbegründung dahin gehend ausgelegt, dass die öffentliche Hand generell nicht erfasst sei, was zugleich kritisiert wurde[655]. Eine nähere Begründung findet sich in den Gesetzesmaterialien aber nicht.

Zweifel an der herrschenden Meinung lassen sich aus § 14 BGB ableiten. Da zumindest Verbraucher nach § 13 BGB zweifelsohne als Haftungsadressaten ausscheiden, kann § 14 BGB trotz der geltenden Einschränkungen zumindest im Ansatz für den Unternehmerbegriff des § 14 AEntG herangezogen werden. Der Ausschluss der öffentlichen Hand wird dabei aus dem Kriterium der Gewerblichkeit nach § 14 Abs. 1 HS 2 Var. 1 BGB geschlussfolgert[656]. Allerdings wird für das Merkmal der gewerblichen Tätigkeit nunmehr anstelle einer Gewinnerzielungsabsicht auf das Vorliegen einer Entgeltlichkeit abgestellt[657]. Die öffentliche Hand unterliegt dem Unternehmerbegriff des § 14 BGB stets, wenn sie im Rahmen einer entgeltlichen Tätigkeit wie etwa dem Betrieb von Schwimmbädern

---

652 Riechert/Nimmerjahn § 13 Rn. 25 f.; Düwell/Schubert/Reinfelder § 13 Rn. 10; Bayreuther NZA 2015, 961, 964; Schaub/Vogelsang § 162 Rn. 42; Koberski/Asshoff/Eystrup/Winkler § 14 Rn. 20.

653 Oltmanns/Fuhlrott NZA 2015, 392, 394; Beck'scher Online-Kommentar Arbeitsrecht/Greiner § 13 MiLoG Rn. 9.

654 Insam/Hinrichs/Tascou NZA-RR 2014, 569, 571; Erfurter Kommentar/Schlachter § 14 AEntG Rn. 3.

655 Ausschuss-Drs. Arbeit/Soziales, 18 (11) 148, 74 linke Spalte (Düwell), 130 rechte Spalte (Handelsverband Deutschland), 144 f. (Bepler/Hanau).

656 Vgl. Meyer NZA 1999, 121, 127; Riechert/Nimmerjahn § 13 Rn. 25.

657 BGHZ 167, 40 Rn. 17; MüKo BGB/Micklitz/Purnhagen § 14 Rn. 24; Jauernig/Mansel § 14 Rn. 2.

oder Theatern privatrechtliche Verträge abschließt[658], für öffentlich-rechtliche Verträge ist dies umstritten[659]. Auf die gewählte Rechtsform kommt es nicht an, sodass die Differenzierung der zur Unternehmerhaftung überwiegend vertretenen Ansicht nicht überzeugen kann.

Allerdings gilt auch für die Haftung der öffentlichen Hand, dass zwar auf § 14 BGB aufgebaut wird, aber dennoch der spezifische Unternehmerbegriff gilt. In der Konsequenz müsste also auch hier eine Erfüllung eigener Verpflichtungen vorliegen, sodass erhaltene Aufträge delegiert werden. Darauf verwies auch die Bundesregierung im Rahmen der Evaluation des § 28 e Abs. 3 a SGB IV[660]. Bei der Erfüllung öffentlich-rechtlicher Verpflichtungen zur Versorgung mit öffentlichen Gütern wie beispielsweise der Wasserversorgung nach § 50 Abs. 1 WHG ließe sich etwas anderes diskutieren, letztlich sind öffentlich-rechtliche Pflichten nach dem Verständnis des Gesetzgebers aber nicht hinreichend[661].

b) De lege ferenda

Fraglich ist, ob rechtspolitisch die Versorgung mit öffentlichen Gütern bei einem de lege ferenda weiter gefassten Unternehmerbegriff ausgeklammert werden sollte. Voraussetzung einer Haftung wäre im Sinne des § 14 BGB stets eine entgeltliche Tätigkeit, dies ist etwa beim Beispielsfall der Wasserversorgung aber gegeben.

Es stellt sich die Frage, ob das Instrument der bürgengleichen Haftung insoweit notwendig ist. In der Praxis wird beobachtet, dass oftmals unbesehen der günstigste Anbieter den Zuschlag erhält und so ein erhöhtes Risiko für illegale Praktiken oder fehlende Bestandsfähigkeit entsteht[662] Für den Bereich der

---

658 Staudinger/Habermann § 14 Rn. 53 ff.; Beck'scher Online-Kommentar BGB/Bamberger § 14 Rn. 10.

659 Dafür Staudinger/Habermann § 14 Rn. 54; Erman/Saenger § 14 Rn. 6; dagegen Palandt/Ellenberger § 14 Rn. 2.

660 BT-Drs. 17/11920 S. 12 linke Spalte.

661 S. oben C III 4.

662 Vgl. Ausschuss-Drs. Arbeit/Soziales, 18 (11) 148, 144 f. (Bepler/Hanau); Arntz/Rammer Dachdeckerhandwerk http://www.bmas.de/SharedDocs/Downloads/DE/PDF-Meldungen/evaluation-mindestlohn-dachdecker.pdf?__blob=publicationFile S. 89; zur Gebäudereinigung Bosch/Kalina/Kern http://www.bmas.de/SharedDocs/Downloads/DE/PDF-Meldungen/evaluation-mindestlohn-gebaedereinigung.pdf?__blob=publicationFile S. 132, 207; Gürtzgen/Rammer Abfallwirtschaft S. 96, http://www.bmas.de/SharedDocs/Downloads/DE/PDF-Meldungen/evaluation-mindestlohn-abfallwirtschaft.pdf;jsessionid=A78A126812DE5FC40CE0DD5A37FB8EDB?__blob=publicationFile&v=2 alle abgerufen am 09.02.2019.

Gebäudereinigung wurde zudem angegeben, dass besonders bei öffentlichen Auftraggebern die Akzeptanz für Preissteigerungen gering sei, durch die drohende Haftung würde diese Akzeptanz aus Eigeninteresse erhöht werden[663]. Aus diesen Gründen ist ein erhebliches Steuerungsinteresse auch in Bezug auf die öffentliche Hand anzunehmen.

Allerdings darf ein Zuschlag nach §§ 16 d Abs. 1 Nr. 1 VOB/A, 16 d Abs. 1 Nr. 1 EU VOB/A nicht erteilt werden, wenn das Angebot auch nach Stellungnahme des betreffenden Bieters unangemessen niedrig erscheint. Für den Geltungsbereich der Vergabeverordnung (VgV) und der Unterschwellenvergabeverordnung (UVgO) ist die Unzulässigkeit der Vergabe in §§ 60 Abs. 3 S. 2 VgV, 44 Abs. 3 S. 2 UVgO geregelt. Demnach ist die Vergabe an einen bestimmten Bieter unzulässig, wenn entsprechend §§ 60 Abs. 2 S. 2 Nr. 4 VgV, 44 Abs. 2 S. 2 Nr. 4 UVgO die Behörde feststellt, dass ein auffällig niedriges Angebot sich durch die fehlende Einhaltung arbeitsrechtlicher Pflichten ergibt. Bei unzureichender Aufklärung des geringen Preises ist die Ablehnung gemäß §§ 60 Abs. 3 S. 1 VgV, 44 Abs. 3 S. 1 UVgO lediglich zulässig.

Mit dem vergaberechtlichen Nachprüfungsverfahren nach §§ 155 ff. GWB und Sekundäransprüchen auf Schadensersatz stehen auch hinreichende Instrumente zur Verfügung, um die Einhaltung dieser Regeln wirksam zu erzwingen. Nach einer neueren BGH-Entscheidung stellt ein Verstoß gegen die genannten Vorschriften eine im Nachprüfungsverfahren überprüfbare Rechtsverletzung des Bieters nach §§ 160 Abs. 2 S. 1, 97 Abs. 6 GWB dar[664]. Zuvor war umstritten, ob die Vorschriften nur dem Schutz des Ausschreibendem vor den Folgen einer Überforderung des Auftragnehmers dienen oder auch im Sinne des chancengleichen Wettbewerbs den Schutz der Bieter gewährleisten sollen[665]. Dies spricht zunächst dafür, einen hinreichenden Druck auf öffentliche Auftraggeber nunmehr schon durch die Vorschriften des Vergaberechts anzunehmen.

Für den Geltungsbereich der VgV und der UVgO ist nach dem Wortlaut aber wie dargestellt der Ausschluss nur bei einer Verletzung gesetzlicher Verpflichtungen zwingend vorgeschrieben, also etwa bei einem Verstoß gegen § 1 Abs. 1 MiLoG. Folglich müsste schon aus der Kalkulation hervorgehen, dass der Mindestlohn oder das Mindestentgelt nicht gezahlt werden sollen. Dies ist für die

663 Bosch/Kalina/Kern a. a. O S. 149, 173.

664 BGH NZBau 2017, 230 Rn. 23.

665 Dafür OLG Jena NZBau 2000, 349, 352; OLG Celle NZBau 2000, 105; Pünder/Schellenberg/Fehling § 97 GWB Rn. 214; dagegen OLG Düsseldorf NZBau 2002, 626, 628; differenzierend OLG Düsseldorf, Beschluss vom 09.05.2011-Verg 45/11, BeckRS 2011, 18630; VK Bund, Beschluss vom 14. 10. 2013 – VK 2-86/13 Rn. 66.

Vergabestelle nur schwer festzustellen: Reicht das Angebot nicht aus, um alle Rechtspflichten und gleichzeitig alle technischen Voraussetzungen zu erfüllen, kann nicht einfach angenommen werden, dass der Bieter bei seinen arbeitsrechtlichen Verpflichtungen sparen werde. In aller Regel wäre der Ausschluss daher lediglich möglich, aber nicht zwingend geboten. Der BGH legt die Formulierung „Dürfen" in § 60 Abs. 3 S. 1 VgV aber dahin gehend aus, dass bei einer nicht hinreichenden Aufklärung des niedrigen Angebots der Ausschluss verbindlich sei. Allerdings stünde der Vergabestelle für die Frage, ob eine solch hinreichende Aufklärung vorliegt, ein gewisser Beurteilungsspielraum zu[666]. Unter Beachtung des Wortlauts „dürfen" im Vergleich zur Formulierung in § 60 Abs. 3 S. 2 VgV, 44 Abs. 3 S. 2 UVGO muss dieser Beurteilungsspielraum aber als sehr weitreichend angesehen werden.

Auf den Bereich der VOB/A lassen sich diese Gedanken übertragen, sodass von einem zwingenden Ausschluss bei fehlender Aufklärung, aber einem Beurteilungsspielraum hinsichtlich deren Vorliegen auszugehen ist[667]. Dies lässt sich deutlich besser mit dem Wortlaut von §§ 16 d Abs. 1 VOB/A, 16 d Abs. 1 Nr. 1 EU VOB/A vereinbaren als hinsichtlich der VgV und der UVGO. Angesichts des jeweils vorliegenden Beurteilungsspielraums ist es keineswegs sicher, dass die ex post nicht zahlungsfähigen Bewerber ex ante ausgeschlossen werden. Es muss der Vergabestelle zugestanden werden, hinsichtlich der Zahlungsfähigkeit oder auch der Glaubwürdigkeit hinsichtlich der beteuerten Rechtstreue ein begrenztes Risiko einzugehen. Dies muss bei VgV und UVgO aufgrund des Wortlauts in größerem Maße als bei Bauleistungen gelten.

Aus diesen Gründen ist das Nachprüfungsverfahren im Ergebnis nur eingeschränkt zur Verhaltenssteuerung hinsichtlich der öffentlichen Hand geeignet. Die Auftraggeberhaftung hat einen relevanten Anwendungsbereich, indem die Beauftragung nicht bestandsfähiger oder nicht rechtstreuer Unternehmen nunmehr mit einem Haftungsrisiko versehen ist. Die Vergabestelle kann angesichts ihres Beurteilungsspielraums zwar ein gewisses Risiko eingehen, ohne die Rechtswidrigkeit des Vergabeprozesses zu verursachen, muss dann aber das Haftungsrisiko einkalkulieren.

Hinzu kommt, dass die Schutzwürdigkeit der Arbeitnehmer nicht geringer als bei der Auftragserfüllung für einen Privaten ist. Der „höhere Zweck" rechtfertigt es nicht, Abstriche beim Schutz der Arbeitnehmer zu machen. Eine

666 BGH NZBau 2017, 230 Rn. 31.
667 Vgl. BGH NZBau 2017, 230 Rn. 32.

grundsätzliche Privilegierung der Versorgung mit öffentlichen Gütern ist nicht angezeigt. Dies gilt generell für alle der Unternehmerhaftung zuzurechnenden Normen.

G. Einflussfaktoren auf die Effektivität der Haftung

I Vorbemerkung

Im Folgenden ist zu klären, inwieweit Verbesserungsbedarf bei der tatsächlichen Effektivität der Haftung besteht. Dies betrifft zunächst Probleme bei der Geltendmachung der Haftung. Besondere Relevanz hat weiterhin die genaue Ausgestaltung der Haftung im Insolvenzfall. Insoweit betroffen sind teils dogmatische und verfassungsrechtliche Fragen, teils das Zusammenspiel mit den Normen des Insolvenzrechts. Es ist aber zweckmäßig, alle mit der Insolvenz in Verbindung stehenden Fragen einheitlich zu behandeln, lediglich die unionsrechtliche Problematik ist bereits geklärt worden. Abschließend ist zu klären, inwieweit die Absicherungsmöglichkeiten des Auftraggebers die Ziele der Haftung negieren.

Entsprechend der jeweiligen aktivlegitimierten Person handelt es sich bei der Durchsetzung der Ansprüche um die Rechtsverfolgung durch einen Privaten, durch eine gemeinsame Einrichtung der Tarifvertragsparteien oder durch Körperschaften des öffentlichen Rechts. Folglich sind spezifische Besonderheiten bei der Durchsetzung der Ansprüche zu beachten. Abstrakt ergeben sich zwei Probleme bei der prozessualen Geltendmachung von Ansprüchen, die zu einer fehlenden Effektivität der Durchsetzungsmechanismen führen können: Ein Informationsdefizit bei der aktivlegitimierten Person oder eine fehlende Bereitschaft zur Klage, was sich aus einer Kosten-Nutzen-Abwägung oder aus emotionalen Motiven ergeben kann[668].

II Geltendmachung durch die SOKA-BAU

1 Besonderheiten im Entsendeverfahren

Eine wesentliche Hürde für die Geltendmachung der Haftung nach § 14 AEntG durch die Urlaubskasse des Baugewerbes stellt die Ermittlung des Auftraggebers dar. Betroffen ist hier also die Fallgruppe des Informationsdefizits. Dabei ist zwischen Entsendeverfahren und Inlandsverfahren zu unterscheiden.

Speziell für das Entsendeverfahren sind einige Instrumente zur Feststellung des Auftraggebers vorhanden. Eine wesentliche Hilfestellung ergibt sich durch § 18 Abs. 1 AEntG. Demnach muss jeder Arbeitgeber im Ausland, der

668 Vgl. Poelzig S. 372.

zur Gewährung von Arbeitsbedingungen entsprechend § 8 Abs. 1 S. 1 AEntG verpflichtet ist, vor Beginn der Entsendung bestimmte Angaben an die Zollverwaltung übermitteln, der Zoll leitet die aufgrund der Angaben ausgestellten Bescheinigungen sodann an die SOKA-BAU weiter. Informationen über einen Auftraggeber liefern vor allem die Angaben über den Ort der Beschäftigung beziehungsweise über die Baustelle nach § 18 Abs. 1 S. 2 Nr. 3 AEntG und über den Ort im Inland nach Nr. 4, an dem die Unterlagen nach § 19 AEntG bereitgehalten werden. Es ist aber nicht garantiert, dass sich aus den Angaben der Arbeitgeber tatsächlich auch der Name des Auftraggebers ergibt, die Bezeichnung „Ort der Beschäftigung" lässt reichlich Spielraum für unbestimmte Angaben. Insoweit wäre eine klarere Formulierung von § 18 Abs. 1 S. 2 AEntG wünschenswert.

Eine weitere mögliche Informationsquelle ergibt sich aus den A1-Bescheinigungen, die von den nationalen Stellen im Herkunftsstaat des entsandten Arbeitnehmers ausgestellt werden und bescheinigen, dass auf den Arbeitnehmer das Sozialversicherungsrecht seines Heimatlandes Anwendung findet. Diese A1-Bescheinigungen werden gemäß § 150 Abs. 3 S. 1 SGB VI von der Datenstelle der Rentenversicherung gesammelt und gemäß § 150 Abs. 3 S. 10 SGB VI der Urlaubskasse des Baugewerbes zugeleitet. Ob die Bescheinigungen aus den Herkunftsstaaten aber verwertbare Angaben über den Beschäftigungsort machen, ist keineswegs gesichert. Die A1-Bescheinigungen werden daher hinsichtlich möglicher Auftraggeber als weniger belastbar eingestuft als die Meldungen nach § 18 Abs. 1 AEntG[669].

Am einfachsten stellt sich die Ermittlung des Auftraggebers beim Werkvertragsvorlageverfahren dar. Dieses kommt bei Anträgen aus den in § 29 Abs. 1 S. 1 BeschV genannten Staaten, mit denen Abkommen über die Ausführung von Werkverträgen bestehen, zur Anwendung. Hierbei ist nach Art. 5 Abs. 2 S. 2 des jeweiligen Abkommens die Vorlage eines Werkvertrags durch den Arbeitgeber vorgesehen, die Bundesagentur für Arbeit prüft den Werkvertrag entsprechend § 287 Abs. 2 Nr. 1 SGB III und leitet diesen an die SOKA-BAU weiter[670]. Bei diesem Verfahren ist der Auftraggeber daher stets erkennbar. Allerdings bestehen derartige Abkommen lediglich mit wenigen Staaten außerhalb der EU, für alle Unionsstaaten gilt mittlerweile die volle Dienstleistungsfreiheit entsprechend Art. 56 AEUV.

Weiterhin problematisch ist die Ermittlung des genauen Anspruchsinhalts, mithin für welchen Zeitraum Arbeitnehmer für den Auftraggeber tätig geworden

669 Termin bei der SOKA-BAU, 18.01.2017.

670 Termin bei der SOKA-BAU, 18.01.2017.

sind. Aus der Bruttolohnsumme aller vom VTV erfasster Arbeitnehmer ergibt sich die Beitragshöhe nach § 15 VTV 2015, für den konkreten Anspruch nach § 14 AEntG sind die Einsatzzeiten bei diesem Auftraggeber entscheidend. Relevant ist insbesondere, wie viele Arbeitnehmer für den Auftraggeber tätig geworden sind[671]. Das BAG erklärte die Beitragsmeldungen bei der Urlaubskasse, die Meldungen nach dem heutigen § 18 Abs. 1 AEntG sowie erteilte Arbeitserlaubnisse zu tauglichen Beweismitteln hinsichtlich der erbrachten Arbeit. Nach § 18 Abs. 1 S. 2 Nr. 2 AEntG sind Beginn und Dauer der Entsendung anzugeben, nur bei mehreren Auftraggebern kann es daher hinsichtlich des Auftragszeitraums zu Komplikationen kommen. Die Beitragshöhe und dementsprechend der Forderungsumfang können so nach §§ 46 Abs. 2 ArbGG, 287 Abs. 2 ZPO festgestellt werden, etwa indem für die ermittelte Arbeitnehmeranzahl die tariflichen Mindestbruttolöhne und die Normalarbeitszeit zugrunde gelegt wird[672].

Bei Werkvertragsabkommen ist gemäß § 29 Abs. 1 S. 1 Beschäftigungsverordnung i.V. mit Art. 6 Abs. 1 S. 2 der jeweiligen zwischenstaatlichen Abkommen die Genehmigung auf die voraussichtliche Dauer des Werkvertrags begrenzt, sodass auch hier eine weiterhelfende Zeitangabe vorhanden ist. Im Ergebnis sind für Entsendekonstellationen nützliche Hilfsmittel zur Ermittlung des Auftraggebers und des Anspruchsinhalts vorhanden, wenngleich eine noch klarere Formulierung für § 18 Abs. 1 S. 2 Nr. 3 AEntG insoweit wünschenswert wäre.

2 Inlandsverfahren

Außerhalb von Entsendekonstellationen kann die Geltungsbereichsprüfung der SOKA-BAU Anhaltspunkte liefern. Hierbei wird ermittelt, ob der Betrieb dem Geltungsbereich nach § 1 Abs. 2 VTV 2015 unterliegt und mithin am Sozialkassenverfahren teilzunehmen hat. Im Rahmen dieser Geltungsbereichsprüfung werden Werkverträge angefordert, allerdings ist nach Ermittlung des Geltungsbereichs keine permanente Vorlage sämtlicher Werkverträge vonnöten.

Der SOKA-BAU stehen Einsichtsrechte bei Bauunternehmern gemäß § 24 S. 1 VTV zu, allerdings sind solche Rechte nur bei einer Tarifbindung des Bauunternehmers gegeben. Oftmals steht aber gerade nicht fest, ob der Geltungsbereich eröffnet ist, weil dies vom Unternehmer bestritten wird. Eine erzwungene Einsicht in Unterlagen, die einerseits der Geltungsbereichsprüfung und andererseits der Ermittlung von Auftraggebern dient, wird daher als Ultima Ratio

---

671 BAGE 119, 170 Rn. 5.

672 BAGE 119, 170 Rn. 21 ff.

angesehen[673]. Bedacht werden müssen drohende Schadensersatzansprüche bei fehlender Tarifbindung.

Aus § 24 S. 2 VTV folgt eine Pflicht der Bauunternehmen zur Auskunftserteilung, sodass sich diese auch einklagen ließe. Im Prozess müsste aber wiederum die Anwendbarkeit des VTV nachgewiesen werden. Ein weiterer einklagbarer Informationsanspruch ließe sich aus § 810 Var. 2 BGB konstruieren[674]. Im Baugewerbe sind nach § 28 f Abs. 1 a SGB IV die Entgeltunterlagen aber so zu gestalten, dass die Arbeitnehmer den einzelnen Dienst- und Werkverträgen und mithin einem Auftraggeber zugeordnet werden können, diese Unterlagen sind nach § 28 f Abs. 1 S. 1 SGB IV vom Arbeitgeber aufzubewahren. Es sind daher konkret benennbare Dokumente vorhanden. Ob diese tatsächlich vorliegen, ist damit natürlich nicht gesagt. Allerdings müsste auch hier wieder erst die Tarifbindung des Arbeitgebers als Anspruchsvoraussetzung nachgewiesen werden, da nur dann ein Rechtsverhältnis zwischen der SOKA-BAU und dem Auftraggeber in Betracht kommt.

Auch hinsichtlich des genauen Anspruchsinhalts, also hinsichtlich des Einsatzes konkreter Arbeitnehmer bei konkreten Auftraggebern, muss im Inlandsverfahren auf die angegebenen Instrumente zurückgegriffen werden. Die Meldungen nach § 18 AEntG stehen gerade nicht zur Verfügung. Denkbar wäre nur eine Schätzung entsprechend §§ 46 Abs. 2 ArbGG, 287 Abs. 2 ZPO hinsichtlich der Arbeitnehmeranzahl, von der ausgehend anhand von Mindestlöhnen und Regelarbeitszeiten wiederum die Beitragshöhe geschätzt werden könnte. Hierzu müssten aber Nachweise über das Auftragsvolumen vorgelegt werden, was wiederum nur bei Geltendmachung der Einsichtsrechte aus § 24 S. 1 VTV gelingen könnte.

Eine freiwillige Auskunftserteilung durch die Nachunternehmer erfolgt äußerst selten, da die Geschäftsbeziehung zum Auftraggeber nicht belastet werden soll. Anders ist die Situation aber bei einer Insolvenz des Nachunternehmers: Insolvenzverwalter sind häufig zur Auskunft bereit, um Ansprüche gegen die Insolvenzmasse zu vermeiden[675]. Letztlich steht dahinter die Erwartung, dass der Regressanspruch gemäß § 774 Abs. 1 S. 1 BGB vonseiten des Auftraggebers nicht zur Tabelle nach §§ 174 Abs. 1 S. 1, 175 Abs. 1 S. 1 InSo angemeldet werden wird.

---

673 Termin bei der SOKA-BAU, 18.01. 2017.

674 Vgl. hierzu oben F III 9.

675 Termin bei der SOKA-BAU, 18.01. 2017.

Wie dargestellt[676] kommt es häufig zu einer Zahlung direkt durch den Auftraggeber, der sich so ein Zurückbehaltungsrecht gegen die Werklohnforderung nach §§ 273, 774 Abs. 1 S. 1 BGB verschafft und sich auf diese Weise vor einem Zahlungsausfall seines Auftragnehmers absichert (753 Fälle zwischen 2007 und 2016, Zahlung auf Aufforderung hin 343 Fälle). Umgekehrt ist es sinnvoll, die Auftraggeber vor Zahlung des Werklohns in Anspruch zu nehmen, da dann noch das Zurückbehaltungsrecht gegen die Werklohnforderung geltend gemacht werden kann[677]. Bei einer zeitlich späteren Inanspruchnahme hat der Auftraggeber angesichts des Ausfallrisikos ein größeres Interesse, den Haftungsfall zu vermeiden.

Es zeigt sich daher, dass im Inlandsverfahren die Geltendmachung wesentlich schwerer fällt als im Entsendeverfahren. Dementsprechend werden die Fallzahlen auch als wesentlich geringer eingeschätzt[678]. Es bleibt dabei aber auch zu beachten, dass bei inländischen Sachverhalten ein geringerer Steuerungsbedarf erkannt wird, die verklagten Auftraggeber fielen ansonsten nicht durch eine Neigung zur Auswahl unseriöser Auftragnehmer oder durch Verwicklungen in illegale Aktivitäten auf[679].

In Betracht käme als Reaktion auf diesen Befund eine Erstreckung der Meldungen nach § 18 AEntG auch auf Inlandssachverhalte. Die Begrenzung auf Auslandssachverhalte lässt sich aber damit rechtfertigen, dass die Meldung letztlich einen Ersatz für die bei einem Sitz im Inland anfallenden gewerblichen Meldepflichten darstellt[680]. Allerdings sind mit den nach § 28 f Abs. 1 a SGB IV nach Dienst- und Werkverträgen aufzuschlüsselnden Lohnunterlagen durchaus hilfreiche Dokumente vorhanden. Es wäre daher denkbar, gesetzlich einen zwingenden Versand dieser Lohnunterlagen etwa vierteljährlich an den Zoll zu erzwingen, der diese wiederum an die SOKA-BAU weiterleiten könnte. Dies hätte den Vorteil, dass nicht der Klageweg über § 810 Var. 2 BGB gegangen werden müsste. Während die Meldungen nach § 18 AEntG im Vorhinein abgegeben werden, könnte insoweit mit nachträglichen Informationspflichten gearbeitet werden. Im Ergebnis würde so eine Rechtsgrundlage für einen Informationsanspruch gegen die Auftragnehmer entstehen.

---

676 S. oben B V, E VI 1 b).

677 Termin bei der SOKA-BAU, 18.01.2017.

678 Eine genaue Nennung der Fallzahlen im Entsendeverfahren war der SOKA-BAU aus technischen Gründen nicht möglich.

679 Termin bei der SOKA-BAU, 18.01.2017.

680 BAG AP AEntG § 3 Nr. 1.

3 Unterstützung durch Zoll

Der Zoll hat nach § 2 Abs. 1 S. 1 Nr. 5 Var. 2 Schwarzarbeitsgesetz auch die Einhaltung der Arbeitsbedingungen nach dem AEntG zu überprüfen. Zu diesem Zweck stehen dem Zoll die Kompetenzen nach § 4 Abs. 1 SchwarzArbG zu, sodass insbesondere Lohnunterlagen und andere Unterlagen mit Bezug zu Umfang, Art oder Dauer von Beschäftigungsverhältnissen eingesehen werden können. Eine Übermittlung der Prüfungsergebnisse an die SOKA-BAU erfolgt nach § 6 Abs. 3 S. 1 Nr. 9 SchwarzArbG.

Die Ermittlung von Auftraggebern ist hingegen keine Aufgabe des Zolls und wird von diesem nicht wahrgenommen[681]. Die Namen von festgestellten Auftraggebern werden dennoch übermittelt, letztlich handelt es sich hierbei aber um „Zufallsfunde", eine gezielte Suche findet nicht statt. Vonseiten der SOKA BAU wird daher angeregt, den Zoll auch hinsichtlich der Auftraggebersuche zu sensibilisieren[682]. Dies erscheint angesichts der vorhandenen Möglichkeiten des Zolls in der Tat als sinnvoll. Zweckmäßigerweise sollte daher die Ermittlung von Auftraggebern als Aufgabe des Zolls in § 2 Abs. 1 SchwarzArbG normiert werden. Insoweit besteht ein erhebliches, bisher weitgehend ungenutztes Potential für die Auftraggeberhaftung.

4 Örtliche Gerichtszuständigkeit

Die Tarifvertragsparteien können nach § 48 Abs. 2 S. 1 Nr. 2 ArbGG durch tarifliche Gerichtsstandsvereinbarungen eine einheitliche örtliche Zuständigkeit bei Ansprüchen aus dem Verhältnis der gemeinsamen Einrichtungen zu Arbeitnehmern oder Arbeitgebern festlegen. Dies soll einer einheitlichen Behandlung der Fälle dienen[683]. Nach § 23 Abs. 1 VTV 2015 ist das Arbeitsgericht Wiesbaden demnach örtlich für solche Ansprüche in Bezug auf die ULAK zuständig. Nach einer Literaturansicht soll die einheitliche Zuständigkeit zweckmäßigerweise auch auf die Ansprüche gegen Unternehmer aus § 14 AEntG erstreckt werden[684]. Die instanzgerichtliche Rechtsprechung hat sich dem unter Verweis auf die einheitliche Behandlung dieser Fälle angeschlossen und legt die Formulierung „Streitigkeit aus dem Verhältnis zwischen Urlaubskasse und Arbeitgeber" so aus, dass alle in dem Verhältnis zwischen Arbeitgeber und Urlaubskasse wurzelnden

---

681 Schriftliche Auskunft des Zolls.

682 Termin bei der SOKA-BAU, 18. 01. 2017.

683 Germelmann/Matthes/Prütting/Germelmann/Künzl § 48 Rn. 133; vgl. BT-Drs. 7/1384, S. 5.

684 Koberski/Asshoff/Eustrup/Winkler § 14 Rn. 43.

Streitigkeiten und mithin auch Ansprüche gegen den Bürgen erfasst sein sollen[685]. Dagegen wird angeführt, dass dies für den ohne Verschulden in Anspruch genommenen Bürgen einer Überrumpelung gleichkomme. Deshalb sei es nicht gerechtfertigt, dem Auftraggeber die Verhandlung an seinem Gerichtsstand zu verweigern[686].

Bei Ansprüchen aus § 14 AEntG ist zu beachten, dass sich eine abweichende Rechtsprechung etwa zur Auslegung des Unternehmerbegriffs oder zu den Anspruchsvoraussetzungen aus Klagen der Arbeitnehmer ergeben kann, die nicht der Gerichtsstandsvereinbarung nach § 48 Abs. 2 S. 1 Nr. 2 ArbGG unterfallen. Insoweit ist ein besonderes Interesse an einer einheitlichen Rechtsprechung daher nicht stichhaltig. Allerdings ist bei Geltendmachung eines Anspruchs aus § 14 AEntG immer auch zu prüfen, ob ein Anspruch auf Zahlung der Beiträge gegen den Arbeitgeber besteht. Nur für diese konkludent zu prüfende Frage ist ein Interesse an einer einheitlichen Rechtsprechung anzuerkennen. Würde die Anwendbarkeit von § 48 Abs. 2 S. 1 Nr. 2 ArbGG abgelehnt, wären Fragen der Beitragspflicht von anderen Arbeitsgerichten als dem Arbeitsgericht Wiesbaden zu erörtern, was dem Zweck des § 48 Abs. 2 S. 1 Nr. 2 ArbGG zuwiderlaufen würde. In der Konsequenz ist § 48 Abs. 2 S. 1 Nr. 2 ArbGG auch auf Streitigkeiten zwischen der Urlaubskasse und dem Auftraggeber anzuwenden.

III Geltendmachung durch die BG Bau

Die BG Bau erhält gemäß § 6 Abs. 3 S. 1 Nr. 3 Var. 2 SchwarzArbG ebenfalls Namen vom Zoll, wenn dieser auf die fehlende Zahlung von Sozialversicherungsbeiträgen auffällig geworden ist, dabei werden meistens zumindest auch direkt die Baustellen angegeben, auf denen die Missstände aufgetreten sind[687]. Zudem kann die BG Bau bei Beitragsrückständen oder Verdachtsmomenten selbst Einsichtsrechte bei den Bauunternehmern gemäß §§ 166 Abs. 1, 2 S. 5 SGB VII, 98 Abs. 1 S. 3 SGB X geltend machen und so Auftraggeber ermitteln. Ein eigenes Prüfrecht steht der Unfallversicherung gemäß § 166 Abs. 2 S. 5 Var. 1 SGB VII demnach zu, wenn Beiträge nicht gezahlt worden sind, sodass anlassbezogen bei säumigen Beitragsschuldnern Kontrollen durchgeführt werden können. Der in Verweis genommene § 98 Abs. 1 S. 3 SGB X ermächtigt zur Einsichtnahme in Geschäftsbücher, Listen und andere Unterlagen, die über die Beschäftigung Auskunft geben. Nach dem ausdrücklichen Willen des Gesetzgebers sind hiervon

685 LAG Berlin-Brandenburg, Beschluss vom 10.06.2009, BeckRS 2009, 67415.

686 Gündisch S. 79.

687 Gespräch mit Vertreterin der BG Bau, 20.07.2017.

auch Unterlagen erfasst, die über mögliche Auftraggeber Auskunft geben[688]. Der Prüfdienst der Unfallversicherung sucht dabei gezielt nach möglichen Auftraggebern in den Geschäftsunterlagen. Die Einsichtsrechte sind insoweit unproblematischer als bei der SOKA-BAU, wo das Einsichtsrecht von der Tarifbindung abhängig ist.

Bei der Haftung auf Unfallversicherungsbeiträge nach § 150 Abs. 3 S. 1 HS 2 SGB VII geht die BG-Bau gemäß §§ 153 Abs. 1, 167 Abs. 1 SGB VII nicht arbeitnehmerbezogen, sondern lohnsummenbezogen vor, das maßgebliche Arbeitsentgelt ergibt sich aus der Addition aller gemeldeten Arbeitsentgelte. Die Namen der Arbeitnehmer sind der BG Bau nicht bekannt.

Praktisch bedeutet dies, dass die Haftungssumme für den Auftraggeber entsprechend der Vorgaben in § 167 Abs. 1 SGB VII berechnet wird, wobei die Lohnsummen zu berücksichtigen sind, die auf die Arbeiten beim konkreten Auftraggeber entfallen. Bereits vom Arbeitgeber geleistete Beiträge werden abgezogen. Es müsste daher zur Bestimmung dieser auf den Auftraggeber entfallenden Lohnsummen an sich die Anzahl der eingesetzten Arbeitnehmer und deren Bruttolohn ermittelt werden. Gegebenenfalls ist nach § 165 Abs. 3 SGB VII für die Bestimmung der Lohnsumme aber eine Schätzung der Arbeitsentgelte vorzunehmen, sodass als Lohnkostenanteil ein bestimmter Prozentsatz von der Rechnungssumme an den Auftraggeber angesetzt wird[689]. Diese Rechnungssumme kann durch die Einsichtsrechte ermittelt werden, dadurch sind die Voraussetzungen für eine Schätzung wesentlich besser als bei der SOKA-BAU.

Folglich ist es nicht notwendig, die Beschäftigung eines konkreten Arbeitnehmers auf einer bestimmten Baustelle nachzuweisen oder zumindest die Anzahl der eingesetzten Arbeitnehmer tatsächlich zu ermitteln. Selbiges gilt für den individuellen Bruttolohn der Arbeitnehmer. Herausgefunden werden muss daher im Ergebnis nur, in welchem Zeitraum Arbeiten für einen Auftraggeber erbracht wurden und wie hoch das Auftragsvolumen war.

Der Hinweis durch einen Insolvenzverwalter des Auftragnehmers ist auch hier eine wichtige Informationsquelle. Eine Zahlung auf Initiative des Auftraggebers hin ist allerdings weit weniger verbreitet als bei der SOKA-BAU[690]. Entsprechend §§ 152 Abs. 1 S. 1, 153 Abs. 1 SGB VII lassen sich die Beiträge erst nach Ablauf des Kalenderjahres nachträglich anhand des angefallenen Bedarfs

---

688 BT-Drs. 17/12297, S. 37 rechte Spalte.

689 Gespräch mit Vertreterin der BG Bau, 20.07.2017; vgl. auch Landessozialgericht Baden-Württemberg, Urteil vom 15. Juni 2009 – L 1 U 4301/08 –, juris, Rn. 17 ff.

690 Gespräch mit Vertreterin der BG Bau, 20.07.2017.

bestimmen. Eine vorzeitige Zahlung durch den Auftraggeber an die BG Bau vor Auszahlung des Werklohns an den Auftragnehmer kann daher nicht ausschließen, dass der Auftraggeber von der BG Bau noch in die Haftung genommen werden kann, schließlich wird der genaue Haftungsumfang erst nach Ablauf des Kalenderjahres ermittelt. Ein Zurückbehaltungsrecht nach §§ 273, 774 Abs. 1 S. 1 BGB kann aber entstehen, auch wenn die Beitragsforderung vor Erlass eines Beitragsbescheids nach § 168 SGB VII noch nicht existiert: Der Auftraggeber kann die Vorschüsse nach § 164 Abs. 1 SGB VII erfüllen und sich so ein Zurückbehaltungsrecht schaffen. Dies schließt aber nicht aus, dass eine Inanspruchnahme wegen der darüber hinausgehenden tatsächlichen Beiträge erfolgt. Infolgedessen kann anders als gegenüber der SOKA-BAU hier nicht von einem „Nullsummenspiel" für den Auftraggeber gesprochen werden. Das Haftungsrisiko lässt sich durch vorzeitige Beitragszahlung nicht ausschließen.

Wie dargestellt ist die Geltendmachung durch die BG Bau durchaus erfolgreich[691]. Dies erklärt sich einerseits durch effektive Möglichkeiten zur Ermittlung von Auftraggebern, andererseits durch Besonderheiten des Unfallversicherungsrechts. Auf die Möglichkeiten der SOKA-BAU im Entsendeverfahren, also auf A1-Bescheinigungen oder § 18-AEntG-Bescheinigungen kann aber nicht zugegriffen werden[692], hier bestünde Optimierungspotential.

IV Geltendmachung durch die Krankenkasse

Die Krankenkassen haben die Möglichkeit, etwa bei Hinweisen auf Beitragsrückstände oder Hinterziehung den Prüfdienst der Rentenversicherung nach § 28 p Abs. 1 S. 3 SGB IV zu einer Prüfung bei einem Arbeitgeber anzuhalten. Der Prüfdienst der Rentenversicherung kann wiederum die Einsichtsrechte aus § 98 Abs. 1 S. 3 SGB X geltend machen und so Auftraggeber ermitteln. Die Information durch den Zoll nach § 6 Abs. 3 S. 1 Nr. 3 Var. 1 SchwarzArbG über Verstöße gegen die Beitragspflicht erfolgt ebenfalls.

Nach § 28 e Abs. 3 c S. 1 SGB IV muss ein Bauleistungen ausführender Unternehmer auf Verlangen der Einzugsstelle Firma und Anschrift seines Auftragnehmers nennen, wobei die Weigerung nach § 111 Abs. 1 S. 1 Nr. 2 b SGB IV bußgeldbewehrt ist. Dieses Auskunftsrecht scheint aber wirkungslos zu sein[693]. Offenkundig zeitigt die Bußgeldandrohung bei ohnehin nicht zahlungswilligen- oder fähigen Nachunternehmern kaum einen Effekt. Eine erforderliche Abgabe

691 S. oben B V.

692 Gespräch mit Vertreterin der BG Bau, 20.07.2017.

693 Vgl. BT-Drs. 16/11476 S. 4 linke Spalte.

der Aufzeichnungen nach § 28 f Abs. 1 a SGB IV an den Zoll erscheint auch hier zweckmäßiger, eine Nennung von Auftraggebern ist eher zu erwarten, wenn es noch nicht zu einem Beitragsausfall gekommen ist. Dann kann die Bußgeldandrohung auch eine stärkere Wirkung entfalten.

Als mögliche Ursache der geringen Fallzahlen bei § 28 e Abs. 3 a SGB IV wurde in den Evaluationsberichten auch der Umstand diskutiert, dass die Krankenkasse kein hinreichendes Interesse an einer Beitreibung ausstehender Beiträge habe, da sie diese nicht selbst verwende[694]. Entscheidender ist wohl die problematische Ermittlung von Auftraggebern. Letztlich fehlt es beim Prüfdienst der Rentenversicherung am spezifisch branchenbezogenen Sachverstand, der zur Ermittlung von Auftraggebern mitunter erforderlich ist[695]. Denken ließe sich daher daran, eine andere Instanz insoweit zu sensibilisieren und deren Prüfungsergebnisse entsprechend einer gesetzlichen Regelung den Krankenkassen zuzuleiten. Für den Zoll besteht dieser Informationsaustausch bereits, hier wäre aber eine Sensibilisierung vonnöten. Ohne eine gewisse Bereitschaft der Einzugsstellen, an der Informationserlangung und Verarbeitung mitzuwirken, bliebe dies aber wirkungslos.

Allerdings besteht ein grundsätzliches Defizit der Krankenkassen darin, dass anders als bei der Unfallversicherung der Gesamtsozialversicherungsbetrag arbeitnehmerbezogen ist und die Geltendmachung der Haftung stets eine Zuordnung zum konkreten Arbeitnehmer voraussetzt. Mithin muss ermittelt werden, wann welcher Arbeitnehmer für den Auftraggeber tätig wurde. Gewisse systembedingte Unterschiede bei der Geltendmachung der Norm sind daher letztlich nicht zu vermeiden. Anhand der Aufzeichnungen nach § 28 f Abs. 1 a SGB IV ist eine Zuordnung aber unproblematisch möglich, allerdings ist nicht gesichert, dass solche Aufzeichnungen tatsächlich vorliegen.

V Geltendmachung durch Arbeitnehmer

1 Gerichtszuständigkeit

a) Gerichtsstand in Deutschland

Anders gelagert sind die Probleme, die sich bei der Geltendmachung der Haftung durch einzelne Arbeitnehmer ergeben. Mit diesen Problemen wird sich im Folgenden auseinandergesetzt.

---

694 BT-Drs. 17/11920 S. 4 f.; vgl. BT-Drs. 16/11476 S. 4 rechte Spalte.
695 BT-Drs. 17/11920 S. 5 links.

Wesentliche Voraussetzung für eine effektive Durchsetzung der Haftung ist ein Gerichtsstand für den klagenden Arbeitnehmer in Deutschland: Bei einer gerichtlichen Geltendmachung der Ansprüche im Ausland besteht das Dilemma, dass die ausländischen Gerichte gerade die Regeln anwenden müssen, die zu Wettbewerbsnachteilen für die einheimischen Unternehmen führen[696].

Für § 14 AEntG ergibt sich ein solcher Gerichtsstand in Deutschland für Klagen des Arbeitnehmers aus § 15 S. 1 AEntG, der ausdrücklich neben dem Anspruch gegen den Arbeitgeber gemäß §§ 8, 2 Nr. 1 AEntG auch den Anspruch gegen den Auftraggeber miteinbezieht. Auch für § 98 a Abs. 3, 4 AufenthG existiert mit § 98 a Abs. 6 AufenthG eine ausdrückliche Eröffnung des Gerichtsstands in Deutschland.

An einem ausdrücklichen Gerichtsstand in Deutschland fehlt es hingegen in den Fällen des § 13 MiLoG. Für den Anspruch gegen den bürgengleich haftenden Unternehmer mit Sitz im Inland ergibt sich der Gerichtsstand hier aber schon aus Art. 4 Abs. 1, 63 Abs. 1 a Brüssel Ia-VO, der auf den Wohnsitz beziehungsweise bei Gesellschaften auf den Unternehmenssitz abstellt. Im Regelfalle wird der Auftraggeber einer im Inland ausgeführten Leistung seinen Sitz in Deutschland haben. Bei einem Sitz des Unternehmers im Ausland ergibt sich die Eröffnung des Gerichtswegs aus Art. 7 Nr. 1 a Brüssel Ia-VO, da als vertragliche Ansprüche auch Einstandspflichten Dritter für vertragliche Pflichten gelten[697]. Demnach ist auf den Erfüllungsort der Werk- oder Dienstleistung abzustellen, gemäß Art. 7 Nr. 1 b Var. 2 der Brüssel Ia-VO ist dies der Ort, an dem die Tätigkeit ausgeführt wurde. Bei Tätigkeiten im Inland ist daher der deutsche Gerichtsstand eröffnet, allerdings besteht gemäß Art. 7 Nr. 1 b Brüssel Ia-Verordnung die Möglichkeit zu einer abweichenden Vereinbarung des Erfüllungsorts. Nur insoweit besteht daher eine gewisse Schutzlücke. Unter Verweis auf Art. 11 Abs. 1 RL 2014/67/EU, nach dem wirksame Rechtsschutzmöglichkeiten für den Arbeitnehmer bei Entsendungen geschaffen werden müssen, erscheint eine analoge Anwendung von § 15 S. 1 AEntG auf § 13 MiLoG durchaus geboten[698].

b) Eröffneter Gerichtsweg

Von der Existenz eines Gerichtsstandes in Deutschland ist die Frage zu trennen, welcher Gerichtsweg eröffnet ist. Teils wird § 15 AEntG eine generelle Zuweisung

---

696 Erfurter Kommentar/Schlachter § 15 AEntG Rn. 1; Däubler/Lakies TVG § 15 AEntG Rn. 2.

697 Schlosser/Hess/Schlosser Art. 7 Rn. 6.

698 Riechert/Nimmerjahn § 13 Rn. 59.

zu den Arbeitsgerichten entnommen, was mit einer erforderlichen Gleichbehandlung gerechtfertigt wird[699]. Allerdings beschränkt sich der Wortlaut auf Entsendefälle. Auch aus den Gesetzesmaterialien lässt sich nicht ableiten, dass eine Rechtswegzuweisung auch für rein nationale Sachverhalte verankert werden sollte, betont wird nur die internationale Dimension[700]. Schließlich ergibt sich zumindest bei Ansprüchen gegen die Arbeitgeber die Rechtswegeröffnung bereits aus § 2 Abs. 1 Nr. 3 a ArbGG[701]. Auch bei nationalen Streitigkeiten aus § 14 AEntG sollte sicher der Arbeitsgerichtsweg eröffnet sein, um die Materie einer einheitlichen Gerichtsbarkeit zuzuordnen. Dies lässt sich aber auch über einen anderen Weg lösen, nämlich über die Anwendung von § 2 Abs. 1 Nr. 3 a, 3 ArbGG[702]. Eine rechtsgeschäftliche Rechtsnachfolge nach § 3 ArbGG wird auch angenommen, wenn neben den bisherigen Schuldner ein weiterer Schuldner tritt, was bei der Bürgenhaftung gerade der Fall ist[703]. Dies gilt für § 13 MiLoG entsprechend.

In diesem Kontext wirft aber die Ausgestaltung bei § 98 a AufenthG Fragen auf. § 98 a Abs. 6 erklärt bei Streitigkeiten um den zu zahlenden Lohn den Arbeitsgerichtsweg für eröffnet, auf eine Entsendekonstellation kommt es nicht an. Diese Gerichtswegzuweisung wird damit begründet, dass anderenfalls die Ansprüche gegen den Auftraggeber der ordentlichen Gerichtsbarkeit zugewiesen seien, was die effektive Rechtsdurchsetzung erschwere[704]. Dies widerspricht aber der gefestigten und auch in der Literatur allgemein anerkannten eben dargelegten Rechtsprechung, wonach eine Haftung des Bürgen für Ansprüche aus dem Arbeitsvertrag nach §§ 2 Abs. 1 Nr. 3 a, 3 ArbGG den Arbeitsgerichten zugewiesen ist. Der Wortlaut der Begründung wirkt in seiner Entschiedenheit, als ob die an sich problemlos anwendbare Rechtsprechung entweder nicht erkannt oder ausdrücklich verworfen wird. Aufschlussreich ist hier die Regelung des § 4 Abs. 5 SeeArbG, die ebenfalls den Rechtsweg zu den Arbeitsgerichten eröffnet: Dies wurde damit begründet, dass Unklarheiten über die Anwendbarkeit von § 3 ArbGG vermieden werden sollen[705]. Für den insoweit

---

699 BAGE 102, 343, 344; Erfurter Kommentar/Schlachter § 15 AEntG Rn. 1.
700 BT-Drs. 13/8994 S. 72 rechte Spalte; BT-Drs. 16/10486 S. 14 linke Spalte.
701 Leipold SAE 2003, 146, 147.
702 Kempen/Zachert/Seifert Anh. 1 zu § 5 TVG § 14 AEntG Rn. 17; Koberski/Ashoff/Eustrup/Winkler § 14 AEntG Rn. 41.
703 BAGE 94, 52, 56; Germelmann/Matthes/Prütting/Schlewing § 3 ArbGG Rn. 10; Erfurter Kommentar/Koch § 3 ArbGG Rn. 3.
704 BT-Drs. 17/5470, S. 29 rechte Spalte.
705 BT-Drs. 17/12420 S. 17.

missverständlich begründeten § 98 a Abs. 6 AufenthG kann angesichts einer fehlenden ausdrücklichen Auseinandersetzung mit § 3 ArbGG die gleiche Intention unterstellt werden. Es verbleibt daher dabei, dass § 3 ArbGG auf die bürgengleiche Haftung Anwendung finden kann und zur Eröffnung des Arbeitsgerichtswegs nach der hier vertretenen Ansicht schon bei § 14 AEntG, definitiv aber bei 13 MiLoG, führt.

2 Das Problem der Übermittlungspflicht bei § 98 a Abs. 3, 4 AufenthG

a) Problemstellung

Die drohende Benachrichtigung der Ausländerbehörde durch die Arbeitsgerichte nach § 87 Abs. 2 S. 1 Nr. 1 AufenthG lässt Zweifel daran aufkommen, ob eine Durchsetzung der Ansprüche nach §§ 98 a Abs. 3, 4 AufenthG tatsächlich zu erwarten ist. Durch diese Übermittlungspflicht muss der Arbeitnehmer befürchten, der Ausländerbehörde bei einem Vorgehen gegen Arbeitnehmer oder Arbeitgeber Informationen über seinen illegalen Aufenthalt zu liefern. Hier kommt ein Verstoß gegen Art. 6 Abs. 2 a der RL 2009/52/EG in Betracht, der wirksame Verfahren einfordert. Auch wenn die Übermittlungspflicht – wie teilweise vertreten – auf unmittelbar im Rahmen der Aufgabenerfüllung und nicht nur auf bei Gelegenheit erhaltene Informationen beschränkt wird[706], bringt dies im betreffenden Fall keine Veränderung, da die illegale Beschäftigung gerade Voraussetzung des Anspruchs gegen den Auftraggeber ist und daher im Prozess dargelegt werden müsste. Die Information wäre daher bei der Überprüfung der Schlüssigkeit der Klage und mithin im Rahmen der Aufgabenerfüllung erlangt worden. Hier gilt daher eine andere Interessenlage als bei der Geltendmachung eines Anspruchs auf Lohnzahlung, der unabhängig von der illegalen Beschäftigung besteht und bei dem dieser Umstand vom Gericht nicht überprüft zu werden braucht[707]. Die Unternehmerhaftung auf den vereinbarten Lohn setzt aber gerade die illegale Beschäftigung voraus.

b) Unionsrechtskonforme Auslegung

Naheliegend erscheint daher eine unionsrechtskonforme Reduktion der Übermittlungspflicht nach § 87 Abs. 2 S. 1 Nr. 1 AufenthG[708]. Es stellt sich aber die

---

706 Bergmann/Dienelt/Winkelmann § 87 1 1.2; GK AufenthG/Petri § 87 Rn. 40.
707 Vgl. Lewek in Fischer-Lescarno/Kocher/Nassibi 135, 137.
708 So Hofmann/Keßler § 98 a Rn. 18.

Frage, ob dies methodisch vertretbar ist. Die unionsrechtskonforme Auslegung gibt unter mehreren möglichen Auslegungsmöglichkeiten der mit dem Unionsrecht kompatiblen den Vorrang, kann aber keinen nach der deutschen Methodik unvertretbaren Norminhalt bestimmen und so eine Wirkung contra legem entfalten[709]. Die beschriebene Thematik wurde schon im Gesetzgebungsverfahren problematisiert[710], blieb aber unangetastet. Eine einschränkende Auslegung des § 87 Abs. 2 S. 1 Nr. 1 AufenthG im Falle des § 98 a AufenthG ist daher mit dem Willen des Gesetzgebers nicht vereinbar, sodass eine unionsrechtskonforme Auslegung ausscheidet. Denken ließe sich an eine unmittelbare Wirkung der Richtlinie gegenüber der Bundesrepublik mit der Folge, dass die Hindernisse für ein wirksames Verfahren wegfallen würden. Die unmittelbare Wirkung einer Richtlinie setzt aber eine hinreichende Genauigkeit voraus[711]. Eine solche liegt nur vor, wenn konkrete unmittelbar umsetzbare Maßnahmen und nicht lediglich ein grober Rahmen vorgegeben werden[712], so sind bloße Zielbestimmungen zum Umweltschutz etwa nicht hinreichend konkret[713]. Art. 6 Abs. 2 a der RL 2009/52/EG spricht aber lediglich von nicht näher bestimmten wirksamen Verfahren, ohne konkrete Verpflichtungen aufzuerlegen. Auch über eine unmittelbare Anwendung der Richtlinie lässt sich daher eine Ausnahme von der Übermittlungspflicht nicht herbeiführen.

c) *Rechtspolitische Bewertung*

Von der rechtlichen Ebene ist die rechtspolitische Bewertung der Übermittlungspflicht zu trennen. Für deren Bestand ließe sich rechtspolitisch argumentieren, dass ein illegal beschäftigter Ausländer ansonsten zur Aufnahme einer erneuten illegalen Beschäftigung motiviert wird[714]. Dieser Einwand scheint mit Erwägungsgrund 2 der Richtlinie 2009/52/EG zu korrespondieren, in dem von einer Abschreckungswirkung für illegale Beschäftigung die Rede ist. Aus

---

709 BAGE NZA 2015, 375 Rn. 31; EuGH SlG I 2006, 6091, Rn. 110 (Adeneler); Franzen/Gallner/Oetker/Höpfner Rn. 47.

710 Plenarprotokoll 17/105 vom 14.04. 2011, S. 12167 linke Spalte (Veit, SPD); Plenarprotokoll 17/120 vom 07.07. 2011, S. 14220 linke Spalte (Veit, SPD), S. 14222 linke Spalte (Jelpke, Die Linke), 1423 linke Spalte (Winkler, Bündnis 90/Die Grünen).

711 SlG 1991 I- 5357 (Francowitsch) Rn. 12; EuGH SlG 1994 I 483 Rn. 8; Ruffert/Callies/Ruffert Art. 288 Rn. 53.

712 EuGH SlG 1994 I 483 Rn. 14; SlG 1989, 1925, Rn. 26; Streinz/Schroeder Art. 288 Rn. 108.

713 EuGH SlG 1994 I 483 Rn. 14.

714 Plenarprotokoll 17/120 vom 07.07.2011, S. 14218 linke Spalte (Grindel, CDU).

Erwägungsgrund 3 ergibt sich aber, dass dieser Abschreckungseffekt gegenüber den Arbeitgebern und Auftraggebern wirksam werden soll und diese daher mit negativen Folgen zu rechnen haben. Das Risiko der fehlenden Entlohnung mit dem damit verbundenen Attraktivitätsverlust für die illegale Beschäftigung soll gerade nicht der Arbeitnehmer tragen. Hält man an der Übermittlungspflicht fest, wird diese Grundentscheidung letztlich konterkariert: Dem Ausländer würde angesichts der für ihn zu riskanten Geltendmachung seiner Ansprüche realistischerweise der Lohn als Strafe für seine illegale Beschäftigung verwehrt. Für den Auftraggeber verbliebe nur das Risiko einer Inanspruchnahme auf sanktionsrechtlicher Ebene, eine Kenntnisnahme der Behörden ist aber keineswegs gesichert.

Auch aus Erwägungsgrund 15 der RL 2009/52/EG ergibt sich keine andere Konzeption: Demnach soll den Ausländer kein Aufenthaltsanspruch infolge des Lohnanspruchs zustehen. Daraus lässt sich aber nicht ableiten, dass die Durchsetzung des Lohnanspruchs mit negativen Konsequenzen für den Aufenthaltsstatus verbunden sein muss.

Im Ergebnis ist eine unionsrechtskonforme Auslegung des § 87 Abs. 2 S. 1 Nr. 1 AufenthG nicht möglich, rechtspolitisch eine Reform aber zwingend erforderlich, um so die Möglichkeit einer Rechtsdurchsetzung durch den Ausländer zu ermöglichen[715]. Andernfalls sind die Funktionen der Haftung nicht zu erfüllen. Anders verhält es sich bei der Übermittlungspflicht auf Ersuchen nach § 87 Abs. 1 AufenthG: Diese setzt schon einen Verdacht aufseiten der Behörde voraus und beschleunigt das Verfahren lediglich. Der Ausländer müsste daher nicht befürchten, dass infolge seiner Klage sein illegaler Aufenthaltsstatus publik wird.

3 Beteiligung Dritter im Verfahren

a) Teilnahme von Gewerkschaften am Prozess

Nach Art. 11 Abs. 3 RL 2014/67/EU, Art. 13 Abs. 2 RL 2009/52/EG sind die Mitgliedsstaaten verpflichtet, Gewerkschaften oder anderen Dritten mit nach nationalem Recht berechtigten Interessen eine Beteiligungsmöglichkeit im eigenen Namen oder zur Unterstützung im Gerichtsverfahren zu ermöglichen. Es stellt sich hierbei das Problem, dass eine Vertretung bei fehlender eigener Rechtskenntnis nach § 11 Abs. 2 S. 1 ArbGG nur durch einen in Deutschland niedergelassenen Rechtsanwalt möglich ist, was mit organisatorischen und sprachlichen Hürden verbunden ist. Eine Beteiligungsmöglichkeit von Gewerkschaften im

715 Ebenso Kluth ZAR 2013, 182, 187; vgl. auch bereits Cyrus, ZAR 2010, 317, 319.

Arbeitsgerichtsverfahren ist nach § 11 Abs. 2 S. 2 Nr. 4 ArbGG nur für deren Mitglieder möglich. Die Richtlinien sind daher nicht vollständig umgesetzt, sodass zumindest eine Beteiligungsmöglichkeit im Anwendungsbereich der Richtlinien kraft unmittelbarer Wirkung anzunehmen ist, diese Beteiligungsmöglichkeit ließe sich durch ehrenamtliche Beratungsstellen der Gewerkschaften wahrnehmen[716].

Denkbar erscheint es auch, diesen Stellen beziehungsweise den dahinterstehenden Verbänden ähnlich wie im Falle des § 85 SGB IX im Rahmen einer gesetzlichen Prozessstandschaft mit dem Einverständnis der Anspruchsinhaber die Aktivlegitimation für den Prozess zu verleihen, sodass im Sinne der Richtlinie eine Geltendmachung im eigenen Namen vorliegen würde[717]. Der heutige § 85 SGB IX wurde mit der Erwägung begründet, dass die Geltendmachung durch schwerbehinderte Personen besonderer Erleichterung bedürfe[718]. Bei entsandten Arbeitnehmern lässt sich eine vergleichbare Schutzwürdigkeit wie im Schwerbehindertenrecht durchaus annehmen. Art. 6 Abs. 2 b RL 2009/52/EG ermöglicht fakultativ die Klageeinreichung durch eine Behörde auf Antrag des Arbeitnehmers lediglich bezüglich der Lohansprüche gegen den Arbeitgeber.

b) Verbandsklagerecht

aa) Überblick und Diskussion

Von einer Beteiligung Dritter mit Zustimmung des Arbeitnehmers zu trennen ist die Möglichkeit, eine Verbandsklage ohne Beteiligung des Arbeitnehmers zu erheben. Letztlich bleibt hier zu beachten, dass die Geltendmachung durch einzelne Arbeitnehmer letztlich eine Ausnahme darstellt, wobei die Einschätzung der Häufigkeit hier zwischen Arbeitgeber- und Arbeitnehmervertretern divergiert[719]. Im Ergebnis wirkt sich die Hemmnis der Arbeitnehmer, mit den Arbeitgebern während und auch nach Beendigung des Arbeitsverhältnisses gerichtliche

---

716 Vgl. Hofmann/Keßler § 98 a Rn. 19.

717 Ausschuss-Drs. Arbeit und Soziales 17(4) 282 E, S. 18 f. (Deutsches Institut für Menschenrechte), http://www.institut-fuer-menschenrechte.de/fileadmin/_migrated/tx_commerce/Stellungnahme_zur_oeffentlichen_anhoerung_zum_gesetzentwurf_der_fraktionen_der_cdu_csu_und_fdp_entwurf_eines_gesetzes_z_umsetzung_aufenthaltsrechtlicher_richtlinien_der_eu_u_zur_anpassung_nat_rechtsvorschriften_an_den_eu_visakodex.pdf, abgerufen am 09.02.2019.

718 BT-Drs. 14/5074, S. 111 rechte Spalte.

719 Gespräch mit Vertreterin der Bauindustrie Mitte, 15.12.2016; Gespräch mit Vertreter der IG Bau, 12.05.2017.

Auseinandersetzung zu führen, auch auf eine Auseinandersetzung mit dem Auftraggeber aus. Die mittelbare Einflussnahme auf das Arbeitsverhältnis ist hier offenbar hinreichend, um eine Abschreckungswirkung zu entfalten[720]. Ausschlaggebend sind wohl die befürchteten mittelbaren psychologischen Auswirkungen auf das Arbeitsverhältnis. Bei entsandten Arbeitnehmer können auch Faktoren wie die Sprachbarriere und eine fehlende „Klagekultur" im Heimatland, was insbesondere für ehemalige Ostblockstaaten zutrifft[721], von der Geltendmachung der Ansprüche abhalten. Die Verbandsklage bietet insoweit eine Möglichkeit, diese Defizite zu beseitigen und wird auch von Gewerkschaftsseite ins Spiel gebracht[722]. Eine Diskussion über die Verbandsklage erfolgte durchaus in den Gesetzgebungsprozessen zu § 98 a AufenthG und zum MiLoG, aber jeweils nur hinsichtlich möglicher Ansprüche gegen den Arbeitgeber und nicht hinsichtlich eines Vorgehens gegen den Auftraggeber[723]. Der SPD-Entwurf für ein Entsendegesetz aus dem Jahr 1995 sah die Möglichkeit einer Verbandsklage durch die Bundesagentur für Arbeit oder durch die zuständigen Tarifvertragsparteien vor, wobei sich diese nach dem Wortlaut des angedachten § 9 Abs. 2 auf den Anspruch gegen den Auftraggeber beziehen sollte. Die Begründung wies aber eher in die Richtung, dass individuelle Ansprüche gegen den Arbeitgeber angesichts des besonderen Abhängigkeitsverhältnisses kaum geltend gemacht werden würden und daher eine kollektive Komponente vonnöten sei. Gegenstand der Verbandsklage sollte demnach wohl entgegen des Wortlauts der Anspruch gegen den Arbeitgeber sein[724].

§ 25 HAG enthält eine Möglichkeit der Behörde, den Anspruch auf Nachzahlung des Mindestbetrags ohne Beteiligung des Heimarbeiters geltend zu machen. Auch insoweit wurde die Funktion von der Rechtsprechung darin gesehen, die drohenden Hemmnisse der Heimarbeiter vor einer rechtlichen Auseinandersetzung mit ihrem Vertragspartner zu überwinden[725]. Daneben wurde auch die Klärung allgemeiner Rechtsfragen als Funktion genannt[726]. In der

---

720 Gespräch mit Vertreter der IG Bau, 12.05. 2017.

721 Böning in Tagung zur sozialen Dimension Europas, 45, 46 f.; Treib/Leiber WSI-Mitteilungen 2006, 547, 551.

722 Gespräch mit Vertreter der IG Bau, 12.05. 2017).

723 Ausschuss-Drs. Arbeit und Soziales 17(4) 282 E, S. 18 f. (Deutsches Institut für Menschenrechte) a.a.O.; Ausschussdrucksache Arbeit und Soziales 18/(11)/148 S. 33 linke Spalte (DGB), 90 linke Spalte (Schulten).

724 BT-Drs. 13/2418 S. 4 rechte Spalte, S. 13 linke Spalte.

725 BAG NZA 1985, 362, 363.

726 BAGE 16, 266.

Diskussion über eine Verbandsklage hinsichtlich der Mindestentgeltansprüche steht ebenfalls der Aspekt im Vordergrund, dass die geringe Klagebereitschaft der Arbeitnehmer aus Angst vor negativen Folgen für das Arbeitsverhältnis eine alternative Möglichkeit zur Geltendmachung der Ansprüche bedinge[727]. Letztendlich wird der Schutz der Arbeitnehmer als Rechtfertigung für die Verbandsklage herangezogen.

Es ist aber fraglich, ob die dargestellte Interessenlage auch vorliegt, wenn sich die Ansprüche statt gegen den Arbeitgeber gegen den Auftraggeber richten. Die Rechtsdurchsetzung gegen den Willen des Arbeitnehmers lässt letztlich auch dessen privatautonome Dispositionsbefugnis über die ihm zustehenden Ansprüche außer Acht, nur bei einer tatsächlich erschwerten Durchsetzung lässt sich dies überwinden[728]. Mit dem Auftraggeber bestehen keine arbeitsvertraglichen Bindungen, sodass mit der Geltendmachung des Anspruchs keine unmittelbare Belastung des Vertragsverhältnisses eintritt. Zwar bestehen faktisch wie eben dargestellt durchaus vergleichbare Hemmnisse, dies ist aber letztlich dem Risikobereich des Arbeitnehmers zuzuordnen. Nur mit dem Arbeitgeber muss tagtäglich über einen längeren Zeitraum zusammengearbeitet werden, mittelbare Folgen auf das Verhältnis zum Arbeitgeber infolge einer Geltendmachung gegen den Auftraggeber erscheinen letztlich zumutbar. Die besondere Schutzwürdigkeit auf Durchsetzungsebene geht hier nicht über das normale Maß hinaus, sodass eine Abkoppelung der Geltendmachung von der Zustimmung des Arbeitnehmers auch nicht durch diese Erwägung gerechtfertigt werden kann.

bb) Rechtfertigung durch Präventivfunktion

Eine Verbandsklage lässt sich aber auch mit dem präventiven Schutz eines Gruppeninteresses rechtfertigen: Hierbei soll der Eintritt eines Individualrechtsverstoßes verhindert werden[729]. Dies stellt letztlich eine Vorverlagerung der Schutzwirkung dar[730]. Beispiel hierfür ist der Unterlassungsanspruch nach § 1 Unterlassungsklagengesetz (UKlaG) gegen nach §§ 307 – 309 BGB unwirksame allgemeine Geschäftsbedingungen: Hierdurch wird verhindert, dass ein Verbraucher mit einer solchen Klausel in Kontakt kommt, Voraussetzung des

727 Greiner AuR 2016, 92; Jessulat AuR 2014, 318; vgl. auch Referat von Deinert auf dem 70. Deutschen Juristentag, K 11, 20.

728 Höpfner RdA 2015, 94, 97.

729 Klocke S. 17, 37.

730 Wolf S. 18.

Unterlassungsanspruchs ist gerade nicht, dass eine solche Klausel Vertragsbestandteil geworden ist[731].

Wendet man diesen Ansatz auf die bürgengleiche Haftung an, so besteht eine Besonderheit. Es muss hier notwendigerweise ein Individualrechtsverstoß vorliegen, der als Gegenstand eines mittels einer Verbandsklage eingeleiteten Gerichtsprozesses dient. Ohne eine Beauftragung eines das Mindestentgelt nicht zahlenden Arbeitgebers wird der Anspruch nicht geltend gemacht werden. Sodann würde eine Verbandsklage nicht allein diesen Individualrechtsverstoß durch die Verurteilung des Auftraggebers zur Zahlung kompensieren, sondern würde vielmehr auch ein kollektives Interesse befriedigen. Die Erfüllung des Individualanspruchs wäre nur Mittel zum Zweck. Die kollektiven Interessen bei den einzelnen Haftungsnormen sind ausführlich dargestellt worden[732].

Die Möglichkeit einer Geltendmachung gegen den Willen des Arbeitnehmers ist aber dann abzulehnen, wenn ein drohendes Durchsetzungsdefizit auf anderem Wege verhindert werden kann. Für das Baugewerbe ermöglicht die Anspruchsberechtigung der SOKA-BAU bereits eine gewisse Effektivität der Haftung, beachtet werden müssen weiterhin die §§ 28 e Abs. 3 a, 150 Abs. 3 S. 1 HS 2 SGB VII. Eine akzeptable Präventivwirkung der Haftungsnormen ist daher auch ohne eine Verbandsklage gewährleistet.

Dies schließt aber nicht die vom Gesetzgeber unabhängige Möglichkeit aus, eine gemeinsame Einrichtung der Tarifvertragsparteien gemäß § 4 Abs. 2 TVG zu errichten, die ein solches Verbandsklagerecht ausübt oder gar wie ein Gesamthafenbetrieb Arbeitnehmerfunktionen zumindest für nicht dauerhaft beschäftigte Arbeitnehmer übernimmt[733]. Eine Rechtsdurchsetzung durch eine gemeinsame Einrichtung erfolgte bisher hinsichtlich der Lohnzahlung allein durch die Prüf- und Beratungsstelle des Gebäudereinigerhandwerks für Berlin, die bei ausbleibender Lohnzahlung einen Vorschuss zahlte und anschließend gegen den Arbeitgeber vorging[734]. Mithin war das Einverständnis des Arbeitnehmers vonnöten. Die Errichtung einer ähnlichen, aber gegebenenfalls antragsunabhängig agierenden Instanz würde aber den Abschluss eines solchen Tarifvertrags und die Allgemeinverbindlichkeit entsprechend den Voraussetzungen nach § 5 Abs. 1 TVG erfordern. § 5 Abs. 1 a TVG ist angesichts des dort nicht genannten Regelungsgegenstandes nicht anwendbar.

731 Vgl. BGHZ 101, 271, 274 f.

732 S. oben zusammenfassend C V.

733 Anregung von Herrn Allgaier, IG Bau, Gespräch am 12.05.2017.

734 Die Allgemeinverbindlichkeit anerkennend BAGE 108, 155.

Anders verhält es sich bei § 13 MiLoG sowie bei den restlichen Branchen des § 14 AEntG. Außerhalb des Baugewerbes kann sich die Steuerung allein auf diese Normen beziehen, zudem kommt nur eine Geltendmachung durch die Arbeitnehmer in Betracht. Für die Fleischwirtschaft bleibt abzuwarten, inwieweit § 3 GSA Fleisch eine Wirkung entfalten kann, zumindest fehlt es an einer der SOKA-BAU vergleichbaren Instanz für § 14 AEntG. Eine Verbandsklage ist daher für § 13 MiLoG und außerhalb der Bauwirtschaft für § 14 AEntG durchaus in Betracht zu ziehen. Noch stärker gilt dies für § 98 a Abs. 3, 4 AufenthG. Einer Geltendmachung durch den Arbeitnehmer steht die Angst vor Entdeckung entgegen, nach Feststellung des illegalen Aufenthalts dürften die Unkenntnis des deutschen Rechtssystems im allgemeinen und der Anspruchsgrundlage im Besonderen regelmäßig unüberwindbare Hürden darstellen. Hier ist eine Verbandsklage auch systematisch passend, da der hinter dem Anspruch stehende Zweck letztlich nicht den illegal tätigen Arbeitnehmer als solchen schützen soll, sondern stattdessen allein andere Ziele verfolgt werden. Der präventive Schutz richtet sich auf die legal tätigen Arbeitnehmer. Der Grundgedanke der eigenen Disposition über Ansprüche kommt hier daher nicht als Gegenargument hinsichtlich einer Verbandsklage in Betracht.

Es stellt sich weiterhin die Frage, wer als klageberechtigte Institution in Betracht kommt. Bei Gewerkschaften stellt sich das Problem, dass diese allein ihre Mitglieder repräsentieren, zudem wäre die Gewerkschaft mangels eigener Kontrollen bei Arbeitgebern auf Hinweise und eine Beweisführung durch Arbeitnehmer angewiesen. Daher ist hier entsprechend § 25 HAG eine staatliche Stelle als aktivlegitimierte juristische Person zu präferieren. Eine Berechtigung des Zolls als nach § 2 Abs. 1 S. 1 Nr. 4, 5 SchwarzArbG zuständige Stelle erscheint als am besten geeignet, da der Zoll mögliche Verstöße selbst aufdecken und die notwendigen Unterlagen selbst durch Eingriffsrechte beschaffen kann.

VI Übergeordnetes Problem: Bestreiten durch Nichtwissen

Im Rahmen der prozessualen Geltendmachung ist problematisch, ob sich der Auftraggeber hinsichtlich der im Prozess dargelegten tatsächlich geleisteten Arbeit auf Nichtwissen nach § 138 Abs. 4 ZPO berufen kann. Andernfalls würde die Tatsache bei einer fehlenden ausdrücklichen Erklärung zum Sachverhalt nach § 138 Abs. 3 ZPO als zugestanden gelten. Dies wird relevant, wenn ein konkreter Arbeitnehmer den Anspruch einklagt oder die SOKA-BAU die genaue Beitragshöhe darlegen muss.

Ein Bestreiten mit Nichtwissen ist auch dann ausgeschlossen, wenn die Prozesspartei Informationspflichten trifft, etwa aufgrund der Anleitung, Aufsicht oder Verantwortung über geleistete Arbeiten[735]. Bei der Erledigung von Arbeiten durch Nachunternehmer kann dies dann angenommen werden, wenn der Hauptunternehmer etwa durch die Anwesenheit eigener Beschäftigter bei Verrichtung der Arbeiten die faktische Kontrolle innehat sowie eine Weisungsbefugnis ausüben kann[736]. Ein Werkvertrag zwischen Auftraggeber und Nachunternehmer reicht aber noch nicht aus[737]: Hier wird die Verantwortlichkeit tatsächlich delegiert, den Hauptunternehmer treffen daher keine Informationspflichten.

Es zeigt sich daher, dass dem Auftraggeber oftmals ein Bestreiten mit Nichtwissen möglich ist. Der Auftraggeber kann so ohne Verletzung seiner prozessualen Wahrheitspflicht die Angaben bestreiten. Es ließe sich überlegen, ob durch diese Möglichkeit der Anwendungsbereich der einschlägigen Haftungsnormen faktisch wegfällt und daher das Bestreiten mit Nichtwissen grundsätzlich untersagt wird[738]. Diese Frage ist davon abhängig, welche Darlegungsmöglichkeiten dem Anspruchsinhaber zustehen. Auf die Beweismöglichkeiten der Urlaubskasse wurde bereits eingegangen. Das BAG geht für das Entsendeverfahren im Ergebnis zutreffend davon aus, dass insoweit eine teleologische Reduktion nicht nötig sei[739]. Im Inlandsverfahren können hinsichtlich der Anspruchshöhe hinreichende Beweismöglichkeiten angesichts des Anspruchs aus § 810 Var. 2 BGB auf Einsicht in Unterlagen aus § 28 f Abs. 1 a S. 1 SGB IV noch angenommen werden. Auch für Arbeitnehmer des Baugewerbes kommt ein Auskunftsanspruch aus § 810 Var. 2 BGB in Bezug auf eben diese Unterlagen in Betracht, alternativ könnten in Entsendefällen die Meldungen nach § 18 S. 1 AEntG vom Zoll herausverlangt werden.

Anders ist die Situation bei § 13 MiLoG. Hier kämen als einzuklagende Dokumente allein Aufzeichnungen nach §§ 19 Abs. 1 S. 1 AEntG, 17 Abs. 1 S. 1 MiLoG in Betracht. Die Meldungen nach § 17 Abs. 1 MiLoG beschränken sich aber auf einzelne Branchen, zudem lässt sich aus diesen Meldungen nicht der Arbeitsort ableiten.

Es ließe sich durchaus vertreten, dass dem Arbeitnehmer selbst die Verantwortung zugewiesen wird, seine geleistete Arbeit nachzuweisen. Zu denken wäre hier an einen Nachweis durch Stundenzettel. Dies übersieht aber, dass der Anspruch gegen den Auftraggeber davon abhängig ist, dass gerade gegenüber

---

735 BGH NJW RR 2009, 1666, Rn. 16; BGHZ 109, 205, 209 f.; Musielak/Voit/Stadler § 138 Rn. 17; MüKo ZPO/Fritsche § 138 Rn. 29.

736 BAGE 139, 36 Rn. 24.

737 Vgl. BAG BeckRS 2009, 51337 Rn. 23.

738 Vgl. BAGE 119, 170 Rn. 7.

739 BAGE 119, 170 Rn. 16 ff.

diesem eine Dienst- oder Werkleistung erbracht wurde. Die Beweislast des Arbeitnehmers würde sich daher nicht nur auf die generell geleistete Arbeitszeit beziehen, sondern auf deren konkrete Gestaltung. Eine solche Dokumentation seitens der Arbeitnehmer erscheint vor allem bei häufig wechselnden Tätigkeiten kaum als realistisch. Für eine solche Wertung spricht entscheidend der Rechtsgedanke des § 28 f Abs. 1 a SGB IV, der bei den Aufzeichnungspflichten im Baugewerbe eine genaue Zuordnung zu einem Dienst- oder Werkvertrag verlangt. Hieraus ergibt sich, dass zur wirksamen Durchsetzung der bürgengleichen Haftung eine solche Zuordnung erforderlich ist. Fehlt es an einer solchen Dokumentationspflicht auch hinsichtlich der einschlägigen Dienst- oder Werkverträge, liegt bei fehlender Eigendokumentation des Arbeitnehmers kein taugliches Beweismittel vor. Um diese Situation zu vermeiden, ist das Bestreiten durch Nichtwissen daher auszuschließen. Erst recht muss dies bei § 98 a Abs. 3, 4 AufenthG gelten, bei dem eine Aufzeichnung der illegal geleisteten Arbeit durch den Arbeitnehmer kaum zu erwarten ist.

Es zeigt sich, dass im Wege der Auslegung die Möglichkeit des Bestreitens durch Nichtwissens bei § 13 MiLoG und § 98 a Abs. 3, 4 AufenthG auszuschließen ist, da die Haftung ansonsten leerlaufen würde. Dem Auftraggeber ist es entsprechend der zu präferierenden Auslegung nicht möglich, ohne Verletzung der prozessualen Wahrheitspflicht das Vorliegen der Anspruchsvoraussetzungen zu bestreiten. Etwas anderes gilt hinsichtlich des § 14 AEntG im Baugewerbe: Hier ließen sich Nachweisdokumente einklagen, sodass es nicht gerechtfertigt erschiene, durch Auslegung die Möglichkeit des Bestreitens durch Nichtwissen einzuschränken.

VII Haftung im Insolvenzfall

1 Teleologische Reduktion bei Insolvenz

Die Probleme im Zusammenspiel mit insolvenzrechtlichen Themenstellungen beginnen bereits bei der Frage, ob die Haftung überhaupt im Insolvenzfall greift.

Die Haftung des Auftraggebers auch bei Insolvenz des Auftragnehmers wird unterinstanzlich angenommen[740], höchstinstanzlich aber offengelassen[741]. In der

740 LAG Niedersachsen BeckRS 2010, 32462; LAG Berlin-Brandenburg BeckRS 2009, 73920; LAG Baden-Württemberg, Urteil vom 18. Januar 2010 – 4 Sa 14/09 –, juris, Rn. 60.

741 BVerfG NZA 2007, 609, 612; BAG NZA 2011, 514 Rn. 54.

Literatur wird die Haftung zu großen Teilen befürwortet[742]. Vereinzelt wird aber auch eine teleologische Reduktion bei Zahlungsunfähigkeit gefordert. Dies wird mit der Erwägung gerechtfertigt, dass nur hinsichtlich der Leistungsunwilligkeit eine Steuerungswirkung erreicht werden kann und soll[743]. Es ist bereits ausführlich dargelegt worden, dass gerade auch die Bestandsfähigkeit ein Ziel der Steuerungswirkung ist, dies ergibt sich für §§ 14 AEntG, 13 MiLoG aus der Intention der Mindestentgelte und bei der Haftung für Sozialversicherungsbeiträge aus § 28 e Abs. 3 b S. 2 SGB IV. Die einzige Norm ohne beschäftigungsfördernde Komponente stellt § 3 GSA Fleisch dar, § 98 a Abs. 3, 4 AufenthG erfüllt diese auf anderen Wegen.

Die Steuerungsfunktion kann aber auch hinsichtlich der Rechtstreue nur wirksam ausgeübt werden, wenn ein Risiko des tatsächlichen Zahlungsausfalls existiert. Dies ist nur der Fall, wenn der Regressanspruch aus § 774 Abs. 1 S. 1 BGB leerlaufen kann, bei einem Ausschluss der Haftung im Insolvenzfall scheidet ein solcher Anwendungsfall gerade aus. Die Regressmöglichkeit erinnert an die bei der ökonomischen Analyse des Deliktsrechts diskutierte Problematik einer Versicherung, deren Prämien unabhängig vom betriebenen Vorsorgeaufwand erhoben werden[744]. Hier werden keine Anreize dafür geliefert, einen hohen Sorgfaltsmaßstab aufrechtzuerhalten. Beschränkt sich die Haftung aber allein auf die fehlende Rechtstreue und gerade nicht auf die volle Zahlungsfähigkeit, besteht angesichts des liquiden Auftragnehmers eine sichere Rückgriffsmöglichkeit. In der Konsequenz ist eine nicht im Insolvenzfall greifende Haftung mit der Konstellation einer sich nicht am Vorsorgeaufwand orientierenden Versicherung zu vergleichen.

Daneben spricht gegen eine solche Einschränkung im Wege der Auslegung, dass der Arbeitnehmer gerade durch einen zusätzlichen solventen Schuldner geschützt werden soll[745]: Der Schutz durch Insolvenzgeld ist nach § 165 Abs. 1 S. 2 SGB III zeitlich auf die letzten drei Monate vor Eröffnung des Insolvenzverfahrens begrenzt und dadurch nicht abschließend[746]. Entscheidend ist aber in diesem Zusammenhang die Effektivitätsfunktion: Würde die Haftung im

742 Henssler/Willemsen/Kalb/Tillmanns § 14 AEntG Rn. 1; Müller ÖAT 2015, 95; Spielberger/Schilling NJW 2014, 2897, 2901; Düwell/Schubert/Reinfelder § 13 Rn. 27.

743 Kühn/Reich BB 2014, 2938, 2939; vgl. Bissels/Falter/Krings DB 2015, 1962, 1964; mit Bezug auf Unionsrecht Dörfler S. 238; Gündisch S. 113.

744 Schäfer/Ott, 6.20. 2.

745 Bayreuther NZA 2015, 961, 966.

746 So argumentierend auch LAG Baden-Württemberg, Urteil vom 18. Januar 2010 – 4 Sa 14/09 –, juris, Rn. 60.

Insolvenzfall nicht greifen, wäre die Verlagerung an vermögenslose „Briefkastenfirmen" risikolos. Es würde sogar ein Anreiz gesetzt, für solche Umgehungszwecke tatsächlich insolvenzgefährdete Unternehmen auszuwählen. Dies ist bereits hinsichtlich der Vereinbarkeit mit Unionsrecht dargestellt worden[747].

Erwägen ließe sich, die Haftung im Insolvenzfall unter Verweis auf verfassungsrechtliche Grenzen einzuschränken. Es steht dem Gesetzgeber bei einem Verzicht auf die unternehmerisch vertretbare Beschäftigung eigener Arbeitnehmer aber frei, die Inanspruchnahme nicht nur auf den Fall der Zahlungsunwilligkeit zu begrenzen. Das Insolvenzrisiko ist gerade wesentlicher Bestandteil einer jeden Haftung, anderenfalls ließe sich schon an der Eingriffsqualität zweifeln. Als Gegenargument ließe sich einwenden, dass Unternehmer bei der Beschäftigung von Arbeitnehmern bereits das Insolvenzgeld durch eine Umlage nach §§ 358 SGB III finanzieren[748] beziehungsweise im Baugewerbe über § 28 e Abs. 3 a SGB IV i.V. mit § 359 Abs. 1 S. 2 SGB III für die Beiträge zur Insolvenzgeldumlage haften[749]. Eine Doppelbelastung ist wie dargestellt beim Vorliegen einer Verantwortungsbeziehung zu rechtfertigen. In diesem Fall handelt es sich letztlich jeweils um eine Dreifachbelastung, da der Auftraggeber auch durch den Werklohn an der Finanzierung der Lohnkosten mitwirkt. Dies lässt sich berücksichtigen, indem ein zusätzlicher sachlicher Grund auch für diese weitere Inanspruchnahme gefordert wird[750]. Ein solcher liegt aber hier in der funktionellen Erweiterung der Steuerungswirkung und auch in der Ermöglichung einer Effektivitätsfunktion, sodass die zusätzliche Inanspruchnahme gerechtfertigt ist. Daneben lässt sich der Gesichtspunkt der mehrfachen Belastung im Rahmen der Prüfung einer zu weitreichenden kumulativen Belastung berücksichtigen, diese Schwelle ist aber bei einem Blick auf die Höhe der Umlage nach §§ 358, 360 SGB III noch nicht erreicht. Eine verfassungsrechtliche Einschränkung der Haftung ist daher insoweit nicht erforderlich. Dies gilt sowohl für die Konstellationen, in denen die Haftung auch verschuldensunabhängig verfassungsgemäß wäre, als auch für die Fälle, in denen nur bei einer Verletzung der erforderlichen Sorgfalt eine Haftung in Betracht kommt.

747 S. oben D IV 5a) cc).
748 Ebenso LAG Niedersachsen BeckRS 2010, 32462.
749 Vgl. BAG NZA 2011, 514 Rn. 21.
750 Vgl. Steinmeyer BB 2010, 2301, 2305.

2 Übergang des Anspruchs bei Zahlung von Insolvenzgeld

a) Analoge Anwendung der §§ 169 S. 1 SGB III, 401 Abs. 1, 412 BGB

Problematisch ist, ob bei einer Zahlung von Insolvenzgeld der Anspruch gegen den Auftraggeber nach §§ 169 S. 1 SGB III, 401 Abs. 1, 412 BGB zusammen mit dem Anspruch gegen den Arbeitgeber auf die Bundesagentur für Arbeit übergeht. Dies ist praktisch bedeutsam: Es stellt sich die Frage, ob auch bei einer geleisteten Zahlung an den Arbeitnehmer durch die Bundesagentur dem Auftraggeber weiterhin die Inanspruchnahme droht oder ob mit Wegfall der Schutzbedürftigkeit des Arbeitnehmers auch die Haftung entfällt.

Da keine rechtsgeschäftlich bestellte Bürgschaft nach § 401 Abs. 1 BGB, vorliegt, kommt nur eine analoge Anwendung dieser Norm in Betracht[751]. Das LAG Baden-Württemberg lehnte dies mit der Begründung ab, dass die Liquidität keine Komponente der Steuerungsabsicht sei[752]. Diese Argumentation ist bereits oben widerlegt worden[753]. Weiterhin führte das LAG Baden-Württemberg aus, dass die Einstandspflicht im Insolvenzfall nur für die Baubranche einen Gleichheitsverstoß darstelle: Die für eine einzelne Branche durch das Haftungsrisiko auferlegte Obliegenheit zur Auswahl bestandsfähiger Auftragnehmer sei nur dann gerechtfertigt, wenn für diese Branche ein besonderes Insolvenzrisiko bestehe. Dies sei im Vergleich mit anderen Branchen aber nicht ersichtlich. Es lässt sich hiergegen zunächst argumentieren, dass die Auferlegung des Insolvenzrisikos auch andere Motive verfolgt, insbesondere die Steuerung hinsichtlich der Rechtstreue verstärkt wird[754]. Ein verstärktes Vorkommen illegaler Praktiken in der Baubranche lässt sich nicht abstreiten. Mittlerweile ist aufgrund von § 13 MiLoG die Obliegenheit zur Auswahl bestandsfähiger Auftragnehmer branchenübergreifend allen Auftraggebern auferlegt, sodass eine Ungleichbehandlung ohnehin ausscheidet.

Das BAG lehnte den Übergang auf die Bundesagentur ebenfalls ab[755]. Die bürgengleiche Haftung begründe ein selbstständiges Sicherungsrecht und kein unter § 401 BGB fallendes bloßes Hilfsrecht. Dieses dogmatische Argument kann nicht überzeugen: § 401 Abs. 1 BGB bezieht sich zwar auf unselbstständige und abhängige Rechte[756], solche liegen aber bei einem hier vorliegenden

---

751 BAG NZA 2011, 514, 515.

752 LAG Baden-Württemberg, Urteil vom 18. Januar 2010 – 4 Sa 14/09 –, juris, Rn. 69 f.

753 S. oben C III 1 e) aa).

754 Erfurter Kommentar/Schlachter § 14 AEntG Rn. 2; Riechert/Nimmerjahn § 13 Rn. 54.

755 BAG NZA 2011, 514; zustimmend Berkowsky NZI 2011, 360, 364.

756 Soergel/Schreiber § 401 Rn. 1 ff.; Jauernig/Stürner § 401 Rn. 2.

akzessorischen Recht, unabhängig vom selbstschuldnerischen Charakter, stets vor[757]. Zudem wird die Haftung wie ein Bürge angeordnet, sodass alle für die Bürgschaft geltenden Normen, mithin auch § 401 Abs. 1 BGB, Anwendung finden[758].

Weiterhin sprechen laut dem genannten BAG-Urteil auch die Finanzierung des Insolvenzgeldes durch die Arbeitgeber und die sich aus § 359 Abs. 1 S. 2 SGB III i.V. mit § 28 e Abs. 3 a-f SGB IV ergebende verschuldensabhängige Haftung des Auftraggebers im Baugewerbe für die Beiträge zur Insolvenzgeldumlage gegen einen Anspruchsübergang. Letztlich wird hier eine abschließende Wirkung dieser Normen hinsichtlich der Beteiligung des Auftraggebers an der Insolvenzsicherung angenommen. Die zusätzliche Belastung neben der Umlagefinanzierung ist aber wie dargelegt auch bei einem bereits abgesicherten Arbeitnehmerschutz auf verfassungsrechtlicher Ebene sachlich gerechtfertigt[759], andernfalls müsste auch die Haftung im Insolvenzfall schon abgelehnt werden.

Dies spricht auch dagegen, eine abschließende Wirkung der genannten Normen anzunehmen. Würde ein ex post zahlungsunfähiger Nachunternehmer beauftragt, käme es für den Zeitraum des Insolvenzgeldes in aller Regel nicht zu einer Inanspruchnahme, da sich der Arbeitnehmer an die Bundesagentur halten wird, anstatt eine Auseinandersetzung mit dem Auftraggeber zu riskieren. Der ausgeschlossene Übergang auf die Bundesagentur führt zu einer ganz erheblichen Einschränkung des Inanspruchnahmerisikos und damit der Steuerungswirkung. Faktisch führt ein abgelehnter Anspruchsübergang insoweit zur gleichen Wirkung wie eine teleologische Reduktion im Insolvenzfall: Die Bestandsfähigkeit kann kein Bestandteil der Steuerungswirkung mehr sein, die Steuerungswirkung hinsichtlich der Rechtstreue wird mangels Ausfallrisiko ausgeschlossen. Die Zahlungspflichten können umgangen werden, indem das Ausfallrisiko für Zahlungen letztlich der Bundesagentur für Arbeit zugewiesen wird.

Die lediglich verschuldensabhängige Haftung nach §§ 28 e Abs. 3 a SGB IV, 359 Abs. 1 S. 2 SGB III spricht gerade dafür, dass die kumulative Haftung eingeschränkt werden soll und ist kein Indiz gegen eine gesetzgeberisch gewollte Haftung auch gegenüber der Bundesagentur.

---

757 Riechert/Nimmerjahn § 13 Rn. 54; Erfurter Kommentar/Schlachter § 14 AEntG Rn. 2.

758 Vgl. Bayreuther NZA 2015, 961, 966; im Ergebnis wie hier LArbG Berlin-Brandenburg, Urteil vom 30. Oktober 2009 – 6 Sa 219/09 Rn. 42 ff. und 6 Sa 311/09- juris; LAG München, Teilurteil vom 17. November 2009 – 7 Sa 445/09-, juris.

759 Anders Steinmeyer BB 2010, 2301, 2305.

Die im Rahmen der Analogie erforderliche planwidrige Regelungslücke könnte man mit dem Argument verneinen, dass im Ausschuss auf die Problematik hingewiesen wurde, aber der Gesetzgeber nicht reagierte und die Rechtsprechung damit gebilligt habe[760]. Allerdings liegt insoweit nur ein Hinweis auf die unklare Rechtslage vor und keine Auslegung der Gesetzesmaterialien, eine Billigung der Rechtsprechung kann daraus nicht abgeleitet werden.

b) Dogmatische Umsetzung des Anspruchsübergangs

Problematisch ist die eintretende Rechtsfolge eines Anspruchsübergangs: An sich könnte die Bundesagentur bei Zahlung des Insolvenzgeldes nach §§ 169 S. 1 SGB III, 401 Abs. 1, 412 BGB Regress nehmen, umgekehrt hätte der Auftraggeber diese Möglichkeit aber bei Zahlung an den Arbeitnehmer nach §§ 170 Abs. 1 SGB III, 774 Abs. 1 S. 1 BGB. Durch die Zahlung des Mindestentgelts geht der Lohnanspruch auf den Auftraggeber über, mit diesem aber gemäß § 170 Abs. 1 SGB III der Anspruch auf Insolvenzgeld. Das LAG Baden-Württemberg begründete den abgelehnten Übergang des Anspruchs auch mit Verweis auf diese Problematik, die zu einer Privilegierung des zuerst leistenden Schuldners führen würde[761]. Demnach könnte der Auftraggeber auch bei einer Insolvenz seines Nachunternehmers durch eine Zahlung an den Arbeitnehmer eine Regressmöglichkeit schaffen, da der Anspruch auf Insolvenzgeld auf ihn übergehen würde. Dies widerspricht der eben dargelegten Argumentation, dass sinnvollerweise im Insolvenzfall ein Haftungsrisiko ohne Regressmöglichkeit vorliegen sollte.

Den Anspruchsübergang aus dieser Erwägung heraus abzulehnen, erscheint aber nicht folgerichtig. Näher liegt es, die entwickelten Grundsätze für die Problematik eines drohenden „Wettlaufs der Sicherungsgeber" hier anzuwenden. Demnach kommt § 426 Abs. 2 S. 1 BGB analog zur Anwendung, wenn mehrere gleichrangige Sicherungsgeber vorhanden sind[762]. Dies würde bedeuten, dass der Auftraggeber zumindest anteilig Regress nehmen könnte. Die umgekehrte Schlussfolgerung wäre, dass ein Anspruchsübergang bei einer Zahlung von Insolvenzgeld nur anteilig erfolgen würde.

Die Gleichrangigkeit ist aber abzulehnen, wenn ein Schuldner nur vorläufig eintreten und absichern, der andere Schuldner aber letztlich tatsächlich haften

760 BT-Ausschussdrucksachen Ausschuss für Arbeit und Soziales, 18(11)148,74 linke Spalte (Düwell), 120 rechte Spalte (Bundesrechtsanwaltskammer); vgl. hierzu Beck'scher Online-Kommentar Arbeitsrecht/Greiner § 13 MiLoG Rn. 13.

761 LAG Baden-Württemberg a.a.O., Rn. 50.

762 BGHZ 108, 179, 187; BGH NJW-RR 1991, 170, 171.

soll[763]. Eine Gleichrangigkeit liegt daher etwa nicht vor, wenn eine Legalzession bereits angeordnet ist[764], wie dies beispielsweise nach § 169 S. 1 SGB III im Verhältnis zwischen Bundesagentur und Arbeitgeber vorgesehen ist. Das BAG lehnt für das Verhältnis zwischen Auftraggeber und Bundesagentur eine vorrangige Haftung des Auftraggebers mit dem Argument ab, dass den Gesetzesmaterialien kein Hinweis für eine geplante Entlastung der Bundesagentur zu entnehmen sei[765]. In der Literatur wurde hingegen argumentiert, dass sich ein solcher Vorrang der Haftung des Auftraggebers aus deren präventiver Funktion ergebe[766]. Entscheidende Frage ist dabei aber, ob der Regressanspruch des Auftraggebers nach §§ 170 Abs. 1 SGB III, 774 Abs. 1 S. 1 BGB für den Fall der bürgengleichen Haftung überhaupt entsteht oder ob § 170 Abs. 1 SGB III insoweit teleologisch zu reduzieren ist. Temming schlägt eine solche teleologische Reduktion vor und will damit die Unternehmer anderer Branchen, die für die Finanzierung der Insolvenzgeldumlage einzustehen haben und nicht den spezifischen Risiken des Baugewerbes unterworfen sind, entlasten. Dies würde durch den Ausschluss von Regressansprüchen gegen die Bundesagentur geschehen[767].

Der Übergang der Forderung auf Insolvenzgeld nach § 170 Abs. 1 SGB III soll den Arbeitnehmern ermöglichen, die Ansprüche auf Arbeitsentgelt wirtschaftlich zu verwerten[768]: Durch den Anspruchsübergang wird ein Forderungskauf gegebenenfalls lukrativ, der Arbeitnehmer kann sich auf diese Weise schon vor Auszahlung des Insolvenzgelds den Lebensunterhalt finanzieren. Es lässt sich schon hinterfragen, ob dieser Gedanke überhaupt auf die Legalzession, bei der keine wirtschaftliche Verwertungsentscheidung durch den Arbeitnehmer erfolgt, anwendbar ist. Das BAG nimmt dies für den Fall einer unterhaltssichernden Gegenleistung, etwa einer Krankengeldzahlung, an[769].

Der Auftraggeber sichert durch die Begleichung der Lohnforderung zwar durchaus den Lebensunterhalt des Arbeitnehmers. Zumindest für den Fall einer steuernden Norm, die ihre Wirkung durch das Einstandsrisiko bezieht, erscheint diese Rechtsfolge aber als verfehlt. Geboten ist vielmehr eine Haftung

---

763 Palandt/Grüneberg § 421 Rn. 7; Beck'scher Online-Kommentar BGB/Gehrlein § 421 Rn. 8.

764 MüKo BGB/Bydlinski § 421 Rn. 12.

765 BAG NZA 2011, 514 Rn. 20.

766 Temming jurisPR ArbR 10/2010 Anm. 6; Vgl. Voelzke jurisPR-SozR 17/2010 Anm. 4.

767 Temming jurisPR ArbR 10/2010 Anm. 6.

768 BT-Drs. 7/1750, S. 13 f.

769 BSG NZA 1988, 557, 558; zustimmend Gagel/Peters-Lange § 170 Rn. 15; Brand/Kühl § 170 Rn. 7.

ohne sicheren Regress. Eine andere Betrachtung ist auch nicht dadurch gerechtfertigt, dass auch im Falle einer Kettenhaftung nur gesamtschuldnerisch gehaftet wird. Wie oben dargelegt trifft hier die volle Haftung denjenigen Auftraggeber, der unmittelbar an den Hauptschuldner delegiert hat[770]. Die Haftung würde aber unnötig eingeschränkt werden, wenn stets ein gesamtschuldnerischer Ausgleich mit der Bundesagentur erfolgen könnte.

Im Ergebnis überzeugt es, eine teleologische Reduktion der §§ 170 Abs. 1 SGB III, 774 Abs. 1 S. 1 BGB vorzunehmen und damit das Problem eines drohenden Gläubigerwettlaufs schon im Ansatz zu umgehen. Letztlich wird damit nicht der Anspruchsübergang der Bundesagentur ausgeschlossen, sondern umgekehrt der Regress des Auftraggebers vermieden. Es bleibt dem Auftraggeber aber unbenommen, eine Insolvenzgeldvorfinanzierung in den Grenzen des § 170 Abs. 4 SGB III vorzunehmen und damit den Anspruchsübergang nach § 170 Abs. 1 SGB III, 398 BGB auszulösen.

Entgegen der Rechtsprechung gehen – wird die hier angenommene Verfassungswidrigkeit ausgeblendet – die Ansprüche aus §§ 13 MiLoG, 14 AEntG nach §§ 169 S. 1 SGB III, 401 Abs. 1, 412 BGB auf die Bundesagentur über. Auch für §§ 98 a Abs. 3, 4 AufenthG ist diese Rechtsfolge anzunehmen.

VIII Sicherungsmöglichkeiten des Auftraggebers

1 Überblick

Die folgende Darstellung möglicher Sicherungsmöglichkeiten soll nicht dazu dienen, Unternehmern mögliche Strategien zur Vermeidung der Haftung aufzuzeigen oder solche auf ihre Tauglichkeit hin zu überprüfen. Stattdessen steht im Fokus, inwieweit gesetzgeberischer Reformbedarf im Hinblick auf Sicherungsmöglichkeiten besteht. Es stellt sich die Frage, ob die Steuerungsfunktion durch bestehende Möglichkeiten zur Vermeidung der Haftung zu stark eingeschränkt wird.

Als Sicherungsinstrument kommt zunächst eine Verpflichtung des Auftragnehmers gegenüber dem Auftraggeber in Betracht, wonach die für die Unternehmerhaftung relevanten Zahlungspflichten zu erfüllen sind[771]. Ein Verstoß hiergegen hat aber nur Sekundäransprüche zur Folge und entfaltet keinen praktischen Nutzen, da der Schaden ohnehin im Regresswege ersetzt werden müsste. Gleiches gilt für Freistellungsvereinbarungen zwischen Auftragnehmer

770 S. oben F IV 5.

771 Grau/Sittard ArbRB 2014, 336, 338.

und Auftraggeber. Diese können allenfalls zusätzlich auch einen Ersatz von Rechtsverfolgungskosten sicherstellen[772], wenn man in der Nichterfüllung des Mindestlohns nicht schon die Verletzung einer Nebenpflicht nach § 241 Abs. 2 BGB erblickt[773]. Gleiches gilt für ein vertragliches Verbot der Weiterdelegation ohne vorherige Zustimmung[774]. Bezieht sich die Freistellungsvereinbarung auf die Ausgestaltung des Gesamtschuldnerausgleichs in der Haftungskette[775] bleibt dies nach hier vertretener Ansicht aufgrund der vollen Belastung des späteren Kettenglieds ebenfalls ohne Wirkung.

Als Flankierung dieser Maßnahmen kommen Vertragsstrafen in Betracht. Diese müssen im angemessenen Verhältnis zur Vergütung bei Beachtung des Schadensrisikos stehen, vorgeschlagen werden in der Literatur 5 %[776]. Vertragsstrafen können eine stärkere Lenkungsfunktion entfalten, da sie nicht mit dem ohnehin zu ersetzenden Schaden identisch sein müssen und auch fällig werden, wenn die Arbeitnehmer das Mindestentgelt gar nicht geltend machen[777].

Allerdings bleibt hierbei zu beachten, dass eine Vertragsstrafe letztlich nur realisiert werden kann, wenn der Auftraggeber zwar zahlungsfähig, aber zahlungsunwillig ist[778]. Infolgedessen führt eine Vertragsstrafe nicht dazu, dass für den Auftraggeber das Risiko bei einer Inanspruchnahme wegfällt, ein Ausfallrisiko bei Zahlungsunfähigkeit bleibt bestehen. Konsequenz einer Vertragsstrafe kann zwar sein, dass Unternehmer angesichts der den Haftungsbetrag möglicherweise übersteigenden Strafzahlung bessergestellt werden, als wenn sie einen seriösen Auftragnehmer ausgewählt hätten. Dies kann aber hingenommen werden, zumal dieser positive Effekt durch die prozentuale Begrenzung der Vertragsstrafe eingeschränkt ist und nicht eingeplant werden kann. Entscheidend bleibt, dass ein Ausfallrisiko bei der Beauftragung eines unzuverlässigen Nachunternehmers besteht.

Die genannten Maßnahmen können nicht gegen ein Insolvenzrisiko schützen. Insoweit kommen stattdessen Zurückbehaltungsrechte und Bürgschaften in Betracht.

---

772 Spielberger/Schilling NJW 2014, 2897, 2901; Oltmanns/Fuhlrott NZA 2015, 392, 398.
773 Ablehnend Beck'scher Online-Kommentar Arbeitsrecht/Greiner § 13 MiLoG Rn. 16; ebenso Weise NZBau 2000, 229, 231.
774 BAGE 113, 149; 169; Bissels/Falter DB 2015, 65, 68.
775 BAGE 113, 149, 169.
776 Oltmanns/Fuhlrott NZA 2015, 392, 397 f.
777 Vgl. Graf von Westphalen/Thüsing Teil Vertragsrecht, Vertragsstrafe Rn. 15.
778 Gündisch S. 96 f.

2 Insbesondere: Zurückbehaltungsrecht und Bürgschaft

a) Völliger Risikoausschluss?

Als Instrumente zur Vermeidung des Ausfallrisikos bei einer Insolvenz des Nachunternehmers werden Bankbürgschaften und Zurückbehaltungsrechte genannt[779]. Ein vollständiges Zurückbehaltungsrecht hinsichtlich der Werklohnforderung hätte ebenso wie eine Bürgschaft zur Folge, dass ein Ausfallrisiko praktisch nicht mehr bestehen würde: Bei einer Inanspruchnahme könnte der Auftraggeber sich in der Höhe der tatsächlichen Haftungssumme den Werklohn sparen beziehungsweise Regress beim liquiden Bürgen nehmen. Allerdings sind bei beiden Möglichkeiten die von der Rechtsprechung aufgestellten Beschränkungen im Rahmen des § 307 Abs. 1 BGB zu beachten. Außerhalb allgemeiner Geschäftsbedingungen, mithin bei individueller Aushandlung der Vertragsbedingungen zwischen Auftraggeber und Auftragnehmer gemäß § 305 b BGB, bleiben als Grenze nur die Regelungen zu einer Übersicherung. Schon die mit einem schuldrechtlichen Freigabeanspruch verbundene nachträgliche Übersicherung setzt voraus, dass die Sicherheiten 150 % der Auftragssumme übersteigen[780]. Dies wird allenfalls hinsichtlich der Sicherheiten gegen sämtliche Risiken des Werk-oder Dienstvertrags, mithin auch gegen Vertragsausfall oder mangelhafte Leistung, der Fall sein. Allerdings ist es hinreichend, wenn über die Begrenzungen durch § 307 Abs. 1 BGB eine standardmäßige Nivellierung des Ausfallrisikos verhindert wird. Dass im Einzelfalle weitergehende Sicherheiten individuell ausgehandelt werden könnten, ist letztlich hinzunehmen.

Bei der Vertragsausfallbürgschaft geht der BGH davon aus, dass die Bürgschaftssumme 10 % der Auftragssumme nicht übersteigen darf[781]. Dies bezieht sich aber auf die Sicherung der kompletten Vertragsdurchführung, die Sicherheit hinsichtlich drohender Ansprüche aus den Normen der Unternehmerhaftung muss daher einen geringeren Prozentsatz umfassen. Als Beispiel für einen niedrigeren Wert dienen kann der Prozentsatz von 5 % für Gewährleistungsbürgschaften – hier rechtfertigt sich die geringere Höhe aus der zumindest mangelhaft erbrachten Leistung und des daher geringeren Sicherungsinteresses nach erfolgter Abnahme[782]. Es wird auch unter Verweis auf den begrenzten Anteil des Mindestlohns an den gesamten Lohnkosten, der zu erwartenden Zahlung

779 BAGE 113, 149; 169; Bissels/Falter DB 2015, 65, 68; Sittard RdA 2015, 99, 107.

780 BGHZ 137, 212, 235.

781 BGHZ 200, 326 Rn. 15; BGH NZBau 2011, 229, 231.

782 BGH NJW 2011, 2195 Rn. 28; BGHZ 200, 326 Rn. 20.

zumindest von Teilbeträgen durch den Arbeitgeber und schließlich der bei § 14 AEntG relevanten tariflichen Ausschlussfristen ein Wert von 1–3 % genannt[783]. Hinzu kommt, dass auch nach Eintritt der Haftungsvoraussetzungen die tatsächliche Geltendmachung des Anspruchs nicht gesichert ist. Angesichts der möglichen Inanspruchnahme durch Sozialversicherungsträger, Arbeitnehmer und Urlaubskassen sowie der bei den anderen Normen der Unternehmerhaftung nicht relevanten Ausschlussfristen scheint für das Baugewerbe ein Satz von 3 % angemessen.

Eine ähnliche Interessenlage gilt bei einem Zurückbehaltungsrecht bis zum Nachweis der erfolgten Lohnzahlung. Dieser Nachweis könnte etwa durch Kontoauszüge erfolgen. Auch hier lässt sich entsprechend der Wertung des § 17 Abs. 6 Nr. 1 S. 1 VOB/B eine Höchstsumme von 10 % bei der Absicherung gegen einen Vertragsausfall bestimmen[784], dementsprechend ist der Einbehalt hinsichtlich der drohenden Haftung auf 3 % zu begrenzen. In der Praxis wird ein Austauschrecht vereinbart, wonach der Auftragnehmer den Einbehalt durch die Stellung einer Bankbürgschaft abwenden kann[785].

Es zeigt sich im Ergebnis, dass über die Möglichkeiten einer Bürgschaft oder eines Einbehalts keine völlige Absicherung möglich ist. Bei einer Absicherung von bis zu 3 % der Auftragssumme kann nicht ausgeschlossen werden, dass es etwa bei einem völligen Ausfall der vom Arbeitgeber zu leistenden und durch die Haftungsnormen gesicherten Zahlungen doch zu einer Inanspruchnahme ohne Regressmöglichkeit kommt. Mehr als ein Ausfallrisiko für den Insolvenzfall erfordert die Wirksamkeit der Steuerungsfunktion nicht, eine Verringerung dieses Risikos durch Bürgschaften und Zurückbehaltungsrechte ist legitim.

Zumindest bei einem Zurückbehaltungsrecht ist die Steuerungsfunktion nie ganz eingeschränkt, da die Auftraggeber nunmehr die tatsächlich erfolgende Zahlung kontrollieren. Die Steuerung für die Auftraggeber wandelt sich um in eine Steuerung für die Nachunternehmer, die bei fehlender Zahlung der Mindestentgelte die Auszahlung ihres Werklohns riskieren, bei insoweit fehlenden finanziellen Mitteln wird sinnvollerweise von der Auftragsausführung komplett abgesehen[786]. Das Minus, welches durch die begrenzt wirksamen Sicherungsrechte hinsichtlich der Steuerungswirkung eintritt, wird so durch gleichzeitig entstehende Anreize zur Rechtstreue ausgeglichen.

---

783 Weise NZBau 2000, 229, 232.

784 Kapellmann/Messerschmidt/Thierau § 17 VOB/B Rn. 202.

785 Gespräch mit Vertreterin der Bauindustrie Mitte, 15.12.2016.

786 Vgl. Gündisch S. 117.

b) *Entzug von Liquidität durch Bürgschaften*

Es bleibt noch die Frage zu klären, ob die Möglichkeit einer Absicherung durch Bürgschaften nicht aus anderen Gründen die Zielrichtung der Haftung beeinträchtigt. Einwenden lässt sich nämlich, dass durch die Erforderlichkeit einer Bankbürgschaft den Nachunternehmern infolge der Zinsen Liquidität entzogen wird und sich die Möglichkeit der weiteren Kreditaufnahme einschränkt[787]. Kleinere und mittlere Unternehmen als in den Gesetzesmaterialien genannte Zielgruppe des § 1 a AEntG 1998[788] werden auf diese Weise letztlich geschwächt, sodass kein wirksamer Wettbewerbsvorteil entsteht. Das BVerfG machte hingegen geltend, dass die fehlende Möglichkeit der Auftragnehmer zur Erbringung einer Bankbürgschaft gerade ein Indiz für eine fehlende Zahlungsfähigkeit sei[789]. Das Verständnis des BVerfG ist losgelöst vom „Mittelstandsschutz" des AEntG 1998 und trifft damit den Kern der Thematik: „Mittelstandsschutz" bedeutete 1998 nichts anderes als Protektionismus. Der Schutz kleiner und mittlerer Unternehmen spielt auch heute bei der Auftraggeberhaftung keine Rolle. Stattdessen sind die Rechtstreue oder aber die Bestandssicherheit der Unternehmen in den Blick zu nehmen. Daher ist es kein Widerspruch zu den Zielen der Haftung, dass aus dieser die Erforderlichkeit von Bankbürgschaften resultiert. Bei einer Orientierung der Steuerungsfunktion auch an der Bestandsfähigkeit der Auftragnehmer ist es sogar zweckmäßig, dass Auftraggeber auf diese Weise sich der Liquidität und Kreditwürdigkeit ihrer Nachunternehmer versichern. Zumindest in der Bauwirtschaft ist diese Frage angesichts der ohnehin üblichen Gewährleistungs- und Erfüllungsbürgschaften ohnehin von begrenzter Brisanz. Die Folge der dem Auftraggeber drohenden Unternehmerhaftung wird lediglich eine Erhöhung des abgesicherten Betrags und nicht eine erst zu besorgende Bankbürgschaft sein.

IX Zwischenergebnis

Hinsichtlich der Geltendmachung der Haftung durch die verschiedenen Anspruchsberechtigten bestehen verschiedene kleinere, aber doch relevante Hemmnisse, derer sich der Gesetzgeber annehmen sollte[790]. Zentral ist hingegen,

---

787 Thüsing/Mohr § 14 AEntG Rn. 13; Riechert/Nimmerjahn § 13 Rn. 69; Koberski/Asshoff/Eystrup/Winkler § 14 Rn. 53.

788 BT-Drs. 13/2414 S. 7 linke Spalte.

789 BVerfG NZA 2007, 609 Rn. 53.

790 Eine Übersicht über alle zu fordernden gesetzgeberischen Reformen bietet das Kapitel I.

dass die Effektivität der Haftung gegenüber der BG Bau sich einerseits aus dem besonderen Sachverstand hinsichtlich des Baugewerbes erklärt, andererseits aber auch aus den Besonderheiten der Unfallversicherung. Die Einsichtsrechte sind unproblematischer als bei der SOKA-BAU, anders als hinsichtlich des Gesamtsozialversicherungsbeitrags muss keine Zuordnung der Arbeitsleistung zu konkreten Arbeitnehmern erfolgen. Gerade hinsichtlich der Haftung gegenüber den Krankenkassen erscheint eine Übernahme der Auftraggeberermittlung durch den Zoll als sinnvoll. Dies lässt sich relativ einfach erreichen, indem auch die Ermittlung von Auftraggebern als Aufgabe des Zolls in § 2 Abs. 1 SchwarzArbG normiert wird. Weiterhin ist eine Verbandsklage hinsichtlich der Geltendmachung von Arbeitnehmeransprüchen nach §§ 14 AEntG, 13 MiLoG, 98 a Abs. 3, 4 AufenthG außerhalb des Baugewerbes im Hinblick auf die präventive Wirkung der Norm durchaus in Betracht zu ziehen.

Bereits im Rahmen der Auslegung lässt sich ermitteln, dass nach §§ 169 S. 1 SGB III, 401 Abs. 1, 412 BGB bei Zahlung von Insolvenzgeld der Anspruch aus §§ 14 AEntG, 13 MiLoG, 98 a Abs. 3, 4 AufenthG auf die Bundesagentur für Arbeit übergeht. Dies ist für eine wirksame Erfüllung der Steuerungsfunktion und der Effektivitätsfunktion von zentraler Bedeutung. Bei den vertraglich möglichen Sicherungsmöglichkeiten des Auftraggebers besteht kein Reformbedarf. Diese Sicherungsmöglichkeiten schließen weder die Effektivität der Haftung aus, noch wirken sie sich in erheblicher Weise negativ auf die zu fördernden Markteilnehmer aus. Eine gewisse Einschränkung der Steuerungswirkung erfolgt durch die Möglichkeit des Auftraggebers, sich durch eine Zahlung an die SOKA-BAU ein Zurückbehaltungsrecht hinsichtlich des Werklohns zu schaffen und so ein „Nullsummenspiel" durchführen zu können. Gerade die Haftung nach § 150 Abs. 3 S. 1 HS. 2 SGB VII erfüllt insoweit eine wichtige Funktion, da ein solches „Nullsummenspiel" dort nicht möglich ist. Ein völliger Ausschluss jeglichen Haftungsrisikos ist daher auch insoweit nicht möglich, zudem wird Druck auf die Auftragnehmer zur Zahlung des Mindestentgelts ausgeübt.

H. Die bürgengleiche Haftung im Arbeits- und Sozialrecht außerhalb der Unternehmerhaftung

I Vorbemerkung

Die bisherigen Kapitel bezogen sich auf die Unternehmerhaftung. Es hat sich gezeigt, dass die auf den Unternehmerbegriff abstellenden Normen stets die Haftung des Auftraggebers im Blick haben und insbesondere eine Verdrängungswirkung hinsichtlich bestimmter Auftragnehmer entfalten. Es kann bei einer eher funktionalen denn grammatikalischen Betrachtung von einer Auftraggeberhaftung gesprochen werden. Im Folgenden ist zu untersuchen, ob die nicht auf den Unternehmerbegriff abstellenden Haftungsnormen nach §§ 28 e Abs. 2, 28 e Abs. 2 a SGB IV und § 4 Abs. 4 Seearbeitsgesetz insoweit eine ähnliche systematische Stellung haben. Die Normen sind hinsichtlich ihrer sozialen Hintergründe, ihrer Funktionen und hinsichtlich wichtiger dogmatischer Fragen zu beleuchten und auf ihre Vereinbarkeit mit höherrangigem Recht hin zu untersuchen.

II Haftung des Bergwerkbetreibers

1 Ausgangslage

§ 28 e Abs. 2 a SGB IV sieht bei knappschaftlichen Arbeiten die verschuldensunabhängige, bürgengleiche Haftung des Bergwerksbetreibers für die Sozialversicherungsbeiträge hinsichtlich der Arbeitnehmer vor, die bei einem anderen Arbeitgeber beschäftigt sind. Knappschaftliche Arbeiten sind in § 134 Abs. 4 SGB VI legaldefiniert und setzen gerade voraus, dass der Arbeitgeber nicht mit dem Bergwerksbetreiber identisch ist. Der heutige § 28 e Abs. 2 a SGB IV geht auf die Verordnung über knappschaftliches Arbeiten vom 11.02.1933 zurück, die wiederum auf § 1 S. 2 der Notverordnung des Reichspräsidenten vom 08.12.1931 basiert[791]. Diese Notverordnung sah bereits die Möglichkeit vor, den Bergwerksbetreiber für die Verpflichtungen eines anderen Arbeitgebers knappschaftlicher Arbeiten haften zu lassen.

---

791 Verordnung über knappschaftliches Arbeiten RGBl. Teil I 1933 Nr. 13 S. 66; Notverordnung vom 08.12.1931 RGBl. Teil I 1931 Nr. 79 S. 699.

Die Rechtsverordnung galt durch das Gesetz zur Neuregelung des Rechts der knappschaftlichen Rentenversicherung von 1957[792] weiter und ist seit 2008 in den § 28 e SGB IV integriert[793]. Wie schon in der Notverordnung 1931 vorgesehen, ist die Inanspruchnahme nach § 28 e Abs. 2 a SGB IV erst möglich, wenn die Beiträge auch nach einer Mahnung und nach Ablauf einer angemessenen Frist nicht geleistet wurden.

Historisch war der Bergwerksbetreiber zur Zahlung der Beiträge an die Knappschaft unabhängig davon verpflichtet, ob die Arbeitnehmer unmittelbar bei ihm oder bei einem Dritten unter Vertrag standen[794]. Diese Rechtsfolge sollte ausweislich der Gesetzesbegründung auch im Geltungsbereich des Reichsknappschaftsgesetzes (RKnG) von 1923 gelten[795]. Allerdings wurde in §§ 1, 112 Abs. 1, 114 RKnG in der Fassung von 1926[796] auf einen Arbeitnehmer Bezug genommen. Infolgedessen wurde vom Reichsversicherungshauptamt (RVA) angenommen, dass die Beitragspflicht nur die tatsächlich weisungsbefugte Person treffen sollte[797].

Hier wird ein Widerspruch zwischen dem Grundgedanken der Knappschaft und der moderneren Dogmatik eklatant. Das Knappschaftswesen kann als Urquelle des Sozialversicherungswesens gesehen werden – das einschlägige preußische Berggesetz datiert von 1857, erste Formen der knappschaftlichen Versicherung aus dem Mittelalter[798]. Die Inanspruchnahme des Bergwerkbetreibers erklärt sich aus einer eher standesorientierten Sichtweise, die für die Bergarbeiter angesichts deren Schutzwürdigkeit besondere Regelungen vorsieht. Zentral für die Konstruktion von Haftungsregeln ist die tatsächliche Interessenlage. Die nunmehr vom RVA angewandte Dogmatik stellte nicht mehr auf den Vorteilsempfänger ab, sondern vielmehr auf das Abhängigkeitsverhältnis. Mithin legitimierte sich die Beitragsverpflichtung nunmehr aus dem Rechtsverhältnis zwischen Arbeitgeber und Arbeitnehmer. Dieses Verständnis wurde vom RVA für die anderen Zweige der Sozialversicherung geprägt[799] und nunmehr auf

792 Art. 2 § 2 des Gesetzes zur Neuregelung des Rechts der knappschaftlichen Rentenversicherung, BGBl. Teil I 1957, Nr. 22, S. 533.

793 Gesetz zur Änderung des Vierten Buches Sozialgesetzbuch und weiterer Gesetze, BGBl. Teil I 2007 Nr. 67, S. 3024.

794 Vgl. EuM RVA 25, 78, 80.

795 Reichstagsprotokolle, 1 Wahlperiode, Band 373 Nr. 4394 S. 43 linke Spalte; vgl. Reuss/Hense S 91.

796 Reichsknappschaftsgesetz 1926 RGBl Teil I 1926 Nr. 45 S. 369.

797 EuM RVA 25, 78, 81; 25, 94, 95.

798 Ludyga RdA 2011, 299, 305.

799 EuM RVA 21, 315, 316; EuM RVA 15, 28.

das Knappschaftsrecht übertragen. Als Arbeitnehmer des Bergwerkbetreibers galt zwar auch, wer bei einem zwischengeschalteten Unternehmer vertraglich beschäftigt war[800]. Es musste aber auch hier notwendigerweise eine Weisungsgebundenheit vorliegen, und zwar im Verhältnis des Zwischenmanns zum Auftraggeber. War der vom Bergwerksbesitzer eingeschaltete Unternehmer nicht diesem gegenüber weisungsgebunden, schied daher eine Inanspruchnahme des Bergwerkbesitzers für die Knappschaftsbeiträge aus.

2 Funktionen und systematische Einordnung der Haftung

Es kann dahinstehen, wie das RKnG von 1926 tatsächlich auszulegen war. Entscheidend ist, dass bei einer systematisch folgerichtigen Anknüpfung an den Arbeitnehmerbegriff diejenigen Arbeitnehmer nicht mehr vom Schutz der Knappschaftsversicherung erfasst gewesen wären, die nicht direkt beim Bergwerksbetreiber angestellt waren. Dies erschien einerseits angesichts der identischen, besonders gefährlichen Arbeit problematisch. Andererseits hatte die finanziell stark angeschlagene Knappschaft ein massives Interesse daran, auch diese Arbeitnehmer zu Versicherten zu erklären[801]. Die angesprochene Verordnung von 1933 ermöglichte es, alle Arbeitnehmer in die Knappschaft miteinzubeziehen, die knappschaftliche Arbeiten erfüllten.

Die Haftung trifft in erster Linie die beauftragten Unternehmer, mithin die Arbeitgeber. Die Bergwerksbetreiber wurden nicht völlig aus der Haftung entlassen, mussten aber lediglich nach einer erfolglosen Mahnung, mithin subsidiär, haften und erhielten zudem eine Regressmöglichkeit. Es zeigt sich, dass die bürgengleiche Haftung hier keine Steuerungswirkung hinsichtlich der Beauftragung bestimmter Auftragnehmer entfalten soll und auch keine Ausgleichsfunktion im Hinblick auf mögliche Wettbewerbsvorteile vorliegt. Stattdessen steht die Rekrutierung eines zusätzlichen Schuldners im Mittelpunkt. Diese Inanspruchnahme des Bergwerkbetreibers erklärt sich nicht nur aus finanziellen Interessen. Stattdessen wurde hier eine früher bestehende Haftung wiederbelebt, aber wesentlich milder ausgestaltet. Auf ein vorwerfbares Fehlverhalten kam es nicht an.

Die Ausgestaltung als Bürgenhaftung und der damit verbundene volle Regress erklären sich im Vergleich mit dem HAG: Die Verantwortung für die Zahlung der Beiträge wird allein den Arbeitgebern zugewiesen, wenngleich hier der Gedanke der Marktverdrängung durch volle Belastung keine Rolle spielt. Stattdessen stellt die bürgengleiche Haftung einen Kompromiss zwischen der früher

800 Vgl. EuM RVA 22, 58, 60.
801 Thielmann S. 131.

für Bergwerksbetreiber geltenden originären und ausschließlichen Beitragsbelastung und der reinen Orientierung am Arbeitnehmerbegriff dar. Die Haftung als Bürge betont symbolisch die nunmehr nur mittelbare Verantwortlichkeit, die aber nicht durch die fehlerhafte Auswahl, sondern durch die Eigentümerstellung begründet wird. Diese Betrachtungsweise hat mit der nur subsidiären Haftung auch eine praktische Ausformung. Die Haftung des Bergwerkbetreibers knüpft an die Vorstellung einer berufsständischen Arbeitswelt an, die ohne das Kriterium der Weisungsgebundenheit auskam.

Von der Struktur her ähnelt die Haftung im Ergebnis zwar den Fällen einer Auftraggeberhaftung, da die Arbeitgeber im Auftrag des Bergwerkbetreibers tätig werden und auch hier Dienst- und Werkleistungen den Anknüpfungspunkt bilden. Dennoch ist § 28 e Abs. 2 a SGB IV systematisch von der Auftraggeberhaftung abzugrenzen, da die Haftungslegitimation nicht aus der Auftragsvergabe an einen konkreten Arbeitgeber und den daraus folgenden Ausgleichs- und Steuerungsüberlegungen folgt, sondern allein aus der wirtschaftlich-sozialen Stellung als Bergwerksbetreiber.

III Haftung bei Arbeitnehmerüberlassung

1 Problemlage vor Schaffung der Norm

Ein weiterer Anwendungsfall einer bürgengleichen Haftung ist heute in § 28 e Abs. 2 SGB IV normiert und regelt die Haftung des Entleihers hinsichtlich der Gesamtsozialversicherungsbeiträge, die für die eingesetzten Leiharbeitnehmer anfallen. Gemäß § 150 Abs. 3 S. 1 HS 1 SGB VII gilt diese Norm für die Unfallversicherung entsprechend. Die Haftungsregelung erklärt sich nur im Rahmen der Gesamtthematik einer Arbeitnehmerüberlassung.

Der Einsatz von Fremdpersonal im Bergbau war zunächst wiederum auch einer der Hauptanwendungsfälle der Arbeitnehmerüberlassung[802]. Deren rechtliche Einordnung änderte sich im Laufe der Zeit: Zunächst war die Rechtsprechung davon ausgegangen, dass allein zwischen Verleiher und Arbeitnehmer eine vertragliche Beziehung bestünde und der Entleiher lediglich als Erfüllungsgehilfe fungiere[803]. Ab 1956 sah der BGH das Arbeitsverhältnis mit demjenigen als begründet an, in dessen Betrieb der Arbeitnehmer sich eingegliedert habe[804]. Folglich wurde fortan nicht mehr auf die vertragliche Gestaltung, sondern auf

802 Nikisch S. 244.
803 RGZ 171, 393, 395; 170, 216, 218.
804 BGHZ 21, 207, 213.

die faktische Ausprägung des Weisungsrechts abgestellt. Nach wie vor wurde aber nur ein Arbeitsverhältnis anerkannt. In der Literatur wurde hingegen teils von mehreren Arbeitsverhältnissen ausgegangen, gerichtet auf die Verpflichtung gegenüber dem Verleiher zum Einsatz im zugewiesenen Betrieb einerseits und auf die Verpflichtung gegenüber dem Entleiher zur konkreten Arbeitsleistung andererseits[805]. Andere Stimmen konstruierten eine Aufspaltung der Arbeitgeberfunktionen innerhalb eines einheitlichen Arbeitsverhältnisses mit zwei Arbeitgebern[806]. Auch das BSG ging von einer solchen Doppelverpflichtung aus, ohne Stellung für eine Konstruktion über einen einheitlichen oder über zwei getrennte Arbeitsverträge zu nehmen[807]. Auch eine subsidiäre Haftung des Entleihers bei einem Arbeitsverhältnis mit dem Verleiher[808], und eine unmittelbare gesamtschuldnerische Haftung wurden teilweise vertreten[809].

Im Jahr 1956 wurde das Monopol der Bundesanstalt für Arbeit wie schon zwischen 1922 und 1935 von der Arbeitsvermittlung auch auf die Leiharbeit ausgeweitet und diese dadurch praktisch verboten. Das BVerfG verwarf diese Ausdehnung 1967 als verfassungswidrig. Demnach sei bei einer nur vorübergehenden Überlassung kein besonderer staatlicher Koordinierungsbedarf festzustellen. Zudem sei es angesichts der Flexibilitätsvorteile gerade für die Arbeitnehmer hinnehmbar, diese etwa bei ausstehenden Forderungen auf den Rechtsweg gegen ihren Arbeitgeber zu verweisen[810]. Die Arbeitnehmerüberlassung wurde mithin als legitimes wirtschaftliches Instrument anerkannt. Nunmehr war für die Abgrenzung von erlaubter Arbeitnehmerüberlassung und verbotener Arbeitsvermittlung bei der Annahme eines einheitlichen Arbeitsverhältnisses darauf abzustellen, mit wem dieses begründet wurde: Nur bei einer Arbeitgeberstellung des Verleihers lag erlaubte Arbeitnehmerüberlassung vor, die Begründung eines Arbeitsverhältnisses mit dem Entleiher hätte hingegen eine verbotene Arbeitsvermittlung dargestellt. Das BSG stellte ausgehend von der Vorstellung mehrerer Arbeitgeber auf den Schwerpunkt ab[811].

Nunmehr war die Arbeitnehmerüberlassung grundsätzlich zulässig. In der Folge häuften sich Missstände, insbesondere die Hinterziehung von

---

805 Nikisch S. 245; Hueck/Nipperdey S. 523.

806 Ramm ZfA 1973, 263, 292; vgl. Meyer-Maly ZfA 1972, 1, 23; in diese Richtung auch BAG NJW 1972, 973, 975.

807 BSGE 31, 235, 242.

808 Nikisch S. 246; Geppert DrdA 1969, 126, 130 f.

809 Kindereit RdA, 1971, 207, 2010.

810 BVerfGE 21, 262.

811 BSGE 31, 235, 242.

Sozialversicherungsbeiträgen oder auch des gesamten Lohns fielen negativ auf[812]. Probleme ergaben sich insbesondere im Hinblick auf ausländische Arbeitnehmer, beispielsweise wurden einzelnen Arbeitnehmern die Pässe von ihren Verleihern abgenommen. So entstand ein Abhängigkeitsverhältnis, das die Geltendmachung von Ansprüchen ausschloss[813]. Erwähnenswert ist, dass eine niedrige Lohnhöhe keinesfalls als Problem identifiziert wurde, die Leiharbeitnehmer verdienten stattdessen typischerweise überproportional gut[814]. Der Gesetzgeber fürchtete gar eine Verteuerung der Arbeitskraft infolge der Abwerbung von Arbeitnehmern durch Verleiher mittels hoher Gehälter, was als Begründung für eine Überlassungshöchstdauer herangezogen wurde[815]. Die Kritik bezog sich dementsprechend auch nicht auf die Beauftragung besonders günstiger Verleiher. Vielmehr wurde in der Plenardebatte betont, dass Entleiher zur Vermeidung eines Dauerarbeitsverhälnisses durchaus erhebliche Kosten eingehen würden[816]. Die Problemlage bestand also allein in der Existenz unseriöser Verleiher und anders als beim HAG nicht im Zustandekommen von Niedrigstlöhnen. Weiterhin wurde die fehlende Vertrauenswürdigkeit des Verleihers nicht zwingend aus dem günstigen Angebot hergeleitet. Letztlich bezog sich die fehlende Seriosität allein auf die Einhaltung der Rechtsvorschriften und nicht auf die fehlende Bestandssicherheit besonders günstiger Anbieter.

2 Gesetzgeberisches Konzept

Dem Gesetzgeber blieben bei einer Regelung der Arbeitnehmerüberlassung drei Möglichkeiten: Die Begründung eines Arbeitsverhältnisses mit dem Verleiher, die Begründung eines Arbeitsverhältnisses mit dem Entleiher oder aber eine Anerkennung mehrerer Arbeitgeber – gewählt wurde die erste Variante[817]. Die Arbeitnehmerüberlassung ist abhängig von einer Genehmigung, bei deren Fehlen wird nach § 10 Abs. 1 S. 1 AÜG ein Arbeitsverhältnis zum Entleiher fingiert. Eine wie auch immer ausgestaltete Lohnhaftung des Entleihers ist gerade nicht vorgesehen. Anderes gilt nur für die Gesamtsozialversicherungsbeiträge nach dem damaligen § 393 Abs. 3 RVO, dem heutigen § 28 e Abs. 2 SGB IV sowie

---

812 BT-Drs. 6/2303 S. 9; Bogs BB 1971, 277, 278.

813 Kindereit RdA 1971, 207 f.

814 Kindereit RdA 1971, 207; Bogs BB 1971, 277, 278; Sandmann/Vielhaber S. 22 f.; vgl. Plenarprotokoll 6/194 vom 21.06.1972, S. 11378 rechts (Folger, SPD).

815 BT-Drs. 6/2303, S. 9 linke Spalte.

816 Plenarprotokoll 6/194 vom 21.06.1972, S. 11378 rechts (Folger, SPD).

817 Ramm ZfA 1973, 263, 281.

für die Unfallversicherungsbeiträge durch dessen Inbezugnahme im damaligen § 729 Abs. 4, dem heutigen § 150 Abs. 3 S. 1 HS 1 SGB VII[818]. Eine bürgengleiche Haftung sei nach der Gesetzesbegründung aus beitragstechnischen Gründen gegenüber der gesamtschuldnerischen Haftung vorzuziehen[819]. Die Haftung wurde ebenso wie im Knappschaftsrecht gemäß § 28 e Abs. 2 S. 2 SGB IV subsidiär und ohne eine Exkulpationsmöglichkeit ausgestaltet.

Bei einer illegalen Arbeitnehmerüberlassung ist infolge der Fiktion nach § 10 Abs. 1 S. 1 AÜG der Entleiher als rechtlicher Arbeitgeber zur Zahlung der Sozialversicherungsbeiträge verpflichtet. Bei einer Zahlung des Lohns durch den Verleiher wird er aber gemäß § 28 e Abs. 2 S. 4 SGB IV entlastet, da nunmehr auch der Verleiher gesamtschuldnerisch haftet. Dies wurde mit angesichts der tatsächlich bestehenden Arbeitnehmerstellung zu schließenden Strafbarkeitslücken in Bezug auf § 266 a StGB begründet[820].

3 Funktionen der Haftung

a) Schutz- und Steuerungsfunktion

aa) Gesetzgebungsmaterialien

Nach allgemeiner, auf die Gesetzgebungsmaterialien verweisender Auffassung bestehe die Funktion der Haftung nach § 28 e Abs. 2 SGB IV in der Sicherstellung der Sozialversicherungsbeiträge, aber auch in der Steuerung hinsichtlich der Auswahl konkreter Verleiher[821]. Die Gesetzesbegründung zum AÜG 1972 sah die Funktion von § 393 Abs. 3 RVO darin, einerseits die Zahlung der Sozialversicherungsbeiträge durch den Verleiher sicherzustellen und andererseits einen Zwang auf die Verleiher auszuüben, ihre Verpflichtung zu erfüllen[822].

---

818 §§ 393 Abs. 3, 729 Abs. 4 RVO wurde durch Art. 3 § 1 Nr. 2, 6 des Gesetzes zur Regelung der gewerbsmäßigen Arbeitnehmerüberlassung (BGBl Teil I 1972 Nr. 83 S. 1393) eingeführt; die Überführung in das SGB IV erfolgte durch Gesetz vom 20.12.2988, BGBl. 1988, Nr. 59, S. 2330 Art. 1., in das SGB VII durch Art. 1 des Unfallversicherungs-Einordnungsgesetzes (BGBl. Teil I 1996 Nr. 43 S. 1254).

819 BT-Drs. 6/2303, S. 16 rechte Spalte.

820 BT-Drs. 10/318 S. 53.

821 BSG vom 07. März 2007 – B 12 KR 11/06 R – juris, Rn. 21, Vgl. Faust/Rehner DB 2013, 874, 877; Schöttler/Müllerleile BB 2011, 3061 3064; Klumpp SgB 2015, 254, 256; Blank/Möller ZInSo 2000, 521, 522.

822 BT-Drs. 6/2303 S. 16 rechte Spalte.

Die Rede ist daher gerade nicht von einer Steuerungswirkung auf die Entleiher, sondern auf die Verleiher und mithin auf die Arbeitgeber.

Eine solche lässt sich dadurch konstruieren, dass die Verleiher einen Auftragsrückgang vonseiten ihrer Auftraggeber zu befürchten haben, wenn sie die Sozialversicherungsbeiträge nicht abführen. Für die Normen der Auftraggeberhaftung ist eine solche Steuerungswirkung in Bezug auf die Auftragnehmer durchaus anzunehmen. Für den Bereich der Arbeitnehmerüberlassung wirkt dies aber etwas bemüht: Bei einer fehlenden Abführung der Sozialversicherungsbeiträge wird die Erlaubnis nach §§ 5 Abs. 1 Nr. 3, 3 Abs. 1 Nr. 1 AÜG entzogen werden, sodass weitere Aufträge anhand der Wirkung des § 10 Abs. 1 AÜG ohnehin nicht erteilt werden würden. Eher möglich erscheint eine Beeinflussung der Verleiher dadurch, dass sie bei einer fehlenden Zahlung der Sozialversicherungsbeiträge angesichts des Regressanspruchs des Entleihers nicht den vollen Lohn kassieren werden können. Die Passage der Gesetzesbegründung wurde von der Bundesregierung 2005 dahin gehend ausgelegt, dass nur diejenigen Verleiher im Markt bleiben sollen, die von den Entleihern mit Blick auf die drohende Haftung beauftragt wurden[823]. In der Konsequenz wäre also doch eine Steuerungsfunktion hinsichtlich des Entleihers anzunehmen, mit dem Wortlaut der Gesetzesbegründung ist diese Auslegung aber nur mit großer Mühe zu vereinbaren. Im Übrigen wurde die Haftung auch in der Plenardebatte allein mit Schutzüberlegungen gerechtfertigt[824], gleiches gilt für die Überführung der Haftung in das SGB IV[825].

bb) Systematik der Arbeitnehmerüberlassung

Es ist abgesehen von der eher unklaren Gesetzesbegründung aber auch systematisch folgerichtig, eine Steuerungsfunktion hinsichtlich der Entleiher abzulehnen. Eine solche würde der Grundkonzeption des AÜG widersprechen, das gerade keine unmittelbare Lohnhaftung vorsieht, obwohl dies durchaus diskutabel war[826]. Dahinter steht die Wertung, dass kein Arbeitsverhältnis zum Entleiher begründet werden kann, da dann stets eine – damals – illegale Arbeitsvermittlung vorläge[827]. Dies erklärt die Grundentscheidung, dem Entleiher keine Lohnhaftung aufgrund einer Arbeitgeberstellung zuzuweisen, hätte eine

---

823 10. Bericht der Bundesregierung über Erfahrungen mit dem Arbeitnehmerüberlassungsgesetz, BT-Drs. 15/6008 S. 22 linke Spalte.

824 Plenarprotokoll 6/194 vom 21.06.1972, S. 11377 rechts (Böhme, CDU); 11379 rechte Spalte (Arndt, SPD).

825 BT-Drs. 11/2221 S. 22 linke Spalte.

826 Ramm DB 1973, 1170, 1176; Becker/Wulfgramm Einleitung Rn 122.

827 Ramm DB 1973, 1170, 1176; Meyer-Maly ZfA 1972, 1, 30.

ausdrücklich auf dem Gesetz beruhende Haftungsnorm wie § 21 Abs. 2 HAG aber nicht ausgeschlossen. Der Gesetzgeber ging aber offenkundig davon aus, dass der Entleiher von möglichen Verpflichtungen freizustellen sei, um Unklarheiten hinsichtlich der Arbeitnehmerstellung zu vermeiden. Verwerfungen im Bereich der Arbeitnehmerüberlassung sollten stattdessen durch die Erforderlichkeit einer Erlaubnis in Verbindung mit der Fiktion eines Arbeitsverhältnisses nach § 10 Abs. 1 S. 1 AÜG vermieden werden. Gerade aus § 10 Abs. 1 AÜG lässt sich herleiten, dass der Entleiher nicht Arbeitgeber ist[828], eine subsidiäre Lohnhaftung hätte diese Klarstellung nicht beinhaltet. Diese Lösung über eine staatliche Vorkontrolle der Verleiher soll nach der Vorstellung des Gesetzgebers aber auch ein höheres Schutzniveau ermöglichen als eine subsidiäre Lohnhaftung[829]. Gemeint ist damit offenkundig nicht der unmittelbare Schutz bei einem Lohnausfall – eine Lohnhaftung existiert bei der Beauftragung eines mit einer Erlaubnis operierenden Verleihers gerade nicht – sondern vielmehr der präventive Schutz: Nach dieser Wertung profitieren Leiharbeitnehmer stärker, wenn die Marktregulierung bereits durch den Staat erfolgt. Gesehen werden muss aber auch, dass eine Steuerung durch die Entleiher nur begrenzt Erfolg versprach: Die Angebote der Verleiher zeichneten sich gerade nicht durch besondere Preisgünstigkeit aus, sodass ein Indizcharakter eines günstigen Angebots für fehlende Rechtstreue oder Bestandsfähigkeit nicht angenommen werden konnte.

Die Genehmigung erfüllt mithin eine Legalisierungsfunktion. Nach § 3 AÜG ist die Genehmigung nur beim Vorliegen bestimmter Gründe zu versagen, gibt aber gemäß § 3 Abs. 1 Nr. 1 AÜG über die Zuverlässigkeit des Verleihers Auskunft. Wenn ein Verleiher mit einer Genehmigung beauftragt wird, tritt gerade nicht die Wirkung des § 10 Abs. 1 S. 1 AÜG ein, sondern bleibt der Entleiher von Arbeitgeberpflichten verschont. Im Ergebnis erfolgt die Steuerungswirkung hinsichtlich der Rechtstreue daher nicht durch eine Haftung, sondern durch ein Erlaubnisverfahren.

Die bürgengleiche Haftung nur für Sozialversicherungsbeiträge ist gerade nicht folgerichtige Konsequenz aus einem restriktiven Charakter des AÜG[830], stattdessen stellt die bürgengleiche Haftung vielmehr eine Ausnahme von der Gesamtkonzeption der Arbeitnehmerüberlassung dar. Gegen eine Steuerungsfunktion der Haftung spricht zudem, dass diese auch bei einer nicht gewerblichen Überlassung, also etwa beim Ausleihen von Arbeitskräften in der

828 Schüren/Hamann/Schüren Einleitung Rn. 111; Gick S. 87 f.
829 BT-Drs. 6/2303 S. 13 rechte Spalte.
830 So aber Klumpp SgB 2015, 254, 256.

Landwirtschaft, greifen sollte, bei der aber gerade kein Steuerungsbedürfnis anerkannt war[831]. Es mag sein, dass die Gesetzesbegründung dahin gehend zu deuten ist, dass eine Steuerungswirkung gegenüber dem Verleiher oder auch dem Entleiher als Nebenfolge der Haftung registriert wurde. Für den funktionalen Charakter der Norm kann dies angesichts der für das AÜG geltenden anderen Grundkonzeption keine Rolle spielen. Stattdessen soll hier ein Schutz der Sozialversicherungsträger gewährleistet werden, während eine besondere Schutzwürdigkeit hinsichtlich der Lohnzahlung abgelehnt wurde. Dies lässt sich mit den primär bei der Zahlung von Sozialversicherungsbeiträgen aufgetretenen Missständen erklären. Bei einer Lohnhaftung wäre der Entleiher aber auch nah an eine Arbeitgeberstellung herangerückt, sodass im Ergebnis eine verbotene Arbeitsvermittlung gedroht hätte.

Die Schutzfunktion hinsichtlich der Beitragszahlung ist daher als primärer Zweck der Haftung einzuordnen[832].

b) Ausgleichs- und Effektivitätsfunktion

Die Überlegungen zur Legalisierungswirkung haben auch Auswirkungen auf die weiteren Funktionen. Eine konkrete Ausgleichsfunktion würde voraussetzen, dass durch eine Inanspruchnahme bei Verursachung eines Zahlungsausfalls ein potentieller Vorteil durch Beauftragung eines möglicherweise günstigeren Verleihers ausgeglichen werden soll. Allerdings führt der Legalisierungsgedanke hier dazu, dass der potentielle Vorteil letztlich von der Rechtsordnung abgesegnet wird. Der Entleiher kann angesichts der Erlaubnis darauf vertrauen, dass er nicht zum Ausgleich eines potentiellen Vorteils in Anspruch genommen wird, die Rechtsordnung akzeptiert die Beauftragung ausdrücklich durch die Erlaubnis und kann dann nicht mehr ein Ausgleichsbedürfnis anerkennen.

Denken ließe sich auch an eine Effektivitätsfunktion. Insoweit gewährleistet die Erlaubnis aber insbesondere über den Versagungsgrund nach § 3 Abs. 1 Nr. 2 AÜG bereits, dass durch Umgehungskonstruktionen Arbeitgeberpflichten an vermögenslose Personen übertragen werden. Anders verhält es sich hingegen bei der abstrakten Ausgleichsfunktion, also bei einem Ausgleich für die Vorteile durch Fremdbeschäftigung, der Anreize für eine eigene Beschäftigung setzen soll. Die Vermeidung einer dauerhaften und völligen Ersetzung der Stammbeschäftigten wird in den Gesetzgebungsmaterialien als Ziel des AÜG definiert[833].

---

831 BT-Drs. 6/2303 S. 10 rechte Spalte; 16 rechte Spalte.
832 So auch Klumpp SgB 2015, 254, 256 f.
833 BT-Drs. 6/2303 S. 9 linke Spalte; BT-Drs. 18/9232 S. 15.

Die drohende Haftung für Sozialversicherungsbeiträge kann hierzu einen Beitrag leisten. Die abstrakte Ausgleichsfunktion ist daher für § 28 e Abs. 2 SGB IV relevant, aber nicht von zentraler Bedeutung.

4 Systematische Einordnung

Der Gesetzgeber hat sich bei § 28 e Abs. 2 SGB IV letztlich dagegen entschieden, die Haftung als Steuerungsinstrument auszugestalten. Eine Steuerung hinsichtlich der Auswahl von Verleihern findet, was Rechtstreue und Bestandsfähigkeit anbetrifft, durchaus statt. Diese erfolgt aber nicht mittels der Haftungsandrohung, sondern über den Mechanismus des § 10 Abs. 1 S. 1 AÜG. Hierbei sichert § 3 Abs. 1 Nr. 1, Nr. 3 AÜG in erster Linie die Rechtstreue, § 3 Abs. 1 Nr. 2 AÜG hingegen die Bestandsfähigkeit. Die Entleiher können daher auf einen Legitimationstatbestand vertrauen.

In systematischer Hinsicht ist § 28 e Abs. 2 SGB IV damit nicht bei den Normen der Auftraggeberhaftung einzureihen, bei denen die Auswahl eines seine Pflichten nicht erfüllenden Fremdpersonalanbieters die Haftung legitimiert. Stattdessen erklärt sich die Inanspruchnahme des Entleihers aus seiner besonderen Beziehung zum Arbeitnehmer. Wie dargelegt war es keineswegs zwingend, die Arbeitgeberfunktion dem Verleiher zuzuweisen. Der Entleiher wird mit dem dargestellten vermittlungsrechtlichen Hintergrund zwar ausdrücklich von den Arbeitgeberpflichten einschließlich einer auch nur subsidiären Lohnhaftung befreit, soll für Sozialversicherungsbeiträge aber dennoch einstehen müssen. An dieser Systematik hat sich auch mit dem Wegfall des Vermittlungsmonopols der Bundesagentur für Arbeit 1994 nichts geändert. Im Ergebnis ist die Haftung des Entleihers daher vergleichbar mit der Haftung des Bergwerkbetreibers: Aus historischen Überlegungen stand auch eine Verantwortlichkeit des Entleihers oder Bergwerkbetreibers für die Beiträge zur Disposition, deren Verantwortlichkeit beschränkt sich aber nunmehr auf eine Bürgenstellung.

Was die Ausgestaltung des § 28 e Abs. 2 SGB IV als bürgengleiche Haftung betrifft, erscheint die ursprüngliche Begründung mit beitragstechnischen Aspekten mittlerweile überholt: Eine gesamtschuldnerische Haftung hat der Gesetzgeber in anderen Fällen durchaus für akzeptabel gehalten, namentlich in den §§ 28 e Abs. 2 S. 4 SGB IV, 150 Abs. 2 SGB VII. Allerdings erscheint ein voller Regress stimmiger, schließlich wird die Arbeitnehmerstellung und damit die Haftung – keineswegs selbstverständlich – dem Verleiher zugewiesen und gerade keine Lohnzahlungspflicht des Entleihers anerkannt. Das Unwerturteil bei einer fehlenden Zahlung trifft den Verleiher: Die nur nachrangige Verpflichtung des

Entleihers wird in der Gesetzesbegründung besonders herausgestellt[834]. Die bürgengleiche Haftung betont zudem wiederum symbolisch, dass den Entleiher keine Arbeitgeberpflichten treffen und er nur mittelbar haften soll, was praktisch durch die subsidiäre Haftung nach § 28 e Abs. 2 S. 2 SGB IV ergänzt wird. Hinzu kommt auch hier, dass der Anspruchsinhalt vom Vertragsverhältnis zwischen Verleiher und Arbeitnehmer abhängig ist[835]. Die bürgengleiche Haftung ist hier daher einer gesamtschuldnerischen Haftung vorzuziehen.

5 Lohnhaftung bei Arbeitnehmerentsendung

a) Gesetzessystematik

Es hat sich gezeigt, dass nach der Grundkonzeption des AÜG keine Lohnhaftung des Entleihers vorliegen sollte. Zu erörtern ist aber, ob dies noch gilt oder ob durch das geltende Recht eine solche Lohnhaftung auch bei der Arbeitnehmerüberlassung inzwischen vorliegt.

Eine Lohnhaftung existiert eindeutig nicht für Entgelte, die vertraglich oder durch die normative Wirkung des Tarifvertrags nach § 4 Abs. 1 TVG begründet sind. Etwas anderes könnte aber für die Mindestentgelte nach § 3 a AÜG gelten, da der Wortlaut des § 14 AEntG sich auf „Mindestentgelte" bezieht. Einschlägig wäre dann die Haftung für die Verpflichtung eines Verleihers aus § 3 a AÜG. Es stellt sich daher die Frage, ob auch § 3 a AÜG von § 14 AEntG erfasst ist.

Dagegen spricht der Verweis des § 14 AEntG auf den Anspruch aus § 8 AEntG[836]. Die Haftung beschränkt sich demnach auf die Mindestentgelte nach dem AEntG und über die Verweisung des § 13 MiLoG auch auf den Mindestlohn nach § 1 Abs. 1 MiLoG. Eine nunmehr geänderte Intention des Gesetzgebers zur Erstreckung auf das 2011 eingefügte Mindestentgelt nach § 3 a AÜG müsste ausdrücklich erfolgen, ist aber nicht ersichtlich[837]. Würde man eine Anwendbarkeit auf alle Mindestentgelte nach § 2 Nr. 1 AEntG annehmen, hätte es auch für das MiLoG keiner ausdrücklichen Anordnung bedurft. Eine rein deklaratorische Wirkung des § 13 MiLoG ist aber nicht ersichtlich. Der Anspruch nach § 3 a AÜG stellt daher keine taugliche Hauptverbindlichkeit im Rahmen des § 13 MiLoG oder des § 14 AEntG dar.

---

834 BT-Drs. 6/2303, S. 10 linke Spalte.

835 Vgl. oben E II 2.

836 Vgl. Koberski/Asshoff/Eustrup/Winkler § 14 AEntG Rn. 25.

837 So auch Bayreuther NZA 2015, 961, 965.

Eine Lohnhaftung des Entleihers kommt daher nur in Betracht, wenn die Leiharbeitnehmer Anspruch auf ein anderes Mindestentgelt haben, das der Haftung unterfällt. Bei den Branchen des AEntG ist dies der Fall, da sich die Zahlungspflicht nach § 8 Abs. 1 AEntG gemäß § 8 Abs. 3 AEntG auf die Arbeitnehmerüberlassung bezieht. Im Konkurrenzverhältnis gehen Mindestentgelte nach dem AEntG der Lohnuntergrenze nach § 3 a AÜG vor[838]. Dies wurde durch die Beschränkung des zuvor geltenden Verbots der Arbeitnehmerüberlassung im Baugewerbe auf das Bauhauptgewerbe nach § 1 b AÜG notwendig, da die Arbeitnehmerüberlassung infolgedessen eine Umgehung des AEntG ermöglicht hätte[839]. Folglich hat auch ein Leiharbeitnehmer Anspruch auf die Mindestentgelte nach dem AEntG, welche der Haftung nach § 14 AEntG unterfallen. Die Norm des § 8 Abs. 3 AEntG erklärt die Erwähnung der Verleiher in § 14 AEntG.

Für das MiLoG gilt aber eine andere Systematik. Ergibt sich ein Lohnanspruch aus § 3 a AÜG, geht dieser Anspruch gemäß § 1 Abs. 3 S. 1 Var. 2 MiLoG vor, sodass kein Anspruch aus § 1 Abs. 1 MiLoG gegeben ist. Folglich würde sich die Haftung nach § 13 MiLoG nur dann auf Fälle der Arbeitnehmerüberlassung und mithin entsprechend des Wortlauts auch auf Verleiher erstrecken, wenn keine Lohnuntergrenze nach § 3 a AÜG existieren sollte und die Sperrwirkung folglich nicht eintreten würde[840].

b) Teleologische Erwägungen

aa) Besonderer Steuerungsbedarf

Es zeigt sich, dass nach der Gesetzessystematik eine Lohnhaftung im Bereich der Arbeitnehmerüberlassung lediglich im Anwendungsbereich des § 8 Abs. 3 AEntG besteht. Fraglich ist, ob sich mit teleologischen Argumenten eine generelle Lohnhaftung durch eine entsprechende Auslegung oder zumindest de lege ferenda rechtfertigen ließe.

Ob eine Lohnhaftung den Entleiher zu sehr in die Nähe einer Arbeitgeberstellung gerückt hätte, kann angesichts des nicht mehr bestehenden Arbeitsvermittlungsmonopols keine Rolle mehr spielen.

Im Ergebnis bleibt es aber dabei, dass die Steuerung anstelle einer Haftung durch die Fiktion eines Arbeitsverhältnisses ausgeübt wird. Für den Fall einer fehlenden Erlaubnis sieht § 10 Abs. 1 S. 1 AÜG eine an sich wirksame Sanktion

---

838 BT-Drs. 16/10486 S. 13 rechte Spalte.

839 BT-Drs. 13/8994 S. 70 rechte Spalte; Koberski/AsshoffEustrup/Winkler § 8 AEntG Rn. 15 ff.

840 Düwell/Schubert/Reinfelder § 13 Rn. 19.

vor. Daran lässt sich kritisieren, dass bei einer verweigerten Verlängerung oder einer Rücknahme entsprechend §§ 2 Abs. 4 S. 4, 4 Abs. 1 S. 2 AÜG die Wirkung der Genehmigung nicht sofort entfällt[841]. Dies ist aber eine Frage der Ausgestaltung des § 10 Abs. 1 AÜG. Im Hinblick auf die Marktbereinigung ist es dem Gesetzgeber unbenommen, andere Konzepte als die einer Lohnhaftung anzuwenden. Die Fiktion eines Arbeitsverhältnisses ist das schärfere Instrument als eine Haftung lediglich für den Überlassungszeitraum[842].

Eine Marktbereinigung durch die Steuerung der Verleiherauswahl wäre anders als nach der Wertung von 1972 zwar durchaus erfolgsversprechend, da eine geringe Lohnforderung des Verleihers nunmehr durchaus als Indiz für eine fehlende Rechtstreue oder fehlende Bestandsfähigkeit angeführt werden kann. Das Erlaubnismodell ist hier aber letztlich effektiver und gewährleistet eine staatliche Kontrolle über die Marktteilnehmer, wobei hier ein repressiveres Vorgehen als bei den diskutierten Fallgruppen eines Legitimationsmodells für die bürgengleiche Haftung vorliegt. Die Teilnahme am Markt ohne Erlaubnis ist verboten und bußgeldbewehrt. Fehlende Unbedenklichkeitsbescheinigungen und Präqualifikationen führen demgegenüber nicht zu einer illegalen Marktteilnahme, sondern gegebenenfalls zu einem Ausschluss von öffentlichen Vergabeverfahren oder ausschließlich zu negativen Folgen für den Auftraggeber. Für den Bereich der Arbeitnehmerüberlassung existiert daher ein hinsichtlich der Marktteilnehmer selbst strengeres Legitimationsverfahren und mit § 10 Abs. 1 S. 1 AÜG ein einschneidenderes Steuerungsmittel hinsichtlich der Besteller des Fremdpersonaleinsatzes.

bb) Besonderer Schutzbedarf

Mit Überlegungen zur Steuerungsfunktion lässt sich folglich keine Notwendigkeit herleiten, eine Lohnhaftung auch für den Bereich der Arbeitnehmerüberlassung zu etablieren. Etwas anderes könnte aber im Hinblick auf eine Schutzfunktion der Lohnhaftung gelten. Es ist hierbei grundsätzlich eine vertretbare gesetzgeberische Wertung, die Notwendigkeit einer zusätzlichen Absicherung nur für den Bereich der Sozialabgaben und nicht bei der Lohnhaftung zu sehen.

Mittlerweile besteht durch das MiLoG aber eine flächendeckende Haftung eines weiteren Schuldners für ein Mindestentgelt, nur der Bereich der Arbeitnehmerüberlassung bildet eine Ausnahme. Der Equal-Pay-Grundsatz nach § 8

841 Becker/Wulfgramm Einleitung Rn. 122.

842 Vgl. Schüren/Fasholz NZA 2015, 1473, 1474: „Schneidige Rechtsfolge“.

AÜG an sich führt nicht zu einem vergleichbaren Schutzniveau[843], da hierdurch kein weiterer Schuldner hinzugenommen wird. Dies erscheint als unhaltbarer Zustand. Die Legitimationswirkung der Erlaubnis ist dabei im Blick zu behalten. Der Einsatz eines mit einer Erlaubnis versehenen Verleihers kann nach der gesetzgeberischen Wertung nicht als ein Vorwurf verstanden werden, auch wenn es zu einem Lohnausfall kommt. Wer einen legitimierten Verleiher beauftragt, ist von negativen Folgen freizustellen, ansonsten greift § 10 Abs. 1 S. 1 AÜG. Umgekehrt darf der Einsatz von Arbeitnehmerüberlassung aber auch keine Möglichkeit bieten, sich der Haftung zu entziehen. Eine Besserstellung durch die Gestaltungsform der Arbeitnehmerüberlassung erscheint wenig plausibel. Damit ist genau die Konstellation gegeben, die auch für § 8 Abs. 2 AEntG ausschlaggebend war: Es droht eine Umgehung der Schutzvorschriften durch die Wahl der Arbeitnehmerüberlassung[844]. Der Arbeitgeber ist zwar anstelle zur Zahlung des Mindestlohns zur Zahlung eines Mindestentgelts nach § 3 a AÜG verpflichtet, der Konsument der erbrachten Dienst- oder Werkleistung könnte seine Haftung aber durch die Entleiherstellung verhindern.

cc) Schlussfolgerungen

Ein Lösungsansatz besteht daher darin, die Haftung nach § 13 MiLoG auch bei einer Arbeitnehmerüberlassung anzuerkennen, aber auf den geltenden Mindestlohn zu begrenzen. Dies wird auch von Literaturstimmen als gegenwärtige Rechtslage angesehen[845]. § 14 AEntG erkennt durch den ausdrücklichen Verweis auf Verleiher an, dass auch die Haftung die Wertung des § 8 Abs. 3 AEntG nachvollzieht und es demnach nicht möglich sein soll, die Haftung durch den Einsatz der Arbeitnehmerüberlassung zu umgehen. Dieser Gedanke kann auf § 13 MiLoG übertragen werden, der schließlich auf § 14 AEntG verweist. Es überzeugt daher, § 1 Abs. 3 MiLoG teleologisch zu reduzieren und den Vorrang des § 3 a Abs. 1 AÜG gegenüber § 1 Abs. 1 MiLoG für die Auftraggeberhaftung nicht anzuerkennen. Die Hauptverbindlichkeit besteht folglich in einem nur fiktiven Anspruch. Alternativ könnte der Anspruch nach §§ 14 AEntG, 13 MiLoG auch auf § 3 a AÜG angewandt, aber der Höhe nach auf den Mindestlohnanspruch begrenzt werden. Auf diesen Wegen wird eine Gleichstellung erreicht, aber eine verschärfte Haftung des Entleihers gerade infolge der Einschaltung eines legal

---

843 So aber Oltmanns/Fuhlrott NZA 2015, 392, 394.

844 Ebenso Riechert/Nimmerjahn § 13 Rn. 34.

845 Riechert/Nimmerjahn § 13 Rn. 34; Henssler/Willemsen/Kalb/Sittard § 13 MiLoG Rn. 5.

tätigen Verleihers verhindert. Der Entleiher wird also nicht gegenüber dem Auftraggeber privilegiert, sondern muss ebenso für den Mindestlohn haften. Eine spezifische Gefahr der Unterschreitung allein der Lohnuntergrenze nach § 3 a Abs. 1 S. 1 AÜG ist hingegen angesichts der Legalisierungswirkung nicht zu berücksichtigen.

IV Haftung des Reeders

1 Ausgangspunkt

a) Rechtslage bei der Sozialversicherung

§ 4 Abs. 4 SeeArbG sieht die Haftung des Reeders für Zahlungsverpflichtungen des Arbeitgebers aus dem Heuer- oder Berufsausbildungsverhältnis vor. Die Inanspruchnahme Dritter anstelle der vertraglichen Arbeitgeber ist für den Bereich der Seefahrt durchaus traditionsreich. Zu verweisen ist insoweit auf die Rechtslage in der Unfallversicherung. Hier wurde bereits in § 2 Abs. 4 des Seeunfallversicherungsgesetzes 1887[846] bewusst der Eigentümer als Reeder und dieser als Beitragsschuldner festgelegt. Begründet wurde dies mit der effektiveren Geltendmachung gegenüber den leicht zu ermittelnden Schiffseigentümern: Auf den nur mühsam zu ermittelnden Schiffscharterer, der das Schiff lediglich gemietet hatte, brauchte so nicht zurückgegriffen werden[847]. Diese Grundkonzeption ist heute in §§ 136 Abs. 3 Nr. 4 SGB VII, 13 Abs. 1 S. 1 SGB IV niedergelegt, wonach der Schiffseigentümer Reeder ist und dieser wiederum als beitragspflichtiger Unternehmer von der Unfallversicherung in Anspruch genommen wird. Angeknüpft wurde also allein an das Eigentum, anders als im Knappschaftsrecht korrespondiert das Eigentum am Schiff nicht zwingend mit dem wirtschaftlichen Nutzen der Arbeit: Der Vermieter des Schiffs erhält nur seine Miete, die durch die Arbeitskraft ermöglichte Fahrt selbst kommt dem Arbeitgeber zugute.

Erst 1963 wurde die völlige Freistellung der Vertragsarbeitgeber für die Unfallversicherungsbeiträge aufgehoben, § 886 Abs. 2 RVO 1963[848] ordnete eine gesamtschuldnerische Haftung von Reeder und Arbeitgeber an. Dies wurde dahin gehend begründet, dass eine völlige Freistellung der den Lohn schuldenden

---

846 Gesetz, betreffend betreffend die Unfallversicherung der Seeleute und anderer bei der Seeschiffahrt betheiligter Personen, RGBl. Teil I 1887 Nr. 27 S. 329.

847 Reichstagsprotokolle 7. Legislaturperiode 1887, 4 Aktenstück Nr. 163, S. 1193 linke Spalte.

848 Eingeführt durch Art. 1 des Unfallversicherungs-Neuregelungsgesetzes, BGBl. Teil 1 1963 Nr. 23 S. 241.

Arbeitgeber unbillig sei, zumal die Charterung von Schiffen an Bedeutung gewonnen habe. Gleichzeitig sollte der Eigentümer aber weiterhin in der Haftung bleiben[849]. Ähnlich wie im Knappschaftsrecht ist der Ausgangspunkt also eine Haftung des Eigentümers, die Inanspruchnahme des Arbeitgebers wurde später ergänzt. Erläuterungsbedürftig ist die Ausgestaltung als Gesamtschuld anstelle einer bürgengleichen Haftung. Entscheidend ist hier, dass die Gesamtschuld eine Flexibilität hinsichtlich der Regressmöglichkeit ermöglicht. Im Regelfall sollte sich die Ausgestaltung des § 886 Abs. 2 RVO hinsichtlich der Regressmöglichkeit praktisch nicht von einer bürgengleichen Haftung unterscheiden, da sich der Gesamtschuldnerausgleich nach § 886 Abs. 2 S. 2 RVO bei fehlender anderer Vereinbarung nach dem jeweiligen Anteil an der Heuer bemessen sollte[850]. Dies bedeutete faktisch eine Freistellung des Reeders im Innenverhältnis in den Fällen, in denen nicht auch noch arbeitsvertragliche Beziehungen zusätzlich zum Reeder bestanden. Eine volle Regressmöglichkeit gegen den Arbeitgeber war also auch hier geben. Allerdings sollte eine andere vertragliche Haftungsverteilung nach der genannten Gesetzesbegründung gerade ermöglicht werden, die dargelegten Grundsätze sollten nur im Zweifel gelten. Hier wird der flexiblere Charakter der Gesamtschuld wiederum erkennbar.

Der heutige § 150 Abs. 2 S. 1 Nr. 2 SGB VII ist insoweit widersprüchlich, dass eine zusätzliche Beitragspflicht des Reeders angeordnet wird. Dieser haftet wie dargestellt ohnehin schon nach §§ 136 Abs. 3 Nr. 4 SGB VII, 13 Abs. 1 S. 1 SGB IV. Angesichts des Verweises in der Gesetzesbegründung auf § 886 Abs. 2 RVO 1963[851] und des ansonsten fehlenden Sinngehalts erscheint es trotz des Wortlauts angebracht, dieser Norm eine zusätzliche Beitragspflicht des Arbeitgebers und gerade nicht des Reeders zu entnehmen[852]. Eine ausdrückliche Regelung bezüglich der Vornahme des Gesamtschuldnerausgleichs fehlt nunmehr, mangels Hinweis auf eine geänderte Intention[853] kann weiterhin davon ausgegangen werden, dass im Sinne des § 426 Abs. 1 S. 1 BGB etwas anderes bestimmt ist und grundsätzlich eine Aufteilung anhand des Anteils an der Heuer vorgenommen wird[854].

849 BT-Drs. 4/120, S. 77 f.

850 BT-Drs. 4/120, S. 77 f.

851 BT-Drs. 13/2204 S. 110 rechte Spalte.

852 Kasseler Kommentar/Spellbrink § 150 SGB VII Rn. 13.

853 Vgl. BT-Drs. 13/2204 S. 110 rechte Spalte.

854 So auch Eichenhofer/Wenner/Bigge SGB VII § 150 Rn. 13; anders Schmitt § 150 Rn. 10: Ausgleich nach Köpfen.

Hinsichtlich des Gesamtsozialversicherungsbeitrags ist der Grundsatz nach § 28 e Abs. 1 S. 1 SGB IV hingegen die Beitragspflicht des Arbeitgebers. Der 1988 eingefügte § 28 e Abs. 3 SGB IV[855] sieht eine gesamtschuldnerische Mithaftung eines Reeders im Sinne des § 13 Abs. 1 S. 1 SGB IV neben dem Arbeitgeber vor und folgt damit dogmatisch Konzeption und Wertung aus der Unfallversicherung statt dem Modell aus dem Knappschafts- und Überlassungsrecht, wie es vom systematischen Standort der Norm her zu erwarten wäre. Ausschlaggebend war für § 28 e Abs. 3 SGB IV ein „besonderer Bedarf der Seekrankenkasse"[856], mithin eine bezweckte Inanspruchnahme eines weiteren Schuldners. Es kann angesichts der jeweils gesamtschuldnerischen Ausgestaltung davon ausgegangen werden, dass für den Regress im Innenverhältnis die dargelegten Wertungen aus dem Unfallversicherungsrecht ebenfalls Anwendung finden sollen.

Der Anwendungsbereich der Norm überschneidet sich im Bereich der Arbeitnehmerüberlassung mit § 28 e Abs. 2 SGB IV, hier ist § 28 e Abs. 3 SGB IV als lex specialis zu werten.

b) Frühere Rechtslage bei der Lohnhaftung

Für die Lohnansprüche von Arbeitnehmern war zunächst das Seemannsgesetz von 1957[857] einschlägig. Für dieses fand der allgemeine Reederbegriff des HGB Anwendung. Nach dem heutigen § 476 HGB ist der Reeder der Eigentümer des Schiffes, allerdings ist ein das Schiff gewerblich nutzender Ausrüster nach § 477 Abs. 2 HGB als Reeder zu behandeln. Besondere Vorschriften für die Auszahlung der Heuer beinhalteten §§ 23 ff. des Seemannsgesetzes (SeemG). Das Seemannsgesetz sah zwar Sonderregeln vor, folgt aber im Grundsatz dem allgemeinen Arbeitsrecht[858]. In § 7 Abs. 1 SeemG wurde klargestellt, dass im Rahmen des Schiffsbetriebs tätige Arbeitnehmer, die nicht in einem Heuerverhältnis mit dem Reeder standen, als Besatzungsmitglieder galten. Allerdings fanden die Vorschriften über die Heuerzahlung gemäß § 79 SeemG mit einigen Ausnahmen – insbesondere hinsichtlich einer Krankenversorgung durch den Reeder – keine Anwendung. Als Beispiel für den Anwendungsbereich des § 7 Abs. 1 SeemG wurden in der Gesetzesbegründung Arbeitnehmer auf verpachteten Flächen, etwa in einem Friseursalon oder einem Blumenladen, genannt, die keinen

855 Eingeführt durch Gesetz vom 20.12. 1988 BGBl. Teil I 1988 Nr. 59 S. 2330, Art. 1.
856 BT-Drs. 11/2221 S. 22 rechte Spalte.
857 BGBl. Teil II 1988 Nr. 21 S. 713.
858 BT-Drs. 2/2962 S. 40 f., 48 linke Spalte.

Bezug zum Reeder hatten[859]. Hinsichtlich dieser Personen war eine Lohnhaftung des Reeders daher eindeutig abzulehnen.

Differenzierter beurteilte die Gesetzesbegründung des SeemG aber die Fälle, in denen Arbeitnehmer im Rahmen eines Werkvertrags zwischen Reeder und Arbeitgeber tätig wurden. Insofern wurde auf dem damaligen Streitstand verwiesen, ob die Begründung eines Arbeitsverhältnisses durch Vertrag oder durch eine Eingliederung in den Betrieb erfolgen sollte. Die Klärung dieser Frage sollte der Rechtsprechung oder einer späteren arbeitsrechtlichen Kodifikation überlassen werden, weswegen auch von einem Heuerverhältnis anstelle eines Heuervertrags ausgegangen wurde[860]. Die Möglichkeit, ein Heuerverhältnis auch ohne Arbeitsvertrag mit dem Reeder zu begründen, wurde daher offengelassen. Da sich die Vertragstheorie letztlich durchgesetzt hat, waren aber auch diese Arbeitnehmer dem § 7 Abs. 1 SeemG zuzuordnen, eine Lohnzahlungspflicht des Reeders bestand auch insoweit nicht[861]. Im Ergebnis orientierte sich die Lohnhaftung daher stets an den allgemeinen Regeln zum Vertragsschluss. Für den Fall, dass von Crewing-Agencys eingesetzte Leiharbeitnehmer auf dem Schiff eingesetzt wurden, kamen die Regelungen des AÜG zur Anwendung. Für die im Gesetzgebungsprozess für das SeeArbG vertretene Ansicht, nach bisheriger Rechtslage wäre stets ein Anspruch gegen den Reeder unabhängig von dessen Arbeitgeberstellung gegeben[862], sind keine Anhaltspunkte ersichtlich. Allerdings entsteht bei offenen Heuerzahlungen auch gegen einen anderen Arbeitgeber ein Pfandrecht am Schiff, dass die Vollstreckung in das Schiff ermöglicht (nunmehr §§ 596 Abs. 1 Nr. 1, 597, 601 Abs. 1 HGB).

Im Ergebnis sind drei relevante Personengruppen zu unterscheiden, die im Schiffsbetrieb tätig werden, ohne beim Reeder beschäftigt zu sein: Arbeitnehmer auf gepachteten Flächen, Werkvertragsarbeitnehmer und Leiharbeitnehmer.

c) Umsetzungsbedarf

In der Konsequenz bestand im Sozialrecht eine Haftung des Schiffseigentümers auch bei einer bloßen Vermietung des Schiffes, während für die Lohnhaftung allein die vertragliche Beziehung ausschlaggebend war. Das ILO-Seearbeitsübereinkommen von 2006 (MLC) sieht in Regel 2.2 eine Verpflichtung zur Heuerzahlung vor, ohne den Verpflichteten zu benennen. Reeder soll nach Art. 2 Nr. 1

---

859 BT-Drs. 2/2962 S. 43 rechte Spalte.

860 BT-Drs. 2/2962 S. 48 rechte Spalte.

861 Bemm/Lindemann § 3 Rn. 12, 17.

862 Plenarprotokoll 17/222 vom 21.02.2013, S. 27643 linke Spalte (Juratovic, SPD).

j neben dem Eigentümer auch derjenige sein, der sich zur Übernahme der Verantwortung für das Schiff bereit erklärt hat. Dies soll ausdrücklich unabhängig davon gelten, ob andere Personen Aufgaben im Auftrag des Reeders erfüllen. Daraus wird abgeleitet, dass eine fehlende Arbeitgeberstellung des Reeders dessen Verpflichtungen unberührt lässt[863]. Als Hintergrund dieser Regelung lässt sich der Einsatz von Arbeitnehmern durch Bemannungsagenturen sehen, die oftmals die Heuer nicht zahlten und nicht mehr auffindbar waren[864]. Letztlich kehrte hier die aus der Arbeitnehmerüberlassung bekannte Problematik zurück, wonach der Verleiher nicht die notwendige Seriosität aufbietet. Die Lohnhöhe wurde im Seearbeitsübereinkommen ebenfalls thematisiert, nach der Leitlinie B 2.2.3 sollten Mindestentgelte festgelegt werden.

Nach Art. 1 der Richtlinie 2009/13/EG war das ILO-Übereinkommen in nationales Recht umzusetzen. Aus Perspektive der Union bestand der Mehrwert des Übereinkommens darin, Tätigkeiten in der Seefahrt auch für Unionsbürger attraktiver zu machen und so Arbeitsplätze zu schaffen[865]. Dies erinnert leicht an die Motivation für das Seeunfallversicherungsgesetz von 1887, den Dienst auf deutschen Schiffen und den Seemannsberuf an sich für die „tüchtigen und anspruchslosen" deutschen Beschäftigten wieder attraktiv zu machen[866].

Für die Lohnhaftung ergab sich damit die Frage, ob dem Reederbegriff des HGB oder des SGB IV zu folgen war. Daneben war klärungsbedürftig, wie eine Reederhaftung dogmatisch umgesetzt werden sollte. Schließlich musste festgelegt werden, welche Personen genau der Haftung unterliegen sollen.

Das SeeArbG findet Anwendung, wenn deutsches Arbeitsrecht anwendbar ist. Nach Art. 8 Abs. 2 Rom I-VO ist mangels Rechtswahl auf den gewöhnlichen Arbeitsort abzustellen. Hier ist umstritten, ob unter Verweis auf Art. 91 SRÜ auf den Flaggenstaat[867] oder angesichts der Missbrauchsgefahren auf den Sitz der Niederlassung[868] abzustellen ist. Dies kann hier dahinstehen.

---

863 BT-Drs. 17/13059 S. 164; vgl. BT-Drs. 17/10959 S. 63 linke Spalte; vgl. Plenarprotokoll vom 21.02.2013, S. 27645 (Müller-Gemmeke, Bündnis 90/Die Grünen); vgl. Bubenzer/Noltin § 4 Rn. 28; vgl. Maul-Sartori NZA 2013, 821, 823.

864 Ausschussdrucksachen Ausschuss für Arbeit und Soziales 17 (11)/1004, 27 linke Spalte; BT-Drs. 17/12420 S. 14 f.

865 Kom (2008), 422 endgültig, S. 2.

866 Reichstagsprotokolle. 7. Legislaturperiode, 1887/3, 6. Aktenstück, S. 46.

867 Bubenzer/Noltin/Peetz/Mallach Einf. Rn. 36; BAGE 132, 182 Rn. 47; Magnus Iprax 2010, 27, 41.

868 Palandt/Thorn Rom I-VO Art. 8 Rn. 12; Deinert RdA 2009, 144, 147 f.

2 Entstehung und Grundstruktur von § 4 SeeArbG

Das SeeArbG von 2013[869] normiert erstmals eine zivilrechtliche Haftung auch der Reeder gegenüber auf dem Schiff beschäftigter Arbeitnehmer, mit denen sie in keinen vertraglichen Beziehungen stehen. Der Reederbegriff in § 4 Abs. 1 SeeArbG folgt dem Seearbeitsübereinkommen und definiert als Reeder den Eigentümer oder die kraft Vereinbarung verantwortliche Person. Die beiden Varianten stehen in einem alternativen Verhältnis[870]. Gibt der Eigentümer die Verantwortung ab und fungiert lediglich als Vermieter, unterliegt er folglich nicht den Verpflichtungen eines Reeders. Entscheidend ist, wie sich Eigentümer und Mieter des Schiffes über die Verteilung der Verantwortung einigen.

§ 28 Abs. 1 S. 2 SeeArbG legt in Abgrenzung zum hier bewusst unklaren Seemannsgesetz nunmehr fest, dass ein Heuerverhältnis durch einen Heuervertrag zustande kommt, der Reeder also nicht kraft Gesamtverantwortung als Arbeitgeber fungieren kann.

Nach dem ursprünglichen Entwurf eines § 4 Abs. 2 SeeArbG sollte eine Haftung des Reeders neben dem Arbeitgeber bestehen, speziell für die Lohnhaftung aber auf die Rechtsfigur der selbstschuldnerischen Bürgenhaftung zurückgegriffen werden[871]. Dieser Entwurf sorgte im Ausschuss für Irritationen hinsichtlich der Frage, ob auch hinsichtlich anderer Verpflichtungen die Regelungen über das Bürgschaftsrecht Anwendung finden sollten, etwa im Hinblick auf die Gewährleistung einer hinreichenden Kojengröße[872]. Infolgedessen wurde § 4 SeeArbG auf insgesamt vier Absätze erweitert. § 4 Abs. 2 SeeArbG ordnet nunmehr für andere Ansprüche als solche auf Zahlung der Heuer eine direkte Verantwortlichkeit des Reeders an, § 4 Abs. 3 betont die gleichzeitig bestehenden Verpflichtungen des Arbeitgebers und § 4 Abs. 4 normiert die bürgengleiche Haftung für Lohnverbindlichkeiten.

Auch die Ausgestaltung als bürgengleiche Haftung wurde im Ausschuss kritisiert: Diese sei nicht hinreichend effektiv und widerspreche dem Seearbeitsübereinkommen[873]. Als Argument für diese dogmatische Konstruktion als Bürgenhaftung diente der Umstand, dass zwischen Reeder und fremdbeschäftigten Arbeitnehmern keine vertragliche Beziehung bestünde[874]. Wie bereits in

869 BGBl. Teil I 2013 Nr. 19 S. 868.
870 BT-Drs. 17/10959 S. 63 linke Spalte.
871 BT-Drs. 17/10959 S. 10 linke Spalte, 63 linke Spalte.
872 BT-Drs. 17/12420 S. 13, 15 rechte Spalte.
873 BT-Drs. 17/12420 S. 15 linke Spalte.
874 BT-Drs. 17/12420 S. 17 linke Spalte; BT-Drs. 17/13059 S. 164 rechte Spalte.

Kapitel E. festgestellt, lässt sich aus den Eigenheiten des Bürgschaftsrechts eine ineffektive Umsetzung unionsrechtlicher Richtlinien nicht herleiten.

Zum Verständnis der Struktur des § 4 SeeArbG ist es erforderlich, die genaue Ausformung des § 4 Abs. 2 SeeArbG nachzuvollziehen. Dieser ist bei anderen Pflichten als der Heuerzahlung einschlägig. Denken lässt sich etwa an den Anspruch auf Verpflegung nach § 97 Abs. 1 SeeArbG. Hierbei soll es sich nach Noltin um einen bloßen Sekundäranspruch auf Schadensersatz handeln, der bei einer Pflichtverletzung des Arbeitgebers eingreifen soll. Dafür spräche argumentatio e contrario die ausdrückliche Verpflichtung des Reeders zur Urlaubsgewährung nach § 58 Abs. 1 S. 3 SeeArbG[875]. Demnach müsste der Reeder die nicht bei ihm selbst beschäftigten Arbeitgeber weder verpflegen noch nach § 93 Abs. 1 SeeArbG menschenwürdig unterbringen, sondern lediglich einen entstandenen Schaden ersetzen. Angesichts des Ziels, den Reeder zusätzlich als Verpflichteten gegenüber dem Arbeitnehmer haften zu lassen[876], kann dies nicht überzeugen. Gerade wenn der Arbeitgeber selbst nur ein Unternehmen auf dem Schiff betreibt – man denke etwa an einen Bordfriseur – lassen sich Ansprüche etwa auf menschenwürdige Unterbringung oder auf Verpflegung nach §§ 93 Abs. 1, 97 Abs. 1 SeeArbG wesentlich leichter gegen den Reeder durchsetzen, während dem Arbeitgeber selbst nur eine Einwirkungsmöglichkeit bliebe. Angesichts dessen erscheint eine Beschränkung des § 4 Abs. 2 SeeArbG auf Sekundäransprüche sinnwidrig: Der Arbeitnehmer könnte demnach nur dann etwa seinen Anspruch auf menschenwürdige Unterbringung durchsetzen, wenn der Reeder noch Kapazitäten frei hat und diese auch gewähren will. Bei einem Primäranspruch könnte der Arbeitnehmer dies hingegen erzwingen, sodass der Reeder etwa eine Kabine zur Hälfte freiräumen müsste. § 4 Abs. 2 SeeArbG ist daher als Primäranspruch zu werten, bei Leistungsstörungen gilt das allgemeine Leistungsstörungsrecht. § 58 Abs. 1 S. 3 SeeArbG ist deklaratorisch. Die Verpflichtungen von Reeder und Arbeitgeber stehen gesamtschuldnerisch nebeneinander.

Es ist im Ergebnis aber zutreffend, dass durch § 4 Abs. 2 SeeArbG ein gesetzliches Schuldverhältnis zwischen Reeder und Arbeitnehmer entsteht, dies ist aber nicht im Sinne von § 311 Abs. 2 Nr. 3 BGB zu verstehen[877]: Inhalt des Schuldverhältnisses sind nicht lediglich Nebenpflichten, wenngleich auch diese konsequenterweise zwischen Reeder und Arbeitnehmer anzunehmen sind. § 4 Abs. 2 SeeArbG geht durch die Vielzahl von Verpflichtungen über den punktuellen

875 Bubenzer/Noltin/Peetz/Mallach/Noltin § 4 Rn. 14.
876 BT-Drs. 17/12420 S. 17 linke Spalte.
877 So aber Bubenzer/Noltin § 4 Rn. 14.

Anspruchscharakter hinaus, der für eine bürgengleiche Haftung einschlägig ist. Dogmatisch stellt § 4 Abs. 4 SeeArbG daher eine Ergänzung zum nach § 4 Abs. 2 bestehenden gesetzlichen Schuldverhältnis dar. Zugleich schränkt § 4 Abs. 4 SeeArbG den Pflichtenkreis für die Lohnhaftung ein.

Es bleibt daher festzuhalten, dass für Leistungspflichten ein gesetzlicher Primäranspruch gegen den Reeder besteht, speziell für Lohnforderungen aber auf die bürgengleiche Inanspruchnahme zurückgegriffen wird. Der Anspruch auf Lohnzahlung ist ansonsten eine Frage des Heuervertrags mit dem Reeder.

3 Dogmatische Fragen

a) Geltungsbereich der Norm

Besondere Aufmerksamkeit verdient der Geltungsbereich der Norm. Die Haftung des Reeders bezieht sich entsprechend § 4 Abs. 2 S. 2 Nr. 2 SeeArbG auf Besatzungsmitglieder. Dieser Begriff ist nach § 3 Abs. 1 SeeArbG sehr weitreichend und erfasst alle Arbeitnehmer, die an Bord tätig sind – unabhängig von ihrem Arbeitgeber, aber auch unabhängig von ihrer Aufgabe an Bord, insoweit keine der Ausnahmen nach § 3 Abs. 3 SeeArbG eingreift. In der Konsequenz besteht die Haftung nach § 4 Abs. 2, 4 SeeArbG gegenüber Leiharbeitnehmern, aber auch gegenüber Arbeitnehmern etwa eines selbstständigen Betreibers des Bordrestaurants oder eines Ladenbetreibers, der diese Fläche auf dem Schiff gemietet oder gepachtet hat[878]. Konsequenterweise ist der Anspruch unabhängig von der Erbringung einer Arbeitsleistung gerade an den Reeder, sondern ist lediglich räumlich auf das Schiff begrenzt. Mit diesem Verständnis wird Art. 2 Nr. 1 f des Seearbeitsübereinkommens (MLC) gefolgt.

Erzeugt wird zum einen eine bürgengleiche Haftung für Entleiher auf Zahlung des Lohns. Dies stellt einen Widerspruch zum AÜG dar, dessen Mechanismus grundsätzlich auch in der Seefahrt zum Tragen kommt. Die Vorgaben des Seearbeitsübereinkommens machen eine solche Haftung aber erforderlich. Es gilt hier also neben § 28 e Abs. 2 S. 1 SGB IV eine weitere Ausnahme vom Grundkonzept der Arbeitnehmerüberlassung. Daneben greift die Haftung aber auch für Unternehmen, die auf dem Schiff einzelne Aufgaben übernehmen. Erfasst werden hier Konstellationen, bei denen im Rahmen eines Werkvertrags Mechanikertätigkeiten erledigt werden sollen. Die Schutzwürdigkeit auch auf solche Arbeitnehmer zu erstrecken ist durchaus konsequent, schließlich lässt der Reeder eigene Angelegenheiten durch fremde Unternehmer erledigen. Hier

---

878 BT-Drs. 17/10959 S. 63 linke Spalte.

besteht wertungsmäßig daher kein Unterschied zu dem Fall, dass Matrosen im Rahmen der Arbeitnehmerüberlassung auf dem Schiff eingesetzt werden.

Allerdings fallen unter § 3 SeeArbG auch Arbeitnehmer eines mit dem Reeder in keiner Hinsicht verbundenen Arbeitgebers, beispielsweise Leibwächter oder Sekretäre[879]. Hier eine Haftung zu konstruieren, erscheint rechtspolitisch eindeutig als zu weitgehend und ist so auch nicht vom Seearbeitsübereinkommen vorgegeben: Dessen Art. 2 Nr. 3 ermöglicht eine Entscheidung über die Einstufung einer Personengruppe im Einzelfall nach Abstimmung mit den Sozialpartnern, nach der zum MLC ergangenen ILO-Resolution von 2006 können nicht im gewöhnlichen Schiffsbetrieb tätige Personen ausgeklammert werden[880]. Nach dem Willen des Gesetzgebers sollen die Ausnahmen des § 3 Abs. 3 SeeArbG aber abschließend sein[881], sodass hier nicht auf eine teleologische Reduktion zurückgegriffen werden kann[882].

Wertungsmäßig problematisch erscheinen aber auch Fälle, in denen einzelne Flächen auf dem Schiff an Unternehmer vergeben werden. Entsprechend den bei der Auftraggeberhaftung gemachten Ausführungen ist es zweckmäßig, auch Outsourcingkonstellationen in die Haftung mit einzubeziehen[883]. Beispiele hierfür wären die Ausgliederung des Restaurant-Betriebs oder von Servicekräften allgemein. Problematisch ist die Situation aber, wenn keine Verlagerung vorliegt, sondern Tätigkeiten betroffen sind, die nicht zwingend an Bord zu erwarten wären. Der oben genannte Schiffsfriseur oder besondere Einkaufsläden können hier als Beispiel angeführt werden. Hier liegt keine Parallele zu einer Auftragsvergabe vor, sondern eine reine Vermietung. Der Vermieter des ganzen Schiffs, der die Verantwortung einem anderen überlassen hat, soll aber gerade nicht haften. Zudem erschiene auch die Lohnhaftung etwa eines Verpächters eines Ladengeschäfts an Land als kaum begründbar.

Es sprechen aber auch Argumente dafür, diese Konstellationen der Reederhaftung zu unterstellen: Der Reeder hat anders als ein Vermieter an Land ein über die Sicherung der Miete hinausgehendes Interesse an einem möglichst attraktiven Angebot auf dem Schiff, da so das Interesse an einer Schiffsreise gesteigert werden kann. Zudem würden sich ansonsten Abgrenzungsprobleme zwischen Grundbedarf und Luxusangebot ergeben. Es bleibt daher festzuhalten,

879 Beispiele nach Bemm/Lindemann § 7 Rn. 4.

880 Resolutions adopted by the International Labour Conference at its 94th (Maritime) Session, S. 6.

881 BT-Drs. 17/10959 S. 61 rechte Spalte.

882 So aber Bubenzer/Noltin/Peetz/Mallach § 3 Rn. 12.

883 S. oben F VI 5.

dass ein Änderungsbedarf hinsichtlich der nicht in den Schiffsbetrieb eingebundenen Personen besteht und auch die Vorgaben des MLC einer Korrektur nicht entgegenstehen, ansonsten der recht weite Anwendungsbereich aber aus rechtspolitischer Perspektive beibehalten werden kann.

b) Besonderheiten beim Anspruchsinhalt

Die Haftung auf das Entgelt ist nach § 4 Abs. 4 SeeArbG beschränkt auf den üblichen Lohn. Als üblich gilt der tarifliche Lohn[884].

Die Haftung auf das übliche Entgelt ist bei der bürgengleichen Haftung ohne Beispiel. Dieser Anknüpfungspunkt erklärt sich daraus, dass entgegen der unverbindlichen MLC-Leitlinie B 2.2.3 das deutsche Recht keine spezifischen Mindestheuern eingeführt hat. Allerdings stellt sich die Frage, ob das übliche Entgelt auch dann den Anknüpfungspunkt bildet, wenn vertraglich zwischen Arbeitgeber und Arbeitnehmer ein anderes Entgelt vereinbart wird. Mangels Tarifbindung und Allgemeinverbindlichkeit ist dies den Parteien unbenommen. Würde man auch hier im Rahmen des üblichen Entgelts auf das Tarifniveau abstellen, würde der Reeder schärfer haften als der Arbeitgeber. Dies erscheint sachlich nicht geboten, die Haftung an sich wird bei einer Begrenzung auf ein niedrigeres vertragliches Entgelt nicht ausgeschlossen. Bei einer niedrigeren vereinbarten Vergütung gilt die Haftung daher im Grundsatz auch nur in dieser Höhe. Allerdings bildet der Mindestlohnanspruch insoweit die Untergrenze. Dieser ist einschlägig, wenn deutsches Arbeitsrecht anwendbar ist sowie entsprechend § 20 MiLoG ein Inlandssachverhalt vorliegt, dies ist innerhalb der 12-Meilen-Zone der Fall[885]. Es wird hierzu vertreten, dass zwar grundsätzlich das Staatsgebiet der Bundesrepublik Deutschland erfasst sein, mangels Kontrollmöglichkeit für die Küstenmeere aber etwas anderes gelten soll[886]. Den zivilrechtlichen Anspruch von den Kontrollmöglichkeiten des Zolls abhängig zu machen, erscheint jedoch bedenklich[887].

Es bleibt aber zu erörtern, ob nicht eine Orientierung am vertraglich vereinbarten Entgelt vorzugswürdig wäre. Hier wird daher die umgekehrte Frage relevant, ob ein vertraglich vereinbartes höheres Entgelt Gegenstand der Haftung sein kann. Hierzu wurde oben bei den Normen der Auftraggeberhaftung festgestellt, dass eine Haftung auf das vertragliche Entgelt problematisch wäre[888].

---

884 BT-Drs. 17/10959 S. 63.

885 Vgl. Landtagsdrucksachen Niedersachsen 17/2800 S. 79.

886 Riechert/Nimmerjahn § 20 Rn. 10.

887 Düwell/Schubert § 20 Rn. 1.

888 Oben F II 2 a).

Für die Reederhaftung gilt aber, dass dem Reeder die Verantwortung für sämtliche Ereignisse auf seinem Schiff zugewiesen wird. Dem entspricht es, dass der Reeder stets eine Einstandspflicht für das volle vertragliche Entgelt übernimmt. Es liegt hier eine andere Wertung vor als bei der Auftraggeberhaftung, bei der die fehlerhafte Auswahl im Vordergrund steht und sich der spezifische Vorwurf regelmäßig darin realisiert, dass nicht das Mindestentgelt gezahlt wird. Bei einer Inanspruchnahme des Reeders aufgrund seiner Gesamtverantwortung passt diese Überlegung nicht, sodass auch die Begrenzung durch das an die Stelle des Mindestentgelts tretende „übliche" Entgelt nicht zu überzeugen vermag[889].

Eine Begrenzung auf den vertraglichen Anspruch erfolgt nur bei einer Unterschrift des Reeders auf einer Ausfertigung des Heuer- oder Ausbildungsvertrags. Allerdings hat der Gesetzgeber hier einen Mechanismus entwickelt, der durch das Zusammenspiel der §§ 4 Abs. 4 S. 2 HS 2, § 29 Abs. 1 S. 4 SeeArbG im Grundsatz einen Anspruch auf das vertraglich vereinbarte Entgelt ermöglicht: Der Arbeitnehmer kann vom Reeder verlangen, dass dieser eine Ausfertigung des Heuervertrags unterschreibt und eine Kopie hiervon mitführt. Der Gesetzgeber geht also doch davon aus, dass der Reeder auch für ein höheres vertragliches Entgelt eintreten muss. Diese Umsetzung ist aber misslungen, da der Arbeitnehmer kaum darauf klagen wird, dass der Reeder eine unterschriebene Ausfertigung erstellt und regelmäßig auch keine Kenntnis von diesem Anspruch und seiner Bedeutung hat. Stattdessen ist eine grundsätzlich bestehende Haftung auf das vertragliche Entgelt zu fordern.

4 Funktionen der Haftung

Die Haftung nach § 4 Abs. 4 SeeArbG ist im Gesetzgebungsverfahren nicht argumentativ begründet worden. Stattdessen wurde festgestellt, dass die Verantwortung des Reeders auch im Hinblick auf die Lohnhaftung weiter bestehe, wenn die Arbeitgeberfunktion von einem Dritten ausgeübt werde[890]. Daraus ableiten lässt sich eine Schutzfunktion zugunsten der Arbeitnehmer, die sich stets an den Reeder halten können. Auch eine Effektivitätsfunktion wird hier erkennbar, die nach der Gesamtsystematik des § 4 SeeArbG wesentlich weiter reicht als bei den Normen der Auftraggeberhaftung. Dort soll lediglich eine Umgehung der Lohnzahlungspflichten verhindert werden, nach § 4 Abs. 2, 4 SeeArbG treffen hingegen sämtliche Pflichten aus dem Arbeitsverhältnis auch den Reeder. Weitere Funktionen wurden im Gesetzgebungsverfahren nicht thematisiert.

---

889 So auch Ausschussdrucksache 17/11/1004 S. 18 rechts (Stellungnahme Bubenzer).
890 BT-Drs. 17/10959 S. 63 linke Spalte; BT-Drs. 17/12420 S. 17 linke Spalte.

Eine Steuerungsfunktion ließe sich unter Verweis auf die Wertungen der Auftraggeberhaftung annehmen, wenn die Auswahl von Vertragspartnern bei Werkverträgen einschlägig ist. Gleiches ließe sich auch bezüglich der Auswahl von Verleihern diskutieren. Die Steuerungswirkung der §§ 13 MiLoG, 98 a Abs. 3, 4 AufenthG hinsichtlich Rechtstreue und Bestandskräftigkeit wird so faktisch verstärkt. Die Verlagerung etwa von Mechanikertätigkeiten ist daher als Anwendungsfall einer Steuerungswirkung gut vorstellbar.

Hinsichtlich der Auswahl von Mietern oder Pächtern von Flächen auf dem Schiff gilt hingegen, dass eine Auswahlverantwortlichkeit des Vermieters der deutschen Rechtsordnung fremd ist. Der Vermieter kommt nicht mit den konkreten Arbeitsleistungen in Berührung, sodass eine Steuerung der Auswahl möglicher Vertragspartner zu weitreichend wäre. Anderes ließe sich nur für das Outsourcing bestimmter Funktonen annehmen. Bei nicht in den Schiffsbetrieb eingebundenen Arbeitnehmern scheidet eine Steuerungswirkung ohnehin aus. Angesichts des sehr weiten Geltungsbereichs verschwimmen die Konturen und Funktionen der Norm und treten im Ergebnis nur die Schutzfunktion und die Effektivitätsfunktion deutlich hervor. Dies gilt, obwohl zumindest für die Beauftragung von Werkvertragsunternehmen deutliche Parallelen zu den behandelten Fällen der Auftraggeberhaftung sichtbar sind.

5 Systematische Einordnung

Im Ergebnis ist in Übereinstimmung mit dem Seearbeitsübereinkommen die Verantwortung des Reeders für das Schiff der zentrale Gedanke der Norm. Dies fügt sich ein in die Verantwortung des Entleihers bei § 28 e Abs. 2 SGV IV und die des Bergwerkbetreibers bei § 28 e Abs. 2 a SGB IV. Ein deutlicher struktureller Unterschied zu §§ 28 e Abs. 2, 2 a SGB IV ergibt sich daraus, dass die Arbeitskraft dem Reeder anders als dem Bergwerksbetreiber oder Entleiher nicht unmittelbar zum Vorteil gereichen muss. Werden einzelne Flächen auf dem Schiff vermietet oder verpachtet, ergibt sich lediglich ein mittelbarer Vorteil durch eine höhere Attraktivität der Schiffsreise.

Die Ausgestaltung als bürgengleiche Haftung rechtfertigt sich wiederum aus der Überlegung, dass sich der Anspruch – zumindest bei einer vom Reeder unterschriebenen Ausfertigung des Heuervertrags – auf das vertragliche Entgelt bezieht und sich daher eine akzessorische Ausgestaltung anbietet. Erneut wird die vorrangige vertragliche Verantwortung des Arbeitgebers anerkannt und durch die gewählte bürgengleiche Haftung symbolisch betont, der volle Regress lässt das Unwerturteil beim Zahlungsausfall dem Arbeitgeber zukommen. Ein anderer Weg wurde für § 4 Abs. 2 SeeArbG gewählt, bei dem eine unmittelbare

Verantwortlichkeit des Reeders kraft seiner Position angenommen wird und keine Hauptverbindlichkeit des Arbeitgebers besteht. Das Gesetz ordnet in § 4 Abs. 3 S. 1 SeeArbG vielmehr an, dass auch der Arbeitgeber für die „Einhaltung der Rechte und Pflichten des Reeders“ verantwortlich ist. Die Verpflichtungen treffen also in erster Linie den Reeder und nur sekundär den Arbeitgeber. Angesichts des genannten Umstandes, dass der Reeder hier eher den Anspruch erfüllen kann als der jeweilige Arbeitgeber, erscheint dieses Verständnis auch systematisch als überzeugend. Demgegenüber ist die Lohnzahlungspflicht entsprechend der bestehenden Vertragsverhältnisse in erster Linie eine Angelegenheit des Arbeitgebers.

6 Bestehender Anpassungsbedarf

Im Ergebnis sind rechtspolitisch eine Haftung auf das vertragliche Entgelt sowie eine Ausklammerung nicht mit dem Schiffsbetrieb in Verbindung stehender Personen aus dem Geltungsbereich der Haftung zu fordern. In den Blick zu nehmen ist auch ein Anpassungsbedarf im Hinblick auf die sozialrechtliche Verantwortlichkeit des Reeders. In zwei Punkten widerspricht die Reederhaftung nach § 4 Abs. 4 SeeArbG der Ausprägung in der Sozialversicherung. Während §§ 28 e Abs. 3 SGB IV, 150 Abs. 2 S. 1 Nr. 2, 136 Abs. 3 Nr. 4 SGB VII eine gesamtschuldnerische Haftung anordnen und mithin die Zahlungsverpflichtung als eigene Angelegenheit des Reeders sehen, setzt die Lohnhaftung eine Hauptverbindlichkeit voraus. Hier wäre eine Vereinheitlichung anzuraten, durch eine generelle bürgengleiche Haftung kann zudem ein Gleichklang zu den sonstigen Haftungsnormen des § 28 e SGB IV hergestellt werden. Für die Beibehaltung der gesamtschuldnerischen Haftung spricht lediglich die flexiblere und vertraglich anpassbare Regelung des Regresses, dieser Gedanke wurde bei sämtlichen anderen Haftungsnormen aber nicht aufgegriffen und rechtfertigt die dogmatischen Unterschiede daher nicht. Daneben besteht ein Widerspruch bei der Bestimmung des Reederbegriffs. Die Freistellung des Vermieters nach der Wertung des SeeArbG sollte auch für die Sozialversicherung übernommen werden, um einen Wertungswiderspruch zu vermeiden, wenngleich der Schiffseigentümer nach wie vor leichter zu identifizieren ist als die nach einer Parteivereinbarung verantwortliche Person. § 13 Abs. 1 S. 1 SGB IV müsste hierfür angepasst werden.

V Vereinbarkeit mit höherrangigem Recht

1 Grundfreiheiten

Hinsichtlich der Vereinbarkeit mit der Dienstleistungsfreiheit nach Art. 56 Abs. 1 AEUV lässt sich für die sozialrechtlichen Normen der §§ 28 e Abs. 2, 2a, 150 Abs. 3 S. 1 HS 1 SGB VII auf die Ausführungen zu den sozialrechtlichen Normen der Auftraggeberhaftung verweisen[891]. Bei diesen Haftungsnormen ist jeweils anzunehmen, dass sie für die zwingenden Allgemeininteressen des fairen Wettbewerbs im Hinblick auf die Lohnzahlung und der Bekämpfung von Schwarzarbeit geeignet und erforderlich sind. Die Normen außerhalb der Auftraggeberhaftung weisen zwar keine Steuerungsfunktion auf, allerdings kommt es für die Rechtfertigung der Beschränkung nicht auf die Intention des Gesetzgebers an. Faktisch können die hier besprochenen Normen für ihren speziellen Bereich die gleichen positiven Effekte fördern wie die Normen der Auftraggeberhaftung.

Für § 4 Abs. 4 SeeArbG i.V. mit Art. 1 RL 2009/13/EG lässt sich die gleiche Argumentation heranziehen. Hier kann auch überlegt werden, ob nicht der Arbeitnehmerschutz das zwingende Allgemeininteresse darstellt und im Hinblick auf die besonderen Bedingungen in der Seefahrt die Inanspruchnahme des Reeders und nicht des Arbeitgebers gerade den typischen Fall bildet. Dann bräuchte nicht auf andere zwingende Allgemeininteressen zurückgegriffen werden.

Im Ergebnis sind die Beschränkungen der Dienstleistungsfreiheit jeweils gerechtfertigt.

2 Grundrechte

a) Vorüberlegung

Die Überlegungen zum Vorliegen einer Verantwortungsbeziehung lassen sich auf die genannten Konstellationen übertragen. Es lässt sich aber jeweils überlegen, ob sich hier eine Verantwortungsbeziehung unter Rückgriff auf eine besondere Fürsorgepflicht konstruieren lässt. Wie dargestellt[892] kommt eine Belastung mit Pflichten des Arbeitgebers dann in Betracht, wenn ein Dritter aufgrund einer Fürsorgepflicht eine ähnliche Stellung innehat wie der Arbeitgeber, sodass die Inanspruchnahme gerade dieses Dritten gerechtfertigt erscheint.

---

891 S. oben D IV 5 d).

892 S. oben D II 3 c bb).

In diesem Zusammenhang sind Überlegungen anzustellen, wie eine solche Fürsorgepflicht begründet werden kann. Es stellt sich insoweit die Frage, ob eine zivilrechtliche Fürsorgepflicht letztlich gleichbedeutend ist mit dem verfassungsrechtlichen Kriterium der Fürsorgepflicht, welches für die Konstruktion einer Verantwortungsbeziehung fruchtbar gemacht werden kann. Dem Gesetzgeber kann kein völliger Freiraum für die Konstruktion einer Fürsorgepflicht eingeräumt werden, da dieser es dann selbst in der Hand hätte, das Vorliegen einer Verantwortungsbeziehung zu beeinflussen. Allerdings ist der Gesetzgeber unter Beachtung von Art. 3 Abs. 1 GG dazu berechtigt, wenn ein sachlicher Grund vorliegt und die Konstruktion einer besonderen Fürsorgepflicht auch verhältnismäßig ist, wobei ein weites Ermessen eingeräumt werden muss. Liegt eine solche sachlich gerechtfertigte zivilrechtliche Fürsorgepflicht vor, ist diese im Rahmen der Prüfung einer Verantwortungsbeziehung zu berücksichtigen. Umgekehrt gilt, dass eine Fürsorgepflicht im Rahmen einer Verantwortungsbeziehung nicht einfach aus dem luftleeren Raum konstruiert werden kann, sondern notwendigerweise zivilrechtlich verankert sein muss. Allerdings sind hier mit der verfassungskonformen Auslegung und den Generalklauseln Instrumente vorhanden, die dieses Problem entschärfen können.

b) Haftung des Bergwerkbetreibers

Davon ausgehend ist für § 28 e Abs. 2 a SGB IV festzustellen, dass eine gesetzlich verankerte Fürsorgepflicht zwischen Bergwerksbetreiber und Arbeitnehmer nicht erkennbar ist. In Betracht kommt lediglich, ein gesetzliches Schuldverhältnis aus § 242 BGB herzuleiten. Dies erscheint fragwürdig, schließlich ist das Bergwerk als Arbeitsplatz nicht völlig wesensverschieden etwa zu einer Baustelle. Den Arbeiten im Bergwerk ist zwar eine erhebliche Gefährlichkeit gegeben, deren konkrete Form sich auch aus der Beschaffenheit des Bergwerks und mithin aus der Tätigkeit des Bergwerkbetreibers ableiten lässt. Auf einer Baustelle ist aber der Generalunternehmer in gleicher Weise für die Ausstattung der Baustelle verantwortlich und hat so Einfluss auf den Gefahrengrad der Tätigkeit. Eine umfassende Fürsorgepflicht, die über die Absicherung des Bergwerks hinausgeht, ist daher abzulehnen. Die besondere Stellung des Bergwerksbetreibers im Hinblick auf sonstige Sozialversicherungsbeiträge lässt sich nur aus historischer berufsständischer Betrachtungsweise ableiten, für heutige Arbeitsrealitäten ist eine solche Konstruktion nicht anzuerkennen.

Die Ausführungen zum Kriterium der unternehmerischen Vertretbarkeit als Voraussetzung für eine Verantwortungsbeziehung finden daher auch hier Anwendung. Das bedeutet, dass die Haftung nur bei einer unternehmerisch vertretbaren eigenen Beschäftigung greifen würde. Ansonsten wäre eine fehlende Sorgfalt hinsichtlich der Beauftragung des konkreten Auftragnehmers erforderlich, sodass sich die Haftung im Ergebnis auf die Frage der sorgfältigen Auswahl beziehen würde. Dies widerspricht aber der Konzeption der Norm, die allein auf Schutzwürdigkeitsgesichtspunkten basiert und gerade keine Steuerungsfunktion erfüllen soll. Aus diesem Grund erscheint die Norm letztlich auch entbehrlich, zumal eine besondere Privilegierung der Knappschaft aus heutiger Sicht nicht mehr überzeugen kann.

c) Haftung des Entleihers

Hinsichtlich einer Vereinbarkeit des § 28 e Abs. 2 SGB IV mit Art. 12 Abs. 1 GG ist wiederum auf die zweistufige Prüfung einer verfassungsrechtlich relevanten Fürsorgebeziehung abzustellen.

In einem ersten Schritt ist zu ermitteln, ob eine zivilrechtliche Fürsorgepflicht des Entleihers gegenüber dem Leiharbeitnehmer existiert. Anders als bei einem Auftraggeber von Werk- oder Dienstleistungen werden für einen Entleiher einhellig besondere zivilrechtliche Fürsorgepflichten gegenüber dem Arbeitnehmer anerkannt[893]. Als dogmatische Erklärungsansätze kommen eine sektorale Aufspaltung der Arbeitgeberfunktionen auch im Geltungsbereich des AÜG[894], die vertragsähnlichen gegenseitigen Verpflichtungen bei einem Vertrag zugunsten Dritter, der dem Entleiher einen Anspruch auf die Arbeitsleitung gibt[895] oder auch ein aus § 242 BGB hergeleitetes gesetzliches Schuldverhältnis[896] in Betracht. Es kann dabei dahinstehen, welcher Ansicht der Vorzug gebührt.

Es stellt sich in einem zweiten Schritt die Frage, ob eine Fürsorgepflicht des Entleihers gegenüber einem Leiharbeitnehmer sachlich gerechtfertigt ist. Dem Entleiher, der entsprechend § 1 Abs. 1 S. 2 AÜG den Arbeitnehmer in seinen Betrieb eingliedert und ihm gegenüber weisungsbefugt ist, kommt hierbei eine andere rechtliche Stellung zu als dem bloßen Auftraggeber. Der Leiharbeitnehmer stellt seine Arbeitskraft letztlich direkt unter die Weisungsbefugnis des Entleihers und ist zudem über einen längeren Zeitraum mit den Begebenheiten vor Ort konfrontiert. Zwar ließe sich eine Arbeitgeberstellung des Entleihers nur

893 Siehe nur Schüren/Hamann/Hamann § 1 Rn. 83; Schaub/Koch § 120 Rn. 73; Schaller DStR 1996, 469, 472.

894 Becker/Wulfgramm Art. 1 § 11 Rn. 60.

895 Schüren/Schüren Einleitung Rn. 170; vgl. Erfurter Kommentar/Wank Einl. AÜG Rn. 37; vgl. Walker AcP 194 (1994), 295, 318.

896 Gick S. 101.

unter Rückgriff auf die veraltete Eingliederungstheorie herleiten. Die durchaus stattgefundene Eingliederung in den Betrieb des Entleihers rechtfertigt es aber doch, eine dem Arbeitsvertrag ähnliche Fürsorgebeziehung zu konstruieren, ohne dem Entleiher sämtliche Arbeitgeberpflichten auferlegen zu müssen.

Im Ergebnis lässt sich eine Verantwortungsbeziehung aus der Fürsorgepflicht des Entleihers herleiten. Die bürgengleiche Haftung des Entleihers ist daher verfassungsrechtlich unbedenklich.

d) Haftung des Reeders

Prüfungsmaßstab für § 4 Abs. 4 SeeArbG ist hier eindeutig Art. 16 EU-GRCh. Das Seearbeitsgesetz wurde zur Umsetzung der Verpflichtungen aus der RL 2009/13/EG erlassen und verfolgt keine hiervon abweichenden Ziele. Hinsichtlich der allein problematischen verschuldensunabhängigen Haftung bestehen auch keine Umsetzungsspielräume, anderes gilt nur für die Entscheidung, den Geltungsbereich auch auf Arbeitnehmer außerhalb des Schiffbetriebs zu erweitern.

Wie dargestellt[897] lassen sich unter Rückgriff auf den Wesentlichkeitsgrundsatz die Überlegungen zur Verantwortungsbeziehung im Rahmen des Art. 12 Abs. 1 GG auf Art. 16 EU-GRCh übertragen. Auch hier gilt, dass nur unter Verweis auf eine besondere Fürsorgepflicht des Reeders eine Haftung unabhängig von der unternehmerischen Vertretbarkeit einer eigenen Beschäftigung in Betracht kommt. Nur dann ist eine Verletzung des Wesentlichkeitsgrundsatzes abzulehnen.

Hierbei ist zunächst danach zu fragen, ob eine zivilrechtliche Fürsorgepflicht des Reeders besteht. Diese ergibt sich hier aus § 4 Abs. 2 SeeArbG als gesetzlichem, verschiedene Pflichten zusammenfassendem Schuldverhältnis: Der Reeder hat sämtliche Verpflichtungen des Arbeitgebers ebenfalls zu erfüllen. Folglich ist zwingend eine zumindest mit der Arbeitgeberposition vergleichbare Fürsorgepflicht anzunehmen.

Weiterhin muss hinterfragt werden, ob diese Konstruktion einer Fürsorgepflicht sachlich gerechtfertigt ist. Die Fürsorgesituation lässt sich unter Verweis auf die besondere Ausprägung des Arbeitsverhältnisses auf dem Schiff begründen: Der Arbeitsplatz ist identisch mit dem vorübergehenden privaten Aufenthaltsort. Der Reeder hat hinsichtlich Verpflegung, Unterbringung und Sicherheit eine wesentlich andere Beziehung zum Arbeitnehmer als ein sonstiger Auftraggeber, etwa der Betreiber einer Baustelle oder auch eines Bergwerks.

---

897 S. oben D III 4 b).

Es besteht eine ganzheitliche Verantwortung des Reeders, in dessen Händen das Wohlergehen des Arbeitnehmers letztlich liegt. Dies gilt unabhängig davon, ob originäre Aufgaben des Reeders erfüllt werden oder der Arbeitnehmer in erster Linie Drittinteressen erfüllt, etwa durch eine Tätigkeit für den selbstständigen Schiffsfriseur. Ein Sachgrund ist daher vorhanden, sodass im Ergebnis die verschuldensunabhängige Haftung durch eine Fürsorgepflicht gerechtfertigt wird.

Hinsichtlich der außerhalb des Schiffsbetriebs tätigen Arbeitnehmer, also etwa Leibwächtern, findet Art. 12 Abs. 1 GG Anwendung, wenn mit dem BVerfG bei Spielräumen die nationalen Grundrechte als Prüfungsmaßstab behandelt werden, ansonsten wäre auch hier Art. 16 EU-GRCh anzuwenden. In zivilrechtlicher Hinsicht greift das gesetzliche Schuldverhältnis nach § 4 Abs. 2 SeeArbG angesichts der Geltung für sämtliche Besatzungsmitglieder auch hier. Problematisch ist aber die zweite Stufe der Prüfung. Die Fürsorgepflicht muss ihre Grenzen im gewöhnlichen Schiffsbetrieb haben: Nur insoweit folgt die unternehmerische Tätigkeit aus dem Willen des Reeders und liegt in dessen Einsichtsbereich. Beschäftigt ein Passagier an Bord einen Arbeitnehmer, etwa einen Leibwächter oder eine Pflegekraft, liegt dies außerhalb jeglicher Einflusssphäre des Reeders und außerhalb dessen Interessenkreises. Die Annahme einer insoweit geltenden Fürsorgepflicht, die über die Verpflichtung des Reeders zum Schutz von Leib und Leben hinausgeht, ist sachlich nicht gerechtfertigt und kann daher nicht zur Konstruktion einer Verantwortungsbeziehung herangezogen werden. Daraus folgt, dass die Erstreckung auf außerhalb des Schiffsbetriebs tätige Personen in der jetzigen Form verfassungswidrig ist.

VI Zwischenergebnis

Die in diesem Kapitel behandelten Normen beruhen auf einer jeweils konstruierten besonderen Einstandspflicht. Der Geltungsgrund der Haftung lässt sich nicht aus der Auswahl eines konkreten Auftragnehmers herleiten. Stattdessen wird jeweils ein besonderes Verhältnis zum Arbeitnehmer angenommen, das über die gewöhnliche Stellung eines Auftraggebers hinausgeht. Dem entspricht es, dass in allen Konstellationen historisch Unklarheit herrschte, wer jeweils für die Arbeitgeberpflichten einzustehen hatte. Der Auftraggeber wurde in seiner Rolle als Bergwerksbetreiber und Entleiher nicht gänzlich aus der Verantwortung entlassen, auch die unionsrechtlich vorgegebene Reederhaftung hat mit der Eigentümerhaftung im Sozialversicherungsrecht und der hinsichtlich der Eingliederungstheorie offenen Gesetzesbegründung insoweit eine Vorgeschichte. Angesichts der vorrangigen Lohnhaftung des Arbeitgebers ist die Ausgestaltung über die einen vollen Regress gewährleistende und die primäre Verantwortung des Arbeitgebers symbolisch betonende bürgengleiche Haftung überzeugend.

Verfassungsrechtlich ist jeweils in den Blick zu nehmen, ob sich eine Verantwortungsbeziehung aus einer besonderen, dem Arbeitsverhältnis angenäherten Fürsorgepflicht herleiten lässt, die notwendigerweise über bloßen Gesundheitsschutz hinausgeht. Die Fürsorgepflicht muss sich gesetzlich herleiten lassen und sachlich begründet sein. Diese Voraussetzungen sind für § 28 e Abs. 2 SGB IV und § 4 Abs. 4 SeeArbG, aber nicht für § 28 e Abs. 2 a SGB IV erfüllt. Bei § 4 Abs. 4 SeeArbG ist eine solche verfassungsrechtlich gerechtfertigte Fürsorgepflicht nur für solche Arbeitnehmer anzuerkennen, die im Rahmen des gewöhnlichen Schiffsbetriebs tätig sind.

I. Schluss

I Begründung und Zweck der Haftung

Entsprechend den angelegten Maßstäben für eine rechtspolitische Neuordnung der bürgengleichen Haftung im Arbeits- und Sozialrecht[898] sind zunächst die Fragen nach dem „Warum" und dem „Wozu" zu beantworten. Die Frage nach dem „Warum" bezieht sich dabei auf die Begründung der Haftung. Im Ergebnis rechtfertigt sich nach dem hier präferierten, an den verfassungsrechtlichen Vorgaben orientierten Konzept in den Fällen der Unternehmerhaftung – funktional treffender ist der Ausdruck Auftraggeberhaftung – die Inanspruchnahme des Auftraggebers mit der unsorgfältigen Auswahl der Nachunternehmer. Dementsprechend ist die abstrakte Ausgleichsfunktion, die einen Subunternehmereinsatz weniger attraktiv machen will, als Nebenfolge der Haftung tendenziell zu vernachlässigen. Der fehlende Einsatz eigener Arbeitnehmer ist sinnvollerweise nicht als Begründungsansatz bei einer Neuordnung zu verwenden, auch wenn dies unter bestimmten Voraussetzungen möglich wäre. Bei den Normen außerhalb der Auftraggeberhaftung stellt hingegen eine dem Arbeitsverhältnis angenäherte Fürsorgepflicht des Haftungsadressaten die Begründung der Haftung dar.

Die Frage nach dem „Wozu" orientiert sich an den Beweggründen und an der bezweckten wirtschaftlichen Funktion der Haftung. Es erfolgt ein Institutionenschutz hinsichtlich des als fair empfundenen Wettbewerbs und ein präventiver Schutz der Arbeitnehmer. Insoweit ist festzuhalten, dass die Normen der Auftraggeberhaftung gegenwärtig hinsichtlich ihrer Steuerungswirkung mit Ausnahme von § 3 GSA Fleisch neben einer Einwirkung auf die Rechtstreue der Auftragnehmer auch eine beschäftigungsfördernde Komponente aufweisen. § 98 a Abs. 3, 4 AufenthG erfüllt diese Komponente durch eine Verdrängung illegaler Beschäftigung, die anderen Haftungsnormen der Unternehmerhaftung orientieren sich neben der Rechtstreue auch an der Bestandsfähigkeit. Diese Berücksichtigung auch der Bestandssicherheit ist gerade bei einem Vergleich mit dem auf Deflationsverhältnisse zugeschnittenen § 21 Abs. 2 HAG durchaus sinnvoll und im Ergebnis auch unionsrechtlich unbedenklich. Bei auf besondere Verwerfungen reagierenden Normen wie § 3 GSA Fleisch scheint eine Begrenzung auf eine Steuerung hinsichtlich der Rechtstreue vertretbar, aber nicht zwingend. Die

898 S. oben B VII.

Auswirkungen dieser Wertung vor allem in Bezug auf die Verbindungen zum Insolvenzrecht sind aufgezeigt worden. Die bezweckte Förderung der bestandsfähigen Unternehmer geht aber zu weit, wenn auf die Präqualifikation als Exkulpationsmöglichkeit zurückgegriffen wird, hierdurch werden neugegründete Unternehmen zu stark benachteiligt. Bei §§ 14 AEntG, 13 MiLoG ist zusätzlich der unmittelbare Schutz der Anspruchsinhaber als spezifische Zielrichtung zu berücksichtigen.

Zu berücksichtigen ist noch die Frage, welcher Bedeutung die Bekämpfung von Subunternehmerstrukturen zukommen soll. Aus der Praxis wird berichtet, dass die Bedeutung von Subunternehmerstrukturen immer weiter zunimmt. Letztlich wird es auch als illusorisch angesehen, dass die Haftung insoweit eine Kursänderung herbeiführen kann[899]. Es bleibt festzustellen, dass die abstrakte Ausgleichsfunktion nur nachgeordnet berücksichtigt werden und bei Vorschlägen zur Neuordnung nicht im Mittelpunkt stehen sollte. Gleichwohl ist darauf zu achten, dass die Ausgestaltung der Haftung nicht noch Anreize zur Weiterverlagerung und zu intransparenten Subunternehmerketten setzt.

II Differenzierungen, innere Widersprüche und gemeinsame Strukturen

In der Einleitung ist auch das Ziel aufgezeigt worden, gemeinsame Strukturen der Rechtsfigur einer bürgengleichen Haftung im Arbeits- und Sozialrecht zu entwickeln, aber auch die Unterschiede hinsichtlich Geltungsgrund und Funktionen bei den einzelnen Haftungsnormen herauszuarbeiten. Darauf aufbauend sollten innere Wertungswidersprüche aufgedeckt werden.

Hinsichtlich der Fallgruppenbildung bezüglich der Haftungsfunktionen kann auf die soeben geäußerte Antwort auf die Frage nach dem „Wozu" verwiesen werden[900]. Was den Geltungsgrund der Haftung betrifft, kann zwischen der auf Fürsorgeüberlegungen basierenden Normen und der Unternehmerhaftung unterschieden werden. Bei Letzterer ist de lege lata kein eindeutiges Konzept zu erkennen, worin der Geltungsgrund bestehen soll. Die Bezugnahme in der Gesetzesbegründung zu § 13 MiLoG auf die Rechtsprechung spricht dafür, dass auch das vom BVerfG entwickelte „Fundament" Anwendung findet, mithin der Verzicht auf die Beschäftigung eigener Arbeitnehmer zumindest für §§ 13

899 Gespräch mit Vertreterin der Bauindustrie Mitte, 15.12.2017, Gespräch mit Vertreterin der BG Bau, 21.07.2017.

900 S. zu den einzelnen Funktionen zusammenfassend oben C V.

MiLoG, 14 AEntG den Geltungsgrund darstellen soll. Dies ist verfassungsrechtlich problematisch, aber darüber hinaus auch systematisch widersprüchlich. Bei §§ 13 MiLoG, 14 AEntG ist die abstrakte Ausgleichsfunktion, durch die der Einsatz von Subunternehmern unattraktiver werden soll, nur untergeordnet. Wird die fehlerhafte Auswahl als Geltungsgrund angenommen, wäre aber zwingend eine Exkulpationsmöglichkeit einzuführen. Letztlich ist die gegenwärtige Ausgestaltung nicht nur verfassungsrechtlich unzulässig, sondern auch im Hinblick auf die Funktionen bei §§ 14 AEntG, 13 MiLoG nicht folgerichtig.

Ein weiterer innerer Widerspruch ergibt sich daraus, dass der geltende Unternehmerbegriff nur bei der Delegation eigener Verpflichtungen eingreift, was sich mit den gegenwärtigen Funktionen der einzelnen Haftungsnormen nicht vereinbaren lässt. Bei §§ 28 e Abs. 3 a SGB IV, 150 Abs. 3 S. 1 HS 2 SGB VII gilt dies bei einer zu präferierenden Ausweitung auf weitere Branchen. Die bestehenden Unterschiede bei der Kettenhaftung sind sachlich nicht geboten, eine generelle Kettenhaftung wie bei §§ 14 AEntG, 13 MiLoG wäre zweckmäßiger.

Widersprüchlich zur Steuerungs- und Effektivitätsfunktion wäre es, wenn kein hinreichendes Ausfallrisiko bestünde. Eine solche Folge wird verursacht, wenn mit der Rechtsprechung der Anspruchsübergang auf die Bundesagentur für Arbeit bei Zahlung von Insolvenzgeld nach §§ 169 S. 1 SGB III, 401 Abs. 1, 412 BGB abgelehnt wird.

Schließlich ergibt sich aus dem Charakter als Durchsetzungsinstrument, dass die Haftung effektiv zu sein hat. Dem widerspricht es, wenn schon der Rückgriff auf das Bürgschaftsrecht die Geltendmachung verkompliziert, indem aufgrund einer Einrede der Verjährung der Hauptschuld zusätzlich immer gegen den Bürgen vorgegangen werden müsste. Nur insoweit liegt ein deutlicher Widerspruch zwischen dem Rückgriff auf das Bürgschaftsrecht und den Funktionen der Haftung vor.

Nachdem die Differenzierungen deutlich gemacht wurden, bleibt noch die Frage nach gemeinsamen Strukturen zu beantworten. Für die Unternehmerhaftung nennen lässt sich hier die Verdrängungswirkung hinsichtlich bestimmter Auftragnehmer in Abgrenzung zu § 21 Abs. 2 Var. 1 HAG, bei dem die Zwischenmeister gerade im Markt gehalten werden sollen. Dies trifft für die „Fürsorgehaftung" aber nicht zu, hier erfolgt keine gezielte Einwirkung auf den Auswahlprozess. Dennoch lassen sich zwei Gemeinsamkeiten aller bürgengleichen Haftungsnormen im Arbeits- und Sozialrecht nennen. Zum einen wird stets eine „Durchsetzung" bezweckt. Während sich eine vertragliche oder deliktische Haftung in einem Ausgleich zwischen zwei Rechtssubjekten erschöpft, kann hier eine Marktregulierung durchgesetzt, aber auch die tatsächliche Erfüllung eines

Anspruchs gewährleistet werden, der sich gegen den Arbeitgeber richtet. Die bürgengleiche Haftung ist ein Hilfsinstrument.

Die zweite Gemeinsamkeit besteht darin, dass die vorrangige Verantwortlichkeit einem Dritten, nämlich dem Arbeitgeber, zugewiesen wird. Den Anspruch hat zunächst der Arbeitgeber zu erfüllen. Bei der Unternehmerhaftung ist dieser zu verdrängen, wenn er hierzu nicht willens oder nicht in der Lage ist. Die vorrangige Verantwortlichkeit bei § 21 Abs. 2 Var. 1 HAG trifft hingegen den Auftraggeber, der keine höheren Löhne zahlt: Die Zwischenmeister sind angesichts der kaum vorhandenen Nachfrage in ihrem Rechtsbruch austauschbar. Aber auch bei der „Fürsorgehaftung" ist in erster Linie stets ein anderer für die Erfüllung der Hauptverbindlichkeit verantwortlich. Hierin besteht ein Unterschied zur Haftung nach § 4 Abs. 2 SeeArbG: Dort haftet der Reeder primär für die Pflichten nach dem Seearbeitsgesetz, da er diese leichter erfüllen kann. Bei den Normen der bürgengleichen Haftung wird die vorrangige Verantwortlichkeit stets dem Arbeitgeber zugewiesen, was sich dogmatisch in der notwendigen Hauptverbindlichkeit und im vollen Regress spiegelt.

Letztlich liegt in diesen beiden Aspekten, dem Charakter als Durchsetzungsinstrument und der nachrangigen Verantwortlichkeit, der dogmatische Kern der bürgengleichen Haftung im Arbeits- und Sozialrecht, sodass neben der äußeren Form durchaus eine innere Gemeinsamkeit vorhanden ist. Bei den Normen der Unternehmerhaftung ergibt sich das dogmatische Abgrenzungskriterium darüber hinaus letztlich aus der Verdrängungswirkung gegenüber bestimmten Auftragnehmern.

III Vorschlag für eine Neuregelung

1 § 14 AEntG und § 13 MiLoG

Der Formulierungsvorschlag orientiert sich an den vorhandenen Normen, um die vorgenommen Änderungen transparenter zu machen. § 14 AEntG sollte wie folgt formuliert werden:

> I Ein Unternehmer nach § 14 BGB, der einen anderen Unternehmer mit der Erbringung von Werk- oder Dienstleistungen beauftragt, haftet für die Verpflichtungen dieses Unternehmers, eines Nachunternehmers oder eines von dem Unternehmer oder einem Nachunternehmer beauftragten Verleihers zur Zahlung des Mindestentgelts an Arbeitnehmer oder Arbeitnehmerinnen nach § 8 wie ein selbstschuldnerischer Bürge. (Satz 2 bleibt unverändert)
>
> II *Ein Unternehmer, bei dem weniger als fünf Arbeitnehmer beschäftigt sind, haftet nur nach Absatz 1, wenn dieser in Erfüllung einer gegebenenfalls vorweggenommenen*

rechtlichen Verpflichtung einen anderen Unternehmer mit der Erbringung von Werk- oder Dienstleistungen beauftragt. § 23 Abs.1 S. 4 KSchG gilt entsprechend.

III *Ein bei der Beschäftigung eigener Arbeitnehmer zur Beitragszahlung an eine gemeinsame Einrichtung nach § 8 verpflichteter Unternehmer, der einen Unternehmer mit der Erbringung von Werk- oder Dienstleistungen beauftragt, haftet nach Absatz 1 für die Verpflichtung dieses Unternehmers, eines Nachunternehmers oder eines von dem Unternehmer oder einem Nachunternehmer beauftragten Verleihers zur Zahlung der Beiträge an die gemeinsame Einrichtung nach § 8.*

Dieser dreigeteilte Unternehmerbegriff orientiert sich an den Interessenlagen bei der Geltendmachung durch Arbeitnehmer und durch die Urlaubskasse sowie an einer personellen statt sachlichen Eingrenzung der Haftungsadressaten. Die Exkulpationsmöglichkeit kann in einem § 14 a AEntG wie folgt geregelt werden:

I Der Unternehmer haftet nicht nach § 14 Abs. 1, 3, wenn er eine hinreichend sorgfältige Auswahl nachweist und wenn zusätzlich der unmittelbar beauftragte Unternehmer während des Auftragszeitraums zuvor noch nicht gegen seine Pflicht zur Zahlung des Mindestentgelts verstoßen hat beziehungsweise der Unternehmer trotz Kontrolle der Mindestlohnzahlung von diesem Verstoß keine Kenntnis haben konnte.

II *Eine hinreichend sorgfältige Auswahl wird vermutet, wenn der Unternehmer hinsichtlich des betroffenen Arbeitgebers Unbedenklichkeitsbescheinigungen der Einzugsstelle für den Gesamtsozialversicherungsbeitrag und des Unfallversicherungsträgers vorlegt. Die Unbedenklichkeitsbescheinigung der Einzugsstelle enthält Angaben über die ordnungsgemäße Zahlung der Sozialversicherungsbeiträge und die Zahl der gemeldeten Beschäftigten. Die Unbedenklichkeitsbescheinigung des Unfallversicherungsträgers enthält insbesondere Angaben über die bei dem Unfallversicherungsträger eingetragenen Unternehmensteile und diesen zugehörigen Lohnsummen des Nachunternehmers oder des von diesem beauftragten Verleihers sowie die ordnungsgemäße Zahlung der Beiträge. In den Branchen nach § 28 a Abs. 4 S. 1 SGB IV sind zusätzlich Auskünfte über den Auftragnehmer nach § 150 Abs. 1 i.V. mit § 149 Abs. 2 Nr. 3, 4 GewO vorzulegen. In Tarifverträgen nach §§ 3 S. 1, 4 Abs. 1 können weitere Voraussetzungen vorgesehen werden.*

III *Der Unternehmer hat einen Anspruch gegen den von ihm beauftragten Unternehmer auf Vorlage von Zahlungsbelegen hinsichtlich der Erfüllung der Zahlungsansprüche nach § 8. Weiterhin besteht ein Anspruch gegen den beauftragten Unternehmer auf Vorlage von in Abs. 2 genannter Dokumente, die einen Nachunternehmer betreffen.*

Der angedachte § 14 a Abs. 1 AEntG schafft eine Überwachungspflicht, die sich aber lediglich auf nicht nur punktuellen Leistungsaustausch und nur auf den unmittelbaren Auftragnehmer erstreckt. Als Auftragszeitraum ist dabei die Zeit zu bewerten, innerhalb derer sachlich zusammenhängende Aufträge bearbeitet werden. Es käme nicht darauf an, ob verschiedene Verträge den Dienst- und Werkleistungen zugrunde liegen, entscheidend wäre der sachliche

Zusammenhang. Der vorgesehene § 14 a Abs. 3 AEntG ist eine unentbehrliche Voraussetzung dafür, dass der Auftraggeber seinen Überwachungspflichten nachkommen kann. Die Verpflichtung nach diesem § 14 a Abs. 3 AEntG kann insbesondere durch die Vorlage von Kontoauszügen des Arbeitgebers erfüllt werden, die anonymisiert über erfolgte Zahlungen und über die Arbeitszeit Auskunft geben und so eine Errechnung des Stundenlohns ermöglichen.

Eine hinreichende Auswahl ist hingegen stets vonnöten. Die Exkulpationsmöglichkeiten über Unbedenklichkeitsbescheinigungen und Selbstauskünfte sind als behelfsmäßige Lösung zu sehen, solange kein hinsichtlich der Bestandsfähigkeit aussagefähiges Register existiert. Das Berliner Weißbuch der Sozialkassen dient insoweit als Vorbild. Auch der abweichende Unternehmerbegriff im hier vorgeschlagenen § 14 Abs. 2 AEntG ist als behelfsmäßige Lösung bis zur Einführung eines solches Registers zu verstehen. Durch § 14 a Abs. 2 S. 5 AEntG könnten im Tarifvertrag etwa auch Unbedenklichkeitsbescheinigungen der Unfallkasse im Baugewerbe als notwendiges Exkulpationskriterium bestimmt werden. Abzustellen wäre auf den jeweiligen Arbeitgeber, eine Vorlage der betreffenden Dokumente hinsichtlich des unmittelbaren Auftragnehmers würde daher bei einer Kettenhaftung nicht ausreichen.

Hinsichtlich der notwendigen Selbstauskünfte erscheint angesichts des bürokratischen Aufwands eine Begrenzung auf die besonders für illegale Beschäftigung anfälligen Branchen nach § 28 a Abs. 4 S. 1 SGB IV hinreichend. Die Vermutungsregelung im vorgeschlagenen § 14 a Abs. 2 S. 1 AEntG ermöglicht es dem Arbeitnehmer, auch beim Vorliegen der notwendigen Bescheinigungen eine fehlende Auswahlsorgfalt zu beweisen. Bei § 13 MiLoG genügt ein Verweis auf die vorgeschlagenen §§ 14 Abs. 1, 2, 14 a AEntG.

2 § 98 a AufenthG

§ 98 a AufenthG ist wie folgt neu zu fassen:

III Ein Unternehmer nach § 14 BGB, der einen anderen Unternehmer mit der Erbringung von Werk- oder Dienstleistungen beauftragt, haftet für die Verpflichtungen dieses Unternehmers oder eines Nachunternehmers nach Absatz 1 wie ein selbstschuldnerischer Bürge.

IV *Der Unternehmer haftet nicht nach Absatz 3, wenn der Unternehmer hinsichtlich des seine Zahlungspflichten nicht erfüllenden Unternehmers Unbedenklichkeitsbescheinigungen der Einzugsstelle für den Gesamtsozialversicherungsbeitrag und des Unfallversicherungsträgers vorlegt. § 14 a Abs. 2 bis 3 AEntG gilt entsprechend.*

Angesichts der nicht bestehenden Schutzfunktion ist es hinreichend, wenn allein auf die Auswahlsorgfalt abgestellt wird. Da ein Legitimationsmodell hier vorzugswürdig ist, ist eine widerlegbare Vermutung nicht notwendig, die Vorlage der betreffenden Dokumente könnte rechtssicher die Inanspruchnahme ausschließen. Die Unterscheidung zwischen unmittelbaren Auftragnehmern und Auftragnehmern in der Kette braucht nicht beibehalten zu werden. Auch hier gilt, dass nur behelfsmäßig auf die angegebenen Nachweise zurückgegriffen werden muss.

3 Sozialrechtliche Unternehmerhaftung

§ 28 e Abs. 3 a-f SGB IV sind wie folgt zu fassen:

III a Ein Unternehmer nach § 14 BGB, der einen anderen Unternehmer mit der Erbringung von Werk- oder Dienstleistungen beauftragt, haftet für die Erfüllung der Zahlungspflicht dieses Unternehmers oder eines Nachunternehmers wie ein selbstschuldnerischer Bürge, wenn die Werk- oder Dienstleistung Wirtschaftsbereichen nach § 28 a Abs. 4 S. 1 SGB IV zuzuordnen ist.

III b *Der Unternehmer haftet nicht nach Absatz 3 a, wenn er hinsichtlich des seine Zahlungspflichten nicht erfüllenden Unternehmers Unbedenklichkeitsbescheinigungen der Einzugsstelle für den Gesamtsozialversicherungsbeitrag und des Unfallversicherungsträgers sowie Auskünfte über den Auftragnehmer nach § 150 Abs. 1 i.V. mit § 149 Abs. 2 Nr. 3, 4 GewO vorlegt. Hinsichtlich der in den Unbedenklichkeitsbescheinigungen erforderlichen Angaben gilt § 14 a Abs. 2 S. 2, 3 AEntG entsprechend.*

III c *(unverändert)*

III d *Für die Verpflichtungen eines Unternehmers nach Absatz 1 haftet auch der Käufer, der die Ware im Rahmen seiner unternehmerischen Tätigkeit weiterveräußern will, soweit es sich um Fleischprodukte handelt. Die Haftung erstreckt sich auf Verbindlichkeiten aller Unternehmer, die an der Schlachtung und Verarbeitung im Sinne von § 6 Abs. 10 AEntG mitgewirkt haben.*

Bei einer auf das Baugewerbe begrenzten Haftung ist eine Begrenzung auf den geltenden Unternehmerbegriff hinreichend, allerdings erscheint anstatt punktueller weiterer Haftungsnormen nach dem Vorbild des § 3 GSA Fleisch eine Ausweitung der Haftung auf alle § 28 a Abs. 4 S. 1 SGB IV unterfallenden Branchen sinnvoll. Infolgedessen ist der Unternehmerbegriff auszuweiten: Für die Fleischwirtschaft hat die Herausnahme von Eigenbedarf keine Relevanz, beispielsweise in der Gebäudereinigungsbranche nach § 28 a Abs. 4 S. 1 Nr. 7 SGB IV gilt aber etwas grundsätzlich anderes.

Auch hier ist ein Legitimationsmodell sinnvoll, sodass auf eine widerlegbare Vermutungswirkung zugunsten der Rechtssicherheit verzichtet werden kann. Die Exkulpation über eine Präqualifizierung nach § 28 e Abs. 3 b SGB IV und der Schwellenwert in § 28 e Abs. 3 d SGB IV sind zu streichen. Damit würde die Norm keine allein auf das Baugewerbe angepassten Komponenten mehr enthalten. Das im geltenden § 28 e Abs. 3 b SGB zum Ausdruck kommende Anliegen, Kostensteigerungen für den Bauherrn zu verhindern, ist zwar durchaus legitim, lässt sich aber im Rahmen der Unternehmerhaftung nur schwer umsetzen. Auch angesichts der Schwächen der Unbedenklichkeitsbescheinigung des Gesamtsozialversicherungsträgers ist es sinnvoll, zusätzlich Unbedenklichkeitsbescheinigungen des Unfallversicherungsträgers sowie Selbstauskünfte des Auftragnehmers im Rahmen der Exkulpation zu berücksichtigen. Auch das Mahnungserfordernis nach §§ 28 e Abs. 3 a S. 3, 28 e Abs. 2 S. 2 SGB IV ist zu streichen.

Für die Unfallversicherung genügt in § 150 Abs. 3 S. 1 HS 2 SGB VII ein vollumfänglicher Verweis auf § 28 e Abs. 3 a bis d SGB IV.

4 Weitere dogmatische Fragen

§ 4 Abs. 4 SeeArbG ist wie folgt zu fassen:

> *Der Reeder haftet auch für Zahlungsverpflichtungen des anderen Arbeitgebers aus dem Heuer- oder Berufsausbildungsverhältnis gegenüber im Rahmen des Schiffsbetriebs tätigen Personen; insoweit gelten die Vorschriften über den Bürgen, der auf die Einrede der Vorausklage verzichtet hat. Die Haftung des Reeders für die Verpflichtung zur Heuer- oder Vergütungszahlung erstreckt sich auf die vertragliche Vergütung.*

§ 28 e Abs. 3 SGB IV kann in eine bürgengleiche Haftung umgewandelt werden, § 13 Abs. 1 S. 1 SGB IV ist an den Reederbegriff in § 4 Abs. 1 SeeArbG anzupassen.

Weiterhin muss sichergestellt werden, dass der Auftraggeber sich nicht auf die Einrede berufen kann, dass die Hauptschuld verjährt sei. Am leichtesten lässt sich dies durch eine Regelung im BGB sicherstellen. Da die Haftungsnormen auf das Bürgschaftsrecht des BGB verweisen, würde auch diese Norm zur Anwendung kommen. Die Vorschrift, etwa ein § 768 a BGB, könnte lauten:

> Wird gesetzlich die Haftung wie ein Bürge angeordnet, so kann sich der Bürge nicht auf die Einrede berufen, dass die Hauptschuld verjährt sei.

5 Anpassung bezüglich der tatsächlichen Durchsetzung

Der für das Baugewerbe geltende § 28 f Abs. 1 a SGB IV ist auf die Branchen nach § 28 a Abs. 4 S. 1 SGB IV zu erweitern und wie folgt zu ergänzen: *Die Arbeitgeber sind verpflichtet, vierteljährlich die Entgeltunterlagen und die Beitragsabrechnung an die zuständige Stelle der Zollverwaltung zu übersenden. Auf Anfrage der Einzugsstellen nach § 28 i, der Unfallversicherungsträger sowie gemeinsamer Einrichtungen der Tarifvertragsparteien, die § 5 S. 1 Nr. 3 AEntG unterfallen, hat der*

Zoll die Entgeltunterlagen und die Beitragsabrechnungen an diese Stellen weiterzuleiten.

In § 111 Abs. 1 S. 1 Nr. 3 a SGB IV ist dementsprechend zu ergänzen: „... *oder nicht weiterleitet*".

Als § 2 Abs. 1 S. 1 Nr. 6 SchwarzArbG sollte eingefügt werden:

> *Die Behörden der Zollverwaltung prüfen, ob bei festgestellten Verstößen nach Nr. 1, Nr. 5 Unternehmer als Haftungsadressaten nach § 14 Abs. 3 AEntG, 28 e Abs. 3 a SGB IV, 150 Abs. 3 S. 1 HS 2 SGB VII ermittelt werden können.*

Auf diese Art und Weise kann die Ermittlung von haftenden Auftraggebern wesentlich erleichtert werden. Der Verweis auf den hier vorgeschlagenen § 14 Abs. 3 AEntG bezieht sich auf die Haftung gegenüber der Urlaubskasse.

In § 18 Abs. 1 S. 2 Nr. 3 AEntG sollte ergänzt werden: Wesentlich sind die Angaben über (...) „*den Namen des Auftraggebers*". So kann der Aussagegehalt einer Bescheinigung nach § 18 AEntG erhöht werden.

§ 87 Abs. 2 AufenthG ist einzuschränken, was etwa durch einen neuen Absatz geschehen könnte: *Absatz 2 findet keine Anwendung, wenn die öffentliche Stelle aufgrund einer Klage des Ausländers auf einen Anspruch aus § 98 a AufenthG Kenntnis erlangt.*

Perspektivisch wäre schließlich für §§ 14 AEntG, 13 MiLoG, 98 a Abs. 3, 4 AufenthG nach entsprechenden organisatorischen Vorüberlegungen die Einführung einer Verbandsklagebefugnis vorzugsweise des Zolls oder zumindest eine gesetzliche Prozessstandschaft gewerkschaftlicher Beratungsstellen ernsthaft zu erwägen. Für die Baubranche wäre hiervon angesichts der Vielzahl an Haftungsnormen- und Anspruchsinhabern aber Abstand zu nehmen.

Thesen

1. Bei einer bürgengleichen Haftung existiert ein Hauptschuldner, im hier interessierenden Kontext ist dies der Arbeitgeber. Ein Dritter haftet als Bürge für die Verbindlichkeit des Arbeitgebers, die sich auf die Zahlung eines Entgelts gegenüber dem Arbeitgeber oder auf die Zahlung von Beiträgen bezieht.
2. Die bürgengleiche Haftung im Arbeits- und Sozialrecht lässt sich in zwei große Blöcke aufteilen. Bei den Normen, die von der Haftung eines Unternehmers ausgehen, stellt die Vergabe von Aufträgen das verbindende Element dar, bei den übrigen Normen eine dem Arbeitsverhältnis angenäherte Fürsorgepflicht.
3. Eine Systematisierung und Neukonzeption der bürgengleichen Haftung im Arbeits- und Sozialrecht bedarf einer klaren Bestimmung der Haftungslegitimation, wobei verfassungsrechtliche Wertungen zu berücksichtigen sind.
4. Eine Vereinbarkeit der bürgengleichen Haftung mit Art. 12 Abs. 1 GG kann nur angenommen werden, wenn eine hinreichende Verantwortungsbeziehung besteht. Insoweit kann auf Grundgedanken der Sonderlastenrechtsprechung des Bundesverfassungsgerichts zurückgegriffen werden. Eine Verantwortungsbeziehung lässt sich aus einer Fürsorgepflicht oder aus einer qualifizierten Kausalität, hier hinsichtlich des Zahlungsausfalls, herleiten.
5. Bei einer Orientierung an der Berufsfreiheit ist im Rahmen der qualifizierten Kausalität danach zu fragen, ob die getroffene Entscheidung für den Einsatz fremder Arbeitnehmer wirtschaftlich zwingend war oder tatsächlich eigenverantwortlich erfolgte. Eine qualifizierte Kausalität ist aber auch bei einem sorgfaltswidrigen Verhalten des Auftraggebers anzunehmen.
6. Eine Differenzierung nach der unternehmerischen Vertretbarkeit würde zu einer schwer überblickbaren Kasuistik führen. Infolgedessen ist es vorzugswürdig, auf eine fehlerhafte Auswahl beziehungsweise Überwachung des Auftragnehmers abzustellen. Nach dieser Konzeption richtet sich der Vorwurf an den Auftraggeber auf die Auswahl des konkreten Auftragnehmers und nicht auf die fehlende Beschäftigung eigener Arbeitnehmer.
7. Der Eingriff in Art. 16 EU-GR-Charta durch die verschuldensunabhängige Unternehmerhaftung verletzt dessen Wesensgehalt im Sinne des Art. 52 Abs. 1 S. 1 EU-GR-Charta. Demnach bedarf die Haftung und mithin ein Eingriff in die Dispositionsfreiheit des Unternehmers eines sachlichen Anknüpfungspunktes, sodass sich die Überlegungen zur Verantwortungsbeziehung übertragen lassen und die Haftung nur unter den entsprechenden Voraussetzungen möglich ist.

8. Für eine Haftungslegitimation durch die fehlerhafte Auswahl spricht auch die Ausgestaltung als bürgengleiche Haftung. Die nur mittelbare Haftung des Auftraggebers macht deutlich, dass eine eigene Verpflichtung gerade nicht besteht. Zudem haftet der Auftraggeber dadurch nie schärfer als der vertraglich verantwortliche Arbeitgeber. Dies spricht dagegen, die fehlende Beschäftigung eigener Arbeitnehmer als Anknüpfungspunkt zu wählen.
9. §§ 28 e Abs. 2 SGB IV, 28 e Abs. 2 a SGB IV und § 4 Abs. 4 SeeArbG basieren auf Fürsorgeüberlegungen. Jeweils wird neben dem eigentlichen Arbeitgeber eine weitere Person in die Haftung genommen, bei der historisch eine volle Belastung mit den Arbeitgeberpflichten diskutiert wurde. Eine verfassungsrechtliche Rechtfertigung über die Figur einer Verantwortungsbeziehung ist bei diesen Normen möglich, wenn nach geltendem Recht eine Fürsorgepflicht besteht, die dem Arbeitsverhältnis ähnelt und für die ein Sachgrund vorhanden ist. Für die Haftung des Bergwerkbetreibers auf Sozialversicherungsbeiträge nach § 28 e Abs. 2 a SGB IV ist dies abzulehnen.
10. Die auf den Fürsorgegedanken zurückzuführenden Normen dienen in erster Linie dem Schutz der Anspruchsberechtigten. Die Normen der Auftraggeberhaftung weisen hingegen verschiedene Funktionen auf, nur für §§ 14 AEnG, 13 MiLoG ist ein unmittelbarer Schutz bezweckt. Die konkrete Ausgleichsfunktion schöpft einen Vorteil ab, der sich durch die regelmäßige Kostenersparnis bei Beauftragung nicht zahlungsfähiger oder zahlungswilliger Auftragnehmer ergibt. Die Effektivitätsfunktion beugt der gezielten Umgehung von Rechtspflichten vor. Unterschiedlich stark ausgeprägt ist die abstrakte Ausgleichsfunktion, die einen Fremdpersonaleinsatz weniger attraktiv machen will.
11. Stets vorhanden ist eine Steuerungsfunktion hinsichtlich der Auftragsvergabe. Das Haftungsrisiko bei der Beauftragung eines seine Zahlungspflichten nicht erfüllenden Auftragnehmers kann den Auswahlprozess beeinflussen. Die Hintergründe dieser Steuerungsfunktion unterscheiden sich allerdings.
12. § 729 Abs. 2 RVO von 1887 sah eine Haftung des Bauherrn für Unfallversicherungsbeiträge nicht gewerblicher Bauunternehmer hinsichtlich deren Arbeitnehmern vor. Bezweckt war hiermit eine Steuerungswirkung hinsichtlich der Bestandsfähigkeit von Auftragnehmern, aber nicht hinsichtlich deren Leistungswilligkeit. Verdrängt werden sollten die nicht zahlungsfähigen Arbeitgeber. Die Förderung der bestandsfähigen Unternehmer verursacht eine beschäftigungspolitische Komponente der Steuerung, da hierdurch drohende Arbeitslosigkeit präventiv bekämpft wird.
13. § 1a AEntG von 1998 bezweckte eine Steuerung der Auftragsvergabe, um tarifgebundene deutsche Unternehmen zu bevorzugen und so die

Arbeitslosigkeit der deutschen Arbeitnehmer zu bekämpfen. Entsprechend des heutigen § 1 AEntG bezweckt die Steuerungsfunktion bei § 14 AEntG eine Förderung tarifgebundener Unternehmen sowie eine Verdrängung nicht zahlungsfähiger und nicht zahlungswilliger Unternehmen. Die Steuerung dient bei § 13 MiLoG allein den Verdrängungseffekten, die in der gleichen Weise wie für § 14 AEntG ausgestaltet sind.

14. Bei § 28 e Abs. 3 a SGB IV, 150 Abs. 3 S. 1 HS 2 SGB VII bezweckt die Steuerung Verdrängungseffekte, wie sie auch bei § 14 AEntG und § 13 MiLoG angelegt sind. Die Steuerung auch hinsichtlich der Bestandsfähigkeit ergibt sich aus der Exkulpationsmöglichkeit durch eine Präqualifikation nach § 28 e Abs. 3 f SGB IV. Bei § 3 GSA Fleisch beschränkt sich die Steuerungswirkung aber auf die Rechtstreue der beauftragten Unternehmer. Durch die Haftung nach § 98 a Abs. 3, 4 AufenthG werden nicht rechtstreue Arbeitgeber verdrängt, wird aber auch illegale Konkurrenz verhindert und so Arbeitslosigkeit bekämpft.
15. Eine Beschäftigungsförderung lässt sich zusammengefasst sowohl über die Verdrängung nicht bestandsfähiger Arbeitgeber als auch über abschottende Effekte hinsichtlich nicht erwünschter Beschäftigungsformen, etwa Arbeitnehmerentsendung oder illegaler Beschäftigung, erreichen.
16. Hintergrund der Verdrängungsüberlegung ist ein präventiver Schutz der Arbeitnehmer durch eine Marktbereinigung, bei §§ 14 AEntG, 13 MiLoG tritt noch der Schutz der Institution des fairen Wettbewerbs in Bezug auf die Lohnzahlung hinzu. Der Wettbewerb gilt insoweit als fair, wenn langfristig ein angemessenes Lohnniveau besteht und Arbeitslosigkeit bekämpft wird.
17. Die Ausgestaltung als selbstschuldnerische Bürgschaft stellt sicher, dass keine vorrangige Inanspruchnahme des Arbeitgebers notwendig ist. Der Auftraggeber haftet daher in jedem Fall bei bloßer Zahlungsunwilligkeit des Auftragnehmers. Die Steuerungswirkung bezieht sich dadurch zumindest auf die Rechtstreue der Auftragnehmer.
18. Die bürgengleiche Haftung sieht zudem einen vollen Regress vor. Dies bringt stets eine Verdrängungswirkung hinsichtlich der Auftragnehmer mit sich, die ihre Pflichten nicht erfüllen. Demgegenüber könnte eine gesamtschuldnerische Haftung dem Auftragnehmer einen Mindestbehalt sichern und ihn so im Markt halten. Die Steuerung bezieht sich dann nicht auf die Auftragsvergabe, sondern auf die Preisvorgaben des Auftraggebers. Ein voller Regress ist unter normalen ökonomischen Verhältnissen vorzuziehen, da bei einem nicht völlig verzerrten Verhältnis von Angebot und Nachfrage zwischen förderungswürdigen bestandsfähigen Unternehmern und der „unsoliden“ Konkurrenz unterschieden werden kann. Daraus ergibt sich, dass

eine Steuerungswirkung bei einer bürgengleichen Haftung sinnvollerweise sowohl fehlende Zahlungswilligkeit als auch fehlende Zahlungsfähigkeit umfasst und eine Verdrängungswirkung in beiden Fällen zweckmäßig ist.

19. Eine Haftung gerade auch im Insolvenzfall ist essentiell, um die Verdrängungswirkung auf nicht bestandsfähige Arbeitgeber zu erstrecken. Allerdings sind auch unionsrechtliche Wertungen zu berücksichtigen. In den Haftungsnormen sind dabei aufgrund der potentiell marktausschließenden Wirkung gegenüber ausländischen Auftragnehmern Beschränkungen der Dienstleistungsfreiheit zu sehen.
20. Insoweit ist problematisch, ob die Auftraggeberhaftung auch im Insolvenzfall erforderlich ist, um zwingende Allgemeininteressen zu erreichen. Stets in Betracht kommt als zwingendes Allgemeininteresse dabei die Gewährleistung eines fairen Wettbewerbs. Der Begriff des fairen Wettbewerbs auf dem Gebiet der Lohnzahlung kann sich unter den Wertungen des freien Binnenmarkts nur auf die Verdrängung nicht rechtstreuer, zahlungsunwilliger Arbeitgeber beziehen, eine Verdrängung nicht bestandsfähiger, zahlungsunfähiger Arbeitgeber lässt sich hiermit nicht vereinbaren. Lohnkostenvorteile ausländischer Unternehmer sind gerade Ausdruck des freien Binnenmarkts.
21. Die Haftung ist aber auch im Insolvenzfall erforderlich, um einen derart verstandenen fairen Wettbewerb zu erreichen. Mangels Ausfallrisiko wäre die Effektivität der Haftung auch massiv eingeschränkt, was die Verdrängung nicht zahlungswilliger Unternehmer betrifft. Zudem lässt sich nur so verhindern, dass die Zahlungspflichten durch die Beauftragung vermögensloser „Briefkastenfirmen" umgangen werden. Unionsrechtliche Bedenken gegen eine Haftung auch im Insolvenzfall bestehen daher nicht.
22. Wird die unsorgfältige Auswahl des Auftragnehmers als Begründung für die Haftung herangezogen, so ist notwendigerweise eine Exkulpationsmöglichkeit einzuführen. Eine Exkulpationsmöglichkeit kann sich auf ein reines Legitimationsmodell oder auf eigene Auswahl- und Überwachungspflichten des Auftraggebers beziehen. Bei einem Legitimationsmodell schließt ein Vertrauenstatbestand die Haftung aus.
23. Bei §§ 98 a Abs. 3, 4 AufenthG, 28 e Abs. 3 a SGB IV, 150 Abs. 3 S. 1 Var. 2 SGB VII ist angesichts der allenfalls untergeordneten unmittelbaren Schutzfunktion ein Legitimationsmodell zu präferieren. Hierbei wäre mittelfristig ein allgemein einsehbares Register zu präferieren, dass auch hinsichtlich der Bestandsfähigkeit möglicher Auftragnehmer aussagekräftig ist.
24. Bei §§ 13 MiLoG, 14 AEntG ist auch die Schutzfunktion zentral. Daher sollten Auswahl- und Überwachungssorgfalt des Auftraggebers gefordert sein. Hier sollte hinsichtlich der Auswahlsorgfalt eine Vermutungswirkung

beim Vorliegen des geeigneten Legitimationstatbestands greifen. Die Überwachungssorgfalt würde bei diesen Normen nur durch eine Kontrolle der Lohnzahlung erfüllt werden. Dies müsste durch Kontrollrechte des Auftraggebers flankiert werden und wäre nur praktikabel bei nicht lediglich punktuellen Vertragsbeziehungen.

25. Unternehmer im Sinne der Unternehmerhaftung ist nach geltendem Recht, wer in Erfüllung seiner auch vorweggenommenen vertraglichen Verpflichtungen handelt. Die Befriedigung von Eigenbedarf ist daher aus dem Anwendungsbereich der Haftung ausgeschlossen. Bei § 3 GSA Fleisch stellt sich das Problem nicht. Dieser Unternehmerbegriff schränkt bei §§ 13 MiLoG, 14 AEntG, 98 a Abs. 3, 4 AufenthG die zentralen Funktionen, nämlich Schutz und Steuerung, erheblich ein.
26. Vorzugswürdig ist der Unternehmerbegriff nach § 14 BGB. Entscheidend ist, ob eine sorgfältige Auswahl beziehungsweise Überwachung des Auftragnehmers zumutbar ist. Insoweit sind keine sachlichen Ausnahmen notwendig. Geboten sind hingegen Ausnahmen auf personeller Ebene. Für Kleinbetriebe ist es hinreichend, wenn der auf Subunternehmerkonstellationen begrenzte Unternehmerbegriff Anwendung findet. Die Haftung gegenüber der SOKA-BAU ist hingegen auf Unternehmer des Baugewerbes zu beschränken, die bei der Beschäftigung eigener Arbeitnehmer ihrerseits beitragspflichtig wären.
27. Bei der Haftung gegenüber den Sozialversicherungsträgern und der SOKA-BAU bereitet insbesondere die Ermittlung von Auftraggebern Probleme. Relativ erfolgreich ist die Geltendmachung durch die BG Bau, für die SOKA-BAU gilt dies nur im Entsendeverfahren. Generell ist es sinnvoll, den Zoll hinsichtlich der Ermittlung von Auftraggebern zu sensibilisieren und das noch ungenutzte Potential insoweit zu aktivieren.
28. Bei der Geltendmachung durch die Arbeitnehmer ist problematisch, dass sich die Hemmnisse hinsichtlich der rechtlichen Auseinandersetzung mit dem Arbeitgeber auch auf die Auseinandersetzung mit dem Auftraggeber auswirken. Eine Verbandsklage durch die Arbeitnehmer ist angesichts des präventiven Interesses an der Geltendmachung der Ansprüche durchaus diskutabel, solange nicht wie in der Baubranche verschiedene andere Anspruchsberechtigte in Betracht kommen.
29. Verbindende Elemente der bürgengleichen Haftung im Arbeits- und Sozialrecht sind der Charakter als Durchsetzungsinstrument sowie die stets nachrangige Verantwortlichkeit des Auftraggebers für den Rechtsverstoß. Die Hauptverantwortung wird anders als bei §§ 21 Abs. 2 HAG, 4 Abs. 2 SeeArbG dem Arbeitgeber zugeschrieben.

BG BAU
Berufsgenossenschaft
der Bauwirtschaft

Region Muster

BG BAU, 56789 Musterstadt

Max Muster
Musterstr. 17
12345 Musterstadt

Ihr Zeichen:
Ihre Nachricht vom:
Unser Zeichen:
(bitte stets angeben)
Ihr Ansprechpartner:
Telefon: 030 85781-0
Fax: 030 85781-500
E-Mail: info@bgbau.de

Datum: 28.11.2017

Qualifizierte Unbedenklichkeitsbescheinigung
– nur gültig mit Originalunterschrift, -dienstsiegel und -namensstempel –

Sehr geehrte Damen und Herren,

wir bescheinigen Ihnen hiermit, dass Sie Mitglied unserer Berufsgenossenschaft sind und Ihre fälligen Zahlungsverpflichtungen zur gesetzlichen Unfallversicherung erfüllt haben.

Folgende Unternehmensteile sind hier erfasst:

Unternehmensteile	Arbeitsentgelte der aktuellen Vorschüsse EUR
Glaserarbeiten	126.718,00
Büroteil des Unternehmens	47.163,00

Diese Bescheinigung ist bis zum 15.05.2018 gültig.

Der Auftraggeber haftet grundsätzlich aus dem Auftragsverhältnis zum Auftragnehmer für dessen nicht gezahlte UV-Beiträge (§ 150 Abs. 3 Sozialgesetzbuch – SGB – VII).
Unbedenklichkeitsbescheinigungen der BG BAU befreien nur dann von einer Inanspruchnahme, wenn

1. die Gültigkeitszeiträume der Bescheinigungen den Zeitpunkt der Auftragsvergabe sowie den gesamten Bauzeitraum erfassen und
2. das Verhältnis der obigen Arbeitsentgelte zu der Anzahl der auf der Baustelle eingesetzten Beschäftigten plausibel ist und
3. der Auftragnehmer mit den obigen Unternehmensteilen die übernommenen Arbeiten ausführen kann.

Beim Vorliegen von Arbeitnehmerüberlassung schützt diese Bescheinigung in keinem Fall vor einer möglichen Beitragshaftung (§ 150 Abs. 3 SGB VII, §§ 9, 10 AÜG).

Mit freundlichen Grüßen
Im Auftrag

Mustermann
Mustermann

(Originalunterschrift)

3783

Gesetzliche Unfallversicherung
Körperschaft des öffentlichen Rechts
IK 120991009
Steuernummer 29/029/95305
Betriebsnummer 14066582

Postanschrift
80297 München

E-Mail: info-sued@bgbau.de
Internet: www.bgbau.de

Hausanschrift
Pirnaer Landstraße 40
01237 Dresden
Tel.: 0351 2572-0
Fax: 0800 6686688-28100

Bankverbindung
Bayerische Landesbank München
IBAN DE72 7005 0000 0005 0240 03
BIC BYLADEMMXXX

M1347 vom

Von der BG Bau zur Verfügung gestelltes Muster einer Unbedenklichkeitsbescheinigung entsprechend § 150 Abs. 3 S.2 SGB VII.

Literatur

Amann, Susanne/Fröhlingsdorf, Michael/Ludwig, Udo: Schlacht-Plan, DER SPIEGEL 43/2013, 64 ff.

Artnz, Melanie/Rammer, Christian u. a.: Evaluation bestehender gesetzlicher Mindestlohnregelungen, Branche Dachdeckerhandwerk, http://www.bmas.de/SharedDocs/Downloads/DE/PDF-Meldungen/evaluation-mindestlohn-dachdecker.pdf?__blob=publicationFile, abgerufen am 09.02.2019

Aulmann, Peter: Geldbuße und Verfall bei Mindestlohndumping – Sorgfaltspflichten des Hauptunternehmers, NJW 2012, 2074 ff.

Baeck, Ulrich/Winzer, Thomas/Kramer, Nadine: Neuere Entwicklungen im Arbeitsrecht. Das Mindestlohngesetz: Ein erster Überblick, NZG 2015, 265 ff.

Balser, Markus: http://www.sueddeutsche.de/wirtschaft/fleischindustrie-ausgebeutet-auf-dem-schlachthof-1.3530747 vom 01.06.2017, abgerufen am 09.02.2019

Bauer, Jobst-Hubertus/Heimann, Daniel: Leiharbeit und Werkvertrag – Achse des Bösen? NJW 2013, 3287 ff.

Baumbach, Adolf/Hopt, Klaus (Hrsg.): Handelsgesetzbuch: mit GmbH & Co., Handelsklauseln, Bank- und Börsenrecht, Transportrecht (ohne Seerecht), 37. Auflage München 2016

Bast, Jürgen: Illegale Migration und die Rechte von illegalen Migrantinnen und Migranten als Regelungsgegenstand des Europarechts, in Fischer-Lescarno, Andreas/Kocher, Eva/Nassibi, Ghazaleh (Hrsg.): Arbeit in der Illegalität, Frankfurt a.M. 2012, S. 71 ff.

Bayreuther, Frank: Gesetzlicher Mindestlohn und sittenwidrige Arbeitsbedingungen, NJW 2007, 2022 ff.

Bayreuther, Frank: Tariftreue vor dem Aus – Konsequenzen der Rüffert-Entscheidung des EuGH für die Tariflandschaft, NZA 2008, 626 ff.

Bayreuther, Frank: Generalunternehmerhaftung nach dem Mindestlohngesetz und dem Arbeitnehmerentsendegesetz, NZA 2015, 961 ff.

Bayreuther, Frank/Deinert, Olaf: Der Einbezug arbeitnehmerloser Betriebe in gemeinsame Einrichtungen der Tarifvertragsparteien, RdA 2015, 129 ff.

Becker, Friedrich/Wulfgramm, Jörg: Kommentar zum Arbeitnehmerüberlassungsgesetz, 3. Auflage, Neuwied u. a. 1985

Beck'scher Online-Kommentar Arbeitsrecht, Hrsg. Rolfs, Christian/Giesen, Richard/Kreikebohm, Ralf/Udsching, Peter, 46. Edition, München 2017

Beck'scher Online-Kommentar BGB, Hrsg. Bamberger, Heinz-Georg/Roth, Herbert, München, 44. Edition, München 2018

Beck'scher Online-Kommentar Datenschutzrecht, Hrsg. Brink, Stefan/Wolff, Amadeus, 23. Edition, München 2018.

Beck'scher Online-Kommentar OwiG, Hrsg. Graf, Jürgen-Peter, 17. Edition, München 2018

Beck'scher Online-Kommentar ZPO, Hrsg. Vorwerk, Volkert/Wolf, Christian, 27. Edition, München 2017

Beck'scher Vergaberechtskommentar, Hrsg. Dreher, Meinrad/Motzke, Gerd, 2. Auflage München 2013

Bemm, Wilfried/Lindemann, Dierk: Seemannsgesetz und Tarifverträge für die deutsche Seeschifffahrt, 4. Aufl., Uelzen 1999

Bergmann, Jan/Dienelt, Klaus (Hrsg.): Ausländerrecht. Kommentar, 12. Auflage, München 2018

Berkowsky, Wilfried: Aktuelle arbeitsrechtliche Fragen in Krise und Insolvenz, NZI 2011, 360 ff.

Berndt, Joachim: Arbeits- und sozialversicherungsrechtliche Auswirkungen des Mindestlohngesetzes (MiLoG) – Was gehört zum Mindestlohn? DStR 2014, 1878 ff.

Bieber, Roland/Epiney, Astrid/Haag, Marcel/Kotzur, Markus: Die Europäische Union. Europarecht und Politik, 12. Auflage, Baden-Baden 2016

Bissels, Alexander/Falter, Kira: Gesetzlicher Mindestlohn – Fallstricke bei der Haftung für Subunternehmer nach dem MiLoG, DB 2015, 65 ff.

Bissels, Alexander/Falter, Kira: Ordnungswidrigkeiten bei der Beauftragung von Subunternehmern nach § 21 Abs. 2 MiLoG, BB 2015, 373 ff.

Bissels, Alexander/Falter, Kira/Krings, Hannah: Gesetzlicher Mindestlohn: Keine Haftung des Auftraggebers für insolvente Nachunternehmer, DB 2015, 1962 ff.

Blank, Michael/Möller, Olaf: Zur Durchsetzbarkeit von Ansprüchen aus Arbeitnehmerüberlassungsverträgen des in Insolvenz gegangenen Verleihers gegen den Entleiher, ZInSo 2000, 521 ff.

Blanke, Thomas: Die Neufassung des Arbeitnehmerentsendegesetzes: Arbeitsmarktregulierung im Spannungsverhältnis von Dienstleistungsfreiheit, Arbeitnehmerschutz und Tarifautonomie, AuR 1999, 417 ff.

Blümich, Walter/Heuermann, Bernd/Brandis, Peter (Hrsg.): Einkommensteuergesetz, Körperschaftssteuergesetz, Gewerbesteuergesetz, 139. Ergänzungslieferung, München 2018

Bogdandy, Armin von/Bast, Jürgen: Europäisches Verfassungsrecht. Theoretische und dogmatische Grundlagen, 2. Auflage, Heidelberg 2009

Bogs, Harald: Recht der gewerblichen Arbeitnehmerüberlassung in der Entwicklung, BB 1971, 277 ff.

Bombach, Franziska: https://www.derwesten.de/region/bandidos-bosse-sollen-in-der-fleischindustrie-mitmischen-id8087725.html vom 26.04. 2013, abgerufen am 09.02.2019

Böning, Marta: Warum entsandte Arbeitnehmer und Arbeitnehmerinnen den Weg zu den Gerichten nicht finden, in: Ministerin für Bundesangelegenheiten, Europa und Medien des Landes Nordrhein-Westfalen/Ministerium für Arbeit, Integration und Soziales des Landes Nordrhein-Westfalen: Tagung zur sozialen Dimension Europas: Europäische arbeitsrechtliche Entwicklungen, Arbeitnehmerentsendung und Arbeitnehmerüberlassung, Düsseldorf 2013, S. 45 ff.

Bonitz, Kai: Die vergaberechtliche Zulässigkeit von Landesmindestlohnvorgaben: Von Rüffert über Bundesdruckerei bis RegioPost, NZBau 2016, 418 ff.

Bosch, Gerhard/Kalina, Thorsten/Kern, Christoph u. a.: Evaluation bestehender gesetzlicher Mindestlohnregelungen. Branche Gebäudereinigung, http://www.bmas.de/SharedDocs/Downloads/DE/PDF-Meldungen/evaluation-mindestlohn-gebaedereinigung.pdf?__blob=publicationFile, abgerufen am 09.02.2019

Bosch, Gerhard/Zühlke-Robinet, Klaus: Der Bauarbeitsmarkt in Deutschland. Zum Zusammenhang von Produktionsstrukturen, Arbeitsmarkt und Regulierungssystem, IndBez 1999, 239 ff.

Brackmann, Kurt: Handbuch der Sozialversicherung einschließlich des Sozialgesetzbuchs und angrenzender Gebiete: eine systematische Darstellung. Bd. 2: Besonderer Teil: Krankenversicherung, Finanzierung, Leistungen, KVdR, Kassenarztrecht, Unfallversicherung, Umfang 10. Auflage, 68. Ergänzungslieferung, Sankt Augustin 1987

Brameshuber, Elisabeth: Das Recht auf Streik nach Art. 28 Grundrechtecharta – Ein Beitrag zur inhaltlichen Verortung, EuZA 2016, 46 ff.

Brand, Jürgen (Hrsg.): Sozialgesetzbuch Arbeitsförderung SGB III, 7. Auflage, München 2015

Brecht, Hans-Theo: Heimarbeitsgesetz, München 1977

Brettschneider, Stefan/Rixen, Stephan: Mit dem Gesetz über das Gesetz hinaus: Die Generalunternehmerhaftung für Unfallversicherungsbeiträge vor dem Bundessozialgericht (BSG), SgB 2009, 564 ff.

Bubenzer, Christian/Noltin, Jörg/Preetz, Robert/Mallach, Esther: Seearbeitsgesetz: Kommentar, München 2015

Bundesinstitut für Bau-Stadt- und Raumforschung: Präqualifikation von Bauunternehmen in Deutschland, Struktur und Einrichtung seit Inkrafttreten der Präqualifikation für Bauunternehmen, Bonn 2015

BWI-Bau GmbH: Evaluierung des Präqualifizierungssystems, http://www.bbsr.bund.de/BBSR/DE/FP/ZB/Auftragsforschung/3Rahmenbedingungen/2015/PQSystem/Endbericht.pdf?__blob=publicationFile&v=2, abgerufen am 09.02.2019

Callies, Christian/Ruffert, Matthias (Hrsg.): EUV/AEUV: Das Verfassungsrecht der europäischen Union mit europäischer Grundrechtecharta. Kommentar, 5. Auflage, München 2016

Canaris, Claus-Wilhelm: Die Bedeutung der iustitia distributiva im deutschen Vertragsrecht: aktualisierte und stark erweiterte Fassung des Vortrags vom 2. Juli 1993, München 1997

Cyrus, Norbert: Soziale Menschenrechte illegal aufhältiger Personen und behördliche Meldepflichten im Aufenthaltsrecht – ein systembedingter Anachronismus?, ZAR 2010, 317 ff.

Dannwitz, Thomas von: Das neugefasste Arbeitnehmer-Entsendegesetz auf dem Prüfstand: Europa- und verfassungsrechtliche Schranken einer Neuorientierung im Arbeitsleben, RdA 1999, 322 ff.

Dannwitz, Thomas von: Die Rechtsprechung des EuGH zum Entsenderecht – Bausteine für eine Wirtschafts- und Sozialverfassung der EU, EuZW 2002, 237 ff.

Däubler, Wolfgang: Ein Anti-Dumping Gesetz für die Bauwirtschaft, DB 1995, 726 ff.

Däubler, Wolfgang: Der vergaberechtliche Mindestlohn im Fadenkreuz des EuGH – Auf dem Weg zu Rüffert II?, NZA 2014, 694 ff.

Däubler, Wolfgang (Hrsg.): Tarifvertragsgesetz: mit Arbeitnehmer-Entsendegesetz, 4. Auflage, Baden-Baden 2016 (zitiert: Däubler TVG)

Deckers, Stefan: Der Mindestentgeltbegriff in § 1a AEntG, NZA 2008, 321 ff.

Deggerich, Markus: „Hier geht die Angst um", DER SPIEGEL 8/2015, S. 85 ff.

Deinert, Olaf: Kernbelegschaften – Randbelegschaften – Fremdbelegschaften – Herausforderungen für das Arbeitsrecht durch Reduzierung von Stammbelegschaften, RdA 2014, 65 ff.

Deinert, Olaf: Welche Änderungen des Tarifvertragsrechts empfehlen sich, um den Sozialpartnern wirksame Instrumente zur Wahrung und Förderung der Arbeits- und Wirtschaftsbedingungen zu bieten? Referat für die Abteilung Arbeitsrecht des 70. Deutschen Juristentags, in: Ständige Deputation des DJT (Hrsg.), Verhandlungen des Deutschen Juristentages, Hannover 2014, Bd. II/1 Sitzungsberichte – Referate und Beschlüsse, München 2015, S. K11 ff.

Depenhauer, Otto: Anspruch auf bezahlten Bildungsurlaub, SAE 1989, 40 ff.

Diehl, Jörg/Heise, Thomas/Meyer-Heuer, Claas: Geschäfte der Rocker: Bandido macht das Würstchen, http://www.spiegel.de/panorama/justiz/geschaefte-der-rocker-wie-bandidos-in-der-lebensmittelbranche-mitmischen-a-885085.html vom 07.03.2013, abgerufen am 09.02.2019

Dörfler, Thorsten: Die Nettolohnhaftung nach dem Arbeitnehmer-Entsendegesetz: Möglichkeit ihrer dogmatischen Einordnung; Prüfung ihrer Vereinbarkeit mit Europäischem Recht, Marburg 2002

Düwell, Franz Josef/Schubert, Jens: Mindestlohngesetz. Handkommentar, Baden-Baden 2015

Ebenroth, Carsten/Boujong, Karl-Heinz/Joost, Detlef/Strohn, Lutz: Handelsgesetzbuch, Band 2 §§ 343–475 h, Transportrecht, Bank und Börsenrecht, 3. Auflage, München 2015

Ebsen, Ingwer: Einige Verfassungsprobleme des neuen § 128 AFG und des Übergangsrechts, NZS 1993, 377 ff.

Eichenhofer, Eberhard/Wenner, Ulrich: Kommentar zum Sozialgesetzbuch SGB IV – Gemeinsame Vorschriften zur Sozialversicherung. Kommentar, 2. Auflage, Köln 2017

Eichenhofer, Eberhard/Wenner, Ulrich: SGB VII – Kommentar zum Sozialgesetzbuch VII – Gesetzliche Unfallversicherung, Köln 2010

Erfurter Kommentar zum Arbeitsrecht, Hrsg. Müller-Glöge, Rudi/Preis, Ulrich/Schmidt, Ingrid, 18. Auflage, München 2018

Erman, Walter/Westermann, Harm Peter/Aderhold, Lutz (Hrsg.): Bürgerliches Gesetzbuch: Handkommentar, 15. Auflage, Köln 2017 (zitiert: Erman)

Faust, Holger/Rehner, Maike-Christine: Entleiherhaftung für Sozialversicherungsbeiträge nach dem Einsatz von CGZP-Beschäftigten, DB 2013, 874 ff.

Fikentscher, Wolfgang: Wirtschaftsrecht, Band 1: Weltwirtschaftsrecht/Europäisches Wirtschaftsrecht, München 1983

Fitting, Karl/Karpf, Hugo: Heimarbeitsgesetz vom 14. März 1951 mit Durchführungsverordnung, Köln 1953

Forst, Gerrit: Steht der vergaberechtliche Mindestlohn vor dem Aus? NJW 2014, 3755 ff.

Franzen, Martin: Anmerkung zu BAG vom 06.11.2002 – 5 AZR 617/01 (Nettolohnhaftung nach § 1a AEntG), SAE 2003, 181 ff.

Franzen, Martin/Gallner, Inken/Oetker, Hartmut (Hrsg.): Kommentar zum Europäischen Arbeitsrecht, München 2016

Frenz, Walter: Die europäische Unternehmerfreiheit, GewArch 2009, 427, 431 ff.

Gagel, Alexander: SGB II/III Grundsicherung und Arbeitsförderung. Kommentar, 67. Ergänzungslieferung, München 2017

Gemeinschaftskommentar zum Aufenthaltsgesetz, Hrsg. Fritz, Roland/Vormeier, Jürgen, 91. Ergänzungslieferung, München 2017 (zitiert: GK AufenthG)

Gerken, Lüder/Löwisch, Manfred/Rieble, Volker: Der Entwurf eines Arbeitnehmer-Entsendegesetzes in ökonomischer und rechtlicher Sicht, BB 1995, 2370 ff.

Germelmann, Claas-Hinrich/Matthes, Hans-Christoph/Prütting, Hanns u. a.: Arbeitsgerichtsgesetz. Kommentar. 9. Auflage, München 2017

Gick, Dietmar: Gewerbsmäßige Arbeitnehmerüberlassung zwischen Verbot und Neugestaltung, Berlin 1984

Giesen, Richard: Rechtspolitik des Mindestlohns, in Schubert, Jens (Hrsg.): Anforderungen an ein modernes kollektives Arbeitsrecht. Festschrift für Ernst-Otto Kempen, Baden-Baden 2013, S. 216 ff.

Gola, Peter: Datenschutz-Grundverordnung: VO EU 2016/679 Kommentar, München 2017

Grabenwarter, Christoph (Hrsg.): Enzyklopädie Europarecht Band 2: Europäischer Grundrechteschutz, Baden-Baden 2014

Grabitz, Eberhard/Hilf, Meinhard/Nettesheim, Martin (Hrsg.): Das Recht der europäischen Union, 62. Ergänzungslieferung, München 2017

Grau, Timon/Sittard, Ulrich: Zivilrechtliche Rechtsfolgen von MiLoG-Verstößen, Haftungsrisiken durch Nachhaftung des Arbeitgebers und Co., ArbRB 2014, 336 ff.

Grau, Timon/Sittard, Ulrich: Ordnungswidrigkeiten und vergaberechtliche Folgen von MiLoG-Verstößen, Sanktionsrisiken des MiLoG außerhalb des Zivilrechts, ArbRB 2014, 375 ff.

Greiner, Stefan: Werkvertrag und Arbeitnehmerüberlassung – Abgrenzungsfragen und aktuelle Rechtspolitik, NZA 2013, 697 ff.

Greiner, Stefan: Wo kein Kläger, da kein Richter – Ansätze zur Unterbindung der Divergenz von Rechtslage und Rechtswirklichkeit im Arbeitsrecht, AuR 2016, 92 ff.

Groeben, Hans von der/Schwarze, Jürgen/Hatje, Armin: Europäisches Unionsrecht. Vertrag über die Europäische Union, Vertrag über die Arbeitsweise der Europäischen Union, Charta der Grundrechte der europäischen Union; 7. Auflage Baden-Baden 2015

Großarth, Jan: Arbeitsbedingungen auf Schlachthöfen: Das billige Fleisch hat einen Preis, http://www.faz.net/aktuell/wirtschaft/wirtschaftspolitik/lebensmittel/arbeitsbedingungen-auf-schlachthoefen-das-billige-fleisch-hat-einen-preis-12148647.html?printPagedArticle=true#pageIndex_2 vom 15.04.2013, abgerufen am 09.02.2019

Göhler, Erich: Gesetz über Ordnungswidrigkeiten, 17. Auflage, München 2017

Gündisch, Harald: Die Bürgenhaftung nach § 1 a Arbeitnehmerentsendegesetz (AEntG) in rechtspolitischer Hinsicht, Würzburg 2006

Gürtzgen, Nicole/Rammer, Christian: Evaluation bestehender gesetzlicher Mindestlohnregelungen: Branche Abfallwirtschaft, http://www.bmas.de/SharedDocs/Downloads/DE/PDF-Meldungen/evaluation-mindestlohn-abfallwirtschaft.pdf;jsessionid=A78A126812DE5FC40CE0DD5A37FB8EDB?__blob=publicationFile&v=2., abgerufen am 09.02.2019

Hailbronner, Kay: Ausländerrecht, Kommentar, 104. Ergänzungslieferung, Heidelberg u. a. 2017

Hauck, Karl/Noftz, Wolfgang: Sozialgesetzbuch IV: Gemeinsame Vorschriften für die Sozialversicherung, Aktualisierung 02/17 2017, Berlin 2017

Hanau, Peter: Das Verhältnis von Arbeitsvertrag, Arbeitserlaubnis und Aufenthaltserlaubnis ausländischer Arbeitnehmer, in Gamillscheg, Franz u. a. (Hrsg.): Festschrift 25 Jahre Bundesarbeitsgericht, München 1979, S. 169 ff.

Handbuch der Unfallversicherung, Band 2: Unfallversicherungsgesetz für Land- und Forstwirtschaft. Bau-Unfallversicherungsgesetz. See-Unfallversicherungsgesetz. Verordnung, betr. das Verfahren vor den Schiedsgerichten für Arbeiterversicherung. Verordnung, betr. den Geschäftsgang und das Verfahren des Reichs-Versicherungsamts, Hrsg. vom Reichs-Versicherungsamt, 3. Auflage, Leipzig 1909

Hauptverband der deutschen Bauindustrie: Bauwirtschaft im Zahlenbild, Ausgabe 2015, Berlin 2015

Hauptverband der deutschen Bauindustrie: Bauwirtschaft im Zahlenbild, Ausgabe 2017, Berlin 2017

Heil, Thomas: Die Ordnungswidrigkeit des Unternehmers bei der illegalen Ausländerbeschäftigung durch Nachunternehmer, BB 1999, 2609 ff.

Hejma, Martin: Deutsche Wege zur Lohngerechtigkeit. Zielsetzung gesetzlicher Mindestlöhne, Berlin 2016

Henssler, Martin/Willemsen, Heinz/Kalb, Heinz-Jürgen (Hrsg.): Kommentar Arbeitsrecht, 7. Auflage, Köln 2016

Hertwig, Markus/Kurth, Johannes/Wirth, Carsten: Onsite-Werkverträge und Industrielle Beziehungen: Praktiken der Betriebsräte zwischen Ablehnung und Akzeptanz, IndBez 2016, 113 ff.

Heuschmid, Johannes/Hlava, Daniel: Die Durchsetzungsmechanismen des Mindestlohngesetzes, NJW 2015, 1719 ff.

Hilgenstock, Christopher: Das Mindestlohngesetz: Eine systematische Darstellung, München 2014

Hlava, Daniel: Der gesetzliche Mindestlohn-Reichweite, Durchsetzung und Auswirkungen, SR 2016, 17 ff.

Hofmann, Rainer (Hrsg.): Ausländerrecht: AufenthG, AsylG (AsylVfG), GG, FreizüügG/EU, StAG, EU-Abkommen, Assoziationsrecht, 2. Auflage, Baden-Baden 2016

Holtschmidt, Rolf: Die Gleichstellung nach dem Heimarbeitsgesetz, Mannheim 1984

Hopfner, Sebastian: 30 Jahre Bildungsurlaub in Deutschland – Eine Bilanz, NZA 2001, 6 ff.

Höpfner, Clemens: Die systemkonforme Auslegung. Zur Auflösung einfachgesetzlicher, verfassungsrechtlicher und europarechtlicher Widersprüche im Recht, Tübingen 2008. (zitiert: Höpfner, Systemkonforme Auslegung)

Höpfner, Clemens: Das Tarifvertragsrecht auf dem 70. Deutschen Juristentag 2014 – Eine Nachbetrachtung, RdA 2015, 94 ff.

Hueck, Alfred/Nipperdey, Hans Carl: Lehrbuch des Arbeitsrechts, 7. Auflage Berlin 1963

Ignor, Alexander/Rixen, Stephan (Hrsg.): Handbuch Arbeitsstrafrecht. Personalverantwortung als Strafbarkeitsrisiko, 2. Auflage, Stuttgart u. a. 2008

Insam, Alexander/Hinrichs, Lars/Tacou, Theofanis: Der Mindestlohn für Arbeitnehmer von Werk- bzw. Dienstleistungsunternehmen – Haftung des Auftraggebers um jeden Preis?!, NZA-RR 2014, 569 ff.

Jäger, Franziska: Ein Beruf wie jeder andere? Der Metzger, http://www.faz.net/aktuell/wirtschaft/menschen-wirtschaft/ein-beruf-wie-jeder-andere-der-metzger-13319520.html vom 13.12. 2014, abgerufen am 09.02.2019

Jakobs, Horst-Heinrich/Schubert, Werner: Materialien zur Entstehungsgeschichte des BGB. Einführung, Biographien, Materialien, Berlin u. a. 1978

Jarass, Hans: Charta der Grundrechte der europäischen Union unter Einbeziehung der vom EuGH entwickelten Grundrechte, der Grundrechtsregelungen der Verträge und der EMRK, Kommentar, 3. Auflage, München 2016

Jauernig, Othmar/Stürner, Rolf (Hrsg.): Bürgerliches Gesetzbuch, 16. Auflage, München 2015 (zitiert: Jauernig)

Joost, Detlev: Betrieb und Unternehmen als Grundbegriffe im Arbeitsrecht, München 1988

Junker, Abbo: Europäische Vorschriften zum Tarifvertrag, EuZA 2014, 1 ff.

Kainer, Friedemann: Mindestlohnregelungen im Lichte der europäischen Grundfreiheiten, NZA 2016, 394 ff.

Kapellmann, Klaus/Messerschmidt, Burkhard (Hrsg.): VOB Teile A und B, Vergabe- und Vertragsordnungen für Bauleistungen mit Vergabeverordnung (VgV), 6. Auflage München 2018

Karthaus, Boris/Klebe, Thomas: Betriebsratsrechte bei Werkverträgen, NZA 2012, 417 ff.

Kasseler Kommentar Sozialversicherungsrecht: SGB IV, IV, V, VI, VII, X, XI. Hrsg.: Körner, Anne/Leitherer, Stefan/Mutschler, Bernd, 96. Ergänzungslieferung, München 2017

Kemmler, Iris: Anmerkung zu BVerfG vom 18.11.2003- 1 BVR 302/96, JA 2004, 517 ff.

Kempen, Otto/Zachert, Ernst u. a.(Hrsg.): Tarifvertragsgesetz, 5. Auflage, Frankfurt am Main 2014

Kindereit, Lothar: Probleme des Leiharbeitsverhältnisses, RdA 1971, 207 ff.

Klein, Thomas: Die Sicherung der Sozialkassenverfahren im Baugewerbe, AuR 2017, 48 ff.

Klocke, Daniel: Rechtsschutz in kollektiven Strukturen: Die Verbandsklage im Verbraucher- und Arbeitsrecht, Tübingen 2016

Klumpp, Steffen: Der „Fall CGZP" – Ist die Einschränkung der Entleiherhaftung nach § 28 e Abs. 2 S. 1 SGB IV geboten? SgB 2015, 254 ff.

Kluth, Winfried: Soziale Menschenrechte illegal aufhältiger Personen und behördliche Meldepflichten im Aufenthaltsrecht – ein systembedingter Anachronismus?, ZAR 2013, 182 ff.

Koberski, Wolfgang/Asshoff, Gregor/Eustrup, Gabriele/Winkler, Holger: Arbeitnehmer-Entsendegesetz, Mindestarbeitsbedingungengesetz, 3. Auflage, München 2011

Kocher, Eva: Das BGB von 1896/1900: Regelungen gegen Bauschwindler, AuR 2015, G 1 ff.

Kocher, Eva/Nassibi, Ghazaleh: Rechte für Beschäftigte als Sanktion gegen Arbeitgeber_innen in: Fischer-Lescarno, Andreas/Kocher, Eva/Nassibi, Ghazaleh (Hrsg.): Arbeit in der Illegalität, Frankfurt a.M. 2012, 135 ff.

Krauskopf, Dieter (Hrsg.): Soziale Krankenversicherung, Pflegeversicherung, 96 Ergänzungslieferung, München 2017

Kreßel, Eckhard: Anmerkung zum Urteil BAG vom 01.11.1995 – 5 AZR 273/94, AP MuSchG 1968 § 14 Nr. 13

Koppenfels-Spies, Katharina von: Auf dem Weg zu einem nicht diskriminierenden Mutterschutzrecht, AuR 2005, 52 ff.

Kube, Hanno: Anmerkung zu BVerfG vom 18.11.2003- 1 BVR 302/96, JZ 2004, 354 ff.

Kühn, Matthias/Reich, Astrid: Haftung für Zahlung des Mindestlohns an fremde Arbeitnehmer/-innen, BB 2014, 2938 ff.

Lakies, Thomas: Mindestlohngesetz. Basiskommentar zum MiLoG, mit Berücksichtigung der allgemeingültigen Branchen-Mindestlöhne, Frankfurt am Main 2015

Lakies, Thomas: Gesetzlicher Mindestlohn: Zur Legitimation der Staatsintervention gegen Niedriglöhne, AuR 2013, 69 ff.

Langner, Sören/Hübsch, Jan- Christian: Die Generalunternehmerhaftung im Baugewerbe für Sozialversicherungs- und insbesondere Unfallversicherungsbeiträge, BB 2008, 2127 ff.

Lauterbach, Herbert: Gesetzliche Unfallversicherung: Kommentar zum 3. und 5. Buch der Reichsversicherungsordnung und zu den die Unfallversicherung betreffenden Vorschriften des 1., 4., 5. und 10. Buches des Sozialgesetzbuches, 3. Auflage, 62. Lieferung, Stuttgart u. a. 1996

Legerlotz, Christoph: Haftung für Mindestlohn bei Beauftragung von Subunternehmern – Sind die Risiken der Bürgenhaftung gemäß § 14 AEntG vermeidbar? ArbRB 2011, 29 ff.

Leipold, Dieter: Anmerkung zu BAG vom 11.09. 2002, AZ 5 AZB 3/02, SAE 2003, 146 ff.

Leisner, Walther: Verpflichtung zur Neuordnung des Mutterschaftsgelds nach dem BVerfG-Beschluss vom 18.11.2003, DB 2004, 598 ff.

Leuthier, Oliver: Entstehung und Entwicklung des Hausarbeitsgesetzes, Berlin 2006

Lewek, Christian: Arbeitsrechte für Menschen ohne Papiere in Deutschland, in Fischer-Lescarno, Andreas/Kocher, Eva/Nassibi, Ghazaleh (Hrsg.): Arbeit in der Illegalität, Frankfurt a.M. 2012, S. 181 ff.

Löwisch, Manfred/Rieble, Volker: Tarifvertragsgesetz, Kommentar, 4. Auflage, München 2017 (zitiert: Löwisch/Rieble TVG)

Lüders, Else: Sozialpolitik in Krisenzeiten: Nach den Berichten der Gewerbeaufsichtsbeamten für die Jahre 1931 und 1932, Reichsarbeitsblatt 1934 II, nichtamtlicher Teil S. 1 ff.

Ludyga, Hannes: Der Mythos vom sozialen Bergrecht im Mittelalter, RdA 2011, 299 ff.

Mansfeld, Werner/Kalckbrenner, Otto: Gesetz über die Heimarbeit vom 23. März 1934 mit Durchführungsverordnung, Berlin 1934

Meyer, Cord: Gesetzliche Neuregelungen im Renten- und Arbeitsförderungsrecht einschließlich des Arbeitnehmer-Entsendegesetzes, NZA 1999, 121 ff.

Meyer, Jürgen: Charta der Grundrechte der europäischen Union, 4. Auflage, Baden-Baden 2014 (zitiert: Meyer GRCh)

Meyer-Maly, Theo: Das Leiharbeitsverhältnis, ZfA 1972, 1 ff.

Mohr, Jochen: Sozial motivierte Beschaffungen nach dem Vergaberechtsmodernisierungsgesetz 2016, EuZA 2017, 23 ff.

Molkentin, Thomas: Bauwirtschaft: Generalunternehmerhaftung neu gestaltet, DGUV-Forum 10/2009, 31 ff.

Müller, Falk: Die weitreichende Haftung nach § 13 Mindestlohngesetz – eine Gefahr für kommunale Unternehmen, ÖAT 2015, 95 ff.

Müller, Klaus: Strukturentwicklungen im Handwerk, Wirtschaftsdienst 2013, S. 636 ff.

Münchener Handbuch zum Arbeitsrecht, Band 2 Kollektivarbeitsrecht, Sonderformen, Hrsg. Richardi, Reinhard/Wißmann, Helmut u. a., 3. Auflage, München 2009

Münchener Kommentar zum Bürgerlichen Gesetzbuch, Hrsg. Säcker, Franz Jürgen/Rixecker, Roland, 7. Auflage, München 2015 ff. (zitiert: MüKo BGB)

Münchener Kommentar zur Zivilprozessordnung mit Gerichtsverfassungsgesetz und Nebengesetzen, Hrsg. Rauscher, Thomas/Krüger, Wolfgang, 5. Auflage München 2016 (zitiert: MüKo ZPO)

Musielak, Hans-Joachim/Voit, Wolfgang (Hrsg.): Zivilprozessordnung mit Gerichtsverfassungsgesetz, 14. Auflage München 2017

Oltmanns, Sönke/Fuhlrott, Michael: Die Auftraggeberhaftung bei Verstößen gegen das MiLoG, NZA 2015, 392 ff.

Osterloh, Lerke: Verfassungsfragen der Künstlersozialabgabe, NJW 1982, 1617 ff.

Paal, Boris/Pauly, Daniel (Hrsg.): Datenschutzgrundverordnung; Datenschutzgesetz, 2. Auflage, München 2018

Palandt, Otto: Bürgerliches Gesetzbuch,76. Auflage München 2017

Picker, Christian: Niedriglohn und Mindestlohn, RdA 2014, 25 ff.

Poelzig, Dörte: Normdurchsetzung durch Privatrecht, Tübingen 2012

Pünder, Hermann/Schellenberg/Martin (Hrsg.): Vergaberecht. Handkommentar, 2. Auflage, Baden-Baden 2015

Ramm, Thilo: Die Aufspaltung der Arbeitgeberfunktionen (Leiharbeitsverhältnis, mittelbares Arbeitsverhältnis, Arbeitnehmer- Überlassung und Gesamthafenarbeitsverhältnis), ZfA 1973, 263 ff.

Ramm, Thilo: Eine Kritik des Arbeitnehmerüberlassungsgesetzes, DB 1973, 1170 ff.

Reuss, Max/Hense, Fritz: Das Reichsknappschaftsgesetz von 23. Juni 1923 nebst Einführungsgesetz, Berlin u. a. 1923

Richardi, Reinhard (Hrsg.): Betriebsverfassungsgesetz mit Wahlordnung. Kommentar, 16. Auflage, München 2018

Rieble, Volker: Arbeitsmarkt und Wettbewerb: Der Schutz von Vertrags- und Wettbewerbsfreiheit im Arbeitsrecht, Berlin 1996 (zitiert: Rieble Arbeitsmarkt und Wettbewerb)

Rieble, Volker/Bonmann, Ingmar: Anmerkung zu BAG vom 20.7.2004 – 9 AZR 343/03 (Urlaubskassenverfahren für Arbeitgeber aus Portugal), SAE 2005, 189 ff.

Rieble, Volker/Lessner, Jan: AEntG, Nettolohnhaftung und EG-Vertrag, ZfA 2002, 29 ff.

Rieble, Volker/Picker, Christian: Lohnwucher, ZfA 2014, 153 ff.

Riechert, Christian/Nimmerjahn, Lutz: Mindestlohngesetz, 2. Auflage, München 2017

Rießelmann, Beate: Die Rechtsfolgen eines Verstoßes gegen § 19 I AFG für das Arbeitsverhältnis, Diss. Münster 1994

Rittner, Fritz/Dreher, Meinrad: Europäisches und deutsches Wirtschaftsrecht. Eine systematische Darstellung, 3. Aufl., Heidelberg 2008

Rixen, Stephan: Die Generalunternehmerhaftung für Sozialversicherungsbeiträge (§ 28 e Abs. 3 a- f SGB IV n.F. und § 150 Abs. 3 SGB VII), Sgb 2002, 536 ff.

Rüthers, Bernd: Institutionelles Rechtsdenken im Wandel der Verfassungsepochen, Bad Homburg u.a. 1970

Sahl, Karl-Heinz/Stang, Brigitte: Das Arbeitnehmer-Entsendegesetz und die europäische Entsenderichtlinie, AiB 1996, 652 ff.

Sandmann, Georg/Vielhaber, Thomas: Arbeitnehmerüberlassungsgesetz. Kommentar, Frankfurt a.M., 1972

Schäfer, Hans-Bernd/Ott, Claus: Lehrbuch der ökonomischen Analyse des Zivilrechts, 5. Auflage, Berlin u. a. 2013

Schaller, Ariane: Arbeitnehmerüberlassung: Begriff, Voraussetzung und besondere Rechtsprobleme, DStR 1996, 469 ff.

Schaub, Günter: Arbeitsrechtshandbuch. Systematische Darstellung und Nachschlagewerk für die Praxis, 17. Auflage, München 2017

Schlachter, Monika: Grenzüberschreitende Dienstleistungen: Die Arbeitnehmerentsendung zwischen Dienstleistungsfreiheit und Verdrängungswettbewerb, NZA 2002, 1242 ff.

Schlosser, Peter/Hess, Burkhard: EU-Zivilprozessrecht, Kommentar, 4. Auflage, München 2015

Schmidt, Klaus/Koberski, Wolfgang/Tiemann, Barbara/Wascher, Angelika: Heimarbeitsgesetz. Kommentar, 4. Auflage, München 1998

Schmitt, Jochen: SGB VII. Gesetzliche Unfallversicherung: Kommentar, 4. Auflage, München 2009

Schönfelder, Matthias: Schwarzarbeit und Schattenwirtschaft im Baugewerbe. Herausforderung für den europäischen Markt oder Kampfansage an Gesetzgeber und Tarifsystem, München 1999

Schöttler, Sarah/Müllerleile, Hansjörg: Entleiherhaftung auf dem Prüfstand: Auswirkungen des BAG-Beschlusses zur Tarifunfähigkeit der CGZP, BB 2011, 3061 ff.

Schricker, Gerhard (Hrsg.): Verlagsrecht: Kommentar zum Gesetz über das Verlagsrecht vom 19.6.1901, 3. Auflage, München 2001

Schubert, Jens: Flüchtlinge und Arbeitsrecht, AuR 2015, 430 ff.

Schultz, Günther: Blick in die Zeit, MDR 1971, 22 ff.

Schulze, Rainer/Dörner, Heinrich u. a. (Hrsg.): Bürgerliches Gesetzbuch. Handkommentar, 9. Auflage Baden-Baden 2017

Schüren, Peter/Fasholz, Sabrina: Inhouse-Outsourcing und der Diskussionsentwurf zum AÜG – Ein Diskussionsbeitrag, NZA 2015, 1473 ff.

Schüren, Peter/Hamann, Wolfgang (Hrsg.): Arbeitnehmerüberlassungsgesetz: AÜG, Kommentar, 4. Auflage, München 2010

Seifert, Achim: Bürgenhaftung des Hauptunternehmers gemäß § 1a AEntG, SAE 2007, 386 ff.

Seifert, Achim: Die vergaberechtliche Tariftreuepflicht vor dem Europäischen Gerichtshof, EuZA 2008, 526 ff.

Selmayr, Martin: Die gemeinschaftsrechtliche Entsendungsfreiheit und das deutsche Entsendegesetz, ZfA 1996, 615 ff.

Soergel, Theodor/Löhnig, Martin/Siebert, Wolfgang: Bürgerliches Gesetzbuch mit Einführungsgesetz und Nebengesetzen, 13. Auflage, Stuttgart 1999 ff.

Spielberger, Marc/Schilling, Angela: Das Gesetz zur Regelung eines allgemeinen Mindestlohns, NJW 2014, 2897 ff.

Spielberger, Marc/Schilling, Angela: Der Regierungsentwurf zum Gesetz über die Regelung eines allgemeinen Mindestlohns (MiLoG), NZA 2014, 414 ff.

Staudinger, Julius von: Buch 1: Allgemeiner Teil, Einleitung zum BGB; §§ 1–14; VerschG (Einleitung zum BGB und Allgemeiner Teil 1), 15. Auflage, Berlin 2013

Staudinger, Julius von: Buch 2 Recht der Schuldverhältnisse Bürgschaft, 14. Auflage §§ 765 – 778, Berlin 2013

Staudinger, Julius von: Buch 2 Recht der Schuldverhältnisse §§ 362–396 (Erfüllung, Hinterlegung, Aufrechnung), 17. Auflage, Berlin 2016

Staudinger, Julius von: Buch 3 Sachenrecht §§ 1204–1296 (Pfandrecht), SchiffsRG, 15. Auflage, Berlin 2009

Steinmeyer, Heinz-Dietrich: Die Haftung des Hauptunternehmers für Insolvenzgeld, BB 2010, 2301 ff.

Stern, Klaus/Sachs, Michael: Europäische Grundrechtecharta. Kommentar, München 2016

Streinz, Rudolf (Hrsg.): EUV/AEUV. Vertrag über die Europäische Union und Vertrag über die Arbeitsweise der Europäischen Union, 2. Auflage München 2012

Sydow, Gernot: Europäische Datenschutzgrundverordnung: Handkommentar, Baden-Baden 2017

Temming, Felipe: Umfang der Bürgenhaftung nach § 14 AEntG, juris PR-ArbR 42/2010 Anm. 3

Temming, Felipe: Anspruchsübergang der Bürgenhaftung nach § 1a AEntG auf die Bundesagentur für Arbeit bei Insolvenz des Nachunternehmers, Juris PR ArbR 10/2010 Anm. 6

Thielmann, Hans: Die Geschichte der Knappschaftsversicherung, Bad Godesberg 1960

Thomas, Heinz/Putzo, Hans (Hrsg.): Zivilprozessordnung, Kommentar. 38. Auflage, München 2017

Thränhardt, Dietrich: Die neue EU-Mobilität: Gewinn für alle oder soziale Erosion?, WSI-Mitteilungen 2015, 391 ff.

Thüsing, Gregor (Hrsg.): Mindestlohngesetz und Arbeitnehmer-Entsendegesetz (AEntG): Kommentar, 2. Auflage, München 2016

Thüsing, Gregor (Hrsg.): Arbeitnehmerüberlassungsgesetz, Kommentar, 3. Auflage München 2012

Thüsing, Gregor/Traut, Johannes: Zur begrenzten Reichweite der Koalitionsfreiheit im Unionsrecht, RdA 2012, 65 ff.

Treib, Oliver/Leiber, Simone: Was bewirken EU-Richtlinien in der Sozialpolitik? Ein Ost-West-Vergleich, WSI-Mitteilungen 2006, 547 ff.

Ullrich, Volker: Die nervöse Großmacht 1871–1918, 5. Aufl., Frankfurt a.M. 2004

Vetter, Phillip: Was Deutschland sich die Abschiebung kosten lässt, https://www.welt.de/wirtschaft/article150602259/Was-Deutschland-sich-die-Abschiebungen-kosten-laesst.html vom 05.01.2016 abgerufen am 09.02.2019

Voelzke, Thomas: Anspruchsübergang der Bürgenhaftung nach § 1a AEntG auf Bundesagentur für Arbeit bei Insolvenz des Nachunternehmers, jurisPR-SozR 17/2010 Anm. 4

Vogel, Dita: Menschen ohne Aufenthaltsstatus in der Erwerbsarbeit, in Fischer-Lescarno, Andreas/Kocher, Eva/Nassibi, Ghazaleh (Hrsg): Arbeit in der Illegalität, Frankfurt a.M. 2012, S. 13 ff.

Walker, Wolf-Dietrich: Rechtsverhältnisse bei der gewerbsmäßigen Arbeitnehmerüberlassung und Schadensersatzansprüche des Entleihers wegen Schlechtleistung, AcP 194 (1994), 295 ff.

Waltermann, Raimund: Abschied vom Normalarbeitsverhältnis? Welche arbeits- und sozialrechtlichen Regelungen empfehlen sich im Hinblick auf die Zunahme neuer Beschäftigungsformen und die wachsende Diskontinuität von Erwerbsbiographien? Gutachten B zum 68. Deutschen Juristentag, in: Verhandlungen des 68. Deutschen Juristentages Gutachten, München 2010

Waltermann, Raimund: Gesetzlicher Mindestlohn? ZRP 2011, 95

Wank, Rolf: Anmerkung zu BAG (8. Senat), Urteil vom 23.02.1989 - 8 AZR 185/88; AP Nr. 1 zu § 9 BildUrlG

Wank, Rolf/Börgmann, Udo: Die Einbeziehung ausländischer Arbeitnehmer in das deutsche Urlaubskassenverfahren NZA 2001, 177 ff

Webers, Gerhard: Das Arbeitnehmer-Entsendegesetz, DB 1996, 574 ff.

Werner, Michael: Die gewerbliche Unternehmerhaftung nach § 1a AEntG: Ihre Auswirkungen auf die Baupraxis, NZBau 2000, 225, 226 ff.

Westphalen, Friedrich Graf von/Thüsing, Gregor (Hrsg.): Vertragsrecht und AGB – Klauselwerke, 39. Ergänzungslieferung, München 2017

Wiedemann, Herbert (Hrsg.): Tarifvertragsgesetz, Kommentar, 7. Auflage, München 2007

Windscheid, Bernhard: Lehrbuch des Pandektenrechts, Band 1, 5. Aufl., Stuttgart 1879

Wolf, Manfred: Die Klagebefugnis der Verbände, Tübingen 1971

Zöller, Richard (Hrsg.): Zivilprozessordnung, Kommentar, 31. Auflage, Köln u. a. 2016

Studien zum Arbeitsrecht und zur Arbeitsrechtsvergleichung

Herausgegeben von Manfred Weiss, Bernd Waas und Spiros Simitis

Band	1	Sebastian Fritzsche: Die Vereinbarkeit des Arbeitnehmer-Entsendegesetzes sowie der erfassten Tarifverträge mit höherrangigem Recht. 2001.
Band	2	Arnd Hermann: Outplacement. Eine Untersuchung der individualvertraglichen Gestaltung und kollektivarbeitsrechtlichen Aspekte eines neuen Instruments des Personalabbaus. 2001.
Band	3	Christoph Schmid: Das Personalrecht der Europäischen Zentralbank. Grundlagen und Grenzen der rechtlichen Bindungen der Europäischen Zentralbank unter besonderer Berücksichtigung der Bereiche Arbeitnehmervertretung, Kündigungsschutz und Datenschutz. 2002.
Band	4	Charis Chaldoupis: Auswirkungen neuer Technologien auf die Tarifautonomie. Funktionsfähigkeit und Legitimität qualitativer Tarifpolitik anhand der Rationalisierungsentwicklungen im industriellen Produktionsbereich. 2003.
Band	5	Robert Kretzschmar: Die Rolle der Koalitionsfreiheit für Beschäftigungsverhältnisse jenseits des Arbeitnehmerbegriffs. Zur Abgrenzung abhängiger von selbständiger Beschäftigung und zur Eröffnung kollektiver Handlungsformen für selbständig Beschäftigte durch Art. 9 Abs. 3 GG. 2003.
Band	6	Thilo Mahnhold: Compliance und Arbeitsrecht. Insiderrechtliche Verhaltenskonzepte im nationalen und multinationalen Unternehmen. 2004.
Band	7	Nicole Löblich: Transformation des kollektiven Arbeitsrechts in der Tschechischen Republik. 2004.
Band	8	Lena Huth: Voraussetzungen und Grenzen nachträglicher Sozialplanänderungen. 2004.
Band	9	Nisha Biswas: Vertrauensarbeitszeit und Arbeitszeitfreiheit im arbeitszeitrechtlichen und betriebsverfassungsrechtlichen Kontext. 2004.
Band	10	Dirk Schäfer: Der europäische Rahmen für Arbeitnehmermitwirkung. 2005.
Band	11	Jochen A. Keilich: Die Auswirkungen der Grundrechte / Menschenrechte für das Arbeitsrecht in Deutschland und England. 2004.
Band	12	Boris Kaehler: Rechtsprobleme betrieblicher Personalauswahl. Die Zulässigkeit eignungsdiagnostischer Maßnahmen im arbeitsvertraglichen Anbahnungsverhältnis. 2005.
Band	13	Natascha Ahmad: Rechtsschutz für und durch Gewerkschaften bei tarifwidrigem Arbeitgeberverhalten in Deutschland und Frankreich. 2005.
Band	14	Volker Güntzel: Die Richtlinie über die Arbeitnehmerbeteiligung in der Europäischen Aktiengesellschaft (SE) und ihre Umsetzung in das deutsche Recht. 2006.
Band	15	Peter Gumnior: Die Rechtmäßigkeit des Sympathiestreiks. 2007.
Band	16	Elena Benz: Auf dem Weg zum lebenslangen Lernen? Die Berufsbildungspolitik der Europäischen Union und die tatsächliche und rechtliche Situation der beruflichen Weiterbildung in der Bundesrepublik Deutschland. 2007.
Band	17	Cessy Kühl: Flexibilisierung von Arbeitsbedingungen. Vergleich ausgewählter arbeitsrechtlicher Gestaltungsmittel zwischen dem deutschen und dem tschechischen Individualarbeitsrecht. 2007.

Band 18 Carolin Siegrist: Einschränkung der unternehmerischen Entscheidungsfreiheit durch Arbeitnehmervertreter im deutsch-amerikanischen Vergleich. 2008.

Band 19 Ingebjörg Darsow-Faller: Kündigungsschutz in Deutschland und Spanien. Eine rechtsvergleichende Untersuchung mit besonderer Beachtung der Beendigung des Arbeitsverhältnisses gegen Abfindung. 2008.

Band 20 Enrico Iannone: Die Kodifizierung des Arbeitsvertragsrechts - ein Jahrhundertprojekt ohne Erfolgsaussicht? Eine Untersuchung vorangegangener Bemühungen um ein Arbeitsvertragsgesetz und Analyse möglicher Erfolgsaussichten des Reformprojekts. 2009

Band 21 Max Sleik: Arbeitnehmerbeteiligung in Deutschland und in Schweden. 2011.

Band 22 Christoph Gyo: Diskriminierung aufgrund der Religion im deutschen und französischen Arbeitsrecht. Völker-, europarechtliche und nationale Regelungen.

Band 23 Martina Büter: Die Befristung von Arbeitsverhältnissen in Deutschland und Frankreich. Eine rechtsvergleichende Untersuchung. 2013.

Band 24 Andreas Hofelich: Von der Bereichsausnahme zur Bereichseinschränkung. Grundfragen der dogmatischen Integration des Individualarbeitsrechts in das Recht der Allgemeinen Geschäftsbedingungen. 2013.

Band 25 Elena Heimann: Substantielle Vereinbarungen Europäischer Betriebsräte: Praxis und Recht. 2014.

Band 26 Mathias Kaufmann: Schadensersatz und Entschädigung in Folge von Diskriminierung im deutschen und englischen Arbeitsrecht. Eine rechtsvergleichende Studie unter Berücksichtigung des Europarechts. 2014.

Band 27 Elisa Theresa Hauch: International Framework Agreements. Hintergrund, Rechtsnatur und Justiziabilität. 2015.

Band 28 Christoph Löbig: Einstweilige Verfügungen und neue Arbeitskampfwirklichkeit. 2015.

Band 29 Willem Schulte: Vereinbarungen über die Arbeitnehmermitwirkung nach dem Recht der Europäischen Union. Strukturprinzipien eines neuen Kollektivvertragstypus. 2016.

Band 30 Sebastian Schulte: Die Möglichkeit transnationaler Tarifverträge in Europa anhand eines Vergleichs des britischen und deutschen Tarifvertragsrechts. 2016.

Band 31 Christin Mett: Das Streikrecht im öffentlichen Dienst. Eine arbeitsvölkerrechtliche Untersuchung. 2017.

Band 32 Matthias Broll: Das Potential der institutionellen Arbeitnehmermitwirkung. 2017.

Band 33 Christopher Rinckhoff: Die bürgengleiche Haftung im Arbeits- und Sozialrecht. 2019.

www.peterlang.com

www.ingramcontent.com/pod-product-compliance
Ingram Content Group UK Ltd.
Pitfield, Milton Keynes, MK11 3LW, UK
UKHW022105051026
15623UKWH00003B/684

9 783631 783269